中国人民大学

中国人文社会科学发展研究报告 2012-2013

文献支持与实践取向

RENMIN UNIVERSITY OF CHINA

RESEARCH REPORTS ON CHINA HUMANITIES AND SOCIAL SCIENCES DEVELOPMENT 2012-2013

LITERATURE AND ITS APPLICATION

主编 陈雨露 刘大椿

中国人民大学出版社

·北京·

2012—2013

出版说明

　　2002 年以来，中国人民大学年度系列发展报告（即《中国人民大学中国社会发展研究报告》、《中国人民大学中国经济发展研究报告》和《中国人民大学中国人文社会科学发展研究报告》）的出版发行，引起了社会各界和广大读者的广泛关注，产生了较大的社会影响，成为我校一个重要的学术品牌，这让我们深感欣慰，也增强了我们继续做好这项工作的责任和信心。正是基于这样的责任和信心，加上近一年的努力，我们又编写出版了中国人民大学系列发展报告 2013。

　　中国人民大学系列发展报告 2013 的各个子报告均由编委会负责审定选题、整体框架、主要内容和编写体例，组织有关专家召开研讨会，审核报告的写作提纲。各报告实行主编负责制，主编由校学术委员会主任、秘书长会议确定，学校聘任；主编聘请副主编或执行副主编。各报告根据主题，分别聘请相关部门的领导和知名学者担任顾问。中国人民大学社会学理论与方法研究中心、中国人民大学中国经济改革与发展研究院和中国人民大学人文社会科学发展研究中心分别作为《中国人民大学中国社会发展研究报告》、《中国人民大学中国经济发展研究报告》和《中国人民大学中国人文社会科学发展研究报告》的依托单位，在组织和写作方面发挥了主要作用。

　　根据实际情况及学者建议，学校对年度系列发展报告进行了一些调整。

《中国人民大学中国人文社会科学发展研究报告》调整为逢奇数年出版。2010 年,《中国人民大学中国法律发展报告》开始列入年度系列发展报告。现在,报告的编写出版工作已纳入学校的年度科研计划,成为一项常规性工作。

由于报告所涉及的问题大多具有重大、复杂和前沿性的特点,加上写作与出版周期较短及研究水平的局限,尽管我们尽了努力,报告中的不足或易引起争议的地方仍在所难免。欢迎专家和学者批评指正。

中国人民大学发展研究报告编委会

2013 年 3 月 31 日

2012—2013

目　　录

第一篇　文献支持与实践取向

第一章　学科成长的两个支点 ……………………………………… 3
第二章　学科基础文献的构建及其意义 …………………… 25
第三章　学科发展的实践维度及其把握 …………………… 39

第二篇　学科发展的文献保障与实践基础

第四章　哲学 ……………………………………………… 59
第五章　理论经济学 ……………………………………… 75
第六章　应用经济学 ……………………………………… 94
第七章　法学 ……………………………………………… 117
第八章　政治学 …………………………………………… 134
第九章　社会学 …………………………………………… 155
第十章　马克思主义理论 ………………………………… 173
第十一章　教育学 ………………………………………… 189

第十二章　心理学……………………………………………… 206

第十三章　中国语言文学………………………………………… 218

第十四章　外国语言文学………………………………………… 232

第十五章　新闻传播学…………………………………………… 247

第十六章　考古学………………………………………………… 262

第十七章　中国史………………………………………………… 273

第十八章　外国史………………………………………………… 287

第十九章　管理科学与工程……………………………………… 299

第二十章　企业管理……………………………………………… 310

第二十一章　农林经济管理……………………………………… 327

第二十二章　公共管理…………………………………………… 359

第二十三章　图书情报与档案管理……………………………… 379

第二十四章　艺术学……………………………………………… 398

第二十五章　统计学……………………………………………… 418

第二十六章　国学………………………………………………… 429

后记……………………………………………………………… 442

第一篇

文献支持与
实践取向

第一章 学科成长的两个支点[*]

中国的人文社会科学在 20 世纪走过了一条从传统向现代变迁，从单一的儒家文化传统向现代人文社会科学综合化、交叉化发展的道路。改革开放以来，人文社会科学在学科建制、学科定位、学科建设等方面得到了长足的发展，在文献引进、翻译、自创等方面有了较大的积累。同时，在实践方面，也伴随着改革开放所出现的问题，进行了具有中国特色的研究，产生了可供世界各国参考借鉴的研究成果。这些成绩的取得，与人文社会科学发展中的文献支持和实践取向密不可分。

第一节 文献支持及其重要性

近代以来，中国人文社会科学的发展伴随着东西方文化的交流与碰撞。有两次文献引进的影响非常显著：第一次是自鸦片战争肇始的西学东渐，至"五四"新文化运动达到顶峰，不仅破除了以儒家文化为代表的中国人文传

---

* 本章主笔：刘大椿，中国人民大学图书馆馆长、哲学院教授；赵鹰，中国人民大学哲学院科学技术哲学博士生。

统，还将社会科学逐步引入中国，为日后的人文社会科学的发展奠定了基础。第二次是改革开放以来，西方哲学、社会科学思潮经由学者的译介，进入重启国门的中国，呈现出"百花齐放、百家争鸣"的新态势，并经过 30 余年的发展，从最初的翻译、引进过渡到自我实践、自我建设，构建起具有中国特色的人文社会科学体系。在这样的进程中，各个学科的文献资源渐渐丰盈，学科理论也日益成熟。

一、人文社会科学文献的特征

作为文献家族的一员，人文社会科学文献记载着人文社会科学的知识和信息，是人类创造的一种智力资源，一经产生，便可供人们反复使用，并进行交流、传播和开发，成为人文社会科学工作者用之不竭的财富。

（一）人文社会科学文献的特点

人文社会科学文献数量庞大、内容广泛、品种繁多、载体多样、发展迅速，记载着人们研究社会现象及其发展规律的成果，具有潜在性、政治倾向性、综合性、连续性的特点。①

文献价值的潜在性。所谓潜在性，是指它所产生的社会作用和经济效益是间接的、潜移默化的。人文社会科学成果主要是通过作用于生产关系和上层建筑，从而间接地作用于生产力而产生作用。其作用要经过较长的"潜伏期"才能显示出来。人文社会科学工作者应充分重视人文社会科学文献价值的潜在性，对文献资源进行积极的开发，使其潜在的价值充分发掘出来。

文献应用的政治倾向性。由于人文社会科学属上层建筑和意识形态范畴，与社会政治紧密相连，因此具有较强的政治倾向和意识形态色彩。在人文社会科学研究中，研究者及其研究对象都具有特定的社会属性。研究者因受其价值观念和思维方式的制约，按其所持有的世界观和方法论去解释社会现象，就是对同一问题的研究，依据同样的资料，不同的研究者可能会得出不同的结论；被研究的人和社会现象也因受其所处环境条件（诸如政治制度、文化传统等）的影响，呈现不同程度的差别，显示出特定的国情、区域、民族等特征，从而影响着研究者的观察、研究和判断。此外，研究活动本身如课题选择、科研进程、理论形成等过程，都会受到所处时代社会政治

---

① 参见王昱：《社科文献的特点、作用及省级社科文献资源建设》，载《青海社会科学》，1994（6）。

因素的影响，使研究成果具有政治色彩。

文献内容的综合性。社会现象和社会事件相互间的联系具有复杂性，重大的社会问题更是处在纷繁复杂、多维交错的社会关系中，研究这样的社会问题牵涉到众多复杂多变的因素，使得这样的研究已从以前较为单一的学科进入多学科、跨学科的研究，呈现出明显的综合趋势。人文社会科学的一些学科虽有特定的内涵，但又无严格的界限，表现出高度分化又高度综合的整体化趋势，许多新兴学科、边缘学科、综合学科、交叉学科的出现即反映了这一趋势。除人文社会科学内部的某些学科交叉融汇外，还出现了人文社会科学、自然科学、技术科学之间的相互关系逐步密切和相互作用明显加强的趋势。比如，在中国高速铁路的研发中，与列车高速度相对应的是高标准、严要求。举例来说，乘客刚上列车时，一般对灯光并不在意，但随着时间的推移，乘客会对灯光的强弱、颜色等产生反应，这就需要调节，让乘客感到更舒服。类似的问题就需要组织物理学、生理学、心理学等方面的专家，围绕列车车厢的温度、湿度、噪声、振动、照度、乘坐空间、娱乐设施等因素展开跨学科的广义舒适度研究，以期为乘客创造最优的乘车环境。[①] 这些研究，需要诸多学科综合性的文献支持。

文献发展的连续性。与自然科学和技术科学文献相比，人文社会科学文献的老化速度相对缓慢，这是由人类社会发展的连续性特点所决定的。从实践来看，人文社会科学工作者研究社会现象及其发展规律时，不仅要对当时相关的各种因素进行综合考量，还需要对相关的文献进行跨度比较大的回溯，从而保证研究具有时空上的连续性，得出令人信服的研究结果。从理论来看，人文社会科学新理论的出现并不意味着旧理论的淘汰，研究同一问题的新理论成果并不能包容和取代以往的理论结论。许多有价值的经典著作、历史文献，长期以来都是取之不尽的源泉，可谓常用常新，不同的研究者会从不同的角度使用。

（二）人文社会科学文献的作用

在人类历史的发展进程中，"人文社会科学研究是一项不断积累、继承和发展创新的过程。今天的学术成就无不是在前人研究的基础上取得的。每一项学术研究，都必须深入了解已经取得的成就，充分调研国内外已经发表

---

① 参见赵鹰：《西南交大高铁研发：五角钱与两万亿元的故事》，载《科学时报》，2008-11-18，B1 版。

的学术文献，全面掌握以往的研究成果。事实说明，没有足够的科学文献，科学研究就不可能跟上时代的步伐，更谈不上发展和创新"①。人文社会科学文献资源在保存人类文明成果、满足社会文化需求、为决策服务等方面起着不可估量的作用。②

文献的知识储存作用。人文社会科学研究成果中蕴藏着丰富的思想和文化内容，包含着人文社会科学工作者对各种社会过程的深刻思考和认识，是人类宝贵的智力财富。人文社会科学文献的积累形成了人类思想文化智慧的宝库，从而保存了人类的历史和文化。通过对文献信息的继承、交流和传播，人类才能不断利用和借鉴已经发现和创造的文明成果，可以避免重复劳动和原地徘徊，从而推动社会历史不断进步。

文献满足社会文化需求的作用。人文社会科学文献是在研究活动中产生和形成的，又为新的研究提供理论、资料和信息，成为人文社会科学研究工作的基础条件之一。人文社会科学文献资源的建设情况，在一定程度上决定着人文社会科学研究事业的繁荣和衰退。对文献资料进行综合性研究，是当代人文社会科学家经常使用的研究方法。只有详尽地掌握前人和今人的思想成果及各种信息，才能开展人文社会科学研究工作，以取得新的成果，甚至创立新的学科。未来学、科学学、管理学科、领导学等新兴学科的创立和发展，都离不开从分散在众多相关学科的文献资料中提取信息、汲取养料和受到启迪，并开展跨学科的研究，从而创造新学科。

文献为决策服务的功能。人文社会科学研究中的许多成果可以直接转化为供领导决策的方案。从决策来看，解决社会发展中出现的各种问题，需要人文社会科学在决策咨询、目标预测、方案论证、发展调控、生产组织、技术应用、科研管理等方面发挥其功能。当前，中国的改革开放正进入一个新的历史时期，迫切需要人文社会科学工作者不断提出新的理论，拿出新的对策来解决遇到的各种新问题，帮助决策者准确地把握时代的脉搏，正确理解不断变化的社会现实中的各种问题，提高其认识问题、作出决断、解决问题的能力。《高等学校哲学社会科学繁荣计划（2011—2020年）》的重点建设

---

① 袁贵仁：《在"中国高校人文社会科学文献中心"启动大会上的讲话》，载《大学图书馆学报》，2004（3）。

② 参见王昱：《社科文献的特点、作用及省级社科文献资源建设》，载《青海社会科学》，1994（6）。

内容第四条也提出，要加强哲学社会科学应用对策研究——着眼党和国家的战略需求，聚焦社会主义经济建设、政治建设、文化建设、社会建设以及生态文明建设和党的建设中的重大问题，重点扶持立足实践、对经济社会发展有重要影响的应用对策研究，开展全球问题、国际区域和国别问题的长期跟踪研究，推进高等学校与国家部委、地方政府等合作建设咨询型智库，推出系列发展报告和政策建议，以扎实有力的研究成果服务于党和政府的决策。①

（三）人文社会科学研究中的文献使用特点

人文社会科学研究是对多重现实（或同一现实的不同呈现）的探究和建构过程，具有不断演化的特点，与自然科学研究相比，不具备"一次定终身"的条件。在人文社会科学的研究中，多采取归纳方法，这就决定了研究者在收集和分析文献资料时走的是自下而上的路线，在原始文献资料的基础上建立分析类别，分析资料与收集资料同时进行。人文社会科学的文献研究和理论建构，也主要采取归纳的路线，从资料中产生理论假设，通过相关检验和不断比较逐步得到充实和系统化。因此，人文社会科学研究对文献的使用有其自身的特点。②

在研究准备阶段，对文献的检索、收集是一个动态、聚焦的过程。人文社会科学研究中对研究问题的设计是一个不断演化、发展的过程。在研究中，研究者对研究的现象和问题需要具备相应的"背景知识"：前人相关的研究成果、研究者个人的经验性知识，以及研究者自身为该问题构建的概念框架。三方面的内容可能相互交织，共同构成研究者的问题视域。但研究者在阅读文献时，经常碰到一个十分棘手的问题："我应该检索多大范围的文献？"进行文献检索的目的不是罗列所有相关的理论和发现，而是批判性地阅读这些文献，然后从自己研究问题的角度对其进行评判和综合。通过对现有文献进行批判性的解读，研究者可以比较有力地说明研究的重要性，同时，了解前人的理论也可以使自身的思维更敏锐，提升捕捉问题的能力，并启迪灵感。

在研究进行阶段，对文献资源的整理和分析是一个同步、互动的过程。

---

① 参见教育部、财政部：《高等学校哲学社会科学繁荣计划（2011—2020 年）》，2011-11-07，见 http://www.moe.edu.cn/ewebeditor/uploadfile/2011/11/09/20111109103051635.pdf.

② 参见仲明：《社会科学研究中的文献利用与需求》，载《情报资料工作》，2001（2）。

从概念上来看，文献整理和分析似乎可以分开进行，可以分别对它们进行辨析。但是，在实际操作时，它们是一个同步进行的活动，整理必然建立在一定的分析基础之上，而整理行为又受制于一定的分析体系。文献的整理和分析作为一个整体，与文献的检索和收集也不是两个分开的阶段，而是一个相互交叉、重叠发生、同步进行的过程。对文献及时进行整理和分析，不仅可以对已经收集到的文献获得比较系统的把握，而且可以为下一步的文献收集提供方向和聚焦的依据。因此，文献资源的整理和分析要根据研究目标将所获得的原始文献资料系统化、条理化，然后用逐步集中和浓缩的方式，进行文献综合，最终对文献资料进行意义解读。收集到的文献都要经过研究者的整理和分析，加深其理解，并形成具体化、可操作化的研究进路。可以说，整理和分析文献资料是意义解读的必由之路，是保证研究结果"严谨"、"确切"的一个重要手段。

二、人文社会科学研究中的文献需求

从人文社会科学研究中的文献使用特点可以看出，人文社会科学工作者对于文献的依赖性很强，有着强烈的文献需求，并伴随着学科的多元化发展而显示出较为复杂的新特点——研究方法的综合化、研究方向的社会化、研究方式的国际化。同时，进入信息时代以来，随着网络技术的发展，人文社会科学工作者的文献需求也发生了巨大的变化，从以纸质文献为主，转变为以电子文献为主，极大地提升了研究者对文献信息的占有程度，拓展了其研究的深度和广度。进入 21 世纪以来，人文社会科学工作者研究中的文献需求在文献类型、内容和方式上都与以往有所不同。[①]

从文献需求的类型来看，大致有四种情况。一是专著和期刊。网络环境下，图书和期刊仍然是人文社会科学工作者获取信息的基本来源，具有其他信息源无法取代的地位。同时，网络环境下电子图书和电子报刊的大量出现，给予人文社会科学工作者更为全面、迅捷的文献保障。二是灰色文献。灰色文献从不同角度反映科研进程和社会各领域的真实情况，具有正式出版物中难以得到的最新情报信息。而网络的普及，使得任何组织和个人都可以通过网络发布各种非正式出版的文献信息，发表个人的评论和观点，以及传

---

① 参见杨华：《网络环境下人文社会科学研究人员信息需求特点和服务策略初探》，载《农业图书情报学刊》，2007 (4)。

播各种社会调查和评估结果等。因此，网络成为人文社会科学工作者获取灰色信息资源的理想途径。三是电子型文献。就传统文献而言，主要是纸本文献占据优势，随着知识更新速度、知识膨胀速度和数字资源的快速发展，纸本文献收集和储存的劣势使其需求逐渐被数字资源代替，人文社会科学工作者更多的是通过网络获取电子文献资料。四是全文检索。论文资料在学术研究中发挥了重要作用，它们能及时反映学术研究成果和研究发展动态，而人文社会科学工作者将接近"资源"视为其科学研究的基本原则，热衷于获得原始文献，通过对原文的研读，了解作者的思想观点，进一步挖掘其隐含的、尚需探索的意义。

从文献需求的内容来看，主要有下面几个方面：一是原始资料、数据。人文社会科学研究需要大量翔实可靠的第一手资料，包括未经加工的各种事件的记录报道、各种权威机构发布的统计数据等，对其进行分析和研究，发现问题和规律，提出解决问题的方法。二是原创性、权威性作品。研究者在挑选参考资料时，更看重作品的原创性，原创作品是作者学术观点的记录和展示，因此更具参考价值。三是专业性的文献。各学科研究的纵向发展决定了研究者的信息需求专深性的特点，研究者需要系统地把握研究课题的国内外进展情况、发展趋势及研究成果等。四是确定性的文献。信息爆炸带来了巨大的信息污染，研究者需要排除这些污染的干扰，准确地获取相关问题的信息解答，找出最切题的事实或数据型信息。

从文献需求的方式来看，体现出下面四个特点：一是电子化。网络环境下，电子信息资源在信息的存储、检索、传递与利用等方面具有传统文献资源无可比拟的优势，信息交流不受时空限制，加快了信息传播的速度，扩大了信息资源的获取范围。二是自助化。现代检索方式已步入以数据库为核心带动信息存储、检索等服务手段的全面电子计算机化，研究者能够通过人机合作更方便地获取各种信息，自我服务能力不断提高。三是互动性。科研人员通过网络与图书馆互动交流，以电子邮件、电子论坛、主页留言簿等方式在网上和图书馆的工作人员进行沟通，提出需要、反映问题，图书馆也可以随时了解科研人员的要求和建议，并及时采取措施，改进工作，最大限度地满足用户的需求。四是个性化。人文社会科学工作者对信息的需求不仅是专业的、精深的，而且是极具个性的，他们将时时跟踪自己研究领域内最新发展方向和研究动态，补充自己需要的资料，以使得拥有的信息资料达到一种极致状态。

由于人文社会科学工作者的文献需求发生了重大变化，以往的以图书馆馆藏书目为主的文献资源服务方式也随之改变，为了应对信息技术条件下人文社会科学工作者多元化、不同层次的文献需求，《高等学校哲学社会科学繁荣计划（2011—2020 年）》提出，要"适应信息化、数字化发展趋势，加强图书文献、网络、数据库等基础设施和信息化建设，构建方便快捷、资源共享的哲学社会科学研究条件支撑体系，全面提高保障水平"。加强哲学社会科学基础支撑和信息化建设是其中的一项重点建设内容，具体要求为：加强高等学校社会调查、统计分析、基础文献、案例集成等专题数据库建设，推进人文社会科学优秀学术网站建设，加强与现有信息服务机构的衔接，推动哲学社会科学研究信息资源的共建共享。加强中国高校人文社会科学文献中心建设，扩大外文图书期刊入藏数量，提高服务水平，为教学科研提供文献保障。继续实施高校哲学社会科学名刊工程，建设一批国际知名的学术刊物，推动学术期刊专业化和数字化发展。①

"十一五"时期文献资源建设在加强基础设施和信息化建设，充分利用网络平台、数字技术等方面采取了重要举措，通过加强网络管理平台、文献基础数据库、学术期刊和学术网络建设，提升了哲学社会科学研究的数字化、信息化水平，高校人文社会科学的文献建设已经取得重要成就。②

"中国高校人文社会科学文献中心"（CASHL）成功运行。该中心收藏和整合人文社会科学文献，提供多项专业化、高质量的公益性信息服务；2006 年成功地将"高校文科图书引进专款项目"的资源整合到 CASHL 平台中并开展服务，初步建立了全国第一个为教学和科研提供文献服务与最终保障的国家级人文社会科学信息资源平台；有计划、有系统地引进 1 万多种外文期刊、40 余万种外文图书、1 370 种电子期刊、25 万种早期电子图书，以及多种国内唯一收藏的大型特色外文文献；构建了"开世览文"中心服务网站以及"外文期刊目次库"和"外文图书联合目录"两个数据库，目前共有记录 1 234 万余条，检索量达到 4 000 余万次；期刊全文下载累计超过 500万篇，手工原文提供 40 万篇；为近 500 家高校和科研单位提供服务，受惠

---

① 参见教育部、财政部：《高等学校哲学社会科学繁荣计划（2011—2020 年）》，2011-11-07，见 http://www.moe.edu.cn/eweneditor/uploadfile/2011/11/09/20111109103051635.pdf。

② 参见《立足创新 提高质量 继往开来——高校哲学社会科学繁荣计划"十一五"成就巡礼》，载《光明日报》，2011-02-28，10/11 版。

用户达 30 多万，为哲学社会科学教学和科研提供了高水平的文献保障。

高校哲学社会科学名刊工程建设稳步推进。名刊工程提升了高校学报的整体质量，2003 年启动第一批评选，"十一五"期间又进行了第二、第三批评选，全国共有 26 家高校主办的期刊入选。名刊工程在中国期刊界和学术界引起很大反响，产生了良好的示范效应，不仅提高了高校学报的学术水平和影响力，也对全国学术期刊的发展起到了促进作用。启动以后，入选刊物集合学校多个学科的优势，创办特色专栏，逐步改变了高校社科学报"全、散、小、弱"的状况，在实现"专、特、大、强"的目标方面进行了有益探索；与此同时，确立开放理念，实行开门办刊和实施"走出去"的战略；逐步实行双向匿名审稿制度，提高了学术质量，有效防止了学术不正之风和学术不端行为。

"中国高校人文社科信息网"平台建设切实加强。几年来，该网积极采取调整栏目、面向全国高校和其他人文社科人士征集稿件、与其他媒体或网站开展合作、对编辑任务进行明确安排等多项措施，全面加强宣传报道工作，在学界和社会的影响力不断扩大。经过几年筹划和运作，成功推出了新版，在资讯报道的数量和质量上有了很大的提高，成为面向全国的科研信息交流平台、重要研究成果展示平台和高水平学术论文发布平台，获得人文社会科学研究工作者和社会各界的广泛好评。访问量大幅上升，日均访问人数由改版前的 3 000 多人次上升到近万人次，日均访问页面数由改版前的 1 万页左右增加到近 3 万页，网站世界排名由改版前 20 多万名大幅前移至 8 万名以内，真正起到了中国人文社会科学门户网站的作用。

三、人文社会科学文献的重要性

正如人文社会科学与自然科学犹如车之双轮、鸟之两翼不可偏废，人文社会科学文献资源与自然科学文献资源同等重要。人文社会科学文献资源也是综合国力的重要组成部分，是人文社会科学研究繁荣发展的基础、先决条件和基本保障。[①] 建设具有中国特色、中国风格、中国气派的人文社会科学，推动社会文明的进步和发展，需要"温故知新、学新知新"，继承和借

---

① 参见潘燕桃、程焕文：《迈向人文社科信息资源共享的新时代》，载《大学图书馆学报》，2009（1）。

鉴人类的一切文明成果。① 这正是文献资源作为人文社会科学发展的生命源泉的意义所在。

人文社会科学研究是以社会现象为研究对象的探索性、创造性、继承性、连续性的活动，文献在其中具有的基础资料的重要性体现在四个方面。一是由于观察法和实验法在获取社会原始信息中有着诸多限制，而文献中却记载着诸多社会现象的信息，对其进行深加工和进一步研究，是人文社会科学研究的一种重要方法。从事理论性研究的人文社会科学工作者以独立探索为主要研究方式，劳动的个体性比较突出。因此，与自然科学研究相比，文献作为劳动资料在人文社会科学研究中更加重要。二是社会现象与规律具有延续性、可再现性等特点，人文社会科学工作者在研究中需要进行历史考察，作为记载历史的最重要的载体之一，文献也就成为人文社会科学研究不可或缺的资料。三是人文社会科学研究的继承性也要求人文社会科学工作者在研究过程中要通过文献充分了解前人的研究成果，以资借鉴和参考。四是人文社会科学工作者要通过阅读等方式与途径进行研究，从某种意义上说，人文社会科学机构和人员收藏、获取与使用人文社会科学文献的能力，构成了其科学投入能力与吸收能力的核心。②

近代以来，尤其是在 20 世纪为中国的人文社会科学作出奠基性、开创性贡献的人文大师，深知文献的重要性，对文献的挖掘不遗余力。从文史研究来看，以当时的中央研究院历史语言研究所成就最为突出。其中一个重要的因素是，当年王国维称道的 20 世纪最伟大的关于文物的"四大发现"，有三大发现的实物资料或摹本被历史语言研究所掌握，并组织有计划的殷墟甲骨发掘，先后发掘十五次，大大推动了中国考古学的发展和商代历史的研究。傅斯年还将明清大库档案资料争取到历史语言研究所，组织进行专门整理，使明清史研究取得了突破性的进展。这些工作，为中国历史学保存、积累和扩充了极为丰富的历史资料，在中国历史学史上作出了不可磨灭的贡献。历史语言研究所一跃成为中央研究院九个研究所的"龙头老大"，成为光芒四射、傲视群雄的学术重镇。③

① 参见《人文社科文献资源共建、共知、共享北京宣言》，载《大学图书馆学报》，2007（2）。

② 参见仲明：《社会科学研究中的文献利用与需求》，载《情报资料工作》，2001（2）。

③ 参见林坚：《人文大师：奠基性研究与创新方法》，12 页，北京，中国科学技术出版社，2012。

而在当代科学的发展中,人文社会科学和自然科学相互交叉渗透,开拓和扩大共同认识的领域,由此产生了一系列的边缘学科。在技术学科的应用中,涉及的管理体制、运行机制、社会环境制约、技术人员素质等,都离不开运用人文社会科学研究的成果,人文社会科学文献在这里发挥着信息载体的传递作用。①

关于文献在人文社会科学研究中的重要性,有研究者通过定量研究方法,对中国人文社会科学作品(1978—2007 年)引用的文献进行了细致的分析和研究。② 研究结果表明,改革开放 30 年来,中国人文社会科学领域发表和出版了数以百万计的研究作品,涵盖了"学术与政治"、"中国与西方"、"古典与现代"、"人文与社会"、"继受与原创"等多个方面。各类学术作品由于引证频度的不同,呈现了不同的影响层次。不同影响层次的学术作品反映了当代中国人文社会科学的基本结构和总体变迁,集中体现为以下特点:政治作品影响力地位突出,中西古典作品均影响力微弱,现代人文学科作品影响力下降,现代社会科学作品的影响力则在上升速度和范围广度方面都居于首位,其中尤其以继受西方现代社会科学作品最为显著,同时中国自身的社会科学研究也日益繁荣。对当代中国学界影响最大的学术作品是"汉译世界学术名著",基本是西方现代学术名著,并且主要是西方现代社会科学著作(与人文学科著作的比是 351∶88)。其次是中国当代社会科学领域的原创作品,再次是重印的中国古代典籍和再版的改革开放前出版的作品,最后是中国当代人文学科领域的原创作品。

从文献的参考情况来看,人文社会科学研究主要还是以图书为主,占全部引用文献的 2/3 左右,说明人文社会科学研究对图书的倚重。分析数据还表明,人文科学相对社会科学而言,图书资源更加重要。这一方面说明人文科学较社会科学更加成熟,另一方面也说明社会科学大多学科处在快速发展阶段。社会科学研究的快速发展主要体现在期刊论文的引用量大于人文科学。例如,日益向自然科学靠拢的心理学,其期刊论文的引用量占该学科全部引用文献量的 60% 左右,图书馆、情报与文献学,经济学,体育学和管

① 参见王昱:《社科文献的特点、作用及省级社科文献资源建设》,载《青海社会科学》,1994(6)。

② 参见凌斌:《中国人文社会科学三十年(1978—2007):一个引证研究》,见苏力、陈春声主编:《中国人文社会科学三十年》,152~187 页,北京,生活·读书·新知三联书店,2009。

理学的论文的引用比例均在 50% 以上，说明这些学科正处于快速发展阶段，有许多新的研究领域和增长点。另外一个不可忽略的趋势是，网络文献在人文社会科学研究中越来越得到学者关注。擅长信息管理与服务的图书馆、情报与文献学学者对网络文献具有更强的获取能力，引用占比达 12.62%，而其他学科均不到 5%。这表明随着网络的日益普及和网络资源的日益丰富，网络资源将成为人文社会科学研究的一种重要的学术资源。①

就某种类型的文献而言，其对人文科学与社会科学的影响也有较大差异。学者对 2000—2007 年中文社会科学引文索引（CSSCI）中历史文献被引种数和次数的分析显示，历史文献对人文科学类学科的影响远远大于其对社会科学类学科的影响。历史学、宗教学、民族学、考古学、中国文学对历史文献的引用种数和次数较多，说明这五门学科学者更为重视的是对历史史料的研读，从大量历史文献中提取所需原始资料；管理学、经济学、教育学、心理学、法学等学科，在古代中国没有形成系统的学科分类，这些学科知识分散在各类史书、儒家经典著作中，学者引用较为困难，而且国外形成的社会科学系统性研究理念已深入人心，学者撰写论文时，更易引用国外学术著作和国内现行研究著作。分析各学科引用历史文献次数最高的图书发现：多数学科都大量引用《论语》、《孟子》、《史记》、《汉书》等经典著作，说明经典历史文献对中国人文社会科学的发展发挥了巨大的推动作用，深深影响了中国文化的传承。②

第二节　学科成长的实践取向

20 世纪，中国人文社会科学学科建设历经了中西互渗、观点至上和理性多元三个阶段。第一个阶段为 20 世纪开始至 40 年代，人文社会科学研究方法可谓新旧交融、中西互渗，主要特征是用西方近代自然科学研究方法进行人文社会科学的研究；第二个阶段为 50 年代至 70 年代末，人文社会科学

---

① 参见苏新宁、邹志仁：《从 CSSCI 看中国人文社会科学研究》，载《江苏社会科学》，2008 (2)。

② 参见徐昕：《历史文献对中国人文社会科学研究的影响分析》，载《西南民族大学学报》（人文社会科学版），2012 (4)。

研究方法表现为观点至上，主要特征是用马克思主义方法进行人文社会科学的研究；第三阶段为 70 年代末至 90 年代，人文社会科学研究方法表现为理性、自觉、多元，主要特征是在继续坚持马克思主义方法的基础上，对马克思主义方法进行修正、完善，并逐渐确立起相应的人文社会科学研究方法与态度。这些研究方法的兴替状况，展示了其与自然科学、政治理性及人的实践之间错综复杂的关系，同时为探索人文社会科学研究方法性质及其与人文学科、社会学科研究的关系开拓了新视角。[①] 进入 21 世纪以来，中国人文社会科学学科建设从学科引进为主转向在引进的同时积极创建新学科的发展格局，国内尚属空白的学科仍在继续引进，包括引进既有学科的最新理论和最新研究方法等；同时，也在发扬独立自主的创造精神，立足于中国社会的现实，在实践中创建具有中国特色的新方法、新理论、新学科。[②] 从实践的历程来看，已经形成了具有中国特色的人文社会科学实践观，在对自然科学方法、西方先进理论的引进、融合与创新中，找到了更加符合中国国情的实践方法，并在全球化的背景下进行了相应的实践。

一、人文社会科学实践观

人文社会科学与自然科学的研究一样，都需要在实践中探索，并不断对探索出的理论加以实践的检验。但是，两者的实践有很大的区别：自然科学的实践是一种对外部物质世界的感知，人文社会科学的研究对象和实践手段则是对人类社会的探索和体验，强调精神世界及其与物质世界的互动。因此，从实践的目的来看，自然科学与人文社会科学都以获取真理为目标，但两者的实践观因为探索对象的迥异而有着本质上的差别。[③] 从两者的实践来看，差别主要有三个方面。

复杂性不同。人类社会是由有生命、有意识、有感情的不同类型的人组成的，属于复杂的、高级的运动形态。人文社会现象比自然现象更为复杂表现在许多方面，其中因果关系的多元性就是重要的一个方面。在自然界，事物的因果关系比较简单，而在人文世界，事物的因果关系相当复杂，一般情

---

① 参见李承贵：《20 世纪中国人文社会科学研究方法回眸与检讨》，载《南昌大学学报》（社会科学版），1999（4）。

② 参见王绪琨：《学科发展战略：跨入 21 世纪的中国人文社会科学》，载《大连理工大学学报》（社会科学版），1999（1）。

③ 参见杨春华：《人文主义实践观在 21 世纪的价值》，载《长春师范学院学报》，2011（3）。

况下由多种因素所决定，而且常常变化不定。因此，人文社会科学的理论不像自然科学理论那样精确、准确。

集团（或阶级）利益对科学研究的影响不同。人文社会科学的研究对象是由不同类型人群组成的社会。这种研究对象本身就包括个人、阶级、国家的利益、欲望、观念、信仰等，同时，又受研究者本人的观念、信仰及所处社会环境之影响。一般来说，侧重研究个体活动的人文科学客观性强一些，而侧重研究群体活动的社会科学主观性强一些。

实践检验的时限不同。人文社会科学的真理性同样要用实践来检验，但检验起来较为复杂，经历的时间比较长。人文社会科学的理论观点可以通过实践检验来排除错误，不断修正、完善，最后逼近真理。但是，对于人文社会科学来说，社会实践检验及纠错的方式、方法更为复杂，时间更长，往往需要几十年，甚至几百年。如对市场经济的认识，经历了二三百年才逐渐完善。①

从两者的实践观来看，正是自然科学所取得的巨大成就，使得自然科学的实践观在研究中占据主导地位，而人文社会科学工作者希望照搬自然科学的研究方法，却忽略了上述两者的区别，导致一个多世纪以来人文社会科学的发展走入了一些误区。

从科学主义实践观来看，现代自然科学取得的成就举世瞩目，其奥秘在于两点：第一，推理基础的坚实；第二，推理所依赖的逻辑精确。这就使得自然科学一步一步坚实前行，从而垒起万丈高楼。同时，自然科学以实践或者事实的形态呈现，这种实践的最根本的特征是：其一，实践的表象呈现于任何一个观察者、体验者的感官之外，也就是在标准直观的主、客体的二元框架内呈现；其二，这种实践的表象可以为任何一个普通大众的普通感官所感知。正是这两个特征构成了自然科学勃兴的基石。自然科学一切真理的发现最终得到一致认可，最根本的原因就在于其得到了客观实践的验证。

就人文社会科学来看，其实践在本质上是一种精神的实践，是人类智识积累与发展的重要途径。人类智识的发展始终是在理论和实践的张力中前行的。一切实践只有上升到清晰地以概念化来表达的理论高度才算是进入自由王国；一切理论都需要实践的验证才能得以证实和为公众接受，从而把一个

---

① 参见钱时惕：《自然科学与人文社会科学的异同——科学与人文漫话之四》，载《物理通报》，2010（1）。

新的理论变成一个常识，变成通往下一个更深的对现实世界加以解密的理论的新起点。人类智识和精神的进步就是这样在理论和实践的交互循环中不断提升的。

对于人文社会科学实践观而言，关键在于人文社会科学要把实践性研究方法作为根本方法。而实践性研究最常用、最恰当和最有效的研究方法，包括实地调查、参与观察、深度访谈、个案研究等传统研究方法，以及现代人文社会科学领域兴起的现象学、诠释学等。实践性研究是以实践中的现象为直接的研究对象，以考察现象背后的规律为目的，现实材料是人文社会科学研究的"源头活水"，也是文本材料生成的源泉。它虽然没有实验性研究的精确性、可控制性、可重复性，但是它的丰富多样性和广泛性却是实验性研究所远不能及的，其最大的特点就在于根据事实进行客观的记述、说明，从中解释现象或发现规律。如果说自然科学是以实验性研究法而见长的话，人文社会科学正是以实践性研究法而见长的。实践性研究的方法不仅要求研究者扎根于"田野"，浸入研究对象的"场域"中体验、观察、认识研究对象的文化本义，还要求研究者对现象进行理性的反思与重建。回顾人文社会科学领域的诸多研究成果发现，凡是有较大影响并被承认是科学研究的基本上属于实践性研究的产物。①

人类学领域著名的文化功能主义的创始人马林诺夫斯基的研究成果，就是从大量的"田野研究"中收集素材而获得的，并促使整个人类学从"扶手摇椅上的研究"向"田野研究"转型。他多次深入澳大利亚的特罗布里安群岛和梅鲁岛开展实地调查研究，并以特罗布里安群岛岛民的生活为素材完成了《澳大利亚土著家族》、《西太平洋的航海者》等7部代表性著作。马林诺夫斯基总结自己的研究历程时指出，一个真正的研究者必须经历"在这里"、"去那里"、"回到这里"的归去来兮之路。

在社会学领域，中国学者费孝通在实践性研究中取得的成果也有十分重要的影响。1935年，费孝通从清华大学研究院毕业，取得公费留学资格，出国前曾赴广西和家乡吴江县等实地调查，开展了早期社会学的"田野调查研究"，积累了宝贵的经验和资料。1936年，费孝通抵英，师从马林诺夫斯基完成博士学业，根据其在吴江的调查结果写出论文《江村经济》。后来，费孝通又在实践性研究的基础上出版了《生育制度》、《乡土中国》等著作，

---

① 参见王鉴：《论人文社会科学研究的实践性》，载《教育研究》，2010（4）。

均有较大影响。正因为这样，费孝通在著书总结自己的研究历程时，将书名定为《行行重行行》。他在 90 岁高龄时还到甘肃省的定西、临夏等地做调查研究，其研究取向与方法可见一斑。

这些都表明，一种理论的形成，是否能正确地反映客观实际，取决于研究者能不能深入实践去证明自己的思维并发展自己的思维。进入 21 世纪，伴随着作为思想载体与传播手段的现代出版业的繁荣和发达，中国人文社会科学的内涵亟待提升，需要加强对主体自身精神的探究与体悟。在这里，主观研究者和客观的研究对象合二为一。精神性的存在成为人文社会科学领域的客观实在，而且这里的实践也是一种精神性的实践。精神性的实践既是人文社会科学领域内的唯一实践，也是人文社会科学领域检验真理的唯一标准。①

二、人文社会科学实践方法的演化

人文社会科学研究最大的特点是实践性，就其知识类型来看，属于批判型或解释型的知识。实践性研究不仅是一切人文社会科学研究的一种价值诉求，更是一种方法体系，人文社会科学的生命力在于不断地完善这种实践性研究的价值取向与方法体系。但是，人文社会科学的实践方法的构建，有着曲折的经历。

有研究认为，人文社会科学研究效法自然科学的研究取向与方法，一般要经历两个阶段。②

第一阶段是人文社会科学研究受"启蒙运动"这一文化运动影响的时期，其是因文艺复兴及 17 世纪的科学化过程而形成的。因而，人文社会科学研究开始效法自然科学研究的价值取向与方法，重点研究社会发展的阶段理论及推动社会进步的工具。这一阶段也从根本上奠定了人文社会科学研究的科学化意识，从早期纯主观的思辨研究开始向较客观的实践研究迈出了第一步，标志着人文社会科学科学化历程的开始。

第二阶段是人文社会科学研究受"实证主义"研究价值影响的时期，是随着人文社会科学研究实现"科学化目标"的进程而形成的。19 世纪形成并在 20 世纪占主导地位的指导社会科学研究的一些理论旨趣和模式以实证主义为研究特征。这种在理论取向上以自然科学为标准模式而建立统一的知

---

① 参见杨春华：《人文主义实践观在 21 世纪的价值》，载《长春师范学院学报》，2011 (3)。

② 参见王鉴：《论人文社会科学研究的实践性》，载《教育研究》，2010 (4)。

识体系的实证主义研究，在很长时间里成为社会科学研究方法的主流。到19世纪下半叶，以韦伯为代表的古典社会学家开始对实证主义的研究方法进行批判，认为社会现象有其独特的性质与规律，绝不能盲目地效仿自然科学的研究方法来研究社会科学，而应建立社会科学独特的研究方法，通过对社会现象进行解释，进而形成人文的、理解的研究方法体系。然而，以韦伯为代表的人文主义的研究取向对实证主义研究方法的批判没有改变实证主义在社会科学研究中的地位。直到20世纪60年代，西方社会科学研究主流的实证主义取向的坚冰才开始融化，诠释学、现象学、后经验主义、后结构主义、后实证主义、后现代主义等非实证主义研究思潮的兴起，引发了社会科学研究领域的革命。这些非实证主义的研究的共同点就是强调对社会现象或社会行为进行研究时，必须有强烈的价值介入。从此，实证主义的典范开始受到质疑，一些理论将批判对象锁定为实证主义，批判实证主义纯客观的角度、纯数据的方法、纯技术的理论，忽视人文社会科学的现实场景与实践特点等，这样，人文社会科学领域才逐渐形成对效仿自然科学研究方法的弊端的系统认识，并转向以探索实践研究为主的人文社会科学研究价值取向。人类学领域以格尔兹为代表的解释人类学，社会学领域以哈贝马斯为代表的社会批判理论，教育学领域悄然兴起的叙事研究等，均反映了这种人文社会科学以实践性为特点的研究取向与方法体系的初步探索。

　　另有研究者特别关注各学科之间，尤其是自然科学与人文社会科学之间日益深化的互相渗透。① 首先，人文社会科学与自然科学的相互融合，突出地表现在概念、观点、理论的相互渗透上。如20世纪中叶，尤其是近30年来，系统论广泛渗入人文社会科学，形成了系统论美学、系统论哲学等新理论；数学与人文社会科学学科交叉，则形成了计量经济学、计量史学等大量新学科。其次，人文社会科学与自然科学的相互融合是方法论的融合。由于自然科学方法具有客观性、实证性、精确性等特点，因此近代以来所谓两大学科方法的融合，主要指的是人文社会科学对自然科学方法的借鉴、靠拢。再次是学科的交叉、人才知识结构的趋同。自然科学与人文社会科学研究日益融合的又一个明显标志，是交叉学科的大量出现。在当代两大学科研究成果文体表述及其传播载体的编辑编排格式上，也充分反映出日益融合的趋

---

① 参见张积玉：《当代人文社会科学发展趋势探析》，载《复旦学报》（社会科学版），2009（3）。

势。当代自然科学与人文社会科学融合及其一体化趋势的出现，是由人类科技、社会、经济高度发展的现实所决定的。二战以来，一方面，社会的文明进程创造了无与伦比的物质条件，与此同时，人类也面临着资源的浪费与破坏、生态环境的恶化、人口的膨胀等一系列全球性综合难题。解决这些全球性的难题，仅靠人文社会科学或自然科学中的任何一门都不可能。这就要求自然科学和人文社会科学两大科学、两支队伍融为一体，联合攻关。

总体而言，实践性研究作为一种价值取向，强调人文社会科学研究不能停留在传统的文献资料与书斋的纯思辨研究中，而是要走出书斋，走向生活，深入到各个学科自己独特的研究领域中去。如研究艺术创作的人，要深入生活，通过观察与体验，把自己的思想和情感与现实的生活融为一体，从现实生活中获取创作灵感，这样的创作才会有生命力，才能体现文学艺术的真正价值，为人们提供精神食粮。

当然，作为一种方法体系，人文社会科学的实践性研究方法需要在研究过程中不断完善。随着人文社会科学的不断发展，一些新兴的人文社会科学研究方法如现象学、诠释学、民族志研究、叙事研究、案例研究等正在研究过程中不断地成熟起来。人文社会科学研究的专门的方法体系正在日益扩大并逐渐完善。①

以 20 世纪的中国人文社会科学发展为例，诸多启蒙和领袖人物中，在一些重要领域作出开创性、奠基性贡献的，有梁启超、王国维、胡适、傅斯年、陈寅恪、李济、赵元任、金岳霖、冯友兰。这些人文大师主要集中在历史、考古、语言、文学、哲学、逻辑等研究领域，他们取得了卓著成就，开山拓荒，创立新说，发明新见，启人深思，奠定了中国现代学术的基础。以陈寅恪为例，其以诗考史、释史，以史考诗，多有发明。如《韦庄〈秦妇吟〉校笺》、《元白诗笺证稿》，既能以史证诗，又能从诗看史。他用语言、音乐、地理等方面的知识来笺证、解诗，又用历史事实来印证诗歌的内容，对唐代文学史及比较文学都有探讨。从诗看史，可见当时政治的状况、经济的变迁、社会的风尚、外族的影响等，以此开创以诗证史的史学方法。《柳如是别传》就是其以诗证史的杰作，也是辨认和疏解古典与今典的典范。②

---

① 参见王鉴：《论人文社会科学研究的实践性》，载《教育研究》，2010（4）。
② 参见林坚：《人文大师：奠基性研究与创新方法》，15～40 页，北京，中国科学技术出版社，2012。

三、全球化背景下的中国人文社会科学实践

全球化研究已经成为 20 世纪以来人文社会科学理论发展的突出领域，对全球化的本质和结构、全球化的过程、全球化和世界秩序、全球化对不同地区所产生的影响及其应对进行研究，正成为全球化时代人文社会科学的关注点。①

日益深化的全球化过程，不仅构成知识生产的背景，其表现出的内在规律性，以及由于全球化所产生的新的实践，也成为知识体系的具体内容。在全球化实践中形成的全球性知识体系是综合性和不断扩展的。在这样的进程中，全球化不仅仅是一个经济过程，也是政治过程、国际关系过程和社会过程，并产生了全球性的公共事务，为全球性公共知识的产生提供了需求和可能性。

全球化不仅丰富了发展中国家的具体实践和知识体系，也进一步丰富和发展了发达国家的具体实践和知识体系，并不断深化对全球化本质和结构的理解。全球化通过各种"全球—本土联系"，影响着不同国家和地区的发展实践。对于发展中国家而言，全球化主要表现为西方化和美国化，将非西方社会卷入全球体系。同时，全球化也改变着人们的行为方式和社会组织形态，国际商品的进入、国际时尚的传播和基于互联网的全球信息的渗透，使人们的生活模式、消费模式和价值观发生变化。因此，世界不同国家和地区都在全球化过程中、在重新调整的全球体系中重新被影响和定位。发达国家和发展中国家都需要重新思考全球化的本质和结构。而对这一过程的理论建构而言，目前基本仍然是以发达国家为主导的，将全球化理解为资本、国际分工、市场和现代性等的全球扩张以及全球秩序结构的塑造过程。

就中国而言，无论是清末和 20 世纪上半叶的第一波全球化，还是改革开放以来的第二波全球化，中国的人文社会科学主要是处于引进、学习和吸收西方的学术概念、学术理论、学科体系以及研究方法的阶段。改革开放以来，人文社会科学日益繁荣发展，一些研究用西方理论来理解和解释中国实践，取得了较为丰富的成果，而这种全球化甚至西方化的知识体系，也很大程度上开始渗透到自身的知识结构中去。中国人文社会科学也在学习西方的

---

① 参见任远：《全球化、全球性知识体系和中国人文社会科学的发展》，载《复旦教育论坛》，2009（2）。

过程中不断发展，丰富了理论观点，促进了学术解放，同时逐步培养了一批具有国际学术视野和国际对话能力的人文社会科学学术队伍。

但是，当前中国的人文社会科学研究在世界上还缺少应有的话语权，这种现象带来了几个矛盾：一是中国人文社会科学的全球地位和中国历史文明不相符合；二是中国在世界上所具有的文化软实力和中国作为新兴市场经济国家不断上升的经济硬实力不相符合；三是中国对全球现代化的知识体系所作出的贡献和 20 世纪以来中国崛起所创造出的发展中国家现代化的特殊实践与典型经验不相符合。

因此，处于全球化过程和全球性知识体系内的中国人文社会科学，不可避免地与世界进行交流并相互影响。改革开放以来，全球化进程对中国人文社会科学发展的影响主要包括三个方面：一是全球化的实践过程给中国人文社会科学提供了新的具体知识，全球化研究已经成为 20 世纪以来世界知识体系的重要领域，这给中国人文社会科学研究提供了知识的场景和知识的内容；二是全球化背景下，特别是改革开放以来，中国处于弱势的人文社会科学主要是学习和理解全球性知识体系，同时也开始逐步尝试着"走出去"，进入全球性知识体系，参与对全球性知识体系的重新建构；三是全球化的进程中，中国的大学也开始探索实践现代大学制度，强化了大学作为知识的生产地和原产地的功能，并通过对学术管理体制机制的探索创新，为知识生产和学术创新奠定制度基础。

改革开放以来人文社会科学的繁荣发展，与对现代大学体制改革的探索分不开。现代大学制度推动人文社会科学发展，最突出的体现是强化大学作为知识的生产地和原产地的功能。现代大学的根基是学术独立、思想自由，目的是追求知识和真理。同时，要确立知识的价值，即在大学中形成一批以追求知识和真理为快乐的学者，才是人文社会科学繁荣的基础。大学和知识分子应该成为社会良知与社会文化思想的先觉者和先行者，使一代又一代的知识分子能够对国家发展作出可贵的知识贡献。

同时，改革开放以来，全球化进程也推动着现代大学发展走向国际交流与合作，大学的国际化功能和国际化能力不断增强，日益成为国际和国内知识交流的中心，并在这一平台的基础上促进学术交流与发展。如复旦大学，在 20 世纪 80 年代国际学术会议寥寥无几，国内学术会议也相对较少，到现在每年有 100 多场有一定规模的国际国内学术会议，学校和不同学院中都有品牌化、长期化的学术论坛、讲座和研讨会，极大地促进了知识的相互交流。国际学术互访和合作研究得到发展，加强了以大学为纽带的国际知识合作。同时，通过对知识的探讨和交流，促进了学术共同体的营造，并促进了知识的生产。

此外，高校管理体制的改革创新也推动了大学的发展。就传统大学来说，大学的主要功能是教学，而以德国洪堡大学为代表，则开创了现代研究型大学的新阶段。改革开放以来，国内一些高校确立了建设世界一流大学的目标，积极改革和创新研究型大学的学术管理体制。不少大学逐步在院系体系的框架上，建设起研究院、研究中心和各种研究基地，在大学中初步形成研究型大学的组织框架，推动人文社会科学的发展。现代大学的运行体制和机制逐步确立起来，努力遵照学术发展的规律，强化学术管理体制，完善包括教授会、学术委员会、学术规范委员会、学术评价委员会等在内的学术管理体制。同时，现代大学管理体制也正在通过完善项目管理体制、完善学术评价制度、完善考核和激励体制等，引导和推动人文社会科学的发展。

全球化背景下中国人文社会科学的发展，不仅是学习理解全球性知识体系的"引进来"的过程，也必然是参与构建全球性知识体系的"走出去"的过程。在中国人文社会科学逐步融入世界的同时，如何"走出去"已不仅是学界关注的焦点，更上升为一种国家战略。

2011 年 11 月 7 日发布的《高等学校哲学社会科学繁荣计划（2011—2020 年）》明确提出，要推动哲学社会科学优秀成果和优秀人才走向世界。坚持以推进学术交流与合作为主线，坚持"走出去"与"请进来"相结合，提升国际学术交流质量和水平，推动高等学校哲学社会科学走向世界，增强中国学术的国际影响力和话语权。探索在国外和港澳地区合作建立海外中国学术研究中心。面向国外翻译、出版和推介高水平研究成果与精品著作。重点加强高等学校优秀外文学术网站和学术期刊建设。鼓励高等学校参与和设立国际性学术组织。积极推动海外中国学研究。①

这显示出，日益深化的全球化过程为中国人文社会科学发展提供了难得的机遇，也提供了艰巨的任务。国家的强盛和发展将是中国人文社会科学提升话语权和不断发展的基础，同时作为新兴大国，也应努力通过人文社会科

---

① 参见教育部、财政部：《高等学校哲学社会科学繁荣计划（2011—2020 年）》，2011-11-07，见 http://www.moe.edu.cn/ewebeditor/uploadfile/2011/11/09/20111109103051635.pdf。

学的发展，加强对全球性知识体系的理解和构建。全球化时代的中国人文社会科学的实践与发展任重道远，在这条发展的道路上，将凝聚大量人文社会科学学者自觉性的学术努力，它充满了艰苦的学术探索，也将带来学术发展的乐趣。①

---

① 参见任远：《全球化、全球性知识体系和中国人文社会科学的发展》，载《复旦教育论坛》，2009（2）。

第二章 学科基础文献的构建及其意义*

对于人文社会科学工作者而言，求学时期，需要从学科文献中汲取营养，丰富学识，为今后的研究奠定理论基础；而在研究阶段，又要从文献出发，结合研究的现实问题，形成具有独特风格的研究方法。比如，将文献与现实紧密结合进行深入研究的，马克思就是典型代表。他在领导工人运动的过程中，深入工厂与工人家庭做了大量实践调查研究，并查阅了大量的文献资料，最终写出了经济学领域著名的著作——《资本论》。① 人文社会科学发展的趋势是，无论从文献中还是到现实中进行研究，对于文献的需求都大大增加：一方面，需要研究者从以往积累的文献中寻求有用的资料；另一方面，又必须综合近来发表的各种文献情况，避免与他人的研究重复，同时也可借鉴他人的研究成果。在人文社会科学诸学科中，都存在大量的基础文献，其中的经典著作、理论著作，其影响往往是长久的，具有重要的学术价值。② 因此，

---

* 本章主笔：刘大椿，中国人民大学图书馆馆长、哲学院教授；赵鹰，中国人民大学哲学院科学技术哲学博士生。

① 参见王鉴：《论人文社会科学研究的实践性》，载《教育研究》，2010（4）。

② 参见王昱：《社科文献的特点、作用及省级社科文献资源建设》，载《青海社会科学》，1994（6）。

从学科发展的角度而言，构建学科基础文献的重要意义，在于能覆盖作学科支撑基础的文献或者主干的重要方面，在学科的知识内容、方法内容和思想内容三者之间保持应有的平衡，涵盖学科的基本观念和主要范式，为学习、研究提供本学科内的核心资源。

第一节　文献的分类

文献的分类可谓林林总总，仅从文献学的角度来看，文献的分类就比较复杂，目前通行的是按照内容的加工深度进行分类，主要包括零次、一次、二次、三次文献以及灰色文献等；按其在学科中的地位，文献的分类也有多种分法，大致有基础文献、主文献、前沿文献、标准文献等。作为文献家族的重要组成部分，人文社会科学文献具有更为基础的作用，是研究者学习、借鉴、综合分析的重要资料来源。

一、按内容的加工深度分

按内容的加工深度，文献可分为零次文献、一次文献、二次文献、三次文献。零次文献由于没有进入出版、发行和流通渠道，收集使用相当困难，一般不作为使用的文献类型；后三种文献是一个从分散的原始文献到系统化、密集化的过程。[①]

零次文献是未经出版发行或未进入社会交流的最原始的文献，如私人笔记、底稿、手稿、个人通信、新闻稿、工程图纸、考察记录、实验记录、调查稿、原始统计数字、技术档案等。此类文献与一次文献的主要区别在于其记载的方式、内容的价值以及加工深度有所不同。其主要特点是内容新颖，但不成熟，不公开交流，难以获得。

一次文献是以作者本人取得的成果为依据而创作的论文、报告等经公开发表或出版的各种文献，习惯上称为原始文献。如期刊论文、学术论文、学位论文、科技报告、会议论文、专利说明书、技术标准等。一次文献是研究者学习参考的最基本的文献类型，也是最主要的文献情报源，是产生二、三

---

① 参见王建涛、沈嵘、朱强等编著：《信息检索》（网络教材），见 http://odp.nit.net.cn/xxjs/index.php/文献，2010-10-24。

次文献的基础，是文献检索和利用的主要对象。一次文献的特点是在形态上具有多样性，在内容上具有原创性，在出处上具有分散性；内容新颖丰富，叙述具体详尽，参考价值大，但数量庞大、分散。

二次文献是按照特定目的对一定范围或学科领域的大量分散的、无组织的一次文献进行鉴别、筛选、分析、归纳和加工整理重组而成的系统的有序化的、方便查找使用的浓缩简化产物，即所谓的检索工具。它以不同的深度揭示一次文献，其主要功能是检索、通报、控制一次文献，帮助研究者在较少时间内获得较多的文献信息。二次文献具有汇集性、工具性、综合性、系统性、交流性和检索性的特点，是对一次文献信息进行加工和重组而成，但不是新的信息，提供的文献线索集中、系统、有序。

三次文献是根据二次文献提供的线索，选用大量一次文献的内容，经过筛选、分析、综合和浓缩而再度出版的文献。其特点是在内容上具有综合性，在功效上具有参考性。主要包括三种类型：综述研究类有专题述评、总结报告、动态综述、进展通讯、信息预测、未来展望等；参考工具类有年鉴、手册、百科全书、词典、大全等；文献指南类有专科文献指南、索引与文献服务目录、书目之书目、工具书目录等。

除了上述分类，值得一提的还有灰色文献。灰色文献是指各类难以获得的非正式出版发行的准文献，包括科技报告、政府出版物、档案文献、内部刊物（内部资料）、贸易文献、市场研究报告、会议文献、学位论文、讲演稿、工作稿等。灰色文献具有五个方面的作用：一是决策服务功能。灰色文献紧密结合国民经济和科学技术需要，反映经济建设或科研进程中的真实情况，能够为经济领域或科研部门各级领导提供可靠的决策依据。二是情报导向功能。由于灰色文献往往能揭示一些高新技术的关键所在或反映社会经济运行某些核心端倪与走向，其巨大的情报效应与导向作用不言而喻。三是市场控制功能。灰色文献中包括市场研究与贸易文献，如各种市场调研技术报告、经济预测分析报告等，通过对这类灰色文献的分析和透视，能够准确地把握风云变幻的国内外市场动态，了解市场的现实需求和潜在需求趋势。四是可以获得事半功倍和意想不到的正面"灰色效益"。由于灰色文献一般都是内部出版发行，因此许多科研或决策失败过程的原始记录、资料往往通过灰色文献形式保存下来，具有总结经验教训的价值。五是开阔视野、活跃思维。灰色文献含有大量真实反映科研、生产现实情况且不宜公开的情报信息，对其进行合法整序、开发利用，将有益于有关科技人员、决策者开阔视野，活跃思维，作出创造性贡献。①

目前灰色文献已成为社会信息中具有极高情报价值的重要知识载体。科学引文索引的论述和有关情报研究单位的资料显示，灰色文献的数量已达到20％之多，这种新型的文献源已经成为继期刊、图书之后的第三种重要情报源，有些专业对它的需要程度甚至超过了期刊、图书。开发利用灰色文献不仅是高校教学科研的需要，也是高校图书馆建设不可缺少的组成部分。开发利用灰色文献可以在不增加图书馆购书经费的情况下，补充馆藏，形成自己的馆藏特色，便于各高校间的文献资料交换，有利于教学、科研、学术交流，并扩大高校图书馆在外界的影响，是一件"开支少，收益大"的好事。尤其是在目前图书和期刊价格不断上涨、购书经费增长有限的情况下，开发利用灰色文献可以在一定程度上缓解高校图书馆的供求矛盾，具有其现实意义。② 随着信息时代的到来，灰色文献越来越受到重视。灰色文献涉及的领域广泛，往往是科学技术的前沿信息，意义和价值是其他文献不可替代的。网络的普及使灰色文献逐渐白色化，很多查找纸质资源比较烦琐复杂的灰色文献通过数字化和网络化都已近"公开"，方便研究者充分、便捷地使用它们。③

二、按在学科中的地位分

人文社会科学文献按其在学科中的地位，可以分为基础文献、主文献、前沿文献、标准文献。

（一）基础文献

人文社会科学的基础文献可分为综合性与专业性两种。综合性的基础文献包括人文社会科学的各个学科，一般的公共图书馆和综合性大学图书馆都有这样的基础文献馆藏。专业性的基础文献是按照人文社会科学的某一门学科进行分类，如各种人文社会学科所建立的专业性的资料室等。不论综合性还是专业性基础文献，都具有为科研、教学和生产服务的功能。从基础文献的构建来看，不仅要有本学科的，也要有与本学科有关的或相近的学科的；

---

① 参见倪波、陈安阳：《灰色文献研究及其实践意义》，载《图书与情报》，1992（3）。
② 参见黄丽娜：《高校图书馆灰色文献开发利用初探》，载《科技情报开发与经济》，2006（11）。
③ 参见张瑜：《网上灰色文献及其获取与利用》，载《农业图书情报学刊》，2012（4）。

不仅要有具有教育作用的，也要有某些仅具参考价值或起反面教育作用的；不仅要有供大多数读者使用的，也要有专供某一部分人研究或专门解决某个问题的高精尖学科的；不仅要有图书，也要有期刊与其他资料；不仅要有公开出版的，也要有内部发行的；不仅要搜集当前读者急需的，也要搜集将来读者需要的；不仅要有中文文献，也要有适合国情、馆情的外文文献等。①

如上海交通大学出版社与四川大学历史地理研究所合作，对中国传统文献中史部地理类以外的地理文献进行全面收集和整理，按专题和类别编成《中国历史地理文献辑刊》，计10编70册，影印出版，为中国历史地理学研究构建了一个完备的基础文献库。在传统的经史子集四部分类中，地理文献多收录于史部地理志中。但除此之外，在史部其他子目以及经部、子部和集部中，还有大量重要的地理文献。对史部地理类以外的地理文献进行一次全面系统的清理、收集、汇编，是历史地理学界完成的一项基础工程。《中国历史地理文献辑刊》将古代分散的地理文献分门别类地汇集在一起，分为《禹贡集成》、《尚书禹贡篇集成》、《诗礼春秋四书尔雅地理文献集成》、《通鉴类地理文献集成》、《政书类地理文献集成》、《目录类地理文献集成》、《辑佚类地理文献集成》、《类书类地理文献集成》、《山海经穆天子传集成》、《子史杂集类地理文献集成》共10编，为研究者充分利用这些资料进行研究提供了方便。②

（二）主文献

对于人文社会科学而言，主文献是指某一学科的经典文献，具有学科"内核"的重要作用。经典文献是文献中的少数，是优选的信息源，具有巨大的艺术及科学价值。一个文明发展到一定程度，就会出现自身的文化经典，这些经典文献的产生或出现是文明走向成熟发达的主要标志之一。经典文献的数量和质量，则是衡量文化地位的重要测度指标。从传统文化的经典文献来看，经典是由"经"、"典"二字组成的复合词，融汇了"经"、"典"二字的含义，同时具有"重要"、"规范"和"恒久"几层含义。③现在经典

---

①　参见阿元：《图书馆文献结构诸问题》，载《广东民族学院学报》（社会科学版），1989（3）。

②　参见余传诗：《构建中国历史地理学研究完备的基础文献库》，载《中华读书报》，2009-08-26，第2版。

③　参见王京山、王锦贵：《经典文献概念分析》，载《图书与情报》，2006（1）。

文献的内涵更为丰富，外延大大扩展，是各个领域的大师用艰苦创作凝结而成的能够深刻反映人类文明并经过一定时间考验的学术成果。

进入 21 世纪以来，知识大爆炸和信息即时化使得丰富的文献信息对任何一个人而言，穷其一生也难以读完。面对文献信息的超常膨胀，传统读书治学的方法受到空前的挑战。在一个人有限的生命旅程中，理所当然地应该读些"最应该读的书"，而在那些"最应该读的书"中，毫无疑问应该将经典文献置于首选之列，因为经典文献是经过时间的河流大浪淘沙后的精华。经典文献的确立往往要经过相当长时间的考验，真正的经典文献起码需要几十年、几百年的时间，经过多人的考察，反复验证，才能够确立。古代的许许多多"极品"文献历经千百年而流传至今，本身便是经典文献价值和生命力最有力的证明。阅读经典文献，免去了对内容选择的烦琐，可谓事半功倍。同时，经典文献的内容往往是开创性的、难以跨越的，是学科发展的原点或基础，也是浓缩的信息源，蕴含着极为丰富的信息，从经典文献阅读开始，往往可以对一门学科进行高屋建瓴式的探究研习。正如儒家弟子颂扬孔子博学的赞语所说，经典文献往往是"仰之弥高，钻之弥坚；瞻之在前，忽焉在后"[1]，具有恒久的伟大魅力。[2]

对于人文社会科学来说，建立学科主文献有助于学习者不再盲目和随意，从而迅速地进入专业研究领域。这样的需求相当迫切，如中国人民大学建立博士点学科专业主文献制度的尝试。[3] 2006 年，中国人民大学研究生院正式启动了"博士点学科专业主文献制度"建设工程，这是以各博士点学科专业为基础平台，由责任教授牵头，整合学科全体教师的学术力量，本着"主流、经典、前沿"的甄选原则建立起来的学科专业精品文献库，并以此为基础，改革博士研究生课程教学体系，改革学科综合考试和学位论文开题报告的方式，全面建立以科研为导向、以学科专业为平台、以学术团队为指导主体的人文社会科学博士研究生培养模式，以加快人文社会科学高层次拔尖创新型人才的培养。截至 2008 年 7 月，中国人民大学已建成所有 100 个博士点的学科专业主文献库，共计 97 卷 146 册。中

---

① 《论语·子罕》。

② 参见王锦贵：《论经典文献》，载《新世纪图书馆》，2004 (6)。

③ 参见吴晓求、宋东霞、吕莉莎：《建立博士点学科专业主文献制度　探索新型的人文社会科学研究生培养之路》，载《学位与研究生教育》，2009 (5)。

国人民大学博士点学科专业主文献制度建设目标是，要在全国率先建立起人文社会科学以及特色理工学科全面、完整、动态的文献阅读制度和经典文献参考体系。就文献本身而言，本次建立的各博士点学科专业主文献库中的部分文献是一定历史时期的产物，有些学科专业，尤其是应用性比较强的学科专业已经选入主文献集的个别文献会随着时间的推移逐渐退出主流和前沿；同时，一些代表更新学术研究成果的文献和论著需要增加到学科专业的主文献库中。当然，博士点学科专业主文献库需要在未来发展中不断完善和修订。

（三）前沿文献

前沿文献是指各学科在各个特定时期内最新的、最前沿的研究成果，能够为教学和科研提供最新的、最有价值的信息。由于科学技术的迅速发展，许多传统学科都发生了巨大的变化，知识的更新，各学科的相互渗透，使许多边缘性、复合型的学科诞生，如系统科学、民俗学、考古学、文艺学等。这些学科与传统学科单一地研究某一方向不同，而是综合多个学科的研究方法，从各方面对事物进行研究和探索。如现在的考古学，不仅从历史学的角度进行考古，还必须综合化学、物理学、数学、计算机等学科的方法在挖掘中进行保护，同时以历史学、社会学、民俗学、民族学以及人类文化学等学科的方法进行研究和分析，以便于尽可能地还原和反映当时的社会风貌。

与此同时，许多传统学科的研究也在深入发展。由此，各学科的科研成果也就源源不断地出新。因此，构建前沿文献，就要着重于更好地为学校的教学与科研提供前沿的学科信息，尽量与国际相同的学科接轨。对于各学科的前沿文献的构建，大致有四种收集途径。一是从网上寻找前沿文献信息，从共享中获利。在当前信息社会化、网络化的趋势下，网上数据图书馆和专业网站的出现，以及对资源共享的提倡，尤其是各高校和科研机构网络系统的建立，提供了充分而又有利的信息收集渠道，可以利用这种现代化网络系统，对相关科研成果下载收集，实现资源共享。二是从学术会议中获取前沿文献。无论是国际性学术会议，还是全国性学术会议，都代表着某一时期、某一学科最新的科研成果和发展情况，参与这种会议并收集会议的学术论文，也是前沿文献的来源之一。三是从科研联系中获取前沿文献。这就需要科研人员注重与国内外学术界的联系，对学术界的最新研究成果进行收集，充实前沿文献资源。四是发挥各学科研究者，特别是重点学科的学术带头人的作用，对其教学、科研成果进行收集，有利于获取重要的前沿文献。①

（四）标准文献

标准文献是由在标准化过程中产生的文件所组成的一种特定形式的技术文献体系，由技术标准、技术规格和技术规则组成。它具有一定的法律约束力，是以文件形式体现的标准化工作成果。标准文献包括标准、规范、技术要求等，是科技文献的一个分支，是整个科技文献中的一个重要的组成部分。标准文献具有四个特点。

信息完整性、科学可靠性、严谨简明性。标准文献是对重复性事物和概念所作的统一规定。它以科学、技术和实践经验的综合成果为基础，经相关方面协商一致，由主管机构批准，以特定形式颁布，作为国家或行业共同遵守的准则和依据。

结构严谨、统一编号、格式一致。标准文献包括标准级别（国家或行业）、标准名称、标准号、标准提出单位、审批单位、批准时间、实施时间、标准的具体内容等。其中，标准号是标准文献的外形特征，是区分标准文献的重要标志，也是查找标准文献的重要入口。

约束性。在一定的条件下，标准文献具有法律性质，比如在中国，技术标准是技术上的法律，各种标准在规定适用的范围内具有约束性、强制性。

时效性。为适应科技发展，标准文献要不断修订、补充、作废、更新。为此，各国的标准化机构都对标准使用周期及标准复审周期作了严格规定。通常标准平均时效为 5 年，标准复审周期为 3～5 年。随着全球经济社会一体化进程的不断加快，信息媒介的多样化，信息传递向网络化、数字化发展，标准平均时效和复审周期会相应缩短。

标准文献是了解世界各国工业发展情况的重要科技情报源之一。标准文献往往能反映出某个国家、地区或某个集团的技术经济政策、生产技术水平、管理水平、标准化水平、科学研究水平以及自然条件、资源情况等。

从标准文献中，研究者可以了解有关专业领域的技术水平、发展趋势，

---

① 参见赖施虹：《高校图书馆前沿文献信息的收集与整理》，载《浙江教育学院学报》，2002（4）。

为科研中的正确决策提供有力依据。一个国家技术标准的制定与实施情况反映了该国行业的技术水平和生产管理水平，目前世界上至少有 70 多万件国际标准和国家标准，120 多个国家建立了全国性标准化机构，随着科技水平和工业生产水平的发展，新标准还在不断出台。

在新时期，资源的开发利用将显示出新的意义和特征。标准文献将被赋予新的资源观和新的内涵，着力于开发和利用信息资源、教育资源、知识资源。随着标准化事业的深入发展，标准文献的开发工作也日益广泛，成为标准文献管理工作中很重要的组成部分。开发标准文献信息资源，利用标准文献广阔领域，也是增强标准文献信息系统自身活力、开拓标准文献的一种有效途径。[①]

第二节　基础文献的构建

繁荣发展人文社会科学是一个巨大的系统工程，需要对高校的各种资源进行整合和优化、开发和利用。高水平的大学要有高水平的科学研究力量，要有高水平的文献保障体系和高水平的科研服务体系。[②] 因此，对于人文社会科学发展而言，构建不同学科以及交叉学科、边缘学科的基础文献就显得尤为重要，可以从学科群专业文献、专业分馆文献、学科文献信息中心三个方面进行。

一、学科群专业文献建设

学科群专业文献建设是社会发展的需要，随着信息社会科技的迅猛发展，对于重大科研项目，要求合作的层面越来越多，许多"高、精、尖"的科研活动必须由多专业协作进行，为此，需将相关学科文献整合形成学科群文献。[③] 学科群是一定区域内（如高校、研究所），以一个一级带头学科为基础，由多个一级和二级支撑学科、相关学科组成的紧密联系、相互交融、

---

① 参见苗杰、刘新华、戴红：《新时期标准文献的特点与管理初探》，载《水利规划与设计》，2007（2）。

② 参见袁贵仁：《在"中国高校人文社会科学文献中心"启动大会上的讲话》，载《大学图书馆学报》，2004（3）。

③ 参见黄向阳：《学科群专业文献建设之路径》，载《现代情报》，2007（6）。

相互合作的教学科研群体。学科群内一、二级学科交融、组合、发展而形成的一些相关学科、交叉学科、边缘学科，促进了学科群的发展——学位点增加、科研成果增多，同时，也促进了新一代学科带头人的涌现。学科群的建设与发展，需要相关文献信息的支撑，尤其是专业文献。为更好地发挥专业文献的作用，就要求建设能够提供专业文献的专业图书馆，即学科群专业文献图书馆。学科群的迅速发展，对专业文献形成"量大、新颖、快速"的要求。目前中国各高校、科研院所都加大了学科群建设力度，与之配套的专业文献建设也紧锣密鼓地展开，综合各单位学科群专业文献的建设，大致有以下五种：

松散合作型。各部门利用现在已有的专业文献资源，本部门专业人员可以借阅，其他部门人员仅能阅读，不能借阅。这样的模式使专业文献的使用权有所限制，能最大限度地满足本部门专业人员的文献需求，保障其科研工作的开展。

联合发展型。各部门相关协定范围内的专业文献可以互相借阅。这样的联合，可以互通信息，满足了各部门专业人员的需求，但是也存在一定的矛盾：各部门投入经费不等；不同专业人员对专业文献的要求不同；文献工作人员的素质不一；难以保证本部门专业人员的及时借阅。

整合发展型。相关部门每年将专业文献合并，统一采编、统一分配、统一管理。这种模式可以满足很多读者的专业文献需求，对于一个成熟发展的学科群，其专业文献建设的意义很大。

新建型。为减少各种因素对学科群及其专业文献建设的干扰，从政策上予以支持，投入一笔经费，购置大量专业文献，配套相关设施，配备专业人员。这种模式对于学科群专业文献的建设有很大影响：首先，专业文献的出版有阶段性的特性；其次，对于如数据库及报刊类长期连续出版的专业文献，经费的不稳定必然导致其品种处于忽多忽少的状态；再次，每年文献价格的上涨，也需要经费的保证。

三级建设模式。这种模式是以中心校区图书馆为学科群专业文献建设的源头，主要职能为采编工作，将各校区图书馆收集的各学科群专业文献信息汇总，分送至专业文献收藏部门，即校区图书馆；校区图书馆处在中间环节，及时将专业文献需求信息集中并传递给采购人员，也将各学科群的专业文献分至各专业阅览室；校区图书馆起着承前启后的作用，中心工作为阅览服务，由于学科群所在校区图书馆提供大型工具书、原版外文图书、数据库的服务，各学科群专业文献阅览室就可以更加专业化地发展；学科群专业文献阅览室成为学科群专业服务的窗口，直接为读者提供专业文献、专业信息，并获取最新的相关专业文献需求信息。这种模式为学科群的发展提供了信息的快速通道，也为学科群专业文献及时满足需求开辟了捷径。

二、专业分馆文献建设

随着高等教育体制改革的深化，规模较大的学校，鉴于学科分化融合趋势加剧，相继实行按学科大类组建图书分馆的做法，在原来各院、系资料室的基础上经过重新归并，组建了直接隶属于学校图书馆的专业分馆。① 如厦门大学图书馆自 1998 年以来，陆续成立了 5 个分馆：经济与管理分馆、法学分馆、文史分馆、理工资料中心、成教与职教分馆。专业分馆的主要任务是根据相关学科的院系、专业的需要，开展相关的文献信息的收集、整理和研究，并以"专"、"新"、"精"、"全"的特点，全面、系统、深入地为读者服务。事实表明，按学科大类组建图书分馆有利于面向相关专业读者提供宽口径、专业化、较之图书总馆更及时的文献信息服务；同时，也有利于教育资源的合理配置，减少低水平的重复设置。

专业分馆文献信息服务有三个特点。环境特点：高校专业图书分馆一般都可设在本学院的教学楼里，在地理位置上不仅方便本院的师生查阅文献资料，而且形成教师、学生从事教学与科研活动的重要场所，成为师生探讨学术问题的中心，成为各种重要的学科信息来源地。典藏特点：专业分馆在藏书建设上有很强的学科专业性，所藏文献的特点和种类与总馆的藏书有所侧重，能够形成自己的特色，可与总馆优势互补。贴近需要特点：因服务对象是具有相关专业知识的读者，信息服务过程中容易及时了解和掌握阅读的热点，服务工作也易于贴近教学科研的需要。

专业分馆文献信息管理和服务主要有四个方面：

加强馆藏资源建设，为教学、科研提供优质文献资源保障服务。文献资料是专业分馆为教学和科研服务的重要物质基础，在有目的、有计划、有系统地进行藏书建设的同时，应积极拓宽专业文献的收藏范围。不仅要收集专

---

① 参见陈玉青：《按学科大类组建图书分馆，开展文献信息服务的探讨》，载《河南图书馆学刊》，2002（1）。

业性的图书、期刊，还要收集专业性的非正式出版物，如内部资料、会议文献、学术报告以及学生毕业论文等，只要具有一定的学术价值，专业分馆都应注意收集、整理、保存，作为学科专业资料。

为教师、学生和科研人员提供优质的文献信息服务。为学科建设服务，主动、及时传递科研急需的文献信息。学科建设是高校建设的龙头，因此，学科建设也就成为高校图书馆专业分馆服务工作的一个重点。专业分馆以收藏专业文献为重点，在业务上比总馆要更突出专业性、研究性、情报信息性。

有针对性地提供准确的文献信息服务。高校专业分馆应在信息资源转化为教学科研服务的内容、形式上有所变革，提高专业文献资料的利用率及利用价值，发挥专业分馆所藏文献专业性强的信息功能，有针对性地提供准确的文献信息服务。

关注教改，追踪教改课题和热点，为教学工作服务。高校的改革是综合性的改革，其中高校的体制改革是关键，教学改革是核心。提高专业期刊、文献资料信息在教学研究、教学改革和教学建设中的引用率及利用价值，使文献资料信息更快、更直接地为教学服务，是高校专业分馆的重要内容。

三、学科文献信息中心的组建

随着信息环境和读者需求的变化，部分大学图书馆也在重新设计文献信息资源的组织模式，按学科组建文献信息中心，实行管理与服务的创新。[①]传统的大学文献资源保障体系基本上是图书馆、系资料室二级保障模式，图书馆与系资料室并存，弊端甚多。同时，随着网络信息环境的形成，传统的文献资源与数字化信息资源并存，而且各图书馆的数字化信息资源所占比重越来越大，加之读者信息需求的自助化、个性化、集成化等特点，因而读者越来越多地利用数字化资源，尤其是大型数据库资源。但是，传统的图书馆中同一学科专业的不同载体的文献信息资源，不具备为较多读者在同一地点同时使用的功能，这就要求图书馆按学科专业组织藏书。

对于普通高校图书馆，要把学校的文献信息资源整体重新组建为学科文

---

① 参见柳小望：《大学图书馆按学科组建文献信息中心》，载《图书馆理论与实践》，2004（4）。

献信息中心,首先要将图书馆与系资料室实行实质性合并,然后,把馆藏建设特色与学校学科专业建设特色结合起来,按学校专业特色、学科结构重新组织校内文献信息资源体系。"这种按学科性质重组校内文献资源的实质,就是将图书馆所有文献资源,按学科性质分别组建为若干不同的学科专业文献中心和综合文献中心。"① 将图书馆与系资料室合并,已有许多高校这样做,并且效果不错。例如,厦门大学已"真正将资料室统一兼并改组成专业分馆,实现总馆辖制分馆,由总馆集中调度全校文献和文献管理人员"②。

在组建文献信息中心时,要考虑到学科间的联系和学校学科建设的特点,遵循大学科原则,还要考虑到图书馆建筑等馆情,分得过细或过粗都不科学。高校有自己的特点和重点专业方向,鉴于图书馆主要是为学校的教学、科研和人才培养服务的,要遵循"保证一般,突出重点"的原则;学校重点建设的学科和特色学科专业,对应的文献信息中心也要重点建设和发展,从而形成本馆馆藏的特色,并使之得到持续发展。

对于学科专业文献,尤其是基础文献的构建,需要在已有文献中挑选经典,以满足读者对掌握学科专业文献的基本需求。以"科学哲学基本著作丛书"为例,这套丛书的整理出版,其目的在于有效地推动科学技术哲学的学科建设。中国的科学技术哲学脱胎于自然辩证法,但又以西方的科学哲学作为学科的基本理论。作为一套丛书,既意在接续先贤之传译西学思想的伟业,又意在启发和展示国人自主之学术创新,为汉语思想界、学术界,特别是科学哲学领域的广大学人,既提供本学科内沉淀已久的经典著述,又能提供一个理解和借鉴西方科学哲学思想前沿精华的平台和媒介,以期看到国人的思想与学术在荆棘与鲜花并存的求索之路上迈出坚实的一步。该套丛书收录了西方科学哲学著作八部,国内科学哲学著作两部,涵括了科学哲学经典著述、前沿著作、基本知识著作,为学科的成长提供持续的滋养。

再以"人文社会科学基础文献选读丛书"为例,承担这套丛书选编工作的基本上都是浙江大学各相关学科具有较高学术水平和丰富教学经验的教

---

① 柳小望:《网络环境下高校信息资源的配置》,载《图书馆学研究》,2001(4)。
② 萧德洪:《资料室的分馆化改造:厦门大学的经验》,载《大学图书馆学报》,2001(4)。

授，所选书目是其所在学科为学生开文献研读课所用的教材。① 从针对"认真读些有价值的文献"的学生需求而言，要"提高阅读专业文献的质量"，"最重要的是提供合适的阅读材料"。所谓"合适的阅读材料"，简言之，就是能够兼顾目前包括大学生在内的"中层读者"的现实约束和各学科专业基础的内在要求两方面情况的文献，需要从三个方面考虑。

文献在内容上是必需的。它们基本上覆盖了学科基础甚至主干的重要方面。这些文献能够在学科的知识内容、方法内容和思想内容三者之间保持应有的平衡。无论是初学者还是有一定基础的读者，围绕这些文献的阅读、交流和思考都能够有益于把握学科的基本观念和核心范式。

文献难度适中，可以兼容专业和非专业、教学和自学的要求。对于学科基础处于中等水平的专业学生，自学应该没有什么大的困难；如有教师讲解，则基础略差一些的学生也可以较好掌握；对于基础较好的非专业读者，应该也能读懂其中的大部分文献并有所收获。

文献在分量上面也是适中的。按照在校学生每周一篇的阅读速度，半年左右可以比较仔细地通读全部的文献，掌握起来比较节省时间。

---

① 参见罗卫东：《为"投资型"读者提供"合适的阅读材料"》，载《中华读书报》，2008-01-02，第 15 版。

第三章　学科发展的实践维度及其把握[*]

改革开放以来，中国人文社会科学进入新的发展时期。20 世纪八九十年代，社会科学从国外大量引进新兴学科，并在此后的发展中开始建立符合中国国情特色的学科。进入新世纪以来，随着问题意识的逐步树立，人文社会科学工作者开始大量关注现实性、应用性问题，以中国特色社会主义现代化进程中的重大问题为主攻方向，以出成果、出人才、追求学术创新和国际影响力为目标，凝练学术方向，汇聚学术队伍，构筑学术高地，产生出一批标志性的科研成果，造就了一批创新团队，搭建了一批国际学术交流平台，在科学研究、人才培养、社会服务、学术交流、信息化建设和体制创新等方面取得了社会瞩目的成绩，引领和带动了全国高校哲学社会科学整体水平的提升。

第一节　学科实践与社会实践

从学科实践来看，人文社会科学的学科建设在已有的基础上，结合新兴

---

　　[*] 本章主笔：刘大椿，中国人民大学图书馆馆长、哲学院教授；赵鹰，中国人民大学哲学院科学技术哲学博士生。

的理论和实际发展中的问题，拓展学科功能和改善学科结构，使之更加合理。同时，对于新兴的学科，要注重引进之后的消化吸收，并根据中国的具体国情，形成具有中国特色的学科。要加强文科实验室建设，以保障相关人文社会学科的教学实践和教学科研。从社会实践来看，人文社会科学要注重理论与实践结合，从实践中寻找学科的生长点，并根据中国在改革开放中所需要解决的一系列问题，加强重点研究基地建设，提升学科发展的内核作用，为决策层提供参考建议，为社会的和谐发展作出积极贡献。

一、学科引进与学科独创

对于人文社会科学学科的发展，《高等学校哲学社会科学繁荣计划（2011—2020 年）》强调，要加强哲学社会科学基础研究。充分发挥高等学校基础研究实力雄厚的优势，重点支持关系哲学社会科学发展全局和学科创新发展的基础研究；重点支持对经济社会发展和国家安全具有长远影响的基础研究；重点支持对人类社会发展共同面对的一系列重大问题的基础研究；重点支持对传承中华文化、弘扬民族精神有重大作用的基础研究，加强文献资料的整理研究，推出对理论创新和文化传承创新具有重大影响的标志性成果。充分发挥高等学校学科齐全的优势，着力推进跨学科研究，促进哲学社会科学不同学科之间，哲学社会科学与自然科学、工程技术之间的交叉融合，培育新的学术领域和学科增长点。①

人文社会科学的发展没有止境。由于长期的学术文化积淀，西方发达国家拥有雄厚的人文社会科学研究力量，在今后相当长的一个时期内，它们仍将是新兴学科的主要"输出国"，因此，作为学科发展战略的两个支撑点，学科引进策略和学科独创策略需要协调起来，相互牵动，相互促进，才能使中国人文社会科学的发展保持锐进的势头。②

在学科引进方面，改革开放以来，中国在引进国外先进技术、管理手段的同时，陆续引进了一系列新兴学科，其中属于广义人文社会科学的有科学学、未来学、创造学、发明学、系统科学、发展经济学、数理经济学、企业

---

① 参见教育部、财政部：《高等学校哲学社会科学繁荣计划（2011—2020 年）》，2011-11-07，见 http://www.china.com.cn/policy/txt/2011-11/08/content_23851656.htm。

② 参见王续琨：《学科发展战略：跨入 21 世纪的中国人文社会科学》，载《大连理工大学学报》（社会科学版），1999（1）。

管理学、市场营销学、公共关系学、工效学、价值工程学、广告学、环境科学、生态经济学、生态伦理学等。这些新兴学科或学科群组的引进，不仅填补了中国人文社会科学领域的许多空白，而且为人文社会科学研究注入了新的活力，引发了思维方式、研究手段的变革。

以管理学为例，改革开放以来，中国的管理学科走过的历程，几乎是西方现代管理学近百年来的缩影。从几乎为零，到大量引进原版教材消化吸收，外派教师培训，建设二级、三级学科等，其中既饱含了中国管理学界前辈的辛勤躬耕，也有来自政府的促进政策和大力扶持，还有后来者的不断开拓和进取。虽说和国外同类的顶尖学科相比还有一定的差距，但作为崛起的学科，其现代化、科学化、国际化已经初现端倪。①

在引进与起步、学习与成长这两个阶段中，管理学研究实现了跨越式发展，但这也在一定程度上强化了管理学者的学术偏好和论证模式，导致在融合与创新阶段不能随着自身实践需求的变化而与时俱进，呈现出若干典型特征。依托西方理论的既有管理学研究奠定了学科成长和发展的基础，但随着中国管理实践的进一步本土化发展，实践素材愈发丰富、动态，既有研究难以充分对接实践，管理学研究呈现出若干典型特征，具体表现为以西方理论为主导的外源型研究范式、以小见大的普适型研究范式和理论实践间的逻辑自证范式。随着学界对学科"贡献感"的追求以及实务界对学科"价值性"的需求，亟待构建面向"中国问题"的研究范式。该范式的核心要旨包括：树立面向"中国问题"的研究导向，开展基于"中国问题"刚性约束的适度优化研究以及确立"问题"主导下的东西方管理元素协同分工。②

在学科独创方面，经过20世纪近百年的追赶，中国人文社会科学已发展到相当大的规模，中国学者有能力独立自主地创建新的人文社会科学学科，如20世纪70年代末至80年代，中国学者首倡并初步建立了理论框架的人才学、思维科学、非平衡系统经济学等，都已经引起了国际学术界的关注。③

自主创建新学科，还需要在已有的学术基础上，大力营造相应的环境氛

---

① 参见赵鹰：《管理学发展三十年：从零开始到繁花似锦》，载《科学时报》，2008-11-04，B4版。

② 参见郭骁：《面向中国问题的管理学研究》，载《经济理论与经济管理》，2012（5）。

③ 参见王续琨：《学科发展战略：跨入21世纪的中国人文社会科学》，载《大连理工大学学报》（社会科学版），1999（1）。

围。最重要的是通过社会各方面的长期努力，提高人们对人文社会科学社会功能的认识，提高人文社会科学工作者的社会地位和经济地位，激励人文社会科学工作者大胆创新，独辟蹊径，建构新理论，创建新学科。对人文社会科学工作者来说，应树立敢为天下先的雄心壮志，树立强烈的学科意识、学科独创意识，做新学科的倡导者、研究者和创立者。针对人文社会科学所研究的人文社会现象具有的复杂性、多样性和民族性、地域性等特点，在实施学科独创策略上可以从三个方面入手：一是继续创建某些以中国特有的文化现象、社会现象为研究对象的学科；二是总结新学科的创生机制和方法论原则；三是关注数学、自然科学和技术的最新进展。[①]

总体而言，无论是学科引进还是学科独创，对于中国人文社会科学的学科建设都有其特殊的意义。而在提高人文社会科学学科的竞争能力方面，作为主力军的高校肩负着异乎寻常的重任。[②] 一方面，学科发展要以国家社会需求为导向，加强人文社会科学研究基地建设。学科研究方向的确立应立足于国家和社会需求，要关注党和国家的政策决策，关心国家和社会的热点问题。科研人员应积极主动探求国家和社会的需求，与需求者进行零距离接触，与地方政府和社会团体保持联系，提供可操作性强的政策咨询。科研管理人员也应努力转变为职业科技经纪人，促成学校与基层政府合作建立研究数据来源基地，与政府职能部门合作建立政策应用研究基地，与社会团体合作服务民生与社会发展。另一方面，科研管理部门合理推动社会科学研究技术化，促进科研成果推广与转化，完善"产学研"一体化管理机制。要重视社会科学研究的应用性，鼓励教师在教学中推广科研成果，利用已有社科研究基地推出应用性成果。进行人文社会科学研究要强调时效性，合理采用自然科学的一些研究方法，积极进行信息资源平台建设。

二、文科实验室建设和重点研究基地建设

随着科学技术发展的综合化和整体化趋向，自然科学与人文社会科学在概念、方法和手段上都已相互渗透、相互影响。实验室作为"人类认识自

---

① 参见王续琨：《学科发展战略：跨入 21 世纪的中国人文社会科学》，载《大连理工大学学报》（社会科学版），1999（1）。

② 参见徐剑：《高校社会科学核心竞争力：内涵、实践及其经验》，载《社会主义研究》，2011（5）。

然、改造自然进行实验活动的场所"，不仅要为传统的理工农医学科提供实验条件，也应该为人文社会科学的学科建设和人才培养提供一定的实验教学平台，实验室建设范围因此拓宽，并形成充分体现人文社会科学研究特色的文科实验室。① 为了进一步推动高等学校实验教学改革，促进优质教学资源整合与共享，加强学生动手能力、实践能力和创新能力的培养，提高高等教育质量，教育部于 2005 年启动了国家级实验教学示范中心建设和评审工作。目前全国有 501 个国家级实验教学示范中心（建设单位），其中，文科综合学科组有 27 个国家级实验教学示范中心，涉及文科综合类、法学类、教育心理类、考古类等实验教学中心和历史学、法学、教育学、心理学、档案学等多个学科专业。②

　　例如，中国人民大学按照"主干的文科、精干的理工科"的学科布局，努力形成全面覆盖全校本科专业方向的实验室架构，建成人文社会科学多媒体技术实验教学环境、应用型文科实验室和理工科实验室三大体系，为提高教学质量和人才培养质量提供了重要的实践与实验相结合的平台。全校已建成的实验室至少有 48 个，实验课与实验教学项目基本覆盖所有本科教学专业和方向，实验教学环节融入了本科教学全过程。2008 年 8 月，新闻传播实验中心、经济与管理实验教学中心共同被评为国家级实验教学示范中心。③

　　但不可否认，长期以来，文科实验室的建设尚未得到充分的重视，与自然科学实验室相比，处于落后状态，在一定程度上制约了人文社会科学的发展。造成这种状况的原因复杂多样，但文科实验室建设观念的陈旧落后是大家共同认可的根本原因。在文科实验室建设上转变观念，必须从全社会和教育行政部门的认识、人文社会科学的发展方式、突破人文社会科学研究方法的既有传统观念等方面着手，从根本上全面转变相应的观念，才能有所突破，有所前进。④

　　作为现代大学的重要标志，高等教育对高水平实验室建设的依赖性日益加重。人文社会科学专业也愈来愈注重应用型、创新型和复合型人

---

① 参见陈实、潘铁京：《应重视文科实验室的建设》，载《实验技术与管理》，2005（5）。

② 参见陈曼兮：《第二届高校文科实验教学示范中心建设研讨会举行》，见 http://news. scut. edu. cn/newsdtl. action？ ids＝17036。

③ 参见陈骊骊、陆琦：《从零的突破到创新模式——人大实验室建设转变思路办出特色》，载《科学时报》，2010-04-20，第 7 版。

④ 参见武宝瑞：《转变观念，着力推进文科实验室建设》，载《实验技术与管理》，2006（5）。

才的培养。① 而实践教学是人文社会科学学生巩固和深化理论知识的重要
途径，加强实践教学，培养高素质、创新型文科人才，是当今高等教育的重
要职责。实践教学是理论知识与实验活动、间接经验与直接经验、抽象思维
与形象思维、传授知识与训练能力相结合的过程，通过实践教学进行有目
的、有计划的操作技能训练，在掌握知识和操作技能的同时，培养学生的综
合能力。② 因此，人文社会科学要借鉴理科的实验方法、实验手段，将科学
研究更多地建立在实证的基础上，更加注重研究成果的现实性和应用性，
同时理科也越来越多地运用人文社会科学的理念、组织方式和工作策略，
在纯理科领域进行人文性质的调查、取证和规划。文科实验室就这样成为
一个独特的学科交叉载体，使科学研究在时间和空间上有了更宽广的发展
领域。

作为一种新生事物，文科实验室还需要更多的关注和支持。在文科实验
室的建设中，必须抓好三方面的工作。一是实验室的定位，这是关系到文科
实验室建设成败的一个关键因素。二是要注重特色，多元发展是核心。有了
正确的定位观后，建设文科实验室的核心工作就是如何使实验室的研究方向
体现学科发展的特色，这一点至关重要。三是定量化考核，这是实验室建设
成功的保障，否则这种建设只会流于形式，不具备实质性的内容。

高校人文社会科学重点研究基地（以下简称"重点研究基地"）建设计
划是教育部落实中央关于进一步繁荣发展哲学社会科学意见的又一项重大举
措，作为"高等学校哲学社会科学繁荣计划"的重要组成部分，重点研究基
地以高校优势学科为依托，实行实体性建设，通过实行重大课题招投标等新
措施，整合高校科研资源，推动科研组织创新，促进文科研究从传统组织形
式向现代组织形式的转变。

重点研究基地建设启动以来，基本覆盖了人文社会科学各个学科和重要
研究领域。重点研究基地坚持以制度创新为动力，以中国特色社会主义现代
化进程中的重大问题为主攻方向，以出成果、出人才、追求学术创新和国际
声望为目标，以加强国际学术交流、资料信息网络建设和加大科研投入为手

---

① 参见程世红、孙纯学、高若宇、马旭昃：《基于资源共享的文科实验教学中心建设实践》，
载《实验技术与管理》，2012（6）。

② 参见康传红：《文科综合实验教学中心的建设与实践》，载《实验室研究与探索》，2010
（7）。

段，凝练学术方向，汇聚学术队伍，构筑学术高地，有力推动了人文社会科学研究跨越式发展，实现了重点研究基地设立的初衷。

重点研究基地在制度上注重创新并激发活力，以高校优势学科为依托，进行实体性建设，通过实行专兼职研究人员合同聘用制、重大课题招投标等措施，打破学科、院系、高校之间的壁垒，整合高校科研资源，推动科研组织创新，促进人文社会科学研究从传统组织形式向现代组织形式的转变，促进了产学研用的结合，为高校科研管理体制和科研组织改革创新积累了宝贵经验。

"十一五"期间，重点研究基地通过多种形式，全方位、多层次地向各级政府、企事业单位提供咨询服务。五年间，共向中央、国务院各部委和地方政府提供咨询报告、政策建议 2 万多份，获得中央领导同志批示或被省部级以上部门采纳千余份。部分重点研究基地已成为全国知名的思想库和咨询服务基地，充分发挥了思想库作用。①

五年间，重点研究基地承担国家社科基金重大项目近 70 项、教育部重大课题攻关项目近 100 项，分别超过各自总量的 50％和 75％；承担国家社科基金面上项目 1 000 多项、省部级科研项目 2 000 多项、国际合作项目 500 多项。在 CSSCI 期刊上发表论文约 1.5 万篇，人均逾 5 篇；在国外学术刊物上发表论文约 2 000 篇，被人文科学引文索引（SSCI）和艺术与人文科学引文索引（A&HCI）收录 500 多篇；以基地名义出版学术专著 6 000 多部，人均近两部，其中在境外出版的著作 100 多部；获教育部人文社科优秀成果奖 150 多项，占获奖总数的 1/3 强；获省级社科优秀成果奖 1 000 多项。

目前，优秀的重点研究基地一般具有如下特点：具有一流的学术研究机构，有创新性、标志性的科研成果；能够发挥全国性、开放性交流平台的作用，引领和带动全国高校哲学社会科学整体水平的提升；在人才队伍建设方面形成一支老中青结合、结构合理的科研团队，能够培养出具有创新能力和实践能力的高层次专门人才；坚持制度创新，有效整合科研资源，充分发挥科研组织创新的示范作用。②

---

① 参见唐景莉：《经时济世写华章——深入推进高校哲学社会科学繁荣发展综述》，载《中国教育报》，2011-11-18，第 1 版。

② 参见《十年培育人文社会科学的"国家队"——高校人文社会科学重点研究基地巡礼（一）》，载《中国教育报》，2011-03-24，第 8 版。

三、社会实践的发展趋势

人文社会科学研究的方法体系和问题意识相结合，彰显着其在人类社会发展中的独特价值，也是社会实践的发展趋势。任何人文社会科学研究的对象范围都能在现实中找到实践的活动场域，如社会学研究中的村落与社区，经济学研究中的企业与市场，教育学研究中的学校与课堂等。引导人文社会科学工作者的价值取向，重视在实践中做研究，是实现原创性研究的根本所在。[①]

人文社会科学沿着"自己构成自己的道路"发展，并非与人类自身脱离的纯粹观念运动或概念的自我演绎，而是与人的社会实践活动息息相关的。社会实践既是人文社会科学最重要的对象，也是其最本质的基础。社会实践的发展和需要，既是基础，也是动力，推动着人文社会科学的发展。

一方面，社会实践决定了人文社会科学的发展水平。人文社会科学理论是对社会实践的反映。社会实践的性质、展开规模的大小、深入程度的高低必然影响、制约和规定着人文社会科学发展的水平、程度、形式和结构。人文社会科学的发展也只有通过实践的发展才能得到实现、说明和理解。与原始社会初级发展水平相适应的是神话形式的人文社会科学；在生产力有所发展的农业社会，出现了经验型的人文社会科学；理性的或实证式的人文社会科学则是现代科学建立后，人类理性高扬的时代产物；与现代社会的科学技术发展特点相匹配，人文社会科学也发展到系统科学的高级阶段。这些时代的理论思维水平和表现形式，不仅代表着人类总体在不同历史时期里人文社会科学的最高成就，也展示了人文社会科学由不自觉到自觉、由感性直观到理性思维的发展过程。

另一方面，人文社会科学理论不仅反映实践、受实践制约，而且指导实践、规范实践。因此，实践推动了人文社会科学的发展，也对人文社会科学的理论发展提出了越来越高的要求，需要人文社会科学的进步，解释和解决当代人类在实践中面临的重要困难和问题。对当代人类所面临的全球性问题的破解，需要加强人文社会科学的系统研究，在新的历史条件下重新确立人与自然的和谐，维护人的主体地位，发挥其主导功能，为人类实践活动提供各种可供选择的指导思想、认识决策、价值向度、价值目标、组织形式和操作方式，从而引导社会向着更"合情合理"的方向发展。

---

① 参见王鉴：《论人文社会科学研究的实践性》，载《教育研究》，2010（4）。

可以说，人文社会科学正是在强化人类实践的主体性、克服盲目性、提高有效性的实践中发展起来和发挥作用，日益成为当代大实践的重要科学合理保证并由此而得到社会的广泛承认的。① 而改革开放，特别是党的十六大以来，人文社会科学取得了新进展，呈现了新气象，作出了新贡献。人文社会科学工作者围绕改革开放和现代化建设中的重大理论和现实问题，深入实践，深入基层，深入社会生活的各个领域，运用自己的知识才智和科研成果，为国家经济建设和社会发展提供了人才和智力支持，为党和政府提供了决策咨询服务。

当前，人文社会科学在社会实践中有两个方面需要加强。一是为服务社会作出新贡献。大力加强应用对策研究，主动适应国际国内形势新变化，积极开展全面建设小康社会中重大问题的战略性研究、影响国家重大战略决策的前瞻性研究、涉及国计民生重大问题的公益性研究。二是为文化传承创新作出新贡献。充分发挥人文社会科学在文化传承创新中的核心作用，重点实施对传承中华文化、弘扬民族精神有重大作用的学术文化工程，加强文献资料的整理和研究，探索传统文化的现代传承样式和解读方式，大力推进国际问题研究。②

以社会学为例，如果社会学不仅要在中国社会科学学科之林中取得基本的合法性，而且要占据重要地位的话，那么它的生命之源必定是由互为存在前提的两个方面所构成：一方面，寻找社会学学科的中国社会与文化资源；另一方面，对中国社会现象与问题作出社会学的独特透视。从中国社会结构转型来看，改革开放所带来的深刻宏大的社会变革进程，使之成为一个内涵日趋丰富的学科视野。乡村社会向城市社会、农业社会向工业社会、礼俗社会向法理社会的转变等等，都从特定的层面表现了中国社会从传统向现代的迈进。科学地规划这种城市化、工业化和法理化的社会发展进程，尤其是作出富有成效性和前瞻性的制度安排，成为社会学充分展示自身社会功能的根本着力点。对于社会转型的实际过程来说，有不同层面的问题需要解决，其中城乡二元社会结构的消解则是关涉这种社会结构转型顺利实现的"瓶颈"

---

①　参见胡红生、孙德忠：《论人文社会科学进化发展的动力》，载《襄樊学院学报》，2002（3）。

②　参见祝晓风：《高校在哲学社会科学创新中大有可为》，载《中国社会科学报》，2011-06-30，第9版。

问题，因为它涉及身份制、户口管理体制、农村剩余劳动力转移、城镇发展模式等中国现存社会结构的最基础方面。正因为如此，它也是理解这种社会结构转型的最具中国特色的学术问题。作为对国家实现现代化宏伟目标的学科支持，中国社会学家从社会结构转型的视角所进行的独树一帜的分析及其更深入的探索，便可能成为在研究中国社会变迁过程中发展具有自身特色的学说的一个重要契机。①

第二节　问题意识与实践取向

从人文社会科学的发展来看，问题意识与实践取向同等重要。问题意识的树立，不仅要从学科内部的问题域入手，也要结合多学科、跨学科交叉的问题域进行探究，要根据具体问题具体分析的原则，统筹学科发展与社会发展的主要问题。同时，也要强调"学有所用、学以致用"的实践取向，要将学科建设发展中的理论应用到社会实践中去，让"实践来检验真理"，更要在注重对现实性、应用性问题的实践性研究中，寻找解决问题的办法，激发新思维，创建新理论。

一、研究者应该树立问题意识

问题意识是对一些尚待解决的有科学价值的命题或矛盾的承认以及解决问题的自觉。哲学意义上的问题意识最早产生于古希腊时期，经过近代哲学家和现代哲学家的发展得到了进一步完善。哲学问题意识的基本特征是沉思和分析，既面向本体，也面向前提，更面向现实生活世界。②

问题意识不仅体现了个体思维品质的活跃性和深刻性，也反映了思维的独立性和创造性；对问题意识的自觉，也就体现了对社会的人文关怀和责任感。强烈的问题意识作为思维的动力，促使人们去发现问题，解决问题，直至进行新的发现、创新。因此，它是学术创新和理论创新的突破口，也是推进人文社会科学发展的内在动力之一。一般来说，显而易见的问题无须发现，难以发现的是蕴含在习以为常现象背后的问题。所以，发现表现为意识

---

① 参见沈杰：《中国社会学的问题意识》，载《江苏行政学院学报》，2002（2）。

② 参见王永斌：《人文社会科学研究中的问题意识》，载《光明日报》，2005-04-05。

到某种现象的隐蔽未解之处，意识到寻常现象中的非常之处。从这个意义上说，发现问题是解决问题的关键，是创新的起点和开端。正如心理学理论中一个极其重要的观点所示，大凡在科学上能独树一帜的重大发明与创新，与其说是问题解决者的功劳，毋宁说是问题发现者的原始功绩。例如，管理学之父泰勒，加入到了工业生产的队伍中，从学徒工、领班到工长、总技师和总工程师，他并没有像一般的职业经理人那样满足于现实，而是以一名普通工人和试验者的身份亲身参与体验工厂管理，在各个方面进行了长达 26 年的一系列的管理试验。他发现，在新型的生产关系下劳资双方并不协调，在大机器工业时代仅凭过去的经验办事已经显得力不从心，需要有一种"科学"的管理制度来提高效率，调动工人积极性，协调劳资双方的矛盾，增加资方利润。① 从而，他写下了管理学的经典著作《科学管理原理》，对管理学作出了重要贡献。这就非常有力地证明了一个简单却是十分重要的命题：一切创新都始于问题的发现，而发现问题又源于强烈的问题意识。

　　问题是研究的起点，也是学科发展的生长点。人文社会科学的价值就在于认识世界、传承文明、创新理论、资政育人、服务社会。人们需要人文社会科学，就是要从人文社会科学中找到社会发展中问题的答案。进入新世纪，随着中国全面建设小康社会步伐的加快，随着社会主义现代化建设的发展，中国特色社会主义的经济、政治、文化建设等都会出现新的情况、新的问题，需要人文社会科学工作者根据新的情况和新的实践经验作出新的理论概括和总结。

　　因此，人文社会科学工作者在学术研究中，尤其要树立问题意识。问题意识大致应包括以下几个环节：发现问题、界定问题、综合问题、解决问题、验证问题，这些环节构成了一个完整的问题意识。其中，非常重要的是，在发现问题时必须不断地去鉴别发现的问题是真问题还是假问题。任何一个真问题必须满足两个条件：第一，逻辑上能自洽；第二，实践中能举证。凡是满足这两个条件的就是真问题，缺少任何一个条件则是假问题。所谓逻辑上能自洽，就是指能成一家之言，也就是我们通常所说的言之成理、持之有故。这是很高的标准，它要求立论要公允，材料要翔实，理论不能有破绽，逻辑不能有错误。而所谓实践中能举证，就是说在生活中可以找到例

---

① 参见余明威：《泰勒的管理思想及其对管理理论的贡献》，载《经济师》，2012 (1)。

证，是一个有意义的问题，而不是天方夜谭，不是谎言谬见。①

以社会科学研究为例，可以有两种不同的学术逻辑，即学科逻辑和问题逻辑。学科逻辑是一种演绎的逻辑。问题逻辑与学科逻辑不同，它是一种归纳的逻辑。就是从收集和归纳社会实践中发生的问题出发，讨论本学科应予关注和解决的问题，由问题构成学科的基本框架。从问题出发，这是社会科学研究的一个重要意识。波普尔曾提出一种"社会学的技术方法"，这种方法是从问题开始，提出理论和假设，通过批判检验和消除错误，最终达到社会改革和改良的目的。波普尔由此提供了一种以问题为起点的社会科学的研究范式，更重要的是他已经清醒地意识到问题并不在于社会科学能否运用自然科学方法，而是在于方法的本质和特征是什么，它们在自然科学和社会科学中运用时表现为什么样的形式。

但是，反思新中国成立以来人文社会科学的发展历程，可以看出，问题意识淡漠、运作性不强，是制约中国人文社会科学发展的突出问题。问题意识淡漠，既有学科自身的原因，也有特定的政治根源和社会历史根源。基于这两方面的原因，一些人文社会科学工作者至今不敢触及敏感的理论问题，更不敢涉足引起困惑的社会现实问题。他们的研究工作要么限于注释经典著作，在经典体系内兜圈子，要么仅仅为现行政策或政治理念作宣传。即使在人文社会科学的应用学科或工程学科中，也多是迎合长官意志，不敢越雷池一步，往往对紧迫的现实问题避重就轻，隔靴搔痒。虽然有一些视学术良心为生命、责任感强的学者不屑于随波逐流，敢于直面社会现实问题，大胆进行理论探索，可惜他们当时很难得到恰当的、公允的评价。②

对于人文社会科学研究而言，淡漠问题意识，脱离时代与社会现实，无异于切断了自身发展的源头，只能是无源之水、无本之木，学术生命力将随之枯竭。因此，一方面，需要矫正定位倒错，凸显问题意识。包括突破体系本位意识的局限、功利主宰导向的心态、片面意识形态化的限制三个方面。另一方面，要恰当地设问和应答。在设问方式的转变上，提问要关注现实性，具有多元化的倾向，对所提的问题具有直接性。在应答方式上要有创新，与设问方式的转变一样，应答方式的创新也是当下最为迫切的工作重

① 参见劳凯声：《人文社会科学研究的问题意识、学理意识和方法意识》，载《北京师范大学学报》（社会科学版），2009（1）。
② 参见刘大椿：《问题意识与超越情怀》，载《中国人民大学学报》，2004（4）。

点，而重中之重是应答的跨学科性、可操作性和建设性。

提倡问题意识，不能抱持急功近利的心态，而要张扬一种超越情怀。这就要求在资政与怡情、建构与解构、学者人格与多元追求之间保持必要的张力。

在资政与怡情方面，如果说资政的取向主要是从物质的、功能的角度看人文社会科学，那么它在精神层面的意义可归结为怡情的追求。这种追求既表现为人文社会科学工作者在其创造性研究过程中陶冶情操、愉悦身心的效果，又表现为人文社会科学对民族文化素养、道德水平和精神境界的提升。

在建构与解构方面，学者具有超越情怀的现实意义：一是在对问题的反思中，坚持一种实事求是的客观公正的态度；二是在对现实的批判中，寻求建设性的解答。从实践的维度看，作为提供社会知识和方法的社会科学，其建设性意义更为感性具体。人文社会科学的理论与方法有助于人们观察分析复杂多变的社会现象，规范问题的分析与解决途径，在事先预警、铸造文化、改革社会、阐释世界、传播信息等方面起作用。

在学者人格与多元追求方面，中国的人文学者将关注的目光更多地投向了生活现实和人本身，在"人文"与"天道"契合的视野里，虚置彼岸，执着此岸，形成了独特的"文人精神"：一是深刻的忧患意识；二是对道德理想的探求和对社会道德秩序的建构与维系；三是具有强烈的政治抱负，关注政治，参与政治，置政治于学术之中。每一种选择都无法超越多元化的现实。多元化源于社会同质性的消解。多元化不是中国首创，而是全球发展的基本趋向。全球化导致的悖论在于，全球化一方面加剧了某种一体化，但同时也培育了多元化的可能。在全球性的资本扩张中，无法回避地要面对当地的社会环境、风情习俗和文化传统。人文学者应成为关注并就社会问题发言的公共知识分子，而不仅仅是"象牙塔"里的学究。

对社会公共问题的关注意味着人文社会科学家要保持对社会的独立批判精神，在"出世"与"入世"之间保持必要的张力。没有绝对超然的"出世"，也不要无法自拔的"入世"；"入世"是基本的取向，"出世"是为了与问题保持距离。但跳出问题是试图看清问题、理清思路，以求对问题进行批判与超越，寻求解决问题之道。或许，在多元化合法化的今天，"出世"与"入世"的融合也是多元化追求的应有之义。

当前，要强化人文社会科学研究中的问题意识，尤其在全球化的背景下，需要重新审视西方理论（全球化）之于中国问题的解释力与有效性，努力开掘出真正属于当代的中国问题。"我们需要重新发现中国,这个中国不是西方知识眼镜下的中国、不是传统知识眼镜下的中国,当然也不是意识形态下的中国,而是根据中国知识的当下中国"①,从而推动中国社会科学为全世界的发展贡献智慧。而树立人文社会科学工作者的问题意识,可以从几个方面入手②:

来自对建设有中国特色社会主义现代化事业的高度责任感,来自对实现中华民族伟大复兴的高度自觉性。如果没有对祖国强烈的自豪感,没有对发展先进生产力和先进文化的责任感,没有对广大人民根本利益的深切关注,就不会有对事业的执着追求,也不会追求卓越、与时俱进。

来自对客观世界的深刻认识与把握,来自深入的调查研究与理性思考。发现、分析和解决问题的过程就是认识事物规律、把握时代脉搏的过程。实践证明,人文社会科学要获得发展,人文社会科学工作者就必须始终关注社会生活,在不断发现、分析和解决问题的过程中推进人文社会科学的发展和创新。

来自对真理的孜孜追求,来自科学精神与科学方法。人文社会科学要进行创新,需要运用科学的方法,善于把人文精神和科学精神结合起来,把人文社会科学和自然科学结合起来,遵循正确的途径来进行。

来自强烈的"文化自觉",来自开放的心态和广阔的视野。人文社会科学研究一方面要有强烈的"文化自觉"意识,从我们的传统文化中汲取营养;另一方面,要具有国际视野,从更高的高度、更广的视野和更新的基础上进行科学研究。要把中国特色社会主义事业不断推向前进,就必须加强对外学术交流与合作,在和世界保持接触、进行交流的过程中谋求新的发展。

二、注重现实性、应用性问题

长期以来,中国人文社会科学研究受历史传统的影响,重视基础尤其是各学科历史问题的研究,厚古薄今,贵远贱近,对现实问题、应用问题的研究一直比较薄弱。自改革开放以来,这种状况在四个方面有了明显的改变。③

---

① 王勇:《全球化背景下的中国问题意识》,载《社会科学报》,2009-01-08,第 5 版。
② 参见王永斌:《人文社会科学研究中的问题意识》,载《光明日报》,2005-04-05。
③ 参见张积玉:《当代人文社会科学发展趋势探析》,载《复旦学报》(社会科学版),2009(3)。

第一，国家对人文社会科学应用、现实问题的研究高度重视。国家社科基金、各省（部）社科规划项目均以与国计民生直接有关的重大理论和实践问题为研究课题的重点；各种课题经费资助及各种政府评奖均向应用、现实研究成果倾斜；高等教育本科、硕士、博士各学科、专业的设置调整均强调巩固、提高基础类，而加强、发展开发应用类。

第二，人文社会科学工作者观念转变，日益认识到人文社会科学研究也是生产力。一大批学者注重面向经济、社会发展的需要，走出书斋，深入改革开放和现代化建设实际，研究、解决国家、地区经济社会发展中的重大课题。

第三，建立社会科学实验区，开始了社会科学实验研究。根据工作需要，近年一些科研院所和高等院校，已开始建立社科研究的实验室，或开辟社科理论实验区，支持社科研究学者选择一定区域，对经过理论验证的思想进行实验，国家、地方在精神、物质、财力上给予扶持；对实验成功的理论及时予以推广。科学实验是自然科学的基础。社会科学能不能像自然科学那样进行实验，一直存在着争论。

但是，社会学家辛秋水的研究案例表明，社会科学是完全可以实验的，只是它与自然科学不同，其研究的对象是社会，因而它所进行的实验是社会实验，其中建立实验区是其最重要的形式和手段。[①] 1989 年，经安徽省委负责人同意，辛秋水在全国最贫困的地区——大别山岳西县建立了村民自治实验区，其中一个项目就是在农村进行民主选举干部的实验。选举的基本办法是由群众直接推选候选人，候选人在村民大会上公开发表竞选演说，再由群众直接投票选举。这一实验十分成功，10 年后扩大到安县 8 个村，同样获得了成功。这一事例通过中央和地方各种媒体的报道，对全国村民直接选举村委会、实行村民自治的改革产生了重大影响。辛秋水还在岳西县莲云乡建立了文化扶贫实验区，提出以文扶贫、综合治理，实行"三个基地、一个保障"——创办一个科技文化阅览室，让稍有一点文化的农民在这里能学到实用生产科技知识；在全乡交通要道两旁设立阅报栏，让农民及时了解党和国家政策法令等来自各方面的信息；举办农用技术培训班，结合农时，通过放映录像向广大农民传授实用技术；实行村民自治，对干部进行民主选举。实验的结果是使农民收入由实验前的 1987 年时的人均 192 元提高到 1992 年

---

① 参见张春生：《社会科学实验的探索者》，载《光明日报》，2003-05-27。

时的人均 900 多元，农村社会秩序安定，文明程度提高。1992 年，安徽省委决定在全省 4 个地区推广其文化扶贫经验，最终使这一实验的结果由安徽一个省影响到全国。

第四，加强预测学、未来学研究。预测学是通过开发数学模型和程序，研究事物未来发展，揭示过去发生事件的准确结果，以减少人类生活方面由于不确定性导致错误决策而产生的风险的科学。近年来，预测决策理论和方法逐渐引入工业安全、抗震防灾等领域。而用以进行安全评价的工作，则作为一种产业在国际上出现。未来学是探讨人类社会未来发展前景的一门综合性科学。它以事物的未来为研究和实践的对象，应用科学的理论和方法，探索和预测事物发展的趋势、动向、前景，研究控制事物未来发展变化的对策，为制定规划、计划、管理、发展战略和各种决策服务。对全球环境恶化、资源过度利用、老龄化社会等重大问题及其解决对策的研究，是当前和今后一个时期中国未来学研究的重点领域。

进入 21 世纪以来，人文社会科学界抓住前所未有的历史机遇，紧紧围绕人才培养、科学研究、社会服务和文化传承创新，坚持方向，遵循规律，联系实际，开拓进取，形成了比较完备的项目资助体系、研究平台体系和支撑保障体系，形成了门类齐全、布局较为合理的学科体系，建立了较为健全的管理体制机制，建设了具有相当规模、水平较高的研究和教学队伍，涌现出一大批学术价值厚重、社会影响广泛的优秀成果，研究质量和服务能力显著提高，学术影响力和创新力明显增强，发挥了认识世界、传承文明、创新理论、资政育人、服务社会的重要作用。

三、加强面向国家重大需求的实践研究

在新世纪，人文社会科学要加强面向国家重大需求的实践研究，关键是把握全面建设小康社会、实现可持续发展中的重大课题，在科学解答中构筑学科发展的生长点，肩负起提高综合国力的重任。一方面，要高度关注中国现代化建设中的重大理论和现实问题。高校哲学社会科学要紧紧围绕实现科学发展这一主题，准确把握世情、国情、党情新变化，认真研究和回答中国社会主义经济、政治、文化、社会、生态和党建面临的一系列重大问题，不断总结实践经验，不断进行理论概括，推出有理论性、前瞻性、指导性的成果，为国家经济社会发展服务。另一方面，要不断创新科研组织机制，与政府和企事业单位建立战略合作关系，积极主动承担实际部门的委托研究课

题，并开展合作研究，提高解决重大现实问题的综合研究能力和参与重大决策的能力，使科学研究更好地为党和政府提供决策咨询服务。要适应社会主义市场经济发展的需要，面向行业积极开展针对性研究，把准行业需求脉搏，掌握行业发展规律，真正解决制约行业发展的关键问题，为转变发展方式、提高行业竞争力服务。

当下，教育部哲学社会科学研究重大课题攻关项目多以解决国家经济建设和社会发展过程中的重大理论和实际问题为主攻方向，具有前瞻性、战略性、全局性。这些攻关项目集合高校内外优秀研究团队和顶尖人才，团结协作，联合攻关，有望产出一批标志性研究成果。[1]

在基础研究和应用研究方面，努力推出一批有重要价值的学术精品。北京师范大学的中国民族民间文艺十大集成志书数字化系统工程、四川大学的《中国道教思想史》、中南财经政法大学的《张之洞全集》、内蒙古大学的《内蒙古通史》、中山大学的《全粤诗》等成果的相继推出，产生了重要的学术影响。一大批应用性研究成果直接服务于、应用于经济建设和社会发展。《中国人民大学中国发展报告》每年定期发布"中国发展指数"；南开大学通过研究将影响公司治理水平的多种复杂因素进行科学量化，形成了系统的公司治理评价指数，产生了较大的反响，取得了显著的经济效益和社会效益。

在决策咨询服务、普及中华优秀传统文化等方面发挥重要作用。例如：北京大学将人文社会科学研究与方兴未艾的文化产业发展密切结合起来，推动科研成果积极向产业化方向转化。中国人民大学组建"教授考察团"，深入基层开展调查研究，与地方党委政府和有关部门共同探讨发展大计，开创了整合全校力量集中服务一个地区的社会服务新模式。北京师范大学发挥教育学学科优势，组织数十位专家积极参与国家教育规划纲要调研、咨询以及起草工作。南开大学将理论研究与实际政策研究相结合，为中国参与亚太经济合作组织（APEC）合作和中国领导人出席历次亚太经济合作组织领导人非正式会议提供大量咨询研究报告。复旦大学在协助政府应对国际金融危机以及筹办上海世博会等方面，提交一批高水平的研究咨询报告。南京大学连续 13 年成功主办 26 期"江苏发展高层论坛"，成为省委、省政府的重要思想库。西南财经大学、西南交通大学、四川大学等一大批高

---

① 参见唐景莉：《经时济世写华章——深入推进高校哲学社会科学繁荣发展综述》，载《中国教育报》，2011-11-18，第 1 版。

校积极发挥各自学科专业和人才优势，主动参与"5·12"汶川特大地震的抗震救灾和灾后重建工作。中央美术学院在 2008 年北京奥运会和 2010 年上海世博会工程建设中，主动承担为中国"造型"的使命，有力地展示了国家文化形象。

　　总之，人文社会科学工作者要紧紧围绕社会主义经济建设、政治建设、文化建设、社会建设以及生态文明建设和党的建设等重大问题，增强实践研究，不断推出高质量研究成果，为中央决策提供及时有效的建议，更好地发挥思想库作用。

第二篇

学科发展的文献保障与实践基础

第四章 哲 学[*]

第一节 哲学学科发展概况

近年来，哲学的各分支学科都取得了不同程度的研究进展。兹简述如下。

马克思主义哲学领域的研究者关注重大的哲学概念和基本问题，在基础研究领域尤其是在哲学观、历史唯物主义研究、辩证法问题、价值问题、马克思政治哲学等问题的研究上取得了进展。与此同时，学者们结合重大现实课题，努力寻求马克思主义哲学新的理论生长点，对科学发展观、和谐社会、生态哲学、文化哲学的探讨渐次成为国内马克思主义哲学研究的热点，这极大地彰显了马克思主义哲学的当代意义和价值。更为重要的是，学界不仅积极跟进国外马克思主义的发展趋势与最新动态，也围绕着马克思主义哲学的文本学研究、马克思主义哲学中国化等当代马克思主义哲学研究中的重大问题，反思性地探讨马克思主义哲学研究的范式转换与创新，意在通过提

---

* 本章主笔：刘大椿，中国人民大学图书馆馆长、哲学院教授；潘睿，哲学博士，中国人民大学图书馆馆员；刘永谋，哲学博士，中国人民大学哲学院科学技术哲学教研室主任。

升自我认识，寻求哲学研究深入发展的方向和途径，以期在创造当代中国哲学形态的努力中取得更大更新的研究成果。

在中国哲学领域，研究者的重要关切是试图通过对中国传统哲学学理资源的考溯寻绎，来激发传统文化的生命活力，进而为当代中国人和人类的精神生活提供启示。譬如中国传统哲学与和谐社会的关系问题，学界就试图从中国哲学中寻求思想文化资源，为和谐社会、和谐世界提供思想助缘和理论论证。再如，对中国传统哲学不同发展阶段的主要学说和代表人物的专门性研究，也使得中国传统哲学的思想智慧和治学方法在现代性语境下得到重新审视与诠释，并在这种创造性的阐释和转换中，体现出其当代价值。这之中较典型的，莫若儒学伦理思想在现代社会公德建设这一话题中的凸显、老庄道家生态论在全球性问题突出的情况下得到的关注等。中国哲学不断深入对自身理论本性、思想特征与当代价值的反思与认识，这内在地与以西方哲学为主导的当代哲学景观下中国哲学的自我定位和自我发展的需要联系在一起，外在地则显示出中国哲学较为自觉的时代意识和更为深远的学术追求。在此之外，中国哲学与马克思主义哲学的关系、中国哲学与诠释学之间的关系及中西比较哲学的研究也都取得了新的思想成果。

西方哲学在我国的哲学研究中始终占有一个特殊地位，它既是世界哲学发展的风向标，又是当下中国哲学研究力图摆脱却又无法回避的竞争者。说到学者们近年来在西方哲学领域的表现，一个引人注目的特点是在重返历史考察的同时竭力展现其未来发展的可能走向，其整体的学术成果则实现了从宏观向微观的纵深发展。这种纵深发展既包括海量的译著出版（其种类包括单本经典著作、重要哲学家的全集本或选集本），也包括西方哲学界比较有名的哲学通史、国别史、断代史的研究。这种纵深发展表现为综合性与专题性论著等成果的问世，其中，有先前研究强项如古希腊哲学、德国古典哲学，先前有所涉及但不深入的中世纪哲学，先前研究较多但偏向明显（主要是早期经验论者）的近代经验论和唯理论以及 18 世纪法国唯物论和启蒙运动，先前早有研究但不系统的分析哲学，先前有所研究但涉及面有限而在近十年来备受关注的实用主义哲学、存在主义、现象学、解释学，先前没有涉及而新开拓的语言哲学、西方马克思主义，此外还有后现代主义、当代俄罗斯哲学尤其是俄罗斯宗教哲学等等。

科学技术哲学的学科外延不断扩展，但研究的核心还是始终围绕科学和技术相关问题进行哲学层面的反思。近几年，该学科对于自然科学界和人文社会科学界日益增大的思想鸿沟和话语隔阂给予了高度关注，体现出了它作为一种交叉学科，弥合两个领域、两种文化、两种精神的强烈责任感，进而深化了对科技哲学学科性质与功能等基础理论问题的反思。与此同时，作为开放的跨学科领域，科技哲学不仅保持着对自然科学、科学哲学、技术哲学、科学技术与社会、科学技术（思想）史等研究内核的关注，还不断围绕着这一紧密的课题网络，拓展其问题域，呈现出多元化的发展态势。因为科学，特别是技术与社会生产生活的关联度，科技哲学得以对广受关注的现实问题，如科技与公共政策、工程哲学、科学技术创新与创造力开发、科技伦理、风险社会、休闲产业等加以研究，形成了"集中—分散"和"一枝多杈"的问题布局。

面向当代社会现实生活所提出的伦理道德问题进行反思，是伦理学近年来所体现出的鲜明特点，这主要表现在应用伦理学领域的重大进展之上。学界就经济与伦理、企业发展与伦理建设的深层关联、环境与伦理的关系、科学家的伦理责任、技术与伦理的关系、技术伦理与工程师的职业伦理、政治制度的伦理规范等问题进行了深入的研究。这些问题，大都是现代性语境下所产生的对人类生存和社会发展具有重要影响的课题，对于它们的关注，体现了伦理学界努力回应现实生活所提出的伦理困境和伦理挑战的理论责任感。此外，伦理学还延续了在重大基础理论问题、伦理学哲学派别和重要人物研究等领域和方向上的深层思考。在伦理学重大基础理论问题方面，普世伦理与价值共识、德性伦理的内涵与生成、价值多元论、公共理性、生命伦理学、社会正义等问题的研究得到重视。在哲学派别和重要人物的研究方面，亚里士多德、孔子、康德、哈贝马斯、罗尔斯、诺齐克、斯洛特、哈耶克、麦金泰尔等人的伦理学思想得到学界的持续关注。

当代逻辑学的内容已经异常丰富与艰深，作为最广义的理解，逻辑学研究包括对逻辑学的研究（元逻辑研究）、逻辑学自身的研究（对象逻辑研究）和逻辑学应用的研究（逻辑应用研究）。近年来逻辑学的发展，除了体现在其基础理论研究的深入以及逻辑哲学研究、逻辑思想史研究、逻辑社会学、逻辑文化学等方面的进展之外，更重要的是体现在运用逻辑的工具进行逻辑的应用研究之上。目前，逻辑应用领域渐趋成熟的应用逻辑的分支有：广义哲学逻辑、科学逻辑、非形式逻辑与批判性思维研究、语言逻辑，此外还有计算机科学逻辑和人工智能、法律逻辑、经济逻辑、教育逻辑等等，总之，逻辑应用的范围十分宽泛，前景也非常广阔。

20 世纪中国美学史可以析出六个阶段，即"启蒙的美学"、"专业的美学"、"系统的美学"、"复古的美学"、"主流的美学"、"创新的美学"。自 20 世纪 80 年代"美学热"结束之后，跨越到 21 世纪，前后三十年的中国美学都可以称为"创新的美学"。近年来，美学逐渐开始吸引众多人的关注，形成美学的复兴。在某种意义上，美学甚至都不再仅仅是受到严格哲学训练的人进行的专门化的分析，而是变成了包括设计、建筑、音乐、绘画、雕塑等许多专业开始关注的对象，而美学研究自然越来越关注审美在现实生活和社会发展中的功能和位置，对如何发挥其对人的精神世界的教化和提升作用作出了新的探索。

宗教学方面，在当今中国的思想、文化、学术发展中，学界凭借着其以言论道、以学求道的优势，与政界、教界的宗教研究形成了互补的态势。无论是宗教学理论还是制度性宗教研究，均有进展，而围绕着宗教经典考据、开展跨宗教交流对话、宗教与多元文化共存的关系等重大方面，学者们也做了较为深入的工作。

从哲学各二级学科的发展概况不难看出，诸领域学者都在理论研究与现实对接两个方面双向用力，并不断尝试以新的理论视野反思现实实践活动中的具体问题。加强文本的理论研究，强调的是"返本"；立足实践阐发，强调的是"开源"。创新和发展哲学学科，就要抓住哲学学科发展的"本"和"源"的问题——必须要把握文本研究和实践阐发双重维度，从中梳理出哲学学科在文献与实践这两个维度上的进展路径。

第二节 哲学学科基础文献的建构

在文本诠释中追求意义创生，是人文学科研究的一个基本方法，而哲学作为典型的人文学科，文本是其可以作为出发点的思想现实。文本研究始终是哲学研究的一项基础性工作，哲学离不开文本解读和文本阐释。脱离了作为理论依据的哲学文本，打着创新和发展的旗号去建构哲学学科，就会陷入理论"无根性"的危机。当然，如果局限于"以文本为中心"的知识生产，也会陷入本本主义的教条。只有把文本研究与现实关切有机地结合，使现实问题研究得到坚实的理论支撑，才会促进哲学研究的真正发展。

从学理的角度看，理论研究讲求范畴、逻辑、体系的延伸和积累，换句话说，范畴、逻辑和体系在理论发展中的连续性是最为重要的。借助经典学术文本，在前人所作理论思考的基础上进行深度研究，历来都是一种重要的学术进路。再从实效性的角度来看，面向现实的当代哲学研究，从根本上就是要为捕捉和解答当代问题提供有效的基本理论和思维方法，而传统哲学文本正是因其基本理论和思维方法的有效性，才被学者们丰富和发展出新的解读，至今指导并参与着对现实的"塑造"。可以肯定，只有重视文本理论研究，才能真正理解和说明现实。

文本是历史的、既成的，任何人无权改动，但是有权且必须在实践中丰富和发展对文本的解读。实践的总体性和开放性为哲学文本的研究提供了丰富的可能，同样的文本在不同的时代，往往会产生出不同的研究旨趣、研究范式。也恰恰是在这种由思想空间和语言张力所构成的解读过程中，研究的进展发生了，研究的范式转换了，新的文本也不断地产生出来。以寻求元典原意为初衷重新诠释传统文本的过程，亦可被视作解读者以时代视角和主体价值赋予文本以新意义的过程，从这个角度说，所谓"我注六经"，也是"六经注我"。

如此一来，建构本学科基础文献的工作也就摆到了研究者的面前，因为如果不对经年累积的文献加以整理，文献就不能融入思想的河流，完成它的"增殖"。在国内哲学界，随着文本问题的高度重要性越发显现，文献的校雠、考证与研究势头开始强劲，与此同时，哲学学科基础文献的建构工作也开始得到各方关注。

不得不说，历史上的哲学文献汗牛充栋，而当下学术著述和学术出版之兴旺，更令人瞠目，至少从数量的积累上讲，恐怕已经超过 20 世纪的任何时期。一方面，翻译著作之盛，总体数量只怕难以统计，但可以断定，西方重要思潮、学派、理论、方法几乎都已被译介至中国。另一方面，"中学"的出版也蔚为大观，各种基本文献都有大规模的重印或新编，专著部头越来越厚，多卷本编著层出不穷。鉴于此番难度，任何文献建构的努力，都有可能是不全面的、挂一漏万的，但无论如何，基础的文献总不出于下面两类情况所涵盖的范围。

一、经典文献与前沿文献

在当今，仅凭一台电脑和一线网络，哲学研究者们就可坐拥百科全书般的知识和极尽丰富的有关思想的报道，更不用提那些如潮水般涌来、俯拾皆是的出版作品。但在这浩如烟海的思想库藏中，只有为数很少的一部分，是经过时间的淘洗所留下来的珍珠和黄金。又或者说，在灿若星河的哲学源流中，涉及根源并且具有永恒意义的优秀的原典，就好像是这样的几颗星辰，它们自己发光，而其他大多数的只是借助于它们的光源形成的反射而已。①

任何研究都要面向经典。不同于自然科学，在基本能够按照个体的形式准确辨认思想成果的哲学学科里，对经典文献的梳理，如悉数家珍，完全可以通过个人的角度去展开。换言之，通过对哲学史上伟大人物的挑选和编组，我们就会甚少遗漏地得到这些原典的单目。

在公元前，也就是雅斯贝尔斯所谓的"轴心时代"，以老子、孔子、墨翟、庄子为代表的中国哲学派别产生；在印度出现了《奥义书》，生活着佛陀；古希腊有哲学家苏格拉底、柏拉图和亚里士多德，此外还有米利都学派的泰勒斯，爱非斯学派的赫拉克利特，爱利亚学派的巴门尼德，原子论的德谟克利特等一个长长的名单系列；之后的古罗马哲学，则以普罗提诺、奥古斯丁为主要代表。在中世纪和近代哲学的发展中，又可以根据某种关系的连接，给出这样几组名单：安瑟尔谟、阿奎那、奥卡姆、布鲁诺；笛卡儿、斯宾诺莎、莱布尼茨；洛克、贝克莱、休谟；伏尔泰、孟德斯鸠、卢梭；康德、费希特、谢林、黑格尔；弗雷格、罗素、维特根斯坦；马克思；孔德、穆勒、斯宾塞；等等。而哲学发展到现代时期，涌现出了人本主义哲学家叔本华、克尔凯郭尔、尼采，现象学哲学家胡塞尔，存在主义哲学家雅斯贝尔斯、海德格尔、萨特，后现代主义哲学家福柯、伽达默尔、德里达、哈贝马斯等各个流派。

既要放眼千载历史之外，也要注目当下发展之中。进入当代，人类乘坐信息技术的快车一路向前，来到了一个信息激增的时代，电子媒介也向以文字、书籍为主的纸媒介的一统格局发出强劲的挑战。面对更纷杂的信息互动，需要作出更快速的思想回应。在这种背景下，学术的流变与跃迁是剧烈的，所谓前沿的文献，自然也在不停的变动之中。

近几十年国内的哲学研究可用一连串的"热"作为标记：韦伯热、实用主义热、结构主义热、解构主义热、后现代热……这些"热"之所及，在某种程度上反映了其时学术的前沿，而与前沿有关的文献，则与经典文献一

---

① 参见〔德〕雅斯贝尔斯：《大哲学家》（上），26页，北京，社会科学文献出版社，2010。

道，共同构成了哲学界阅读和研究的语境。遗憾的是，即使仅限于线索性的梳理，我们也无法像对经典文献那样，在这里给出关于前沿的文献样本。好在国际上以及国内的重要哲学刊物，可以充当前沿文献的指征：这些刊物，往往对学科前沿、新兴领域以及学科发展方向具备独到的鉴识和标准，作为高度专业化和学术性的文化产品，它们汇集了当代哲学家对集体实践经验的提炼与升华，展示了其所在领域最新的研究与合作，前沿文献从而尽收囊中，对学术共享与学术对话产生的影响不可低估。

当然，除了刊载的学术论文，学术专著、获奖科研成果、研究报告以及在新近兴起的开放获取运动下所产生的各种形式的文献资源，也都不能忽视。有研究表明，在哲学论文引用文献的类型中，专著被引量所占比重最大，这表明哲学界对于经典著作文献仍有极强的偏好，而对信息量大、发表及时的期刊文献重视不够。[①] 这一方面说明哲学学科作为人文学科的典型性，另一方面也暗示出，真正具有相当理论深度和指导意义的前沿文献还相对匮乏。

二、一级学科主文献

对文献的整理、缀合，另一种方式是以学科为尺度。按照我国现行的办法，哲学一级学科下划分出不同的二级学科，文献相应也可以归入这样的分类。二级学科主文献，代表了哲学各个分支学科的主要研究进展，而对于那些有关哲学整体发展的研究成果，即不带有旨趣偏嗜或者学科分野性质的思想成就，则归入一级学科主文献当中。当然，这种划分主要是为文献利用的方便，它并不绝对。

具体来说，一级学科主文献可分成三个主要大类。第一类就是哲学理论领域的相关文献，也即通常所说的面向基础性研究整体发展的文献成果。作为一种以理论方式进行表征的学科，哲学中概念的演绎和观念的运动，构成了最高层次的真理体系。人类在各个时期围绕哲学基本问题而得到的认识成果的理论表现，从概念演进、思想关联和理论方法特征等诸方面深刻剖析哲学进展之内在逻辑和本质内涵的研究成果，都可归入这类文献之中。这类文献对于社会发展的作用与影响是深远、潜在和短期内不明显的，但往往是哲

---

① 参见徐小跃、白欲晓：《中国哲学研究概况分析——基于 CSSCI 分析》，载《重庆大学学报》（社会科学版），2008（6）。

学研究最基础的参考文本和解答现实问题最重要的理论资源。

一级学科主文献的第二类，则是与实践紧密结合、偏重于实践反思的哲学文献。哲学总是随实践的发展而不断展示其新的问题和意义，如今"实践转向"几乎深入到哲学所有的领域，对哲学的影响全面而深刻。在文献层面，就集中表现在经济哲学、政治哲学、社会哲学、法哲学、教育哲学、管理哲学、行为哲学、文化哲学、道德哲学等各种具体哲学的范围内。相较第一类，这类文献对社会进步的作用相对明了，有些成果可为决策层提供理论、方法和依据。

一级学科主文献的第三类，就是有关哲学史的，对重要问题和重要人物的专题、专人研究成果。哲学史研究历来是哲学研究的基础，而对哲学史上重要哲学家及其文本的研究，对哲学主要问题、人物和流派等所进行的深入的专门探讨，为整体性打通哲学史的发展脉络奠定了基础，因此它们都是哲学史研究的组成部分。需要强调，这些哲学史方面的文本和文献常常映现出哲学在某一特定历史时期的思想水平、理论水平和实践水平，通过它们，复活历史上哲学家自身内蕴的矛盾、裂缝，在现实的观照下提出他们没有提出的问题，说清他们没有说清楚的思想，才能走出文献，实现创新。

三、主要二级学科主文献的建构

在一级学科之下划分出更细的二级学科，或可算是中国学科建制的一项特色。目前，在哲学一级学科之下，囊括有马克思主义哲学、中国哲学、外国哲学、伦理学、逻辑学、科学技术哲学、美学和宗教学等八个正式的二级学科。除此之外，一些哲学院系根据当前哲学发展的新趋势，尝试开创一些其他的二级学科，比如管理哲学、政治哲学等。显然，对于哲学的发展，细分二级学科既有有利的一面，亦有某些局限，这亦导致二级学科主文献建构同样具有两面性。从正面意义来看，二级学科主文献的建构极大地有利于哲学各二级学科的专业化进程。经典作家、经典文献、基本研究方式和核心课程是一个专业成其为专业的基本条件之一。专业主文献的建构给哲学之下各个二级学科提供共同体内部共享的概念、问题、话语乃至思维方式的共同基础，凝聚研究方向和言说特色，使之在一级学科的大背景下彰显出自身的独立性和体系性。从负面意义来看，过度专业化同时也就意味着学科分隔和阻断，不利于知识的融贯、综合和增生。这或许是当前欧美学界放弃在哲学一级学科之下以明确建制化方式细分二级学科的原因。然而，就中国哲学当前发展的现状而言，必要的专业化努力对于改变以往将哲学一定程度上过于意识形态化、通俗化甚至庸俗化的弊病是有帮助的。哲学是一个专业，有自己的语言、问题和方法，不是谁随意看上几本书就可以进行讨论的某种生活智慧或人生思考。主文献的建构将设置一个门槛，只有对主文献有研读和基本了解的人才可能进入专业讨论，才可能与专业人员进行交流，才可能被相应的学科所接纳和认同，才可能进入学科研究的主流和前进方向。当然，当一个研究者借由主文献进入学科之后，再尝试更高阶的深入研究和理论创新，往往又要突破主文献和学科的限制，融合、借鉴其他二级学科乃至哲学之外的各种理论资源。但是，对于刚刚踏上学术之途的研究生，主文献就像一块铁锚，将其相对固定于知识海洋的某一处专业领域。

相较于一级学科主文献，二级学科主文献的建构工作要更加具体化、细节化。这方面的工作，已有先行者拓路探索。中国人民大学于 2007 年启动"博士点学科专业主文献制度"建设工程，本着"主流、经典、前沿"的甄选原则建立了博士点学科专业主文献资料库，并于 2008 年中期完成全部汇编。具体到哲学学科，主文献制度共覆盖外国哲学、逻辑学、美学、宗教学、科学技术哲学、管理哲学等六个二级学科，其中：外国哲学卷选入论文30 篇，列出书目 70 本；逻辑学卷选入论文 40 篇，列出书目 9 本；美学卷选入论文 30 篇，列出书目 41 本；宗教学卷选入论文 43 篇，列出书目 58本；科学技术哲学卷选入论文 42 篇，列出书目 11 本；管理哲学卷选入论文30 篇，列出书目 33 本。此外，与马克思主义哲学相关的，马克思主义发展史卷选入论文 31 篇，列出书目 7 本；马克思主义中国化研究卷选入论文 27篇，列出书目 5 本；国外马克思主义研究卷选入论文 31 篇，列出书目 9 本。并且，中国人民大学哲学院博士点学科专业主文献还不断进行修正、扩充和升级，搜罗了许多各专业的经典外文文献，力求在文献的国际性上有所彰显。总之，此次中国人民大学对博士点学科专业主文献的编制，也是各学科学术思想发展史的一次系统梳理，就哲学学科而言，仅个别二级学科未列其中，涵盖基本全面，同时所列文献著作都具有一定的代表性，这无疑为哲学二级学科的文献建构工作作出了一次示范。

以中国人民大学科学技术哲学二级学科主文献建构为例。[①] 它主要由科

---

① 参见刘大椿、刘劲杨：《科学技术哲学经典研读》，北京，中国人民大学出版社，2011。

学哲学，技术哲学，科学思想史，自然哲学，科学、技术与社会（STS）五大块文献组成，涉及科学技术哲学研究的主要进路，囊括了科学技术哲学的主要研究领域，包含着基本理论、基本方法与重要问题的探讨。它的选编趋向更为开放的学科定位，并强调研究的规范性。它从上述五条科学技术哲学研究进路出发，遴选合适的经典著作，再节选该著作中最具有代表性的篇章，或者直接遴选独立论文，在每条进路上各选出4～6篇文献，最终形成24篇经典文献。在具体的编排上，每一部分均先有一个导言，概述该领域的主要研究特征和思想沿革；然后介绍经典文献，包括作者简介、正文和研议三部分。研议以精要的文字对该文献的理论贡献和思考方式进行深入解读与分析比较，并以开放性的思考题激发读者进一步探讨。除此之外，还列出了更为广泛的拓展阅读书目，包括一些外文论文。

具体看不同进路的文献选编。（1）科学哲学。科学哲学是科学技术哲学的基础理论来源。通常认为，科学哲学经历了由科学的哲学（scientific philosophy）到科学哲学（philosophy of science）的转变，前者主要对科学本身的概念框架、研究方法及其发展规律等基础问题展开深入的哲学研究，以达到辩护的旨趣，后者则扩张为以科学为对象的哲学反思进路，以及走向一种关于科学的深度新取向。考虑到前一取向选编较为充足，遴选侧重于后一取向，以促进传统之外的思考与探索。选编文献为：波普尔的《关于人类知识的三种观点》、库恩的《科学发现的历史结构》、拉卡托斯的《科学史及其合理重建》、费耶阿本德的《反对方法》、布鲁尔的《知识社会学中的强纲领》、苏珊·哈克的《既非神圣亦非骗局：批判常识主义的宣言》。（2）技术哲学。通常认为，技术哲学包含"工程学的技术哲学"和"人文主义的技术哲学"两大研究传统，目前正从分立趋向融合，形而上思考与经验转向共存。狭义技术哲学主要是指关于技术本身及其价值的哲学思考，当下技术哲学研究中所涉及的技术创新、技术管理、技术伦理等内容，与STS研究有很多交叉之处，甚至更偏向于后者。遴选主要侧重于哲学领域的技术哲学文献，包括海德格尔的《技术的追问》、哈贝马斯的《作为"意识形态"的技术与科学》、伊德的《技术现象学》、芬伯格的《技术的工具理论和实体理论》。（3）自然哲学。自然哲学在历史上有不同的形态。古希腊自然哲学家对世界始基的思考不仅开创了自然哲学，还同时创立了西方的哲学和科学传统。当代意义上的自然哲学研究领域趋于扩大，扩展到人与自然关系、生命哲学、生态哲学以及自然科学前沿的哲学研究。选编文献为：石里克的《自然哲学的任务》、柯林伍德的《自然的观念》、贝塔朗菲的《机体论概念》、玻尔的《量子物理学和哲学——因果性和互补性》、罗尔斯顿的《生态伦理是否存在?》。(4) 科学、技术与社会。STS 是科学技术哲学领域当下最为活跃、边界最为开放、理论范式最为多样的研究领域，与科学技术哲学其他分支研究多有交叉，偏哲学的研究进路与科学哲学、技术哲学、科学思想史有交叉，偏实践的研究进路又与社会学、公共管理、经济学领域的研究有密切联系。遴选文献主要侧重于社会学与哲学的思考，包括默顿的《新科学的动力》、布什的《科学：没有止境的前沿》、巴伯的《自由社会和极权社会中的科学》、斯诺的《里德演讲》、英国皇家学会的《公众理解科学的重要性》。(5) 科学思想史。科学思想史是科学技术哲学研究的重要方面，不可或缺。科学思想史以科学发展的历史为基础，揭示科学理论、科学思想的形成与背景，它常常打破内史与外史的研究界限，有助于深入、系统、全面地了解科学及其本质。遴选文献包括：柯瓦雷的《伽利略研究》、萨顿的《科学的历史》、席文的《为什么科学革命没有在中国发生——是否没有发生?》、麦克莱伦第三和多恩的《作为一个有机整体的世界》。

　　庄子说：吾生也有涯，而知也无涯。自然，作为某种意义上的知识管理，各学科基础文献的建构是在宏观学术体制层面的一种复杂性工作，而具体到每个人，在他各自的学术道路上，除了高飞远涉、广采博取外，更要懂得精选细择、规划取舍。张之洞说：泛滥无归，终身无得。得门而入，事半功倍。① 无论如何，学科基础文献的建构，都不失为一项为学者个人潜心涵养并系统地进行学术积累提供方便的重要工作，或许就是"得门而入"之"门"吧。

第三节　哲学学科当下发展中的问题

一、哲学研究的理论性与现实性

　　重视文献建构、加强文本研究，对于哲学学科的发展是一项必不可少的基础性工作，但若脱离对社会实践的观照，哲学必然陷入纯学理式的探究，不仅会失去其对现实的指导意义，哲学学科本身的创新和发展也会遭遇瓶

---

　　①　参见张之洞：《輶轩语·语学·论读书宜有门径》。

颈。因此，自觉反思哲学研究理论性与现实性的关系，保持理论与实践之间的张力，就成为哲学学科发展实践中一个历久弥新的问题。

哲学研究的价值在于哲学对时代性问题的高度敏感，这种敏感体现为对时代问题的诊断和批判。回想改革开放之初，哲学对于现实的批判性观照和对社会发展的推动功能，曾得到过强有力的发挥：从"实践是检验真理的唯一标准"到主体性问题的讨论，从哲学观念变革的探讨到市场经济的哲学意蕴的阐发，从实践唯物主义的争论到人的哲学的研究，所有这些，都建立在对中国社会历史方位自觉体认的基础上。也正是在推动中国社会从传统走向现代、从封闭走向开放的过程中，哲学成为内在于中国社会发展过程中真实的推动力量。

近年来，中国社会生活复杂程度加剧，无疑加大了对中国社会发展历史方位认知和判断的难度，但越是这种情形，就越需要哲学以反思、批判的方式面向现实本身，需要更清醒的理性批判精神和更自觉的社会责任感。哲学学科倘若要将自身确立于一个更为深远的思想历史坐标，并以此改变不少人将哲学视作某种学院化的职业与知识传播活动的成见，就必须如此。

对此，国内哲学界绝大多数学者事实上都是同意和接受的。我们也的确看到，在不断涌现的重大现实问题面前，哲学学科逐步确立了其自身作为批判者与引导者的学术地位。但是，究竟该如何理解哲学的现实性，即如何以哲学的方式关切现实，而不是以面向现实之名在非哲学的层次上提出问题与分析问题，却一直是哲学学科发展过程中一个值得深入探讨的问题。

在这方面，一个很好的例证就是哲学界对"发展和关于发展的哲学"的探讨。尽管社会发展问题在中国并不是新兴的研究领域，但中国现代化进程的深化和拓展，必然地引起新的困境和问题不断出现。于是，我国的哲学工作者纷纷开始审视中国的发展问题，他们从人的现代化、可持续发展、科学技术等各个角度来重构发展的理念，中国的社会发展理论也随之走向成熟。进而，发展观念的哲学反思即发展观问题被提出，基于中国自身的发展的标准与选择、发展的动力与方向、发展的价值与意义等一系列重大理论问题映入国内理论家的视野。时至十六届三中全会，中共中央提出的科学发展观，则进一步掀起了哲学界研究发展和关于发展的哲学问题的高潮，与之相应的发展哲学作为一个独立的研究领域也得以确立。

应该说，学界关于发展问题的研究不仅仅深化了以往社会发展与人的可持续发展等方面的研究成果，更重大的意义在于，它使得国内哲学界对发展问题的研究获得了批判性的前提，即发展问题的研究首先是发展自身的问题的研究，只有弄清楚发展的内涵，才能进一步研究发展作为一个研究领域的具体问题，也才能形成发展哲学这样一个独立的、具有自身研究对象的研究领域。

当前，我们国家有大量类似的紧迫的问题亟待研究，问题林林总总，互渗互现，有的甚至跨越地域而成为整个人类所共同面临的问题。若想从哲学特有的视角，为推动当代人类生存状态改善和社会发展贡献思想力量，最为关键的，就是以一种真正哲学的方式对那些具有实质性意义的具体哲学问题进行研究，并由此反思哲学的合理位置，这一点应当成为哲学研究者的自觉意识。

那么，理论研究与现实研究单独任何一方都不是哲学研究的全部。哲学的发展，不但需要在对哲学文本的深入解读基础上的返本开新，也需要对现实生活和社会实践的深度把握。过分地强调任何一方，都会导致哲学活动的扭曲与贫困。这样两个向度从来就是互相激发、交相促进的，面向未来，只有在"理想性"与"现实性"中保持必要的张力，才能使哲学真正成为一种内在于现实同时又超越现实的批判性存在。

二、哲学的范式转换与理论创新

哲学范式转换问题，是近年来哲学界的一个"热点"问题。客观方面，当下时代格局，比之过去也发生了很大变化，这不仅极大地推动了哲学观点、内容的创新，同时也唤醒了学界的"方法论自觉"，哲学自身旧有的研究视域、路径、范式如不能适应新的现实要求，推动哲学研究的范式转换和理论创新，就成为哲学界面临的一大理论任务。

当然，这一问题一直吸引哲学界如此关注与重视，与哲学学科对自身研究视野进行自我反省的理性自觉也不无关联。关于研究范式问题的讨论，是从马克思主义哲学和中国哲学开始进而影响到其他哲学学科的。马克思主义哲学对其研究范式内在困境作出反思和探索，先后呈现出教科书改革与原理创新、马克思主义哲学史研究、文本—文献学角度、与中西思想对话、马克思主义中国化研究等多种形式。自 21 世纪初，中国哲学也将其自身的合法性问题的讨论转向谋求对中国哲学学科范式的反思与突破。此后，西方哲学领域也试图通过回顾学科发展历史，总结经验，发现问题。在科技哲学领域，科学哲学的语境研究、科学方法论的叙事走向以及科学文化哲学的开辟，都在一定程度上表明了范式创新的种种尝试。伦理学则试图从一种理想性的和追求普遍性的研究范式向以历史分析和经验分析为视角的应用伦理学路径寻求转变，等等。

范式的转换或创新固然应当始终成为理论创新的路径，然而，这却并不意味着可以人为地取消范式的生成性和历史性。换句话说，哲学的范式转换，不仅是一个认识论的问题，更是一个实践论、存在论问题。在现实的社会存在之下，哲学范式的转换或创新，应该在哲学发展的实际过程中解决，范式过早确立反倒不一定有利于哲学的理论创新。

对自身研究范式的自觉反省和大胆创新，好的一面是使得哲学各学科得以打破自身研究视野的狭隘性和封闭性，能够以一种更加广博的研究胸怀和宽容的研究态度会通其他学科的研究。作为一项综合的和多方努力的理论任务，哲学范式的转换与创新不仅关系到中国哲学研究阐释结构和思维方式的改变，更关系到中国哲学未来研究的理论视野和发展方向。与此同时，范式若想成为拉卡托斯所说的"进步的科学研究纲领"，也必须具有持续的内在自反性，不断改弦更张而自我更新。

另一个需要着意说明的问题是关于范式多元性与哲学整体性之间的关系。时代的更迭与历史语境的变化，需要哲学界摆脱传统研究范式和解释原则的束缚，完成范式的多元化转换，并以范式创新同步推动理论创新。然而，每种范式都有其独特深刻的研究视域，"片面的深刻"或"深刻的片面"并不能够整体表达哲学创新图景。"无影灯之所以无影，是因为它的光束来自各异的角度"。在这个意义上，必须科学地辨识各研究范式的基本特征、历史成因、创新功能和学术地位，才能深描当代中国哲学研究的整体学术图景；而多种研究范式之间的互补，对哲学理论重大创新也将意义深远。

三、哲学的分化与二级学科间的融合

哲学门类下各二级学科发展得有声有色，这有目共睹，笔者在本章开篇也作了概略的梳理，但问题也恰恰在于，各分支学科的研究好像是天然分离，很难被有机地涵盖到哲学学科的整体范围之内。

长期以来，我国哲学教学和研究沿用了苏联的二级学科划分方法，很显然，这难以与目前国际上通行的做法接轨。后者是按照区域、问题或者国别和民族来对哲学教学与研究的范围作一种相对的区分。若固执于我国二级学

科的人为分割，必然使我们与国际学术界的对话遭遇重大困难。当然，不仅如此，这种划分对我们的实际研究也造成了不甚良好的影响。

从根本上说，哲学作为一种调动各种思想资源、知识背景和概念工具的综合的创造过程，是无法用"二级学科"之类的简单划分予以框定的。换言之，二级学科的划分很大程度上违背了哲学的本性。果真依照这样一种简单划分，那么哲学史上的很多伟大著作，都将无法找到其"应有的"位置。同样可以想见，此种划分势必制约着学者的理论视野与知识结构，延宕了他们对真正重要的哲学问题的捕捉、关注与创造性解决。

于是便不难理解，学术圈内为何在某种程度上存在着一种所谓"学术本位主义"，即以自己所从事的研究领域为尺度，忽视其他领域研究的价值和重要性。譬如，马克思主义哲学研究的"营业执照"，通常只颁发给在马克思主义哲学原理和马克思主义哲学发展史等少数几块领地上耕耘的人，那些对西方哲学、中国哲学乃至对社会现实问题的研究，即便是在马克思主义哲学理念的指导下展开，也很难染指其中。类似的学科隔离状况并不少见，这直接地导致了研究者彼此间无法展开真正的学术对话，同时也造成了哲学理论研究与对现实问题的哲学研究的割裂。一方面，这容易使对哲学理论的研究蒙上"经院哲学"的色彩，失之于空洞和神化，另一方面也往往使对现实问题的哲学研究无法深入，流于形式或浮于表面。由此说来，加强各二级学科之间的内在融合，不仅是重建哲学总体形相的需要，也是解决哲学理论研究与现实研究契合之难的迫切需要。

近年来，我国哲学界对此不断发出呼声，吁求在学术制度上能有所改变。但是，"哲学学科建设的体制，只有作为哲学内容自身运动的形式的觉解，才能敞开哲学发展的空间，而不至陷入空无内容的形式主义"[1]。也就是说，哲学学科建设问题根本上是与哲学创新本性密不可分的，应当从人为的主观规划与建构中摆脱出来，达到符合哲学自身本性的实在性。

所以说，以上谈及的关于哲学学科当下发展实践中的三个问题，指向固然不同，实则内在勾连：只有各二级学科在大哲学视野下的贯通融合，才能为现实问题的因应与解决带来全方位的学术视野。反过来说，只有面向现实自身，以对哲学问题的超越性理解实现综合创新，才能超越二级学科架构，

① 孙正聿：《中国高校哲学社会科学发展报告（1978—2008）》（哲学卷），252 页，桂林，广西师范大学出版社，2008。

实现大哲学的会通。而无论是面向现实、返本开新，还是各学科之间的学术融合，其根本的目标都寄托于中国的哲学研究以时代性的内容、民族性的形式和个体性的风格实现自身的范式转换和理论创新，从而建构起当代中国哲学的新形态。

第五章　理论经济学[*]

　　理论经济学包含政治经济学，西方经济学，经济思想史，经济史，世界经济，人口、资源与环境经济学等六个二级学科或专业。其中，政治经济学和西方经济学是整个理论经济学学科的基础部分，属于狭义的"理论经济学"或"经济学理论"。事实上，在我国目前的高校经济学教学中，政治经济学和西方经济学是经济学理论教学的重点。同时，在人们讨论经济学理论时，也大多指称的是政治经济学和西方经济学。下面，我们将以政治经济学和西方经济学的研究发展状况作为主要内容进行介绍和分析。

第一节　理论经济学发展概况

　　2008 年国际金融危机爆发以来，世界经济形势以及我国经济发展状况都发生了深刻的变化。与此同时，全世界的经济学界对经济学理论本身也进行着深刻的反思。就中国理论经济学的发展格局而言，2008 年也成为一个

---

　　* 本章主笔：邱海平，中国人民大学经济学院教授。

明显的重要分水岭。从总体上看，自 20 世纪 90 年代起，到 2008 年国际金融危机爆发，在这个时期，西方经济学在中国得到大量传播和普及，甚至占据了中国经济学教育和学术媒体的主流话语权地位。与此同时，政治经济学或马克思主义经济学日益被边缘化。2008 年国际金融危机的爆发以及中国经济社会问题的凸显，一方面使人们对于西方经济学有了更深刻的认识和反思，对政治经济学有了新的评价，另一方面也使人们认识到创新经济学理论并创建中国经济学理论体系的紧迫性。

从近几年理论经济学总的学术研究和思想状况来看，一方面，经济学的大部分研究仍然沿袭着已有的传统，但是另一方面，中国经济学的整体格局和人们的思想认识正在发生重要的变化与转型，主要表现在以下三个方面：第一，盲目迷信和推崇西方经济学的大势开始扭转；第二，政治经济学的研究进一步活跃，许多理论研究取得明显进展；第三，创建具有中国特色、中国风格和中国气派的中国经济学已成为真正具有远见的中国经济学人认同和追求的共同目标。

创建中国经济学目标的提出，来源于理论与现实的矛盾。一方面，快速变化的世界和中国的客观经济形势使现有的各种经济学理论都面临着不同程度的挑战；另一方面，新的世界经济现象和中国改革开放实践又为中国经济学的发展和创建提出了新的要求并提供了巨大的机遇。近几年中国理论经济学和人们对于经济学理论认识上的宏观特征在于：虽然盲目迷信政治经济学理论和西方经济学理论的人和现象仍然大量存在，但是，越来越多的人清晰地认识到，无论是照搬马克思主义政治经济学理论还是照搬西方经济学理论，都无法科学地解释中国道路或"中国模式"，也无法满足中国经济发展的客观需要。因而，必须以马克思主义政治经济学理论为指导，同时合理借鉴西方经济学的分析方法和工具，以全球化的当代世界为背景，以中国现代历史和当代国情为基础，以中国改革开放和经济发展的实践为主要对象，通过概念或范畴的创造、理论的创新、逻辑体系的构建等方式，努力创建符合科学理论标准同时又具有中国特色的经济学理论体系。虽然实现这一学术目标必然是一个长期的过程，但是，明确地意识和确立这一发展目标和方向，无疑是中国理论经济学的一次伟大的觉醒。中国理论经济学上的这一觉醒，来源于计划经济体制的失败，来源于新的国际金融危机的爆发，来源于中国特色社会主义市场经济实践的初步成功等等，一句话，来源于半个多世纪以来全世界和中国的经验与教训。因而，努力创建具有中国特色的经济学理论体系，既是当前中国理论经济学研究的重点，也必将成为中国理论经济学未来研究和发展的主题。有理由预言，随着中国在世界上的进一步崛起，具有中国特色的理论经济学也必将具有世界价值和意义。

在上述总体认识形势下，2012年以来，我国理论经济学研究呈现出以下两个方面的主要特点：

一、经济学基础理论研究进一步深化

任何科学理论的创新，必须以持续的常规性研究为基础，新的经济学理论体系的创立更是一个复杂的系统工程。中国理论经济学中政治经济学与西方经济学不仅同时并存，而且事实上存在着一种学术竞争关系。这种学术竞争格局的存在，本质上是由竞争双方所提供的现有理论与客观现实之间的关系决定的。具体来说，无论是政治经济学理论还是西方经济学理论，它们与中国经济实践之间都存在着双重的关系：一方面，马克思主义政治经济学为中国坚持社会主义道路提供了理论基础和指导，而西方经济学则为中国进行市场化改革提供了一定的理论依据，并为中国的宏观经济管理和企业经营管理提供了一定的工具；但是另一方面，它们又都不能完整地解释当代中国经济发展的全部事实，或者说彼此都不能解释对方能够解释得很好的方面。由于目前没有出现能够取代这两大理论流派的新的经济学理论体系，因此，不同的人对于政治经济学和西方经济学分别具有自己的认同感。于是，中国理论经济学的研究必然主要仍然是在传统的框架下展开。具体来说，从事政治经济学专业工作的人，主要仍然是讨论政治经济学范围之内的基础理论问题；从事西方经济学专业工作的人，则主要仍然是运用西方经济学的理论和分析工具对中国具体经济问题展开实证性研究。

在上述总体格局下，近年来我国理论经济学的基础理论研究工作主要围绕以下几个方面来展开：

（一）马克思主义政治经济学的基本理论问题

自《资本论》出版和马克思主义理论产生的100多年以来，世界形势发生了巨大的变化，出现了许多新问题和新现象。如何理解马克思主义政治经济学的基本理论及其与当代现实的关系，是新形势下政治经济学研究的持续性课题。围绕这一课题，2012年以来发表了一些新的研究成果：

关于《资本论》和政治经济学的研究对象问题。高峰发表了《论生产方式》一文，重新解读了马克思在《资本论》第一卷序言中关于"生产方式"

的含义，即劳动过程。① 林岗发表了《论〈资本论〉的研究对象、方法和分析范式》，明确地将马克思在《资本论》第一卷序言中关于生产方式的含义解释为"生产力"。② 由此可见，人们对于《资本论》或政治经济学的研究对象仍然没有获得完全一致的认识。

关于劳动价值理论。如何理解在科技进步和劳动生产率不断提高的背景下，社会财富的增长同马克思关于商品的价值量与社会劳动生产率成反比的理论之间的关系，近年来我国经济学界出现了关于这一问题的讨论热潮。③与此相关的另一个问题是，如何理解当代社会分工不断深化的条件下创造商品价值的生产劳动的外延或范围与马克思的劳动价值理论的关系。对此，我国经济学者分别提出了"商业服务价值论"和"精神商品价值论"的新观点。④"转型问题"是西方经济学家对马克思经济学理论提出的严峻挑战。对此，过去中国经济学者很少能够提出自己独立的见解，而近些年来，中国政治经济学界有几位学者对这一问题进行了深入的研究，并提出了各具特色的不同理论见解，从而将这一问题的研究提高到了世界级的新水平。⑤ 另外，2012 年以来，冯金华、丁堡骏、罗雄飞、薛宇峰等学者分别发表了批判萨缪尔森、斯蒂德曼等西方学者对于马克思劳动价值理论的批评和攻击的论文，进一步捍卫了马克思理论。⑥ 冯金华发表了《一般均衡理论的价值基

---

① 参见《当代经济研究》，2012（3）。与高峰教授的观点相关，2012 年谢富胜发表了关于劳动过程的系列新成果：《当代资本主义劳动过程理论：三种代表性表述》，载《马克思主义与现实》，2012（5）；《从形式隶属到实际隶属——马克思的劳动过程理论》，载《当代经济研究》，2012（5）；《技术决定论还是社会控制论——资本主义劳动过程研究的复兴》，载《经济学家》，2012（4）；《知识经济与资本主义劳动过程》，载《教学与研究》，2012（3）。

② 参见《当代经济研究》，2012（6）。

③ 围绕这一问题，程恩富、孟捷、马艳等近两年发表了一些论文，并于 2011 年出版了学术专著《劳动生产率与价值量关系新探》（上海，上海财经大学出版社）。

④ 关于生产劳动与非生产劳动自 20 世纪 80 年代以来出现过几次讨论的热潮。经过讨论所形成的"商业服务价值论"和"精神商品价值论"已成为大多数政治经济学者所接受或认同的理论观点。这应该被理解为对马克思主义政治经济学基本理论的一种创新与发展。

⑤ 这几位经济学者分别是：白暴力、张忠任、丁堡骏、沈民鸣等。他们不仅发表了大量的学术论文，而且出版了一些学术专著。当然，需要指出的是，也有经济学者认为"转型问题"是个"伪问题"，提出这一看法的代表性学者是冯金华等。

⑥ 参见丁堡骏：《评萨缪尔森对劳动价值论的批判》，载《中国社会科学》，2012（2）；冯金华：《劳动价值论是不必要的迂回吗？——评萨缪尔森对劳动价值论的非难》，载《学习与探索》，2012（3）；罗雄飞：《斯蒂德曼实物量关系分析中的逻辑问题》，载《当代经济研究》，2012（3）；薛宇峰：《西方的劳动价值论"新解释"的批判》，载《马克思主义研究》，2012（3）。

础》一文①，力图对西方经济学的一般均衡理论提供一个马克思的劳动价值理论解释。上述研究成果表明，我国政治经济学界对于劳动价值理论的研究取得了明显的新的进展。

关于经济危机理论问题。在新的国际金融危机背景下，运用马克思的经济危机理论解释新的国际金融危机发生的原因和机理，成为近几年国内外马克思主义经济学研究的一个热点。但是，由于马克思在《资本论》中并没有辟专篇或专章论述经济危机问题，因此，究竟如何理解马克思的经济危机理论本身就成为一个需要深入研究和解决的理论问题。为此，中国社会科学研究院裴小革研究员发表了《论〈资本论〉及其手稿中的经济危机理论的整体性》一文②，对马克思的经济危机理论进行了比较深入的系统梳理，从而为进一步运用马克思的经济危机理论研究当代金融经济危机问题提供了基础性的学理支持。

关于收入分配理论问题。基于我国收入分配趋于两极分化的严酷现实，近年来我国经济学界对收入分配问题展开了多方面的实证研究，但是，在理论上仍然显得散乱而单薄。2012 年，我国经济学界加强了对收入分配理论的研究，特别是对马克思的收入分配理论进行了更深入的系统化研究，同时还进行了马克思理论与西方经济学的比较研究。③ 有理由相信，这方面的理论研究成果将有助于进一步推进我国收入分配问题的研究和解决。

关于当代资本主义的未来趋势问题。2008 年金融危机的爆发，使西方资本主义世界经济陷入持久的萧条与低迷。在这样的大背景下，2012 年，我国理论经济学研究的一个重点问题是，当代资本主义处于何种历史阶段？它的未来发展趋势是什么？围绕这个问题，王学东发表了《国际金融危机与世界社会主义》④，对金融危机背景下世界社会主义的前景进行了分析。蔡万焕发表了《金融资本的矛盾与资本主义发展的未来》⑤，通过分析金融资

---

① 参见《经济研究》，2012（1）。

② 参见《当代经济研究》，2012（4）。

③ 参见方敏、赵奎：《解读马克思的工资理论》，载《政治经济学评论》，2012（3）；王云中、张成、沈佳坤：《社会功能工资模型的建构》，载《当代经济研究》，2012（7）；李炳炎：《构建中国特色社会主义分享经济制度的探索》，载《当代经济研究》，2012（7）；董全瑞：《马克思的收入分配理论及其当代价值》，载《海派经济学》，2011（4）；张维闵：《劳动分享剩余的理论与实践》，载《马克思主义研究》，2012（5）。

④ 参见《科学社会主义》，2012（3）。

⑤ 参见《政治经济学评论》，2012（2）。

本的内在矛盾对当代资本主义的未来发展趋势进行了探讨。郭殿生发表了《生态危机与21世纪的资本主义》①，从生态危机的角度探讨了资本主义的未来发展的趋势和走向问题。张新宁发表了《"占领华尔街"运动与资本主义制度危机——国外学者的视角》②，介绍了国外学者关于当代资本主义制度危机的理论观点。朱安东发表了《世界资本主义危机的根源和发展》③，从世界体系的角度分析了当代资本主义世界体系的内在矛盾及其未来发展趋势。

（二）中国特色社会主义经济问题

中国特色社会主义经济是我国政治经济学的重要研究对象。虽然至今还没有建立起严格符合理论规范的社会主义经济学理论体系，但是，我国经济学界一直在朝着这一方向进行基础性的理论研究。2012年，围绕中国特色社会主义经济问题，卫兴华发表了《中国特色社会主义经济制度的理论是非需要澄清》④，针对一些人对于邓小平南方谈话的误解进行了理论辨析，进一步论证了社会主义经济与资本主义经济的本质区别。周新城发表了《关于生产资料公有制问题的两点思考》⑤，论证了公有制与社会主义的内在联系，批判了从收入分配角度理解社会主义的错误观点，并探讨了公有制经济的管理问题。高梁发表了《社会主义经济的历史合理性》⑥，从历史发展规律的角度论证了以生产资料公有制为基础和特征的社会主义的必然性和合理性。杨永华发表了《再论中国模式的理论基础：马克思的公有制商品经济理论》⑦，系统整理了马克思关于公有制商品经济理论，并以此为基础说明了中国模式与马克思经济学理论之间的内在联系。张作云发表了《社会主义也有可能发生经济危机和金融危机》⑧，首次对社会主义经济发生金融危机和经济危机的可能性及其化解途径进行了理论探讨。谢地发表了《马克思、恩格斯土地与住宅思想的现代解读——兼及中国土地与住宅问题反思》⑨，通

---

① 参见《教学与研究》，2012（2）。
② 参见《毛泽东邓小平理论研究》，2012（8）。
③ 参见《马克思主义与现实》，2012（4）。
④ 参见《政治经济学评论》，2012（3）。
⑤ 参见《北京交通大学学报》（社会科学版），2012（3）。
⑥ 参见《国企》，2012（5）。
⑦ 参见《南华大学学报》，2012（2）。
⑧ 参见《江汉论坛》，2012（4）。
⑨ 参见《经济学家》，2012（10）。

过整理和运用马克思恩格斯关于土地和住宅的理论和思想，对中国当前的土地和住宅问题进行了政治经济学的理论分析。包亚钧发表了《跨越"中等收入陷阱"与构建消费主导型经济发展模式——中国特色社会主义消费经济理论的探究》①，从社会主义的本质与个人消费的内在联系出发，探讨了通过构建消费主导型的经济发展模式跨越"中等收入陷阱"的可能性和可行性问题。

（三）创建中国经济学理论体系的理论研究及初步成果

新的国际金融危机的爆发以及我国经济发展中出现的新问题，给我国经济学界提出了必须努力创建适合当代经济特别是当代中国经济发展需要的新的经济学理论体系的重大任务。2012 年，围绕经济学创新和创建中国经济学理论体系问题，洪银兴发表了《马克思主义经济学的时代化》②，论证了中国特色社会主义经济实践与马克思主义经济学理论之间的继承和发展关系。张宇发表了《关于构建中国经济学理论体系和学术话语体系的思考》③，从理论与实践的关系的角度，论证了构建中国经济学理论体系和学术话语体系的现实性和可行性，并提出了一些建设性的意见。邱海平发表了《经济学遭遇新历史分水岭》④，从当代世界经济的总体形势出发，论证了创新经济学理论的必要性和基本原则。张军发表了《正义问题：衡量中国经济学现代化的标尺》⑤，从正义的角度探讨了中国经济学现代化的标准问题。高德步发表了《科学主义与人文转向：论中国经济学的当代建构》⑥，论证了当代中国经济学建构的方法论原则。葛守昆发表了《中国经济学的理论基点及逻辑展开》⑦，探讨了中国经济学理论体系的基点与逻辑问题。

除了以上论文成果之外，2012 年上海财经大学出版社出版了"现代政治经济学新编系列教材"。这套教材由《现代政治经济学新编》、《中级现代政治经济学》和《高级现代政治经济学》等三本组成，分别为满足大学本科生、硕士研究生和博士研究生教学所需而设计。这是目前为止国内出版的第

①　参见《河北经贸大学学报》，2012（6）。
②　参见《人民日报》，2012-10-31。
③　参见《光明日报》，2012-08-20。
④　参见《中国社会科学报》，2012-07-02。
⑤　参见《中国社会科学报》，2012-05-09。
⑥　参见《中国人民大学学报》，2012（3）。
⑦　参见《现代经济探讨》，2012（1）。

一套完整的层次分明的政治经济学系列教材，是创建中国经济学理论体系和教学体系的最新成果。这套教材吸收了国内外政治经济学研究的最新成果，并且依据马克思曾经提出的"五篇结构"写作计划贯彻了"五过程体系"的逻辑构架，体现了逻辑上的一贯性和统一性。其中《现代政治经济学新编》阐述了马克思主义政治经济学的基本原理，并且增加了关于"国家经济过程"和"国际经济过程"的理论分析。《中级现代政治经济学》则是侧重运用数理方法对《现代政治经济学新编》中阐述过的基本理论进行更深入的论证。《高级现代政治经济学》则是侧重针对100多年来西方学者围绕马克思主义政治经济学理论所提出的各种诘难和争论进行更深入的理论探讨。通过对这套教材的系统学习，学生不仅能够掌握马克思主义政治经济学的基本理论并运用这些基本理论对当代资本主义经济和社会主义经济发展中的重大现实问题进行马克思主义理论分析，而且能够了解马克思主义政治经济学理论研究的国际学术前沿问题。

二、实证研究得到进一步发展

经世济国，本来是经济学的初始含义和目标。在新的历史条件下，一方面，由于中国经济实践的迫切需要，另一方面，由于受到西方经济学实证研究传统的积极影响，中国经济学者越来越自觉地加强对现实经济问题的实证研究。2012年以来，我国理论经济学的实证研究主要集中在以下几个重要方面：

（一）宏观经济分析与预测

受2008年国际金融危机的影响，近几年来中国经济已经进入另一种增长轨道。在经历了2011年的亚高速增长和物价上涨之后，2012年以来，中国经济继续受到国际经济持续低迷的影响，同时中国经济自身的各种问题和矛盾日显突出。保持国民经济的可持续发展和进一步解决民生问题成为国家经济政治政策的核心任务。但是，由于存在各种复杂的内外矛盾，国家宏观经济政策的自由度受到严重制约。这种客观形势要求中国经济学界更加注重宏观经济分析与预测，并为国家制定相对适宜的宏观经济政策提供有力的学理支持。

2012年，一些金融机构、科研机构和高等院校继续发布了中国宏观经济分析与预测报告，其中由中国人民大学经济学院的研究团队提出的研究报告仍然是最受政府和社会各界广泛关注的报告之一。该系列报告对中国经济增长模式及其存在的问题和中国经济面临的新的国际经济形势进行了深入的研究，同时还对中国宏观经济及其政策、金融和资本市场、产业经济、居民收入增长、区域经济等各个领域的问题进行了全面的专题研究，从宏观、中观和微观等各个不同的角度和层面对中国经济的现状及未来的发展趋势提出了独到的观点。中国人民大学研究团队推出的中国宏观经济研究报告表明，由于中国经济面临的形势空前复杂，只有运用各种经济学理论和分析工具，并且一切从中国经济和世界经济的实际出发，进行深入的研究，才能够正确认识中国经济的运行和发展规律，并以此为基础制定合理的宏观经济政策。可以肯定的是，在一个世界经济充满不确定性和国内各种矛盾日益累积的背景下，那种没有深厚的理论和学术支撑、仅仅经验式的对宏观经济的判断一定是不可靠的，而基于这样的判断制定出来的宏观政策也一定是失效的。这就要求：一方面，经济学界要更多地走向中国经济实际，更多地服务于国家宏观经济政策；另一方面，政府及管理部门要更加自觉地与学术界合作，更多地倾听学界对于宏观经济形势的分析与诊断。高等院校提出的各种中国宏观经济研究报告，为国家制定科学的宏观经济政策提供了有力的借鉴和参考，从而突出地彰显了理论经济学的重大实践价值。

（二）宏观经济政策研究

为了应对新的国际金融危机对我国经济发展的影响，2008年下半年以来，我国政府采取了各种大力度的宏观经济政策。这些宏观经济政策的实施，一方面使中国经济避免了严重的衰退，但是同时又产生了一系列问题和负面作用。因此，如何从实证的角度对这些宏观经济政策的效应进行科学评估，同时，随着经济形势的不断变化，究竟如何制定更适宜的宏观经济政策，成为2012年经济学研究的重点之一，并发表了如下一些代表性的成果：

刘伟发表了《五问中国经济政策》[1]，从国际宏观经济政策比较的角度，对2008年第四季度以来中国宏观经济政策进行了系统的反思，提出了五个方面的质疑。

刘元春发表了《短期宏观经济政策及其调整》[2]，针对2012年国家宏观经济政策的实际效应，重点分析了中国宏观经济运行的新特点，并对短期宏观政策应该进行怎样的调整进行了探讨。

---

①　参见《资本市场》，2012（10）。

②　参见《中国金融》，2012（18）。

朱杰发表了《2011—2012 年我国宏观经济政策调控的研究与分析》[1]，对当前我国宏观经济的运行状况和存在的主要问题进行了分析和研究，提出了对我国宏观经济进行政策调控的取向、时机、重点、力度的建议：控制通胀比较紧迫，稳定增长的时间安排比较重要，结构调整的重要性最为突出；宏观调控政策要统筹兼顾，具有统一性和全局观；加强价格调控和资源价格改革，促进消费和生产物价指数平稳可控；中期放缓人民币升值速度，长期推动人民币结算；加快收入分配体制改革，提高居民工资收入；扶持新兴产业、先进制造业，推动区域经济一体化，严格完成节能减排任务；推动进口便利，降低人民币中期升值速度，区域合作抵抗外部风险。

刘尚希、樊轶侠发表了《宏观经济政策应以结构性改革为主》[2]，认为近年中国宏观经济趋缓下行，其性质不是总需求不足，而是国内外结构调整变化叠加影响导致的"结构性收缩"。因此，宏观经济政策应从总量性政策转向结构性政策，在促进结构调整上下功夫，这也是实现"稳增长"的最佳路径。

伍戈、李斌发表了《成本冲击、通胀容忍度与宏观经济政策》[3]，以 2010 年以来通胀十分明显的宏观经济特征为背景，在多恩布什-费希尔（Dornbusch-Fischer）框架基础上，结合中国实际，创新性地区分大宗商品价格和劳动力成本冲击（尤其是 B-S 效应）对总供给以及宏观经济的不同影响机制，探讨了有关通胀容忍度以及宏观政策应对问题。

张同斌、高铁梅发表了《财税政策激励、高新技术产业发展与产业结构调整》[4]，构建了高新技术产业的可计算一般均衡（CGE）模型，考察了财政激励政策和税收优惠政策对高新技术产业发展进而对产业结构调整的影响。研究表明，财政激励政策能够比税收优惠政策更加有效地促进高新技术产业的产出增长。财税政策的激励作用对于高新技术产业增加值率的提高和内部结构的优化都具有积极影响，并且税收优惠政策的效果更为显著。

方志秋发表了《基于汇率制度变化谈我国宏观经济实现内外均衡的政策搭配》[5]，以人民币中长期升值趋势为背景，就中国当前宏观经济环境下实

① 参见《经济问题探索》，2012（3）。

② 参见《中国金融》，2012（20）。

③ 参见《经济理论与经济管理》，2012（3）。

④ 参见《经济研究》，2012（5）。

⑤ 参见《中国城市经济》，2012（3）。

现内外均衡的政策搭配问题进行了分析，同时，还分析了人民币汇率制度改革对我国宏观经济政策效果的影响，并提出了相应的政策建议。

（三）收入分配和扩大内需问题研究

新世纪以来，中国国民收入分配的基本格局是：居民收入占 GDP 的比重严重下降，从而导致了内需不足。在国际金融危机爆发的背景下，如何通过收入分配格局的调整来扩大内需，从而缓解国际需求下降导致的国民经济增长压力，是中国经济面临的突出问题。然而，国民收入分配并不是国民经济中独立的一个部分，而是与其他各个环节和方面都存在着复杂的联系。因此，从理论和实证相结合的角度，探讨中国国民收入分配的实际状况、形成的过程、机理、特点和问题以及解决的途径等，成为近年来中国理论经济学界研究的重点之一。围绕这一问题，2012 年，理论经济学界提出了一些新的实证研究成果。

马双、张劼、朱喜发表了《最低工资对中国就业和工资水平的影响》[1]，通过实证分析，检验了最低工资政策的实施对就业和平均工资水平的影响，并提出了相关政策建议。

张义博发表了《公共部门与非公共部门收入差异的变迁》[2]，提出了部门收入差异阶段性假说，并利用 CHNS 面板数据实证检验了该假说，对我国收入分配结构性调整具有一定的参考价值。

孙君、张前程发表了《中国城乡金融不平衡发展与城乡收入差距的经验分析》[3]，运用 1978—2009 年的统计数据，基于协整检验和 Granger 因果检验方法实证分析了二者之间的关系。该研究表明：城乡金融不平衡发展与城乡收入差距之间存在长期协整关系，金融发展的规模不平衡和效率不平衡都在一定程度上拉大了城乡收入差距。因此，大力发展农村金融成为缩小城乡居民收入差距的重要途径。

聂慧、张媛媛发表了《我国财政社会性支出影响初次分配的实证分析》[4]，运用多元线性回归模型，实证分析了我国现行财政社会性支出对收入分配的影响。研究结果表明，财政社会性支出中的社会保障支出、住房和

---

①　参见《经济研究》，2012（5）。
②　参见《经济研究》，2012（4）。
③　参见《世界经济文汇》，2012（3）。
④　参见《统计与决策》，2012（20）。

社区设施支出以及医疗支出起到了缩小贫富分化的作用，但教育支出却在一定程度上拉大了收入分配差距。因此，必须进一步深化教育支出和教育体制改革。

岳希明、徐静发表了《我国个人所得税的居民收入分配效应》[1]，根据税率表和住户调查数据中个人收入结构的信息，计算了每个人个人所得税的应纳税额。使用应纳税额的估计值，计算了 MT 指数，并将 MT 指数分解为个人所得税的横向公平效应和纵向公平效应。MT 指数的估计值及其分解结果表明，个人所得税虽然降低了居民收入不平等，但效果很小，甚至可以忽略不计。从国际经验来看，平均税率过低（而不是个税累进性较弱）是个人所得税在调节收入分配上贡献不足的主要原因。

孙文杰发表了《中国劳动报酬份额的演变趋势及其原因——基于最终需求和技术效率的视角》[2]，利用非竞争型投入产出模型，重点从需求结构和技术效率两个视角深入分析了开放背景下 1987—2007 年中国劳动报酬份额的演变趋势及其背后动因。研究表明，最终需求变动和技术效率变化对我国 1987—2007 年劳动报酬份额的演变具有非常显著的影响，最终需求结构、以需求衡量的产业结构、最终需求进口替代、劳动回报率、进口中间投入和投入产出效率对 1987—2007 年劳动报酬份额下降的贡献率分别为 11％、14％、2％、38％、2％和 33％。进一步研究发现，1997 年之后，国内消费、投资和出口对我国劳动报酬的拉动系数呈大幅下降趋势，且拉动重心逐渐由国内居民消费转向投资和出口，这在很大程度上导致了 1997 年之后劳动报酬份额的显著下降。此外，包括劳动回报率、进口中间投入和投入产出效率在内的技术效率变化也是引起劳动报酬份额下降的重要原因。

除了上述代表性成果之外，2012 年还发表了一些关于各省和地区居民收入分配的研究成果。党的十八大已明确将收入分配的改革列为未来经济改革的重点，因此可以预言，在未来几年之内，学界关于收入分配的研究将进一步深化。

（四）关于跨越"中等收入陷阱"问题研究

根据人均国民收入的国际流行标准，2011 年中国已进入中等收入国家行列。基于拉美和东南亚一些国家曾经落入"中等收入陷阱"而遭遇发展停

---

① 参见《经济学动态》，2012（6）。
② 参见《经济研究》，2012（5）。

滞的教训，2012 年以来，经济学界对中国是否会落入"中等收入陷阱"以及如何跨越"中等收入陷阱"的问题进行了热烈的讨论。

中国银行国际金融研究所课题组发表了《中国：跨越"中等收入陷阱"面临四大挑战》①，全面分析了中国未来经济发展面临的传统增长动力衰减、人口红利消失、收入分配不合理、资源环境约束加大等四个方面的巨大压力。同一课题组发表了《中国陷入"中等收入陷阱"的概率较小》②，认为尽管中国经济面临人口红利衰减、"投资＋出口"拉动型增长模式难以持续、收入分配拉大和环境资源约束增强等挑战，但由于中国依然处于工业化和城市化双加速阶段、区域经济结构差异较大、拥有巨大的消费市场潜力，这些因素共同决定了未来 10～15 年中国经济保持 7% 以上增长率是完全有可能的，陷入"中等收入陷阱"的概率较小。

乔晓楠、王鹏程、王家远发表了《跨越"中等收入陷阱"：经验与对策——一个基于马克思主义经济学的视角》③，遴选 15 个国家（地区）作为样本，比较了它们跨越"中等收入陷阱"的经验与教训，并运用马克思主义经济学的原理对其进行了分析，进而基于中国经济的发展现状提出了以下对策建议：第一，缩小收入分配差距，避免过度城市化；第二，减小对出口的依赖，扩大内需，避免过度消费挤压储蓄；第三，以自主创新和人力资本累积推动产业结构调整；第四，控制货币供应量，保持物价水平稳定。

孙立平发表了《"中等收入陷阱"还是"转型陷阱"?》④，从社会学的角度提出，中国现在需要警惕的不是所谓"中等收入陷阱"，而是"转型陷阱"。"转型陷阱"指的是，在改革和转型过程中形成的既得利益格局阻止进一步变革的过程，要求维持现状，希望将某些具有过渡性特征的体制因素定型化，形成最有利于其利益最大化的"混合型体制"，并由此导致经济社会发展的畸形化和经济社会问题的不断积累。"中等收入陷阱"的突出表现是原有支撑经济发展的有利因素耗尽而形成的经济停滞，而"转型陷阱"的主要表现则是经济与社会发展的畸形化。我们现在所处的状态既不是改革处于胶着状态，也不是改革受挫和改革处于停滞状态，甚至也不是向旧体制倒

---

① 参见《国际金融》，2012（2）。
② 参见《中国投资》，2012（3）。
③ 参见《政治经济学评论》，2012（3）。
④ 参见《开放时代》，2012（3）。

退，而是将转型中某一特殊"过渡形态"定型化，形成以维护既得利益为主要目标的混合型体制。现在中国问题的关键是要打破"转型陷阱"的逻辑，在公平正义的基础上重新凝聚改革共识，坚定不移地走向现代文明。

由于中国刚刚跨入中等收入国家行列，因此，"中等收入陷阱"还远不是中国经济发展的既成事实，但已引起学界的高度重视。为了借鉴国际上一些国家的经验与教训，2012年，我国经济学界发表了一系列文章，总结日本、亚洲"四小龙"等国家和地区的成功经验，同时还对拉美一些国家的教训进行了研究。① 毫无疑问，这些研究成果，对于我国最终成功跨越"中等收入陷阱"都具有一定的实践价值。

第二节　理论经济学的基础文献建构

一、理论经济学基础文献建构的意义

人类发展历史本身是一个连续的过程，因而，人类的各种思想和理论及其发展，从来都是一种历史的现象，是一个不断继承与扬弃的过程。各个时代的经济学理论和思想，一方面，从根本上来说来源于当时的客观经济实践与实际的需要，另一方面，又无不受到既有的各种经济理论与思想的影响。一切新的经济理论和思想的产生，无不来自现有经济理论与客观实践的矛盾。因此，从经济学理论创新的要求来说，不仅需要研究者对客观经济实践本身进行深入的观察与研究，而且要求研究者必须全面掌握历史上的经济学家对于同一类问题的研究所提出的经济理论与观点，并对这些理论与观点进行检验与评价。从一定意义上来说，一切新的经济学理论研究和思想成果的质量，不仅取决于研究者对于客观经济现象和过程本身的理解程度，更重要的是取决于研究者对于既有经济学理论的掌握与理解的深度和广度。因而，

---

① 参见樊继达：《韩国如何跨越中等收入陷阱》，载《中国对外贸易》，2012（8）；舒绍福：《日本经验》，载《资本市场》，2012（10）；史晋川、郎金焕：《跨越"中等收入陷阱"——来自东亚的经验》，载《浙江社会科学》，2012（10）；王青：《墨西哥应对"中等收入陷阱"的主要政策及启示》，载《现代工业经济和信息化》，2012（8）；赵伟：《巴西之鉴：突破中等收入陷阱》，载《浙江经济》，2012（8）；钱运春：《西欧跨越中等收入陷阱：理论分析与历史经验》，载《世界经济研究》，2012（8）；唐俊：《拉美"中等收入陷阱"探析》，载《浙江外国语学院学报》，2012（1）；郭惠琳：《马来西亚陷入"中等收入陷阱"的原因和政策应对》，载《亚太经济》，2012（5）。

构建理论经济学的基础文献并将其纳入经济学的教学和学生培养环节，是规范的经济学教育的内在要求。

二、理论经济学基础文献的一级文献

理论的发展与创新是一个不断累积的过程，因此，理论经济学基础文献的建构必须以经济理论的发展过程为依据。从经济理论和思想发展史的角度来说，马克思主义政治经济学和当代主流西方经济学都来源于英国和法国的古典政治经济学。19 世纪 30 年代，李嘉图学派解体。19 世纪 50—60 年代，马克思通过批判地继承古典经济学的劳动价值理论，创立了反映工人阶级利益诉求的新的政治经济学理论体系。19 世纪 70 年代，英国的杰文斯、法国的瓦尔拉和奥地利的门格尔几乎同时提出了效用价值理论，实现了所谓"边际革命"。自此之后，形成了直到今天依然存在的马克思主义政治经济学和西方主流经济学各自独立发展且同时并存的基本格局。因此，构建理论经济学基础文献的一级文献，必须以经济学两大理论体系的发展为线索，以各个时期或阶段所产生的各种重要的新理论的文献为建构对象。通过系统学习这样构建的基础文献，能够了解和掌握经济学理论发展的主要脉络和发展规律，进而认识经济学理论的发展趋势。

三、理论经济学基础文献的二级文献

任何经济学理论都是特定历史时期或阶段的社会经济发展实际状况在理论上的反映或表现。但是，作为一种社会科学，任何经济理论又无不受到研究者或经济学家的主观因素的影响或制约。由于客观经济运动过程本身的高度复杂性，不同的经济学理论总是侧重反映了经济运动的某一个或某些方面的规律。因此，对于既有经济学理论的评判和取舍是一项复杂的工作。其中最重要的内容之一，就是必须区分已有经济学理论的科学性的一面与不科学性的一面、历史性的一面与现实性的一面，必须区分已有经济学理论反映客观经济运动规律的一面与反映提出这种理论的经济学家的个人价值倾向的一面。对既有经济学理论的这种辨识工作，其最根本的依据仍然是客观的经济运动实践本身。具体而言，对任何经济学理论的评判，不仅要以产生该理论的那个时代的客观社会经济发展实际为依据，更重要的是必须以当代的客观经济发展实践及其需要为准绳。说到底，了解或掌握经济理论或思想发展史本身不是目的。一切经济学理论研究的最终目的，都是为现实的社会经济发展需要服务。因而，理论经济学的基础文献，不仅包括从古到今的经典经济学文献，同时还应该包括经济史，经济思想史，世界经济以及人口、资源与环境经济学等方面的经典文献。这些文献构成了理论经济学基础文献的二级文献。这也就是理论经济学这个一级学科中包含经济史，经济思想史，世界经济和人口、资源与环境经济学等二级学科的原因。从当前我国经济学教育的实际状况来看，重理论而轻历史是其重要的缺陷和弊端之一。因此，强化经济史，世界经济和人口、资源与环境经济学的基础文献的构建及相关课程的教学，应该是我国经济学教育改革的重要方向和内容之一。

四、理论经济学基础文献建构的中国原则

中国理论经济学研究与教育的根本目的，首先是为了中华民族的伟大复兴，同时为全人类的经济学理论的发展与社会进步贡献力量。理论经济学基础文献的建构必须服从这一根本目的。自新中国成立特别是改革开放以来，中国走上了一条独特的、具有中国特色的社会主义经济社会发展道路，并且取得了举世瞩目的伟大成就。从实践与理论的关系来说，中国道路或中国模式，既超越了马克思主义政治经济学理论，也超越了西方主流经济学理论。中国特色社会主义道路是在邓小平在毛泽东思想的基础上创立的中国特色社会主义经济理论的指导下开创出来的，同时，"三个代表"重要思想和科学发展观又是邓小平理论的进一步发展。因而，中国理论经济学基础文献，不仅应该包括国内外经济学家的经典文献，而且应该包括改革开放以来党和国家领导人关于中国特色社会主义经济的各种文献以及新时期中共中央历次党代会的报告等中央文件。通过学习构成中国特色社会主义道路理论基础的这些文献和文件，能够使学生更好地理解中国特色社会主义道路的发展过程及其历史必然性和理论依据，从而提高坚持中国特色社会主义道路的自觉性。同时，关于中国特色社会主义的这些重要理论文献，也是创立具有中国特色、中国风格和中国气派的经济学理论体系不可或缺的理论材料。

第三节　理论经济学实践发展中的主要问题

2008 年国际金融危机以来，世界经济和中国经济都已进入一个新的发展状态和阶段。概括起来说，新时期理论经济学面临的实践发展中的最主要

和最重大的问题是:

一、西方发达资本主义经济的发展趋势问题

进入新世纪以来,在经济全球化的浪潮推动下,中国经济日益成为世界经济的重要组成部分,中国经济与国际经济的相互依存、相互制约关系也日益深化。危机之后的实际情况表明,虽然中国的经济发展与外部经济存在着一定的矛盾,但是,中国经济与世界经济的相互依存关系仍然是主流和大趋势。中国经济的持续发展仍然必须以世界经济的复苏与振兴为依托,同时,世界经济的发展也必须以中国经济的持续健康发展为动力。这种客观的内外经济格局和关系,决定了中国理论经济学的研究必须高度关注世界经济尤其是西方发达资本主义国家经济的发展趋势。

到目前为止,整个西方资本主义经济仍然深陷不景气的泥潭。国际理论和思想界已经提出了资本主义向何处去的问题,并且众说纷纭。为了能够适应和应对未来西方发达资本主义国家经济的变化,我国经济学界必须大力加强对世界经济特别是发达资本主义国家经济的理论研究和总结,力求能够从理论上揭示出当代世界经济特别是当代资本主义社会经济的发展规律,进而揭示其未来的发展趋势,从而为我国制定科学的应对政策提供强有力的理论支持。在这个方面,不仅需要从总体上研究当代发达资本主义的经济发展规律和趋势,而且需要加强国别经济研究,从而为我国制定科学的对策提供学术支持。

二、社会主义与市场经济的关系问题

改革开放以来,中国开辟了一条社会主义市场经济的独特发展道路。社会主义市场经济是中国特色社会主义在经济上的核心内容和根本特征。30多年的实践与发展实际情况表明,无论是相对于传统计划经济体制还是相对于完全的西方资本主义经济体制和模式而言,搞社会主义市场经济,而不是搞以完全公有制为基础的计划经济和以完全私有制为基础的市场经济,都更加适应了中国经济社会发展的需要。同时我们必须看到,中国社会主义市场经济仍然处在发展之中,虽然取得了巨大的成就,但也面临着一些深层次的矛盾与问题。其中最核心的问题在于:如何使社会主义与市场经济更好地结合或融合。发展到目前的实际情况表明:一方面,中国的市场经济机制还很不完善,以致一些西方国家到现在还不承认中国市场经济国家的地位;另一方面，中国的社会主义同样还很不牢固，体现社会主义本质的国有经济和集体经济都面临着能否进一步保持与发展的巨大挑战。从经济学理论来看，到目前为止，由于马克思主义政治经济学和西方主流经济学是两种存在一定对立性的不同"范式"，分别解释了中国社会主义和市场经济部分，但都没有能够逻辑一贯地完整解释"社会主义市场经济"，因此，中国社会主义市场经济并没有取得理论上和思想认识上的"合法性"。这正是在国内外都存在着关于中国未来的极左和极右两种思潮与主张的根本原因。这种客观情况要求中国经济学界必须大力加强对"社会主义市场经济"的理论研究，并且必须通过理论创新，既超越马克思主义政治经济学，又超越西方主流经济学，创立一种全新的理论经济学范式，为中国社会主义市场经济提供一个符合科学理论规范的系统解释。在这个方面，可以说中国理论经济学界依然任重而道远，同时也面临着难得的创新与发展机遇。

三、中国经济进一步对外开放的问题

进入新世纪以来，随着中国经济的不断发展与强大，中国经济对外开放的基本格局已经发生重大的变化，即以"引进来"为主开始向"走出去"转变。近些年来，中国的对外投资规模不断扩大，日益成为重要的资本输出国；在工业制造品保持世界出口第一的同时，高技术产品和服务以及文化商品也开始形成一定的出口规模；人民币进一步走向国际化；中国在国际金融机构中的地位进一步提升。与此同时，中国的国际政治和军事地位也不断加强。因而，从总体上来看，中国在世界上正处于强劲的崛起之中。同时我们又必须看到，随着中国在世界上的地位的不断提高，中国与外部的摩擦和矛盾也日益增多，不仅发达国家明确地喊出了"中国威胁论"，而且一些发展中国家对中国的发展与日益强大心存戒心。客观实践已经为中国理论经济学提出了这样一个重大的课题，即中国如何走出一条不同于西方列强走过的帝国主义和新帝国主义的对外开放道路。在这个方面，中国理论经济学同样面临着巨大的创新任务与机遇。中国理论经济学的研究必须尽快适应中国经济在世界上日益崛起的客观发展形势，必须着力研究中国经济的对外开放与发展如何体现社会主义的本质和原则，从而不仅使中国经济在世界上成功崛起，而且使中国为全人类的健康发展作出更大的贡献。

我们认为，中国理论经济学只有以上述最重大的现实问题为研究对象，才能够实现理论上的真正创新，才能在中国经济日益强大的同时，在全世界

经济学界获得一流和领先的地位。在这个过程中，中国经济学理论工作者首先必须克服自鸦片战争以来所形成的崇洋媚外的习惯性心态，树立起民族自信心和当代世界意识。没有这种心理与意识的重大转变，要创建中国特色的理论经济学体系是根本不可能的。

第六章　应用经济学[*]

第一节　应用经济学学科发展和变化

一、应用经济学学科设置和调整

应用经济学是利用经济学基本原理和分析方法研究经济活动各相关领域理论、运行规律和机制，或对非经济活动领域进行经济效益、社会效益分析的经济学科，具有理论联系实际、应用性强、直接服务于经济建设的特点。

为适应我国经济、社会和科技的发展，从 1980 年建立学位制度至今，我国教育部门制定并三次修订了《授予博士、硕士学位和培养研究生的学科、专业目录》，应用经济学学科的设置也随之发生变动，基本形成了具有中国特色的应用经济学学科体系和比较规范的人才培养体系。

（一）学科、专业目录的设置

1983 年 3 月，国务院学位委员会第四次会议公布《高等学校和科研机构授予博士和硕士学位的学科、专业目录（试行草案）》，这是新中国建立学位制度后首次颁布的培养研究生的学科、专业目录。经济学门类下设有一个

---

　　* 本章主笔：吴晓求，中国人民大学研究生院常务副院长、财政金融学院教授；李霞，中国人民大学研究生院学位办公室主任、研究员；徐昭、刘洋、文武健，中国人民大学财政金融学院博士生。

"经济学"一级学科，其中包含 24 个二级学科。当时的经济学二级学科主要按照行业或部门划分。

（二）学科、专业目录的第一次修订

1990 年 10 月，由国务院学位委员会第九次会议正式批准公布在 1983 年学科、专业目录基础上修订的《授予博士、硕士学位和培养研究生的学科、专业目录》。这次目录修订，经济学门类虽仍只设一个经济学一级学科，但二级学科数有所增加，由原来的 24 种增加到 27 种。另外根据国民经济发展需要增加了 5 种试点学科：旅游经济、消费经济、信息经济、商品学和城市经济学等。同时，新目录对保留下来的行业、部门性经济学专业扩大了原有的专业内涵。

（三）学科、专业目录的第二次修订

1997 年，国务院学位委员会、国家教育委员会联合颁布了再一次修订的《授予博士、硕士学位和培养研究生的学科、专业目录》。此次学科、专业目录修订，经济学学科发生较大调整。经济门类分设理论经济学与应用经济学两个一级学科，其中理论经济学包含政治经济学，经济思想史，经济史，西方经济学，世界经济和人口、资源与环境经济学等六个二级学科。应用经济学则下设国民经济学、区域经济学、财政学（含：税收学）、金融学（含：保险学）、产业经济学、国际贸易学、劳动经济学、统计学、数量经济学以及国防经济等十个二级学科。

（四）学科、专业目录的第三次修订

为了更好地适应我国经济、社会、科技和高等教育的快速发展，2009 年，国家有关部门决定修订和完善 1997 年公布的学科、专业目录。2011 年 2 月，国务院学位委员会第二十八次会议审议批准了经多次讨论修改的《学位授予和人才培养学科目录（2011 年）》。本次学科目录修订，一级学科的总数由原来的 81 个增加至 110 个，一级学科下的二级学科实行弹性管理，由高校根据自身特点自主设置（国家仅提供指导性的二级学科专业目录）。应用经济学学科在本次目录修订中进行了局部调整，其中原二级学科统计学同数学二级学科概率论与数理统计合并，单独形成统计学一级学科，设在理学门类下，学位授予单位可根据实际情况授予理学或经济学学位。

二、应用经济学学科发展特点

随着经济社会的发展，中国在面临发展的传统问题的同时，也不断遇到新困难、新挑战。这种新局面的出现一方面促使理论研究更深刻地反思与总结，另一方面也使得应用经济学在继承发展前人研究成果的基础上不断创新。

（一）分化和融合的趋势更加明显

一方面，随着经济社会的发展，中国出现了许多发展中面临的新问题，这些问题或是前人所没有遇到过的，或是随着问题的复杂化，使用原有的思路已经无法有效解决。以这些新问题或者问题的新发展为研究对象，则出现了应用经济学在研究对象上的分化。另一方面，科学技术转化为生产力的加快不但带来经济的高速增长，同时也使得社会个体的交易往来更加频繁，进而推动现实生活中不同部门、领域之间的沟通与合作变得越来越普遍，现实的深刻变化又进一步促使应用经济学突破原有的学科专业界限，通过不同学科之间的交叉融合以解决实践中产生的新问题、新挑战。正是因为如此，我们才会看到在原有的学科基础上，随着实践产生了如空间经济学、网络经济学、企业经济学等新兴学科。

（二）研究对象广泛

目前应用经济学一级学科下设置了十个二级学科，基本涵盖了国民经济发展的各个领域，这十个二级学科分别为：国民经济学、区域经济学、财政学（含：税收学）、金融学（含：保险学）、产业经济学、国际贸易学、劳动经济学、统计学、数量经济学以及国防经济学。各二级学科的主要研究方向为：

国民经济学，包括宏观经济管理研究、社会经济发展战略与规划研究、宏观经济政策研究、宏观经济数量分析研究、经济安全与国防经济研究等研究方向；

区域经济学，包括区域经济理论、区域经济规划、区域经济政策、区域经济研究方法和产业布局、城市经济学、资源（能源）经济学等研究方向；

财政学，包括财政理论与政策、税收理论与实务、国债理论与管理、财政税收信息化等研究方向；

金融学，包括金融理论与政策、国际金融、商业银行经营与管理、资本市场与风险投资、金融工程与风险管理、保险学等研究方向；

产业经济学，包括市场体系与市场运行、市场监测与流通创新、产业发展与战略产业、产业组织与竞争政策、国际产业与贸易政策等研究方向；

国际贸易学，包括国际贸易理论与政策、国际金融与投资以及国际商务外交与 WTO 等研究方向；

劳动经济学，包括劳动力市场理论与政策、人力资源管理、产业关系等研究方向；

统计学，包括经济与环境统计、社会与人口统计、调查与数据分析、风险管理与精算、应用概率与数理统计等研究方向；

数量经济学，包括经济学优化方法和 DEA 方法、计量经济学理论与应用、博弈论等研究方向；

国防经济学，包括中外军工产业、国民经济动员、军费经济研究等研究方向。

（三）研究方法更加多样化

如果说理论经济学是经济学研究的世界观，提供了研究的基本原理与思想指导，那么应用经济学则是经济学研究的方法论，提供的分析方法起到了连接理论与实践的桥梁作用。当高度抽象的基于逻辑一致和推理严密的理论与纷繁复杂的现实世界经济现象发生冲突时，一方面促使研究者从理论的高度分析反思研究基于的前提假设与逻辑框架，另一方面也使得研究者从分析工具与分析方法的视角进行改进与修正，以适应多变的现实经济环境。通过认识的不断反复，丰富和完善经济学研究的理论与实践。

应用经济学在继承原有的分析框架与标准的同时，也在不断吸收新的研究方法。一方面，随着经济学的研究对象逐渐细化，经济学的研究方法逐渐转变为以解决具体现实问题为研究导向，实现了从逻辑导向研究转变为问题导向研究。另一方面，随着计量方法的创新与计算机技术的普及，实证方法在应用经济学研究中凸显出愈加重要的地位。应用经济学也在不断借鉴自然科学的研究方法，如行为经济学中实验方法和行为分析方法的引入。这些研究方法的创新不但为解决发展面临的现实问题提供了更加多样的手段与工具，同时也丰富与扩展了应用经济学的研究外延，使得应用经济学的研究能够始终与现实紧密结合。

第二节　应用经济学学科研究的问题及对策

一、应用经济学学科研究面临的主要问题

（一）尚未形成严谨科学的经济学研究范式

一方面，目前我国经济学研究仍然存在着"只见树木不见森林"的问题，也就是往往对经济问题的分析不够全面深入，停留在对孤立现象的归纳

总结层面，缺乏将问题以整体视角加以概括抽象、进一步提炼的能力，如林毅夫所指出的，目前中国的研究者经常只讲个人对某个问题的观点、想法和主观愿望，常以个人的判断或其他经济学家的观点、理论替代逻辑推论，或是以比喻代替推理，所以难以形成逻辑体系①。另一方面，我们的经济学研究还没有完全树立现代的分析框架和研究方法，没有能够迅速吸收与借鉴国外经济学研究的经验和长处。钱颖一认为经济学理论分析主要由视角、参照系以及分析工具组成②，田国强提出现代经济学研究由基本分析框架与研究方法组成，其中分析框架包括界定经济环境、设定行为假设、给出制度安排、选择均衡结果以及评估比较，研究方法则涉及提供研究平台、建立参照系、给出度量标尺以及提供分析工具③。按照这样的标准来看，目前我国很多经济学研究成果仍存在流于形式和缺乏严谨科学的逻辑分析的问题。而基于规范和实证相结合的研究也往往缺乏逻辑与形式的内在一致性。

（二）学科研究视野较为局限，跨学科研究不够

在当前国际经济学研究领域，随着学科之间的不断交流与融合，经济学研究在新古典经济学的基础上不断丰富和完善的同时，在最近的二三十年发展中又吸收借鉴了心理学、法学和政治学等学科的研究成果，形成了行为经济学、法经济学以及政治经济学等研究热点。以行为经济学为例，早在 20世纪 40 年代，乔治·卡托那与赫伯特·西蒙就提出了心理对经济行为的影响，但直到 20 世纪 70 年代以色列经济学家丹尼尔·卡尼曼与阿莫斯·特沃斯基的一系列研究成果的发表，才真正奠定了行为经济学的基础。行为经济学的研究者通过实验数据、场数据和微观计量方法认为，对经济行为的研究必须建立在现实的心理特征基础上而不能建立在抽象的行为假设基础上；从心理特征看，当事人是有限理性的，依靠心智账户、启发式代表性程序进行决策，关心相对损益，并常常有框架效应。④ 行为经济学的出现，补充和完善了以基于利己主义的方法论、数学形式的假设条件、对假定结果的逻辑分析以及复杂的实证形式的实地检验为研究框架的新古典经济学。

与国际目前经济学研究的热点相比，由于现代经济学研究起步较晚，目

---

① 参见林毅夫：《经济学研究方法与中国经济学科发展》，载《经济研究》，2001（4）。

② 参见钱颖一：《理解现代经济学》，载《经济社会体制比较》，2002（2）。

③ 参见田国强：《现代经济学的基本分析框架与研究方法》，载《经济研究》，2005（2）。

④ 参见周业安：《行为经济学是对西方主流经济学的革命吗？》，载《中国人民大学学报》，2004（2）。

前我国经济学研究仍处在"就学科论学科"的阶段，跨学科交叉的综合研究分析较少。发展较为成熟的经济学交叉研究也主要是基于中国的政治体制与历史文化背景的新兴市场转轨经济学的研究。其余的研究无论是从方法上还是从研究的体系上看都不够系统，仍处在对国外研究成果的吸收引进与"中国数据"的检验阶段。如何实现中国经济学研究的跨学科研究突破，提出中国经济学比较研究的新视角与新方法，仍然任重而道远。

（三）对微观与方法性质的研究重视不够

由于中国是一个发展中国家，社会主义市场经济体制仍处于不断完善与发展的过程中，在以经济建设为中心的思想指导下，如何实现经济更好更快发展和与之相关的制度安排研究则成为现阶段中国经济学研究的重点与核心。所以我国当前的经济学研究仍然较为偏重宏观，研究特别向经济增长与经济发展、产业结构调整以及区域经济发展这样宏观的研究方向倾斜，而相应的微观层面，如居民消费、收入分配以及金融学中公司治理的研究则相对不够活跃。根据每年中文社会科学引文索引中经济管理学术期刊排名前20位杂志的文献统计，2003年至2011年国内经济学的研究热点分析如表6—1所示。

表6—1　　　　　　　　　近期国内经济学研究热点分析

	2003年	2004年	2005年	2006年	2007年	2008年	2009年	2010年	2011年
1	资本市场	资本市场	资本市场	"三农"（含城镇化）	资本市场	经济增长与发展	经济增长与发展	经济增长与发展	经济增长与发展
2	"三农"（含城镇化）	"三农"（含城镇化）	"三农"（含城镇化）	资本市场	经济增长与发展	资本市场	资本市场（含上市公司、资产定价）	资本市场	资本市场
3	经济增长与发展	经济增长与发展	商业银行（含金融体制、金融秩序等）	经济增长与发展	"三农"（含城镇化）	"三农"（含城镇化）	"三农"（含城镇化）	"三农"（含城镇化）	"三农"（含城镇化）
4	产业结构与产业政策	区域经济发展	经济增长与发展	产业结构与产业政策	产业结构与产业政策	产业结构与产业政策	产业结构与产业政策	产业结构与产业政策	收入分配与收入差距
5	区域经济发展	公司治理	产业结构与产业政策	区域经济发展	对外贸易与贸易政策	货币政策	货币政策	收入分配与收入差距	产业结构与产业政策

续前表

	2003 年	2004 年	2005 年	2006 年	2007 年	2008 年	2009 年	2010 年	2011 年
6	民营经济与家族企业	商业银行问题	区域经济发展	商业银行	公共经济	区域经济发展	收入分配与收入差距	货币政策	自主创新
7	商业银行问题	产业结构与产业政策	公司治理	公共经济	货币政策	公共经济	对外贸易与贸易政策	对外贸易与贸易政策	对外贸易与贸易政策
8	财政政策	国有经济	对外贸易与贸易政策	自主创新	区域经济发展	对外贸易与贸易政策	公共经济	自主创新	货币政策
9	经济全球化	民营经济与家族企业	公共经济（含公共管理）	对外贸易与贸易政策	自主创新	经济体制改革	世界金融危机	低碳经济	低碳经济
10	转轨经济问题	人民币汇率	收入分配与收入差距	货币政策	商业银行问题	收入分配与收入差距	金融体制（含金融环境、混业）	区域经济发展	区域经济发展

资料来源：2003—2009 年数据来自黄泰岩主编：《中国经济热点前沿》，第 1～7 辑，北京，经济科学出版社，2004—2010；2010 年数据来自黄泰岩、张培丽：《2010 年中国经济热点分析》，载《经济学动态》，2011（2）；2011 年数据来自黄泰岩、张培丽：《2011 年中国经济热点分析》，载《经济学动态》，2012（4）。

中文学术期刊文献研究方向基本代表了中国经济学研究的主流，所以我们可以注意到，目前研究的热点仍然集中在较为宏观的研究领域，像经济增长、"三农"问题和产业结构等研究是每年学者们关注的重点，而对微观层面和方法层面的研究则相对不足。

有关学者对发表在著名经济学学术刊物上的高被引文献的研究表明，过去的 30 年中，根据文献发表数量统计得到的经济学细分领域研究排名为：金融学（23.44%）、计量经济学（19.14%）、微观经济学（15.31%）、宏观经济学（14.35%）、经济增长与发展（9.09%）和产业组织研究（7.18%）[1]，其中，前三者多数可以归结为微观层面的研究，而该类研究的占比达到了57.89%。可以看出，国外代表了经济学研究最高水平的学术文献的重点还在于考察微观的个体与行为。我们一直以来都在强调经济学研究要有宏观视

---

① E. Han Kim, Adair Morse and Luigi Zingales, "What Has Mattered to Economics since 1970," *The Journal of Economic Perspectives*, Vol. 20, No. 4, pp. 189-202.

野与微观视角，所以未来的经济学研究在与当前经济发展实际问题相结合的同时，也应该对微观与方法性质予以更多的重视。

二、应用经济学学科发展的对策

（一）与中国实践相结合，丰富学科的发展

林毅夫认为，经济学作为一门社会科学，在本质上是用来解释社会经济现象的一套逻辑体系。社会科学理论贡献的大小取决于被解释对象的重要性，因而从某种意义上讲，主流经济学的研究是在总结与反思大国经济的发展经验与教训。

中国在 20 世纪 70 年代末开始实行改革开放，经过 30 多年经济的飞速增长，2011 年按照国内生产总值衡量的经济体排名中国已经跃居世界第二位。但与发达国家成熟市场经济发展模式不同，中国的经济增长，尤其是私营企业的迅速发展，并没有建立在完善的民主法制和制度基础上，而是更多地依赖声誉与关系这种非正式的契约模式。[①] 在独特的政治与社会环境下，中国经济享受到了前期快速的资本积累方式、有效的激励结构与低成本的履约方式带来的好处，然而也日益显露出不利于社会和谐和经济增长的负面影响。随着历史的推进，中国既有的政治和社会结构的"收益"已经得以充分发挥，其"代价"则日渐积累。[②] 在这样的背景下，利用现代经济学的分析框架与分析视角，结合中国的历史、文化与政治制度进行分析，肯定能够得出建设性的观点与结论，而这无论是对于转轨经济学与发展经济学的理论贡献，还是对于总结我国经济建设的经验与教训，以及指导新兴市场国家的实践，都有着积极和重要的意义。

中国作为由计划经济向市场经济转轨的最大规模的经济体，其发展必然会受到计划经济时代遗留的制度与社会因素影响，而由于路径依赖的存在，中国的经济发展方式、产业组织结构以及企业组织形式与公司治理都会呈现出与发达市场经济并不完全一致的发展脉络。特定的制度、历史与文化社会环境的影响究竟对一个经济体的发展起着什么样的作用，我们既有的历史遗

---

① 　Franklin Allen，Jun Qian，Meijun Qian，"Law，Finance，and Economic Growth in China，"*Journal of Financial Economics*，Volume 77，Issue 1，pp.57–116.

② 　参见王永钦、张晏、章元、陈钊、陆铭：《十字路口的中国经济：基于经济学文献的分析》，载《世界经济》，2006（10）。

产中哪些是值得我们继承与发扬的，哪些又是与现代社会的发展相违背因而必须予以摒弃的，二元社会现状突出的中国未来如何克服压力与挑战，实现经济的良性和持续发展，"人口红利"逐渐消失的中国能否实现及时的产业结构调整与升级，中国资本市场能否取得服务实体经济与实现投资者回报的平衡，为国际金融中心的构建创造必要的条件，现代公司制度下中国的企业能否迅速发展壮大，成为创新与企业家精神的摇篮，这些都非常值得我们分析与总结。我们也看到改革开放 30 多年来基于中国经济调查与实践所产生的一系列重要经济理论，如家庭联产承包责任制、国有企业股份制改造、整体改革理论、价格双轨制和中国经济结构调整理论等。应当说，扎根在中国这样一片广阔的沃土上，我们有理由也必然可以为经济社会的发展贡献中国人的智慧。

（二）建构"中国制造"的经典文献

何为经典？不同的学科研究可能会有不同的定义。由于人文社会科学研究对象的特殊性，具体问题具体分析的要求就体现得更为突出。对于应用经济学而言，经典文献既可以是深刻地剖析与审视一个国家、一个地区甚至是一个组织的经济行为与影响的文献，也可以是对经济问题另辟蹊径，从而能够开辟奠定学科研究基础的新视角、新范式的文献。所以"中国制造"的经典文献并不意味着文献的思想与方法必然带有鲜明的中国特色，只能局限于指导中国的理论与实践，而应当是具有一定的普遍意义与可移植、可复制特点的理论体系与实践指导。目前来看，中国本土的经济学研究还有很大的提升空间（见表 6—2）。

表 6—2　　　　　　　2000—2004 年 CSSCI 引用文献次数排名

	作者	文献	发表刊物
1	Michael C. Jensen, William H. Meckling	Theory of the Firm: Managerial Behavior, Agency Costs and Ownership Structure	*Journal of Financial Economics*
2	Ross Levine	Financial Development and Economic Growth: Views and Agenda	*Journal of Economic Literature*
3	Joseph E. Stiglitz, Andrew Weiss	Credit Rationing in Markets with Imperfect Information	*The American Economic Review*
4	Robert E. Lucas Jr.	On the Mechanics of Economic Development	*Journal of Monetary Economics*
5	Paul M. Romer	Increasing Returns and Long-Run Growth	*Journal of Political Economy*

续前表

	作者	文献	发表刊物
6	George A. Akerlof	The Market for "Lemons": Quality Uncertainty and the Market Mechanism	*The Quarterly Journal of Economics*
7	Daniel Kahneman, Amos Tversky	Prospect Theory: An Analysis of Decision Under Risk	*Econometrica*
8	Paul M. Romer	Endogenous Technological Change	*Journal of Political Economy*
9	周其仁	市场里的企业：一个人力资本与非人力资本的特别合约	《经济研究》
10	Fischer Black, Myron Scholes	The Pricing of Options and Corporate Liabilities	*Journal of Political Economy*

资料来源：苏新宁主编：《中国人文社会科学学术影响力报告（2000—2004）》，北京，中国社会科学出版社，2007。

　　根据中文社会科学引文索引的文献引用数量排名可以看出，在2000—2004年的五年中国内经济学刊物引用最多的10篇文献中有9篇是外文文献，中文文献只有一篇。一方面，可以看出国内经济学研究能够追溯经典文献，因为引证的外文文献分别是公司金融、委托代理、信息经济学以及新增长理论的开山之作。另一方面，也反映出中文文献缺乏经典研究的窘境，说明构筑中国本土经典文献的任务仍然任重而道远。

　　从当前国际顶尖学术期刊的文章发表情况来看，已经有越来越多的华人学者开始崭露头角，在应用经济学的各个领域发表文章，这说明我们开始融入当前经济学研究的主流。但我们必须注意到，这些学者论文研究的问题大多与发达国家市场相关，另一方面，绝大多数高质量的论文都是研究者在国外留学期间发表，相比之下，国内科研机构与高校的经济学培养水平有待进一步提升。

　　从知名经济学刊物高被引文献的作者情况统计（见表6—3）我们可以看出，欧美地区，尤其是美国高校，是经济学研究的重镇，无论是从作者的工作单位还是作者博士学位的授予机构看，美国高校都占有绝对的统治地位，而欧美以外的地区几乎可以忽略不计。这种局面一定程度上跟顶尖的经济学研究刊物大多集中在美国本土有关，但是我们也必须承认，我们的经济学研究和人才培养与国外相比还是存在着客观的差距。

表6—3　　1970—1999 年知名经济学刊物高引用文献作者所在机构与情况统计

	论文作者所在机构占比	论文作者博士授予单位占比
芝加哥大学	16.7%	15.5%
麻省理工学院	7.6%	15.1%
哈佛大学	6.3%	14.5%
斯坦福大学	5.0%	7.9%
耶鲁大学	4.6%	3.2%
卡耐基梅隆大学	3.8%	3.8%
加州大学伯克利分校	3.2%	2.5%
普林斯顿大学	2.8%	3.5%
西北大学	2.5%	1.3%
其他美国高校	34.2%	24.4%
英国以外的欧洲地区	5.0%	1.6%
英国地区	4.7%	5.4%
世界其他地区	3.6%	1.3%

资料来源：E. Han Kim, Adair Morse and Luigi Zingales, "What Has Mattered to Economics since 1970," *The Journal of Economic Perspectives*, Vol. 20, No. 4, pp. 189-202.

当前中国应用经济学的研究面临着日益复杂的内外部环境和多元的参与方利益博弈的局面，如何有效借鉴现代经济学的发展经验与成果，在融入与把握现代经济学的发展方向的同时，从理论高度和实践的角度构筑中国经济发展的经验的总结与反思，仍然任重而道远。

第三节　应用经济学基础文献建构

一、应用经济学基础文献建构的特点
（一）基础文献建构应突出经典性

经典即永恒，意味着典范性、权威性。经典的理论、方法不会随着时间的流逝而被人遗忘，反而深深地嵌入到人们不断的学习和发展中。因此在经济学的发展中，应用经济学的发展离不开对经典文献的解读和学习，应用经济学的经典文献涵盖了经典的理论和方法。这些理论和方法是学科发展的基石，阅读和学习经典文献不仅是对经典理论和方法有更加全面的认识，包括经典理论提出的背景、前提假设、研究论证的方法，以及结论和意义，同时有助于我们将经典理论、模型正确地应用到更多的研究中，在学术道路上不断深入。所以应用经济学的基础文献建构要体现经典性，就要包含各个学科各个领域的经典文献，它不仅是基础文献的重要部分，也是学科发展的基础。

　　基于经典文献在学科发展、学生学习中的重要作用，基础文献建构中对经典文献的筛选变得尤为重要。应用经济学的经典文献从历史角度来说包含了应用经济学各学科发展的基础性文献，还包含了能广泛应用到各个国家各个生产部门的理论和方法；其中既有对该领域作出重大贡献的经典理论，也有对现实问题的研究有里程碑意义的经典模型。同时不能忽略的是中国的经典文献，中国的应用经济学学科发展最终还是要解决中国在经济发展过程中的实际问题，因此经典文献的建构不能忽略了中国的理论发展和现实背景。

　　第一，从经典理论的角度来看，应用经济学的基础文献囊括了不同流派、不同领域的经典文献。从流派来看，基础文献中包含了凯恩斯学派、古典学派、供给学派等各主要流派中的经典文献，其中有凯恩斯学派的《自由放任主义的终结》，古典学派的关于"比较优势"原理的一系列经典文献，以及提出"拉弗供给曲线"的供给学派的相关研究等。从研究领域来看，基础文献涵盖了宏微观两个领域重要的经典文献，例如宏观上著名的经典文献"The Relationship Between Unemployment and The Rate of Change of Money Wage Ratios in the United Kingdom，1861-1957"，该文通过一条倾斜向下的菲利普斯曲线说明了货币工资与失业率之间存在负相关关系，随后这个重大发现在宏观领域不断拓展延伸。最突出的贡献就是在萨缪尔森等人的进一步验证下，形成了一条失业率与通货膨胀率负相关的经典的菲利普斯曲线，而后菲利普斯曲线被加入了预期因素，从而形成了长短期下不同的菲利普斯曲线，为后人研究通货膨胀与失业率提供了更加坚实的基础。另一个代表性文献就是卢卡斯（Lucas）1988年发表的"On the Mechanics of Economic Development"[①] 一文，卢卡斯在该文中建立了人力资本溢出模型，通过引入人力资本进一步发展了经济增长模型，也解释了符合实际经济增长模式的增长动因，证明了人力资本的增长率与人力资本生产过程的投入产出率、社会平均和私人的人力资本在最终产品生产中的边际产出率正相关，与时间贴现率负相关的结论。这对当前世界各国的经济的增长提出了更加科学

_____

① 　Robert E. Lucas Jr.，"On the Mechanics of Economic Development," *Journal of Monetary Economics*，Vol. 22，Issue 1 （July 1988），pp. 3-42.

的解释方法。在微观领域的研究中，"The Market for 'Lemons'：Quality Uncertainty and the Market Mechanism"① 对市场信息不对称的研究具有里程碑意义，在应用经济学领域所作出的重大贡献至今都是影响深远的。阿克尔洛夫（Akerlof）在该文中提出了著名的"柠檬市场"模型，该模型描述了在产品的卖方比买方拥有更多的产品质量信息条件下，市场会被低质量产品充斥，高质量产品被驱逐出去，最后导致市场上的产品质量持续下降。这一理论现在被广泛应用于公司金融、劳动经济学、国际贸易等领域。

　　第二，从研究方法的角度来看，应用经济学的经典文献包含了定性分析方法和定量分析方法下的经典文献。而现代应用经济学的基础文献中大多进行定量分析，并且应用一系列恰当的数理模型进行实证检验，所应用的定量分析方法包括描述性分析、统计分析、数学模型分析等。其中有两种广泛应用的实证分析方法：博弈论、计量经济学模型。博弈论是微观经济学发展中的重要研究方法，它能够解决实际经济活动中的很多问题，尤其是在信息不对称的条件下的生产、定价等诸多市场问题，因此博弈论在应用经济学中的应用是非常广泛的。所以基础文献的建构中不仅包含如纳什均衡这种经典理论的文献，也包含了应用博弈论解决实际问题的非常典型的文献，例如"Games with Incomplete Information Played by Bayesian Players"② 一文。该文解决了博弈理论在分析不完全信息博弈时的困难，将不完全信息博弈纳入博弈理论的分析框架之中，极大地拓展了博弈理论的分析范围和应用范围，从而完成了博弈理论发展中的一个里程碑式的成就。计量经济学的模型发展和应用则更为显著，计量经济学可以发挥两个方面的主要作用：理论检验和预测应用，这对应用经济学的研究发展至关重要。计量经济学可以对横截面数据和时间序列数据进行系统的检验和分析，具体包括事件研究、面板格兰杰因果、协整③等一系列模型，在基础文献的建构中不乏这些经典方法的文献。在金融领域的研究中有很多经典文献用计量经济模型来检验市场有效性，分析上市公司股票价格波动的成因、

　　① George A. Akerlof, "The Market for 'Lemons'：Quality Uncertainty and the Market Mechanism," *The Quarterly Journal of Economics*, Vol. 84, No. 3 (Aug. 1970), pp. 488–500.

　　② Harsanyi, J., "Games with Incomplete Information Played by Bayesian Players," *Management Science*, 14, pp. 159–182, 320–334, 486–502.

　　③ Robert F. Engle et al., "Co-integration and Error Correction：Representation, Estimation, and Testing," *Econometrica*, Vol. 55, No. 2 (Mar. 1987), pp. 251–276.

资产定价的考虑因素等，例如著名的经济学家法玛（Fama）的"Efficient Capital Markets：Ⅱ"①就将计量方法应用到金融市场的研究中。另外，在应用经济学的各个领域如财政学、国民经济学、产业经济学等多学科都有对计量经济学的应用。

第三，应用经济学的基础文献中包含了诺贝尔经济学奖获得者的一些重要文献。诺贝尔经济学奖是以诺贝尔的遗嘱"对全人类作出巨大贡献"为宗旨向各领域作出巨大贡献的专家学者颁发，因此这些获奖学者的相关文献无论从影响力还是从专业性角度都是毋庸置疑的，并且这些学者大多都是在应用经济学领域作出重大贡献的。如第五届诺贝尔经济学奖获得者里昂惕夫（Leontief）正是在"Structure of the World Economy Outline of a Simple Imput-Output Formulation"②一文中首次提出了投入产出理论和模型，并用它来解决实际经济中的生产问题。它可以从数量上系统地研究一个存在各个相互关联的不同部门的复杂经济实体，并且可以将研究对象上升到一个国家，甚至整个世界，也可以缩小到一个省、市或企业部门的经济。而后来很多重要文献都是在这一方法基础上延伸出来的，不断地补充发展，并且应用到了各个子学科中。每一篇诺贝尔经济学奖的重要文献都可以作为学科发展的教科书、里程碑，也可以视作应用经济学的研究发展脉络，后人的诸多研究都是在这些研究基础上发展、审视、批判、再研究，将这些理论和方法广泛应用到各个领域，所以这些经典文献是整个应用经济学发展的厚重积累。

第四，国内的经典文献也是基础文献建构的重要组成部分。随着国内经济的不断改革和发展，应用经济学的发展必然面临着解决中国问题、解决国内经济方面的诸多矛盾这样的愈来愈强的需求，尤其是在国民经济学、区域经济学、产业经济学等这类与我国民生息息相关的经济研究领域。要解决这些国内的现实问题，就要对国内的理论发展、实际背景有更加深入的认识。因此在基础文献的建构中包含了许多国内的经典文献，例如《〈政治经济学批判〉序言》、《论所谓市场问题》、《论十大关系》、《建设规模要和国力相适应》等经典文献，这些文献有助于我们认识中国经济发展的政策制度背景，

①　Eugene F. Fama，"Efficient Capital Markets：Ⅱ，" *The Journal of Finance*，Vol. 46，No. 5（Dec. 1991），pp. 1575-1617.

②　Wassily Leontief，"Structure of the World Economy Outline of a Simple Imput-Output Formulation，" *The American Economic Review*，Vol. 64，No. 6，（Dec. 1974）.

了解从计划经济到市场经济转型的轨迹、转型过程中遇到的困难，以及符合中国国情的解决方法和途径；这些文献同时也丰富了我们的经济学理论知识，使我们了解在中国实践中发展起来的经济理论知识，在研究国内问题的时候不是简单地套用西方的理论和方法，而是从中国的国情出发，站在中国理论发展的高度上实事求是地研究中国实际问题。

（二）基础文献建构应突出前沿性

应用经济学的发展是与时俱进的，是与社会的现状和发展息息相关的，随着国际化进程的不断推进、中国国际地位的不断上升，中国的应用经济学学科发展应密切关注中国的发展，解决中国问题。应用经济学的基础文献的建构要包含国内前沿问题的相关研究成果和理论贡献，包括当前经济的热点问题和未来发展的焦点，从而思考如何解决中国发展过程中遇到的重重问题。

第一，关注中国的经济转型与经济发展。

改革开放至今，中国经济取得了重大成就，但结构长期不合理的矛盾日益突出，要使中国经济获得长期可持续的发展，就要加快转变经济发展方式。随着人口变动过程的推进，人口红利在递减，劳动要素的供给向稀缺转化，养老负担逐渐增加，同时劳动适龄人口内部出现老龄化现象，因此必须改变生产要素的粗放配置和经济的外延式增长思路，积极转变经济发展方式。[1] 在积极转变经济发展方式的过程中，中国会面临诸多问题，需要从各个层面审视中国经济的转型和发展，而现有的诸多重要文献给了我们理论和研究上的支持。

首先，我们要关注国内经济的转型和发展。中国经济的转型与发展要求我们思考如何发挥政府这只有形的手的功能，如何充分发挥市场配置资源的能力，如何解决地区发展不平衡，如何打造企业核心竞争力，如何评价中国人力资本在经济增长中的作用等问题，这类中国经济发展改革中的问题也是中国学者不断关注和研究的问题，其中的重要文献都被收纳在基础文献中，为后人的研究工作以及各学科领域的不断发展打下了坚实的基础。

其次，随着中国整体经济实力的不断上升，中国的国际地位不断上升，中国在国际上扮演着重要的角色，在不同的区域发挥着不同的作用。如何把握好中国的角色定位，对中国发展对外经济、推进经济转型有重要影响。如《中国在东亚经济中的角色定位：基于"多重中心"理论》、《对外开放、贸

---

① 参见汪立峰：《"高校经济学学术前沿研讨会"综述》，载《高校理论战线》，2012（5）。

易成本与中国制造业聚集》① 等文献都对这方面问题作出了思考和解释，我们应基于这些现有研究不断深化改革，深入思考，提出符合我国国情、有利于我国经济发展的想法和建议。

第二，关注中国的城乡差距和城市化进程。

随着中国经济的转型和发展，城乡差距的不断扩大引起了越来越大的关注，越来越多的文献开始关注此类问题，分析原因以找到解决方案。《经济转型中的新剪刀差与城乡消费差距的扩大》② 一文就指出，近几年来城乡消费差距问题成为备受社会各界关注的焦点。城乡消费差距已扩大到三倍多，并且呈现加速度拉大的趋势。通过对二十几年的城乡消费数据进行分析发现，城乡消费差距产生的根源来自城乡收入的二元格局，三种新型的剪刀差：农业生产资料价格和农产品价格之间的剪刀差，农业土地与商业土地的巨大价格差，农民工工薪与消费支出之间的剪刀差，形成了经济转型时期我国城乡收入差距的来源。

解决"三农"问题的一个主要路径就是城市化的发展，把由农业为主的传统乡村社会转变为以工业和服务业为主的现代城市社会。然而，随着城市化进程的不断推进，出现的阻碍也越来越明显。《中国"十一五"期间城市化发展面临的重大问题与思考》③ 一文指出城市化发展六大直接的制度障碍，分别是户籍制度、社会保障制度、土地制度、公共住宅障碍、教育与培训障碍、城市设置工作长期停滞，这些制度障碍阻碍了城市体系格局的形成，是未来解决城市化发展问题的第一大难关。城市化发展的第二个重大问题就是城市有效就业需求扩张不足与"民工荒"这样一种劳资关系失调的表现，这一问题的解决对劳动力市场的完善和发展提出要求。而未来如何进一步克服重重阻碍、推进城市化建设，是值得我们不断研究和思考的问题。

第三，关注中国金融体制改革与资本市场发展。

改革开放以来，中国的金融业取得了举世瞩目的成就，在金融体制的不

---

① 参见胡鞍钢、常黎：《中国在东亚经济中的角色定位：基于"多重中心"理论》，载《改革》，2006（9）；陈秀山、张若：《对外开放、贸易成本与中国制造业聚集》，载《经济理论与经济管理》，2007（1）。

② 参见柳思维、唐红涛：《经济转型中的新剪刀差与城乡消费差距的扩大》，载《消费经济》，2006（6）。

③ 参见叶裕民：《中国"十一五"期间城市化发展面临的重大问题与思考》，载《经济学动态》，2006（7）。

断完善过程中，金融体系获得了很大的发展，尤其是中国的资本市场不断地壮大，为中国经济的腾飞作出了巨大贡献。但是现有的金融体制距离现代金融仍有一定距离，如何建立一个成熟高效的资本市场，如何进一步推进金融体系的健康发展，如何更好地提升金融支持经济的效率，始终是中国金融业发展的重要课题。

20 世纪 90 年代初，罗伯特·默顿和兹维·博迪（R. Merton and Z. Bodie）提出金融功能观[1]，认为金融体系研究的主线是功能而不是机构，而判断一个国家或地区金融体系稳定性和效率性的标准是金融体系能否创造出丰富多样的金融工具，充分动员社会储蓄并将聚集起来的资金进行高效配置，提高资本的边际生产率和全要素生产率，并有效进行风险分散和管理，促进社会福利的增长。吴晓求教授曾指出存量资源调整、风险流动和分散、经济增长的财富分享机制是资本市场具有深厚生命力和强大竞争力的三大原动力，也是近几十年来资本市场蓬勃发展的内在动力，是现代金融体系核心功能的体现，中国未来的金融模式应具有这些核心功能。[2] 而金融体系的发展包括金融中介和金融市场的发展，包括制度的变革和市场的完善。要研究中国金融体制的变革，就要从多角度认识中国金融发展的背景、现状及前景。因此基础文献中必然包含了从宏微观多个视角审视了中国金融的现状的文献，既有国有银行改革的透视，也有金融市场崛起的相关分析，既有关于金融发展与经济增长之间关系的研究，也有资产价格变动与实体经济增长相关关系的分析，还不乏公司金融与资产定价等有一定影响力的文献。

二、学科交叉问题与基础文献建构

应用经济学是一门与现实生活有着紧密联系的学科。应用经济学总要借助各种工具才能完成对微观主体、社会行为的解释与分析。从这个角度来说，应用经济学具有明显的多学科交叉特点。作为应用经济学基本理论、方法以及成果的反映，应用经济学的基础文献也会体现出多学科交叉的特点。因此，下面主要从法律、心理学以及教育这三个与应用经济学有交叉的学科

---

[1] Bodie, Zvi and Merton, Robert C., "The Design of Financial Systems: Towards a Synthesis of Function and Structure," Harvard Business School Working Paper No. 02 - 074, June 22, 2004.

[2] 参见吴晓求：《变革与崛起——探寻中国金融崛起之路》，北京，中国金融出版社，2011。

角度，对应用经济学基础文献的建构进行梳理。

（一）法律问题与基础文献

法律效果的研究成为应用经济学基础文献的重要组成部分。首先，法律不光是一种约束或惩罚条令，适当的法律更是一种激励机制。从微观角度来说，不论是公司法人、企业主体还是市场机构，在盈利最大化的目标下，虽然能提高效率，增加社会总福利，但还需要作为软约束的法律来引导和调节。金融学领域的代理人问题，劳动经济学领域劳动需求与供给问题的相关文献中都有不少关于法律效果的论述。例如：劳动经济学的基础文献"Minimum Wages and Employment：A Case Study of the Fast-Food Industry in New Jersey and Pennsylvania"① 中对最低工资法案颁布后对快餐行业劳动力造成的影响进行了评估。此外，以计量方法作为工具的数量经济学基础文献在这些方面也有不少实证研究。如果在宏观上作进一步的提升，即上升到区域经济的层面，也不难发现法律研究的重要性。从区域经济的规划，区域经济政策的制定，到产业布局的研究，城市、能源经济的探讨，都不能忽略法律方面的协调。正如《我国区域经济问题研究的未来趋势》② 一文中阐述的：对不同的区域采取不同的区域政策，对区域发展进行分类指导，是振兴区域经济的必要原则。

其次，应用经济学某些领域天然就是经济与法律的结合，在经典文献中直接表现为法案的分析。比如产业经济学在有关垄断问题的研究中有一篇名为《反垄断与管制：美国经验及其对中国的借鉴》③ 的基础文献，该文以大量的篇幅介绍了美国的反垄断法案条例；金融学的基础文献"Law and Finance"④ 更是直接研究了关于公司股权人和债券持有人保护的相关法律以及这些法律的起源和执行状况，并对不同法律体系下的所有权集中程度进行了数据分析。

---

① David Card and Alan B. Krueger，"Minimum Wages and Employment：A Case Study of the Fast-Food Industry in New Jersey and Pennsylvania," *American Economic Review*，Vol. 84，Issue 4，Sep. 1994.

② 参见孙久文：《我国区域经济问题研究的未来趋势》，载《中国软科学》，2004（12）。

③ 参见陈甬军：《反垄断与管制：美国经验及其对中国的借鉴》，载《中国经济问题》，2006（5）。

④ Rafael La Porta，Florencio Lopez-de-Silanes，Andrei Shleifer，Robert W. Vishny，"Law and Finance," *Journal of Political Economy*，Vol. 106，No. 6，December 1998.

最后，法律使得应用经济学文献中的研究变得更加完善。如果说现代经济理论主要注重的是效率，那么法律则更倾向于公平。面对各种现实的社会问题，只有在效率与公平上作出权衡，找到平衡点，才能作出有效的因应。目前，应用经济学已经从法律公平的角度对诸如内部交易、资产询价以及公司治理等问题进行了大量的研究。在这些研究的基础上，产生出了如契约、产权等理论成果。

应用经济学基础文献中涉及的法律法规在规模和范围上发生了变化。早期的文献注重研究一国的法律法规对本国国民收入、国际贸易、财政支出等问题的影响，现在更注重在更加国际化的法律体系下研究与应用经济学领域相关的问题。在这种趋势下，一方面使得研究所涉及的法律约束更多、更系统和专业，另一方面还要关注国际公约、国际规范的影响。这一点在国际贸易学科领域内体现得最明显。以时间顺序为尺度，国际贸易学科前期（主要是 20 世纪五六十年代）的基础文献关注一国与世界的贸易，进入 20 世纪 80 年代后，国际仲裁、贸易诉讼等涉及国际法律字眼的文献逐渐增多。从某种程度上说，这也反映了世界经济和国际交流的扩大的特征。除了在国际贸易领域，法律的国际化在产业经济学基础文献中也得到了体现。作为产业经济学研究的一个重要方向，环境问题特别是国家间在环境上的贸易、协作总会涉及国际上对于环境的基本公约、法规。比如：文献 "Environmental Issue in the World Trade Organization"[①] 就在 WTO 的框架下探讨了国家间关于环境合作的问题，文中对有关的国际法律规范进行了论述。

法律与应用经济学的结合不仅推动了应用经济学在相关领域的研究，而且还不断催生出新的学科。从时间趋势和发展方向上看，应用经济学基础文献中将涵盖越来越多的法律框架以及越来越广的法律范畴。

（二）心理学问题与基础文献

应用经济学的研究中很早就有了从心理角度进行分析的方法，这在应用经济学的基础文献中有着深刻的反映。作为心理活动之一的预期，已经成为许多经济学理论的基础。从资本市场的投资行为到产业的扩张发展，从个人

① Chad P. Bown and Rachel McCulloch, "Environmental Issue in the World Trade Organization," in P. F. J. Macrory, A. A. Appleton, and M. G. Plummer (eds.), *The World Trade Organization: Legal, Economic and Political Analysis*, Vol. 2, New York: Springer, 2005, pp. 137-170.

的消费波动到整个经济的萧条复兴，大大小小的应用经济学研究领域总会有从心理学角度得出的成果。在国民经济学基础文献中有一篇名为"What Do We Know about Macroeconomics that Fisher and Wicksell Did not?"① 的文章，作者为读者概括了整个 20 世纪人类在宏观经济学知识上获得的积累。文中作者认为，作为波动重要来源的预期，一直以来就不是一个新的发现。它不仅是 1940 年以前的宏观经济学的主题，而且还是凯恩斯及其以后经济学家的研究重点。

应用经济学中心理学角度分析方法的侧重点不同，据此应用经济学的基础文献可划分为两类。

一种是在假定经济人行为是完全理性的条件下，侧重对心理预期进行数理分析的文献。以卢卡斯为代表的理性预期学派从数理的角度建立了各种预期模型并将其用于对实际进行解释，产生了诸如"序数效用理论"和"显示偏好理论"等成果。1970 年，经济学家阿克尔洛夫在其发表的"The Market for 'Lemons'：Quality Uncertainty and the Market Mechanism"中分析了由于产品质量的不确定性，从而导致信息不对称并对市场效率造成影响。理性行为分析的成果现在已经在不同的领域内得到了广泛的应用，如保险、金融市场和雇佣合同等。虽然从数理的角度看，理性预期具有严密的逻辑性和很强的计算功能，但该理论依旧不能解释所有的市场现象。

与此同时，另一种注重实证研究，即通过实际案例对人的心理行为进行总结的文献也在不断涌现。这些文献完全摈弃了行为人理性的假设，转而专注于人类的非理性行为。1985 年，德邦特和塞勒（Werner F. M. DeBondt and Richard Thaler）在"Does the Stock Market Overreact?"② 一文中开篇便提出："经济学家不仅对市场行为，同时也对个人决策的心理学感兴趣"。该文随后指出，贝叶斯理论并不适于用来描述微观个人对新信息的反应。人们似乎过于看重近期的信息而易于轻视早期信息。卡尼曼（Kahneman）通过大量的实验和相关理论，证实了人类社会本身还存在着许多非理性行为。2002 年诺贝尔奖的殊荣既是对他研究成果的肯定，同时又使得心理学对非

---

① Olivier Blanchard，"What Do We Know about Macroeconomics that Fisher and Wicksell Did not?" *The Quarterly Journal of Economics*，November 2000，pp. 1375-1409.

② Werner F. M. De Bondt and Richard Thaler，"Does the Stock Market Overreact?" *The Journal of Finance*，Vol. 40，No. 3，Jul. 1985，pp. 793-805.

理性行为的研究获得了更多的关注。

借用奥利维尔·布兰查德（Olivier Blanchard）的论述，目前对预期的研究大致有以下两个领域：研究预期形成的机制以及研究非理性预期造成资产价格定价偏差所带来的有限套利问题。前者的成果之一认为，人们在过去得到的结果好于预期时，往往会过度修正自己对未来的预期，这在一定程度上可以对资产市场上的过热或泡沫起到解释作用。而后者的成果则认为在信息不对称条件下，套利者不能借到无限资金，从而只能在一定程度上对资产不正确定价进行修正。

虽然现在有其他的方法从非心理学角度对经济的波动、资产泡沫等问题作出解释，但不可否认应用经济学与心理学的结合具有重要的研究意义，应用经济学与心理学相结合的基础文献也有自身独特的价值。

（三）教育问题与基础文献

从微观角度来说，教育对人的影响是直接的。受教育程度会影响个人的收入水平。如果抛开个人兴趣、爱好甚至理想等这些非物质动机，那么最自然的一个问题就是受教育程度与收入之间的关系。根据现在的经济理论，受教育程度在很大程度上是能个人衡量的人力资本，而人力资本的大小又是决定最后工资的重要条件。作为应用经济学一直以来的研究问题之一，经典文献中不少都对受教育程度与收入之间的关系作出了论述。其中，劳动经济学在人力资本这一块对该问题的研究成果又相对集中和详细一些。比如："Does Compulsory School Attendance Affect Schooling and Earnings?"[1]，"The Casual Effect of Education on Earnings"[2]，"Experimental Estimates of Education Production Functions"[3]。此外，受教育程度还对个人的职业选择有影响。一般来说，受教育程度高的人不会选择劳动强度大、技能需求少的工作。职业化程度较高的职业如大学老师、建筑师、工程师、法官、医生等对教育的要求往往较高。因此，在研究与职业相关的歧视、失业、消费

---

[1] Joshua D. Angrist and Alan B. Krueger, "Does Compulsory School Attendance Affect Schooling and Earnings?" *The Quarterly Journal of Economics*, Vol. 106, Issue 4, Nov. 1991, pp. 979–1014.

[2] David Card, "The Casual Effect of Education on Earnings," *Handbook of Labor Economics*, Volume 3, Part A, 1999, pp. 1801–1863.

[3] Alan B. Krueger, "Experimental Estimates of Education Production Functions," *The Quarterly Journal of Economics*, 1999, 114 (2), pp. 497–532.

等问题时就必然要考虑受教育程度。文献"Incorporating Occupational Attainment in Studies of Male-Female Earnings Differentials"① 指出：职业化的工作更有可能要求持续的教育……以上所举只是教育对个人影响的两个方面，其他诸如教育对个人犯罪、婚姻、养老甚至是医疗保健等其他相关问题的影响已有不少应用经济学的文献涉及或总结，在此不一一列举。

　　从宏观角度来说，教育对社会的影响是全面的。社会经济的热点、主流问题总是与教育息息相关。作为经济增长的源泉，科技创新需要教育的支持；我国财政支出扶持的重点之一是教育；国民收入水平的提高要求关注教育；产业经济的转型、升级离不开教育；社会失业人群的再就业要依靠教育。在应用经济学的基础文献中，宏观层面上对教育的研究目前主要集中在对其与经济增长之间关系的阐述，相应的文献有："On the Mechanics of Economic Development"（Robert E. Lucas，1988），"Learning，Institutions，and Economic Performance"②，"Knowledge Exchange，Matching and Agglomeration"③ 等。虽然现有的研究对教育与宏观经济相互促进、相互影响的机理各有不同的观点和意见，但教育对国民经济具有重要作用已经成为共识。在此基础上，如何改进教育的效率，使其能培养出能更好地为现代经济服务的知识型人才成为另一个研究方向。总的来看，对教育质量造成影响的原因有很多，既有制度、法律和文化上的外生变量，也有教育制度本身设计的内部问题。但在诸多原因中，政府方面，特别是财政政策的效果是一个值得经济学者探讨的领域。就应用经济学的经典文献而言，目前已经有伯格斯特龙、鲁宾菲尔德、夏皮罗（Theodore C. Bergstrom，Daniel L. Rubinfeld，Perry Shapiro）（Micro-Based Estimates of Demand Functions for Local School Expenditures，1982）以及哈努谢克（Eric A. Hanushek）（Expenditures，Efficiency，and Equity in Education：The Federal Government's Role，1989）等人的研究成果。

　　① Randall S. Brown，Marilyn Moon and Barbara S. Zoloth，"Incorporating Occupational Attainment in Studies of Male-Female Earnings Differentials," *The Journal of Human Resources*，Vol. 15，No. 1，Winter，1980.

　　② C. Mantzavinos，Douglass C. North，and Syed Shariq，"Learning，Institutions，and Economic Performance," *Perspectives on Politics*，Vol. 2，No. 1，2004.

　　③ Marcus Berliant，Robert R. Reed Ⅲ，Ping Wang，"Knowledge Exchange，Matching and Agglomeration," *Journal of Urban Economics*，Volume 60，Issue 1，July 2006，pp. 69-95.

　　中国作为一个发展中国家，在经济发展过程中的教育乃至人力资本问题都非常值得研究，相关问题在应用经济学的基础文献中也有反映。赵耀辉认为，教育程度对促进劳动力进入本地非农产业的作用比促进外出的作用大得多。[①] 李实、丁赛就 1990—1999 年间我国城镇个人的教育收益率做了分析，发现收益率逐年上升。[②] 还有学者研究认为，我国的知识化程度落后于现代化、城市化和经济发展水平。[③] 以上文献虽然没能在国外顶级杂志上得到发表，但由于其与中国具体的国情相结合，因此在我国现代化建设过程中显得更有现实意义。

---

　　① 参见赵耀辉：《中国农村劳动力流动及教育在其中的作用——以四川省为基础的研究》，载《经济研究》，1997 (2)。

　　② 参见李实、丁赛：《中国城镇教育收益率的长期变动趋势》，载《中国社会科学》，2003 (6)。

　　③ 参见吴殿廷、田杰、李雁梅、武聪颖：《我国各地区现代化与工业化、城市化、知识化及经济协调发展的初步研究》，载《系统工程理论与实践》，2002 (11)。

第七章 法 学[*]

第一节 法学学科发展概况

新中国的法学，是在彻底废除国民党旧法的基础上建立和发展起来的。破旧立新，仅靠原来不多的一些革命根据地、解放区的法律实践以及第一代领导集体设想的立法原则，相对于现实生活的复杂性而言是远远不够的。在这种特殊的历史背景下，新中国法学各学科的体系基本上仿照了苏联相关学科的体系，法学研究的重心基本都放在了对苏联法学论著的翻译出版和移植重述上。与此同时，由于新中国法学教育刚刚起步，社会主义国家法律数量很少和教材极缺，因此法律院系开设的课程基本上也都照搬苏联模式。这种做法在当时对新中国法学的建立和发展，起到了一定的积极作用，包括在制定1954年宪法时自上而下掀起的倡导社会主义民主原则的热潮等；但同时也存在着对苏联法学理论照抄照搬，以及脱离中国实际的教条主义解释等倾向，并对以后中国法律教育和法学研究的进一步发展，产生了一定的不良影响。50年代末，随着"左"倾思想的泛滥，中国法律教育和法学研究在

---

* 本章主笔：冯玉军，中国人民大学法学院教授。

经历了建国初期的初步发展之后，逐渐走向停顿，直至十年"文化大革命"荡然无存。

1957—1976 年，是中华人民共和国历史曲折的 20 年，由于领导失误，导致国家发生了一系列严重错误，中国的法学教育也受到很大冲击。所有政法院校全部撤销，除了北京大学和吉林大学外的其他大学的法学院也被撤销，而这两所大学也常年没有招生，可以说也是名存实亡。在法学唯意识形态论和专政工具论的作用下，1969—1976 年间，政法院校几乎全部被撤除，法学教育因此几乎成为一片荒芜之地。这一阶段虽然也强调"政法教育"，却是将法学教育与法律职业人为分离。一方面，法学教育（政法教育）的目的实质上变成了专门培养充实国家专政工具的人才；另一方面，从事法律职业又不须以拥有法学教育背景为前提，此举既使中国司法回复到了古代非职业化的轨道，又开启了新中国司法非职业化的先河。1957 年以后，过于频繁的政治运动使原本就缺乏法学水准的"政法教育"更加萎靡不振，与法律有关的课程微不足道，法学研究不仅成为一种奢侈品，更几乎成为一种违禁品。

粉碎"四人帮"以后，各政法院校才陆续恢复，而教师队伍严重断档。曾经在 50 年代从事法律教育的老教师多数已经无法承担教学任务，当年的中青年教师也已经上了年纪，而且业务也多少荒废；由于多年没有培养出专门的法律人才，法律教育和法学研究后继无人。更令人痛心的是，法律类的图书流失严重，大多被付之一炬，各个政法学院均没有图书馆，和国外法学界几乎没有学术交流。可以想象，在这种条件下，法学研究很难进行。自建国之后相当长的时间里，"左"的思想长期禁锢人们的头脑和始终"以阶级斗争为纲"，极大地影响了法学研究的科学性和深入性，严重阻碍和延缓了中国法学的发展进程。

改革开放后的法学研究正是在几乎没有基础和积淀的艰难条件下起步、恢复和发展的。随着我国法学教育的恢复和发展，我国的法学研究机构以及从事法学研究的人员也快速增长，法学研究硕果累累，对法律职业的形成和发展、法学实践人才和法学研究人才的培养都起到积极作用。目前已形成了比较稳定而且有较高素质的法学教学人才和研究队伍。法学形成了独立发展的学科。法学研究有了一定的知识积淀，研究领域不断扩大，研究的问题更加具体，也更加深入。法学研究人员不仅对其他各国的法律制度、法学理论进行翻译、研究，而且对我国在法治建设中出现的问题进行深入的反思，积极参与国家的立法和法律修改工作，提出很多富有建设性的意见，对完善社会主义法治起到积极的作用。

中国的法治建设走过艰辛曲折，正沿着中国特色社会主义道路稳步前行，社会主义民主政治不断发展，依法治国基本方略全面贯彻，一个深刻回应政治体制改革、经济发展、社会和谐乃至强国富民、文明复兴要求的社会主义法治国家正在形成。近年来，面对复杂多变的国际形势和艰巨繁重的国内改革发展稳定任务，在中国共产党的领导下，紧紧围绕科学发展这条主线，以马列主义、毛泽东思想、邓小平理论、"三个代表"重要思想和科学发展观为指导，坚持党的领导、人民当家作主、依法治国有机统一，深刻认识与实践社会主义法治理念，中国的法治建设提升到了有史以来最好的水平和高度：立法方面，一个以宪法为核心，以涵盖7个法律部门的法律为主干，由法律、行政法规、地方性法规等3个层次法律规范构成的中国特色社会主义法律体系已经形成；通过合理配置行政职权、加强队伍建设、规范执法程序、提高公共服务能力、完善制约和监督机制，依法行政、建设法治政府的工作取得良好成效；司法工作则重点着力于服务大局、保障民生、维护社会公平正义与和谐稳定，向着公正、高效、权威的中国特色社会主义司法制度目标又迈进了坚实的一步；开展形式多样、针对性更强的普法教育，提倡深入学习社会主义法治理念，不仅树立全民法治观念和公民法律意识，更注重引导和促进各级党政领导干部依法决策和依法行政。

与上述巨大的法治建设成就相应，近年来我国法学研究蓬勃发展、日益繁荣，取得一系列丰硕成果：

——法学研究理念逐步摆脱"左"的思想束缚，日益稳健成熟。思想解放对中国法学的顺利发展具有特殊重要的作用。1978年底中共十一届三中全会的召开，对于新中国法学的发展是一次根本的转折。正是十一届三中全会制定的改革开放政策和"加强社会主义民主，健全社会主义法制"的决定，启动了为今天的中国法学带来繁荣与辉煌的发展程序；也正是在"解放思想，实事求是"八字方针指导之下，实现了思想战线上的拨乱反正以后，人们才开始摆脱"左"倾思想的束缚。而后，1992年邓小平南方谈话，深刻阐述了长期束缚人们思想的许多重大认识问题，进一步解放了人们的思想，极大地焕发了广大法学工作者的积极性，使他们以前所未有的热情投入到法学研究工作中。思想解放使法学工作者勇于打破禁区，全方位地开展法学研究；思想解放也使法学工作者能够以科学的态度面对现实和理论研究中存在的问题，理性地思考解决问题的方法；思想解放更为广大法学工作者营造了一个从事法学研究的宽松环境，而这正是中国法学能够顺利发展的关键所在。可以说，没有思想解放就不会有中国法学的恢复与发展，也就没有日渐成熟起来的中国法学。

——法学研究体系趋于科学，日益开创新局面。中国的法学研究紧扣时代主题，与时俱进，勇于创新，在一些重大课题和项目上取得突破性进展。"马克思主义法学中国化"研究始终坚持马克思主义法学基本理论与当代中国的国情条件、法治实践相结合，不断推进马克思主义法学的中国化、时代化、大众化；加强社会主义法治理念的学习和宣扬，自觉将依法治国、执法为民、公平正义、服务大局、党的领导等要求落实到法学研究和法律工作的各个环节；部门法哲学、具体法治、社会法、多元化纠纷解决机制等研究主题的兴盛凸显理论法学与部门法学的结合更加紧密，而依法执政和法治政府研究、深化司法体制和工作机制改革研究、农民权益保护与农村产业发展法律问题研究、改善民生与社会和谐稳定的法律问题研究、法律全球化研究等则表明中国的法学研究更加注重理论与实践的结合，力争让研究成果转化到实践中，为实践所用；以中国法学会为依托搭建法学研究创新的重要平台，"创新讲坛"、"青年论坛"、"中国法学创新网"以及各研究分会，致力于繁荣法学研究，推动学术研究与法律实务的交流合作，促进法学研究成果的转化，鼓励法学研究创新，以实现中国法学研究既出成果又出人才的目标。

——法学各学科研究日益深化，取得众多新进展。各法学学科研究推陈出新，亮点纷呈。宪法学围绕"中国社会变迁与宪法"，重点研究了辛亥革命百年与宪政历程、宪法学的专业化与中国化、财政立宪主义价值、中央与地方关系、"一国两制"与基本法等问题。法理学以"法治发展与社会管理创新"为切入点，重点研究了法治国家建设的战略转型、中国特色社会主义法律体系的形成和完善、法理学观念更新、实践法理学构建、法治与善治、深化司法改革、法律论证理论等问题。行政法学围绕"行政法的实施与强化社会管理的行政法问题"，重点研究了政府信息公开、行政主体理论变迁、行政强制法实施、社会管理法治化与社会矛盾化解、行政调解工作体制以及食品安全监管执法等问题。民法学针对民法典立法，人格权法立法，物权法、合同法与侵权责任法实施中的疑难问题，民法方法论及民法基本理论等展开研究。商法学以"中国特色社会主义法律体系形成后的商法发展"为中心，重点研究了商事立法完善、商法与民法差异性、公司企业法与治理改革、证券投资基金法的完善与投资者的保护、票据法银行法修改、保险法海商法信托法的司法疑难等问题。经济法以"经济发展方式转变背景下经济法的理论创新与制度完善"为主题，重点研究了经济法基本理论、宏观调控法、市场秩序规制法、市场运行监管法、国有经济参与法以及涉外经济管制法等领域中的问题。知识产权法学围绕"中国知识产权法律修订与完善"，对知识产权国内外法律立法进展、知识产权前沿问题及热点问题、专利等法律的修订与完善建议等各个方面展开研究。社会法围绕民生保障与社会法发展，重点研究了社会法基础理论、劳工权益保障与集体劳动关系规制、劳动争议与雇主责任、医疗卫生法制与职业病防治法、完善社会保障体系、保护与救助弱势群体等议题。刑法学一方面深入探讨了社会管理创新模式下的刑法观、犯罪观、刑罚观以及刑事司法理念的发展转变，另一方面还重点研究了修正案中刑罚裁量制度、死刑制度、刑罚执行制度以及拒不支付劳动报酬、危险驾驶、食品安全犯罪等几个有较高社会关注度罪名的理解与适用问题。诉讼法学的研究重心是民事诉讼法、刑事诉讼法的修改完善，民事诉讼法学重点研究了简易程序、小额诉讼程序、调解诉讼对接程序、证据制度、监察监督制度、多元纠纷解决机制、公益诉讼以及恶意诉讼等问题，刑事诉讼法学则重点研究了辩护制度、证据规则、强制措施、特别程序的构建以及审判程序的修改与完善等问题。国际经济法学积极探讨国际经济合作新模式，重点研究了中国入世十周年与国际贸易法发展、区域经济合作贸易、国际商法理论与变革、外资并购、人民币汇率、主权财富基金、低碳经济的国际合作等问题。中国法律史学围绕"辛亥百年与法制变迁"，重点研究了辛亥百年来的法制观念、宪政历程、立法司法、法制人物和民族法制等问题。外国法制史学围绕"公法与私法的互动"，重点研究了公法与私法的起源和界分、公法的私法化、私法的公法化以及公法与私法的中西比较等问题。

——法学重大课题和重点领域贴近实际，迈上了新起点。对中国特色社会主义法律体系形成、完善及法律实施问题的研究稳步推进，对公正高效权威的社会主义司法制度的研究加速开展，对形成完整理论和全面实践层面的中国特色社会主义法治体系提出了不少建议。中国法学会组织实施的"十大专项法学研究规划"进展顺利，依法治国总体战略研究、全面推进依法行政研究等十个专项研究规划项目已经取得阶段性成果。国家社会科学基金重大项目顺利招标，包括社会主义民主政治建设的基本原则、本质特征和完善途径研究，我国司法体制改革评价指标体系研究，社会协商机制的法律建构研究，我国食品药品安全与监管制度创新研究，法律文明史，马克思主义法学方法论研究等的课题研究已经铺开。教育部哲学社会科学研究重大课题攻关项目围绕国际金融中心法制环境研究、区域经济一体化中政府合作的法律问题研究、民国时期中国政府维护南海主权的档案资料整理与研究、"东京审判"若干重大问题研究，岳麓秦简与秦代法律制度研究等已经顺利进行。

——法学优秀成果和法学人才培养成就巨大，实现了新跨越。为总结表彰优秀法学研究工作者及成果，促进法学人才队伍建设，激励更多优秀法学研究人才与成果脱颖而出，中国法学会在全国范围内开展了"全国十大杰出青年法学家"和"中国法学优秀成果奖"评选活动，每届有来自各省区市、各法学院校的 10 位学者获得"全国十大杰出青年法学家"称号和多部（篇）科研成果获得"中国法学优秀成果奖"。评选活动对近年来中国法学研究中涌现出的优秀人才和优秀成果进行了一次集中展示，将培养一支政治坚定、理论功底深厚、勇于开拓创新、党和人民满意的法学、法律工作者队伍，搭建优秀人才，特别是年轻同志脱颖而出、展示才华的舞台，与推动理论与实践相结合的优秀成果不断涌现相结合，大大推动了法学研究的繁荣发展。

中共十八大确定科学发展观为党的指导思想，提出"法治是治国理政的基本方式"和"全面推进依法治国"的任务要求，在 2020 年实现"依法治国基本方略全面落实，法治政府基本建成，司法公信力不断提高，人权得到切实尊重和保障"的伟大目标，这为我国下一阶段的法治事业建设提出了新的要求，并指明了方向。在中国共产党的领导下，沿着这个方向继续开拓创新，拼搏进取，我们的社会主义法治建设事业和法学研究事业定会取得新的成就和辉煌！

第二节　法学学科的基础文献建构

主文献制度是博士研究生培养新模式，是指以各博士点学科专业为基础平台，由责任教授牵头，整合学科全体教师学术力量，本着"主流、经典、前沿"的甄选原则建立起学科专业精品文献库，并以此为基础，改革博士研究生课程教学体系、学科综合考试和学位论文开题报告，全面建立以科研为导向、以学科专业为平台、以学术团队为指导主体的人文社会科学博士研究生培养模式，以加快人文社会科学高层次拔尖创新型人才培养的一项重大的基础性工程。博士点学科专业主文献制度是研究生教育领域一项开创性的工作，是本科通识教育在研究生教育领域的延伸和扩展，对新时期创新型人才的培养，对博士研究生学术视野的拓展、学科发展脉络的把握、合理知识体系的构建和良好学术规范的养成具有重要意义。

主文献制度的建设，要求导师从自身的研究方向中跳出来，与其他导师一起，立足国内和国际，从学科整体的发展历史、发展脉络和发展前沿几方面，对本学科代表学术发展轨迹的一流文献和论著进行全面梳理和归纳总结，并从中精选出"主流、经典、前沿"文献编辑成册，供师生研读、参阅；不仅要求导师对反映本学科学术发展脉络的主流、经典文献进行全面梳理和归纳总结，而且要时刻追踪本学科发展的前沿动态，要将主文献反映的思想精髓和学术本源贯穿于研究生教学、指导的全过程中，从而使博士研究生可以系统地把握本学科的学术思想和发展沿革，全面了解学科发展的最新动态；要求导师参与到本学科专业主文献的甄选和讨论中，并对形成的主文献非常了解，能系统地运用到课程教学和研究生指导过程中，从学术源头培养博士研究生良好的学术品质和严谨、规范的学术作风，树立良好的学术风气；设立博士研究生主文献研读课，并作为专业必修课列入博士研究生专业培养方案中，把对各博士点学科专业主文献的研读作为夯实博士研究生学术基础的内容，以强化博士研究生的学术基础，培养博士研究生的学术研究兴趣；教学模式则完全打破过去博士研究生课程教学满堂灌的做法，采取学生报告与教师点评和集体讨论相结合的教学模式，充分调动教师和每一位学生的积极性，使师生一起全神贯注地对待每一次课堂教学；明确规定将各博士点学科专业主文献作为本学科专业博士研究生学科综合考试考核内容，重点考查博士研究生的主文献研读基础和文献驾驭能力，使其真正起到严格博士研究生过程管理的作用，同时，在博士研究生学位论文开题报告会上，要求报告人详尽掌握与论文选题相关的主文献，以全面考查博士研究生对已有的重要研究成果的掌握程度。作为高层次人才培养的一项基础性工作，中国人民大学 2006 年正式启动了"博士点学科专业主文献制度"建设工程，到目前为止，已建成所有 100 个博士点的学科专业主文献库。学校博士点学科专业主文献制度建设的目标是，要在全国率先建立起人文社会科学以及特色理工学科全面、完整、动态的文献阅读制度和经典文献参考体系。

中国人民大学法学院在博士点学科专业主文献制度建设方面，取得了丰硕的成果，其制度建构的模式具有一定的代表性，下面将以中国人民大学法学院法学各学科第一学年博士主文献制度建设的基本情况为例，分而述之。

法学各专业共享文献。这是指法理学、法律史学、宪法学、行政法学、刑法学、民商法学、刑事诉讼法学、民事诉讼法学、证据法学、经济法学、环境与资源保护法学、国际法学、知识产权法学等 13 个博士专业共享的文献，总共约 20 万字，被收录在每个法学专业主文献目录中（下不赘述）。这些文献包括：（1）马克思、恩格斯：《共产党宣言》，见《马克思恩格斯选集》，2 版，第 1 卷，248～307 页，北京，人民出版社，1995。（2）恩格斯：《家庭、私有制和国家的起源》，"九 野蛮时代和文明时代"，见《马克思恩格斯选集》，2 版，第 4 卷，158～179 页，北京，人民出版社，1995。（3）毛泽东：《论十大关系》，见《毛泽东文集》，第 7 卷，23～49 页，北京，人民出版社，1999。（4）邓小平：《党和国家领导制度的改革》，见《邓小平文选》，2 版，第 2 卷，320～343 页，北京，人民出版社，1994。（5）江泽民：《全面建设小康社会，开创中国特色社会主义事业新局面》，第一、二部分，见《江泽民文选》，第 3 卷，529～542 页，北京，人民出版社，2006。（6）胡锦涛：《在纪念宪法施行二十周年大会上的讲话》，见人民网，2002-12-04。（7）汉密尔顿、杰伊、麦迪逊：《联邦党人文集》，第七十八篇，390～399 页，北京，商务印书馆，1997。（8）鲁道夫·冯·耶林：《为权利而斗争》，1～53 页，北京，法律出版社，2007。（9）卡尔·拉伦茨：《法学方法论》，第一章，1～50 页，北京，商务印书馆，2004。（10）克里斯托弗·D·斯通：《树有诉讼资格吗？——迈向自然物的法律权利》，见高鸿钧、王明远主编：《清华法治论衡》，第 13 辑，北京，清华大学出版社，2010。

法学理论专业。博士生第一学年主文献目录共分 16 个专题，涉及 143 篇（部）论著，总共约 284 万字，其中包括：法治部分，总共 191 000 字，涉及 11 篇（部）相关论著；法系与法律移植部分，总共 170 000 字，涉及 8 篇（部）相关论著；法的性质部分，总共 286 000 字，涉及 11 篇（部）相关论著；法的要素部分，总共 75 000 字，涉及 5 篇（部）相关论著；法的渊源部分，总共 111 000 字，涉及 9 篇（部）相关论著；法的价值部分，总共 142 000 字，涉及 10 篇（部）相关论著；法的效力与功能部分，总共 69 000字，涉及 6 篇（部）相关论著；法与现代性部分，总共 230 000 字，

涉及 9 篇（部）相关论著；法律关系部分，总共 155 000 字，涉及 6 篇
（部）相关论著；法律体系部分，总共 90 000 字，涉及 4 篇（部）相关论
著；法律程序部分，总共 111 000 字，涉及 4 篇（部）相关论著；法律职业
部分，总共 177 000 字，涉及 7 篇（部）相关论著；法律方法部分，总共
281 000 字，涉及 13 篇（部）相关论著；法律文化部分，总共 188 000 字，
涉及 9 篇（部）相关论著；法理学和法学流派部分，总共 359 000 字，涉及
18 篇（部）相关论著；法学方法论部分，总共 205 000 字，涉及 13 篇（部）
相关论著。此外，还有相关学科概述，17 万字，涉及 8 篇（部）相关论著。

法律史专业。博士生第一学年主文献目录共分四大模块 14 个专题，涉
及 181 篇（部）论著，总共约 319 万字。其中中国法制史部分包括 6 个专
题，总共 1 981 000 字，涉及 109 篇（部）相关论著：通史部分，总共
581 000 字，涉及 33 篇（部）相关论著；先秦部分，总共 102 000 字，涉及
8 篇（部）相关论著；秦汉南北朝部分，总共 149 000 字，涉及 11 篇（部）
相关论著；隋唐宋元辽金部分，总共 336 000 字，涉及 16 篇（部）相关论
著；明清部分，总共 552 000 字，涉及 27 篇（部）相关论著；民国部分，总
共 261 000 字，涉及 14 篇（部）相关论著。外国法制史部分总共 1 132 000
字，共分 6 个专题，涉及 66 篇（部）相关论著：通史部分，总共 177 000 字，
涉及 7 篇（部）相关论著；古代法部分，总共 271 000 字，涉及 14 篇（部）相
关论著；中世纪法部分，总共 149 000 字，涉及 11 篇（部）相关论著；英美
法系部分，总共 288 000 字，涉及 16 篇（部）相关论著；大陆法系部分，总
共 189 000 字，涉及 12 篇（部）相关论著；其他部分，总共 58 000 字，涉及 6
篇（部）相关论著。文化遗产法部分，总共 36 000 字，涉及 3 篇（部）相关论
著。台湾法部分，总共 41 000 字，涉及 3 篇（部）相关论著。

宪法专业。博士生第一学年主文献目录共分 15 个专题，涉及 169 篇
（部）论著，总共约 310.35 万字，其中包括：宪法的概念和分类部分，总共
214 000 字，涉及 15 篇（部）相关论著；宪法原则、宪法规范、宪法惯例与
宪法结构部分，总共 245 000 字，涉及 13 篇（部）相关论著；宪法与国际
法的关系部分，总共 21 000 字，涉及 3 篇（部）相关论著；制宪权理论部
分，总共 88 000 字，涉及 6 篇（部）相关论著；宪法的修改部分，总共
69 000 字，涉及 4 篇（部）相关论著；宪法变迁部分，总共 43 000 字，涉
及 5 篇（部）相关论著；西方宪法史部分，总共 49 500 字，涉及 10 篇
（部）相关论著；中国宪法史部分，总共 400 000 字，涉及 13 篇（部）相关

论著；人权与基本权利部分，总共 40 000 字，涉及 4 篇（部）相关论著；基本权利的一般理论部分，总共 167 000 字，涉及 12 篇（部）相关论著；单项基本权利部分，总共 452 000 字，涉及 29 篇（部）相关论著；国家机构一般理论部分，总共 252 000 字，涉及 10 篇（部）相关论著；国家机构的具体制度部分，总共 478 000 字，涉及 19 篇（部）相关论著；违宪审查制度部分，总共 418 000 字，涉及 18 篇（部）相关论著；宪法解释部分，总共 167 000 字，涉及 8 篇（部）相关论著。

行政法专业。博士生第一学年主文献目录共分 113 个专题，涉及 389 篇（部）论著，总共约 311.2 万字，其中包括：公共行政、国家行政的概念部分，总共 23 000 字，涉及 3 篇（部）相关论著；公共行政的发展趋势部分，总共 91 000 字，涉及 10 篇（部）相关论著；行政法的任务和功能部分，总共 12 000 字，涉及 2 篇（部）相关论著；行政法的新发展部分，总共 107 000字，涉及 10 篇（部）相关论著；行政法与宪法的关系部分，总共 21 000字，涉及 3 篇（部）相关论著；行政法在市场经济中的地位和作用部分，总共 31 000 字，涉及 2 篇（部）相关论著；行政法基础理论部分，总共 28 000 字，涉及 4 篇（部）相关论著；行政法律关系部分，总共 32 000字，涉及 4 篇（部）相关论著；行政法的渊源部分，总共 41 000 字，涉及 3 篇（部）相关论著；行政法的解释部分，总共 27 000 字，涉及 2 篇（部）相关论著；行政法基本原则的含义与功能部分，总共 48 000 字，涉及 6 篇（部）相关论著；依法行政原则部分，总共 42 000 字，涉及 5 篇（部）相关论著；法理保留部分，总共 18 000 字，涉及 3 篇（部）相关论著；合理性原则部分，总共 13 000 字，涉及 1 篇（部）相关论著；行政法上的比例原则部分，总共 13 000 字，涉及 4 篇（部）相关论著。还包括信赖利益保护原则、程序正当原则、行政效益原则、行政法史与行政法学科史、行政法学研究方法、行政法体系化建构、行政法学总论与分论、比较行政法学、欧盟行政法、台湾地区行政法、行政法学研究资料、行政主体的基础理论、公共行政组织的行政主体地位、授权行政主体、公务法人理论、行政委托与授权、公私合作中对行政组织理论的挑战、社会自治、行政组织法的概念和功能、行政组织法的基本原则、行政组织法的内容与体系、行政相对人、行政相对人的义务、公务员法、行政行为的一般理论、行政行为的效力、行政行为的分类、具体行政行为、行政活动方式、行政裁量行为、行政处罚、行政许可、行政强制、行政合同、行政指导、行政计划、行政收费、行政调解、行政程序的价值和功能、行政程序的基本原则、行政程序法、公众参与、政府信息公开、个人信息保护、听证制度、行政立法程序、行政决策的法制化等专题。

刑法学专业。博士生第一学年主文献目录共分 8 个专题，涉及 302 篇（部）论著，除去中外刑法名著部分，总共约 297.6 万字，其中包括：中国刑法学部分，总共 180 万字，涉及 149 篇（部）相关论著；外国刑法学部分，总共 59 万字，涉及 40 篇（部）相关论著；犯罪学部分，总共 12.9 万字，涉及 10 篇（部）相关论著；刑事执行法学部分，总共 10.8 万字，涉及 7 篇（部）相关论著；刑事政策学部分，总共 23.4 万字，涉及 14 篇（部）相关论著；国际与区际刑法学部分，总共 11.5 万字，涉及 9 篇（部）相关论著；外国刑法名著部分，涉及 37 篇（部）相关论著；中国刑法名著部分，涉及 36 篇（部）相关论著。

民商法学专业。博士生第一学年主文献目录共分 7 个专题，涉及 113 篇（部）论著，总共约 312.65 万字，其中包括：民法总论部分，总共 640 600 字，涉及 24 篇（部）相关论著；物权法部分，总共 523 500 字，涉及 15 篇（部）相关论著；债与合同法部分，总共 771 700 字，涉及 19 篇（部）相关论著；侵权责任法和人格权法部分，总共 406 000 字，涉及 18 篇（部）相关论著；婚姻与继承法部分，总共 336 400 字，涉及 11 篇（部）相关论著；劳动与社会保障法部分，总共 236 200 字，涉及 6 篇（部）相关论著；商法部分，总共 212 100 字，涉及 20 篇（部）相关论著。

刑事诉讼法专业。博士生第一学年主文献目录共分 3 个专题，涉及 87 篇（部）论著，总共约 253.3 万字，其中包括：基础理论部分，总共 450 000 字，涉及 19 篇（部）相关论著；基本制度部分，包括证据制度、强制措施、辩护制度三部分，总共 861 000 字，涉及 29 篇（部）相关论著；基本程序部分，包括总论、侦查程序、起诉程序和审判程序四部分，总共 1 222 000 字，涉及 39 篇（部）相关论著。

民事诉讼法专业。博士生第一学年主文献目录共分 10 个专题，涉及 118 篇（部）论著，除去外国民事诉讼法部分，总共约 627.7 万字，其中包括：学科综合性文献部分，总共 3.7 万字，涉及 2 篇（部）相关论著；纠纷解决部分，总共 16.5 万字，涉及 4 篇（部）相关论著；民事诉讼模式与司法制度部分，总共 27.5 万字，涉及 12 篇（部）相关论著；民事诉讼基础理论部分，总共 138 万字，涉及 9 篇（部）相关论著；民事诉讼主体部分，总共 74.5 万字，涉及 6 篇（部）相关论著；民事诉讼证明部分，总共 144 万字，涉及 20 篇（部）相关论著；审级制度、民事审判程序及审判监督程序部分，总共 104 万字，涉及 16 篇（部）相关论著；民事执行程序部分，总共 89.5 万字，涉及 2 篇（部）相关论著；外国民事诉讼法部分，涉及 20 篇（部）相关论著；外国文献部分，总共 30 万字，涉及 27 篇（部）相关论著。

证据法专业。博士生第一学年主文献目录共分 8 个专题，涉及 148 篇（部）论著，总共约 282.3 万字，其中包括：证据制度部分，总共 83.5 万字，涉及 33 篇（部）相关论著；证据的概念和种类部分，总共 46 万字，涉及 28 篇（部）相关论著；证明的概念和范畴部分，总共 8.2 万字，涉及 6 篇（部）相关论著；证据调查部分，总共 30.5 万字，涉及 13 篇（部）相关论著；证据规则部分，总共 29 万字，涉及 15 篇（部）相关论著；证明责任部分，总共 18.1 万字，涉及 14 篇（部）相关论著；证明标准部分，总共 24 万字，涉及 13 篇（部）相关论著；证据的审查认定部分，总共 43 万字，涉及 26 篇（部）相关论著。

经济法专业。博士生第一学年主文献目录共分 8 个专题，涉及 252 篇（部）论著，总共约 443.8 万字，其中包括：经济法总论部分，总共 620 000 字，涉及 39 篇（部）相关论著；经济法主体部分，总共 750 000 字，涉及 39 篇（部）相关论著；规划和产业政策法部分，总共 148 000 字，涉及 9 篇（部）相关论著；财税法部分，总共 490 000 字，涉及 34 篇（部）相关论著；金融法部分，总共 720 000 字，涉及 41 篇（部）相关论著；竞争法部分，总共 940 000 字，涉及 36 篇（部）相关论著；价格法、消法和产品质量法部分，总共 480 000 字，涉及 35 篇（部）相关论著；涉外经济法部分，总共 290 000 字，涉及 19 篇（部）相关论著。

环境与资源保护法专业。博士生第一学年主文献目录共分 11 个专题，涉及 181 篇（部）论著，总共约 346.55 万字，其中包括：学科概述部分，总共 469 400 字，涉及 14 篇（部）相关论著；环境立法与环境法治部分，总共 290 400 字，涉及 17 篇（部）相关论著；环境法的调整对象与地位部分，总共 309 300 字，涉及 17 篇（部）相关论著；环境法的目的与价值、主体与客体部分，总共 235 200 字，涉及 13 篇（部）相关论著；环境权与自然资源权部分，总共 465 600 字，涉及 24 篇（部）相关论著；环境法的基本原则与制度部分，总共 384 900 字，涉及 22 篇（部）相关论著；环境公益诉讼与纠纷解决部分，总共 124 700 字，涉及 9 篇（部）相关论著；环境侵权与环境民事责任部分，总共 361 200 字，涉及 12 篇（部）相关论著；

环境刑事责任与行政责任部分，总共183 300字，涉及11篇（部）相关论著；自然资源与能源法部分，总共320 600字，涉及18篇（部）相关论著；国际环境法部分，总共320 900字，涉及24篇（部）相关论著。

国际法专业。博士生第一学年主文献目录共分3个专题，涉及201篇（部）论著，总共约278.6万字，其中包括：国际法部分，包括国际法的基础理论、国际法的渊源和编纂、国际法的主体、国际法的基本原则、国家责任、条约法、国际组织法、国际人权法、海洋法、空间法、国际环境法、国际刑法、国际人道法、和平解决国际争端和其他15部分，总共1 270 000字，涉及90篇（部）相关论著；国际私法部分，包括冲突法理论、国际民事关系的法律适用、国际民事诉讼、国际商事仲裁4部分，总共639 000字，涉及42篇（部）相关论著；国际经济法部分，包括国际经济法概述、国际贸易法、知识产权的国际保护、国际投资法、国际税法、国际金融法、世界贸易组织法和反垄断法8个部分，总共877 000字，涉及69篇（部）相关论著。

知识产权法专业。博士生第一学年主文献目录共分11个专题，涉及100篇（部）论著，总共约313.5万字，其中包括：知识产权制度的正当性部分，总共248 000字，涉及8篇（部）相关论著；知识产权的概念部分，总共165 000字，涉及8篇（部）相关论著；知识产权的属性部分，总共133 000字，涉及9篇（部）相关论著；知识产权制度史与学术史部分，总共494 000字，涉及12篇（部）相关论著；知识产权的经济分析部分，总共377 000字，涉及7篇（部）相关论著；与知识产权有关的哲学、历史、经济和美学理论部分，总共123 000字，涉及9篇（部）相关论著；关于知识产权制度的考察报告部分，总共694 000字，涉及5篇（部）相关论著；著作权法部分，总共528 000字，涉及21篇（部）相关论著；商业标记法部分，总共157 000字，涉及9篇（部）相关论著；专利法部分，总共189 000字，涉及10篇（部）相关论著；研究方法部分，总共27 000字，涉及2篇（部）相关论著。

博士点学科专业主文献制度建设这一宏大的学科建设和人才培养工程已经全面展开，作为研究生教育领域的一项创新工程，需要在开拓中不断进取，在探索中不断发展。我们相信，博士点学科专业主文献制度建设工作必将对学校博士研究生培养产生深远影响，必将推动人文社会科学博士研究生教育迈上一个新的台阶。

第三节　法学学科当下发展实践中的主要问题

法学学科存在的问题可以从法学教育和法学研究两个方面予以阐述。

一、法学教育的主要问题

（一）法学院校特色不鲜明，存在千校（院）一面的现象

目前，我国设立法学本科专业的高等院校达到 640 多所，在校生超过 30 万人，涵盖了从重点大学到三本，综合性院校和单科性、多科性院校等各个层次、各个类别的院校。其办学目标、经费投入、生源质量、师资力量、培养经验、办学条件等存在很大差距，发展阶段和工作任务也有很大区别。但是近年来，在创办一流大学、综合大学、研究型大学的过程中，由于准入不严，监管不力，有些学校脱离自身定位，一哄而上，盲目追求"高、大、全"，出现大量低水平重复建设的问题，没有办出鲜明的特色，同时也缺乏足够善任的教师队伍，许多法学课程不能开设或名实不副，粗放式教学培养法律人才。

（二）法学学位层次和种类过多，叠床架屋

由于历史和现实发展的原因，我国法科教育的学位项目屡有增设，层次重叠、品种过多、专业划分过细。按教育层次分，从中专、大专、普通本科、硕士研究生一直到博士研究生，形式多样；按教育机构性质分，从公办大学的高等法科教育，党校、社科院、军事院校法科教育到民办学校法科教育，名目繁多；按教育内容及其目标分，从自考类成人法学教育、法律职业教育到司法教育机构和行政教育机构的各类学历项目，应有尽有。30 多年来不断做"加法"的结果，构成了包括十余种法学学位项目的"大杂烩"式法学学位教育体系。

（三）法学学位之间目标模糊、相互交叉、界限不清，人才培养同质化严重

改革开放之初，为了缓解政法队伍青黄不接和队伍断层的困境，适应当时加强民主、健全法制的迫切需要，中央教育主管机构提出法学教育多形式、多层次、多渠道发展的办学方针，在当时的历史条件下发挥了积极作用。但进入新时期之后，种类繁多的教育机构，跨度过大、整体偏低的办学层次和多个部门各搞一套的办学体系，与建立一元化法律职业共同体和统一

法治国家的基本要求已完全不相适应。

（四）法科学制缺乏弹性，没有法学主学位，过分重视高学历法学教育

我国法学学位的攻读时间缺乏弹性与灵活性，《国务院学位条例》规定硕士学历必须 2～3 年，博士学历必须 3～8 年。但环顾全球，大多数国家法（律）学硕士研究生的基本学制都是 1 年，其中美国主要针对外国人开设的 L. L. M 一般只需 10 个月就能结业；即便是 JSD（法学博士）学位，其实就只是在硕士或三年法律博士（J.D）学位基础上撰写一篇学位论文即可得到。很明显，我国这种相对僵化的法科学制，无法"同国际接轨"，由此也导致国际学位认证及继续攻读学位难等一系列问题。

（五）学位教育项目与法律职业准入相互脱节，学非所用，用非所学

2001 年《法官法》、《检察官法》、《律师法》相继被修订后，全国统一司法考试自 2002 年正式实施，对优化法律专门人才的培养，提高包括法官、检察官、律师在内的法律职业人员的专业素质和标准，形成具有共同法律知识水准、共同法律素质、共同法律信仰的法律职业共同体，提供了重要的制度保障。但由于法学教育的内容和人才培养模式都与三大法律职业以及司法考试脱节，加之司法考试执业准入的倒逼机制，反将原本失衡的法学教育推向更为尴尬的境地。

（六）法学教育规模急剧扩大与确保法学教育质量之间矛盾增大

改革开放以来，法学院校数量与招生规模不断扩大，法学院在校生人数激增，有的学校师生比例严重失衡，图书资料严重不足，学生学习、生活环境恶劣，校园人满为患，法学教育的规模和质量之间的矛盾日益突出，无法顺利实现教育的培养目标。2000 年，全国 50 余所高等院校有法学硕士学位授予权，共有硕士学位点 300 余个，18 所教学科研机构可授予法学博士学位，全国有 7 000 多人获得法学硕士学位，400 多人获得法学博士学位。到 2009 年，全国招收法学博士生约 1 000 人，在校法学博士生近 3 000 人，有法学博士学位授予权的高等院校和科研机构增至 29 个。短时间内法学研究生教育种类和规模扩张如此巨大，同时又缺乏严格的资格准入评估制度和控制管理，在校园面积、师资水平和数量、图书数据、实习机会等教学资源极其有限的情况下，不顾条件地盲目扩大招生规模，必然造成学生所接受教育服务质量急速下降的问题。

（七）课程体系和教学内容设置不合理

就法学本科阶段的课程体系设置而言，课程设置较死板，必修课程数量太多，选修课大多成为摆设。除了教育部高等学校法学学科教学指导委员会确定的 16 门核心课程（必修课）外，由学生根据爱好和自己的发展方向自主选择的选修课的多少成为评价教育质量的重要指标。本科生在经历了小学、初中、高中较刻板的学习后，大学理应给他们拓展视野、选择方向的机会，但事实上没有做到。海外大学选修课比重是我国大学的 2.7 倍。目前有许多法科院校的课程体系设置僵化，英语、政治（马克思主义哲学原理、形势与政策等）必修基础课占用了大量时间，留下选修的空间很小，难以充分发挥教师的特长，也大大束缚了学生的学术视野和学习能力。

（八）法学人才的招录体制和分布存在着地区间严重不平衡

目前，东部地区和中西部地区在法学人才的数量规模和质量上都存在严重差距，教育资源集中在东部地区尤其是北京等大城市，例如北京的法学研究生招生数量占到全国的一半。东部沿海地区和中西部地区在职业法律人才的数量规模和质量上存在严重差距，一方面在大中城市法学毕业生就业困难，另一方面基层特别是中西部地区的基层法院、检察院等法律部门人才短缺现象严重。最高人民法院就此提出："一些法院特别是中西部地区基层法院办案经费短缺、人才流失、法官断层等现象依然存在。对这些问题和困难，应在各方面的关心支持下，切实采取措施，加以解决。"[①]

（九）法学毕业生出现就业难的现象成为法学教育关注的突出问题

近年来，法科学生的就业难问题引起了社会的广泛关注。尽管少数重点大学法学院的学生就业率在 90％以上，但 2011 年全国平均就业率仅为 76％，引发人们对法学教育前途的强烈忧虑。其实，法学本科毕业生严峻的就业形势自 20 世纪末就开始显现，这种危机首先表现在就业率屡创新低。从 2005 年起，法学专业毕业生的就业率在全部 214 个学科专业中始终排在倒数前三位，到 2009 年不仅高职高专就业率最低的是法律大类（73.2％），本科毕业生半年后就业率也处于最末（82.3％）。从全国范围看，法科学生在相当一个时期内都将面临总量供给过剩以及因法学职业化不足而导致的人才供应的结构性失衡局面，难以"适销对路"。

（十）全球化法学教育的挑战与国内法律人才国际视野的局限性

经济全球化要求造就通晓国际法律规则和实务、具有极强的外语交涉能力的外向型、国际型、复合型法科人才，通晓国际条约和国际惯例的游戏规

---

① 王胜俊：《最高人民法院工作报告》，见新华网，2009-03-17。

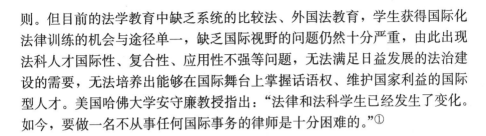

则。但目前的法学教育中缺乏系统的比较法、外国法教育，学生获得国际化法律训练的机会与途径单一，缺乏国际视野的问题仍然十分严重，由此出现法科人才国际性、复合性、应用性不强等问题，无法满足日益发展的法治建设的需要，无法培养出能够在国际舞台上掌握话语权、维护国家利益的国际型人才。美国哈佛大学安守廉教授指出："法律和法科学生已经发生了变化。如今，要做一名不从事任何国际事务的律师是十分困难的。"①

二、法学研究的主要问题

（1）广大法学、法律工作者还需要进一步增强大局意识，自觉承担社会责任，围绕党和国家中心工作，加强对社会主义法治建设中带有全局性、根本性、战略性问题的研究，不断增强法学研究工作的针对性、前瞻性、科学性，为促进改革发展稳定提供理论支持。

（2）法学研究理论联系实际还需要加强。特别是要虚心向人民学习、向实践学习，深入政法基层单位和企业、社区、农村，把握国情社情民情，了解法治实践需要，积极参与立法起草论证、司法体制改革、法制宣传教育、法律援助服务等工作，使法学研究工作更好地适应时代要求、服务人民群众。

（3）法学研究因循守旧的作品、一般性作品较多，创新性成果缺乏。以后要大力推进法学研究开拓创新，既坚持从我国实际出发，切实增强理论自信，又加强国际法学交流合作，吸收借鉴国外法学研究的有益成果，深化法学研究体制改革，勇于开拓新的研究领域、研究方向，不断丰富和发展中国特色社会主义法学理论体系。

（4）法学研究要坚持以马克思主义法学理论为指导，牢固树立社会主义法治理念，切实做到党在心中、人民在心中、宪法法律在心中、公平正义在心中，坚定不移地走中国特色社会主义道路。

（5）法学研究中还需要进一步倡导学术民主和严谨学风，努力造就一批学贯中西的马克思主义法学大家，培养一批政治强、业务精、作风正的中青年法学骨干，培养更多高素质的后备人才。

（6）法学研究成果需要对社会有用，一方面要向决策部门推广，进入党政部门决策层；同时还要向高校推广，向社会推广，向全民推广。未来需要进一步推动法学研究成果的应用和转化工作，使成果能更好地发挥作用。

---

① 安守廉：《学会在实践中运用法律》，载《光明日报》，2010-10-05。

第八章　政治学*

第一节　政治学学科发展概况

从古希腊到今天，政治学的目的就是实现国家的"善治"。目前中国正处于政治建设和完善治理结构的时期，政治学应为这种国家需求提供一定的理论支撑。最近几年来，政治学的研究成果不仅在数量上明显增加，在质量上也有了显著的提高，在国际关系和中国政治研究中出现了一批具有原创意义的研究成果。

一、国际关系

国际关系作为一个独立的学科形成于 20 世纪的欧美。二战以来，国际关系学科中的主流理论范式都是由美国学者提出的。由于社会科学取向在美国社会研究中的主导地位，国际关系研究在学科上更多地被看作一门社会科学。用斯坦利·霍夫曼的话说，国际关系是"一门美国式的社会科学"。对

　　* 本章主笔：陈岳，中国人民大学国际关系学院执行院长、国际政治系教授；孙龙，中国人民大学国际关系学院政治学系副教授；田野，中国人民大学国际关系学院国际政治系副教授。

缺乏社会科学传统的中国而言，国际关系研究在总体上并未走出理论引进与学术积累的阶段。但随着多年来的引进和积累，中国国际关系学者在熟悉西方国际关系理论的基础上开始提供一些创新性的理论成果。最近几年来，中国学者不仅在中层理论和微观模型上取得了一些创新，而且在宏观范式上也出现了开拓性的创新。秦亚青的"过程建构主义"和唐世平的"国际政治的社会进化理论"都在大理论（grand theory）的意义上令人瞩目。

在现有的西方国际关系理论谱系中，结构现实主义、自由制度主义和结构建构主义是居于主流地位的三大范式。作为长期在国际关系理论研究中耕耘的中国国际关系学者，秦亚青发现这些范式都在不同程度上忽视了国际关系中的一个社会性因素，即社会互动过程和与之密切相关的社会性关系。基于中国传统思想和社会文化中的"关系性"元素，秦亚青提出了"过程建构主义"的新范式。这一新范式具有不同于西方主流理论的三个特点：第一，将过程置于集体身份建构的核心，将过程自身看作可以产生原动力的时空区域；第二，将"关系"设定为过程的核心范畴，设定为基本的分析单位；第三，过程因运动的关系而具有自身的动力，过程的基本功能是"化"的能力。在《关系与过程：中国国际关系理论的文化建构》（上海人民出版社，2012）一书中，秦亚青不仅系统地阐述了过程建构主义的研究纲领，而且将其运用于对中国融入国际社会、全球治理和东亚地区合作的分析。

与秦亚青将中国文化的理念植入国际关系理论不同，唐世平将自然科学中的进化论范式植入国际关系理论，也取得了大理论意义上的创新。在《欧洲国际关系杂志》所发表论文的基础上，唐世平在即将出版的新著《国际政治的社会进化：公元前 8000 年到未来》（*Social Evolution of International Politics：From 8000BC to the Future*，Oxford University Press，forthcoming）一书中更全面地阐述了"国际政治的社会进化理论"。基于对社会进化的阐释，唐世平提出国际政治系统一直是一个进化的系统。不同的国际政治理论来自并适用于国际政治的不同时期，不同的国际政治时代实际上需要不同的国际政治理论。因此，国际政治应该成为真正的进化论科学，或"给达尔文应有的地位"。以古代中国与后罗马时代的欧洲为例，唐世平特别揭示了从进攻性现实主义世界向防御性现实主义世界进化背后的根本机制与辅助机制。

最近几年，随着中国在世界舞台上的崛起，也随着中国学者对西方经验局限性的省察，一些中国国际关系学者开始挖掘整理中国古代思想史和战略史，试图以此深化对当代国际政治的理解、寻找中国外交的理论支持和拓展国际关系理论的中国经验。近年来，以阎学通为核心的清华国际关系学术团队和时殷弘在这个方向上作出了开拓性的贡献。

在《国际政治科学》一系列论文的基础上，阎学通在《中国社会科学》2009 年第 3 期发表的《先秦国家间政治思想的异同及其启示》以及英文著作《古代中国思想与当代中国权力》（Ancient Chinese Thought，Modern Chinese Power，Princeton University Press，2011）中运用现代国际关系理论的概念、假设来解读、阐释中国古代的国家间政治思想，以提炼、升华古代国家间政治经验。阎学通发现，无论有何种分歧，先秦诸子都认为政治实力是国家综合实力的基础，都强调政治领导的作用，这与当代国际关系理论的认识很不相同。阎学通由此阐发了诸子著述对当代国际关系理论发展的启示：理论效力以其适用性为基础；应对非传统安全威胁需要道义的领导；国际权威以道义为基础；国际观念的建构是一个由上而下、由强而弱的过程。

与阎学通转向中国古代思想史以丰富现有国际关系理论的路径不同，时殷弘则在《史记》等中国古代史学典籍的基础上来审视中国战略理念传统。在《武装的中国：千年战略传统及其外交意蕴》（载《世界经济与政治》，2011（6））的长文中，时殷弘辨识了两大类中国古代战略传统，即在战略精神上与《孙子兵法》相契合的"外交防御"和"朝贡和平"以及彻底歼灭和决战决胜的大规模远征。在中国悠久战略传统的背景下，时殷弘提炼出对中国战略史和外交史富有意义的若干深层道理：力量对比变迁与战略形态变迁之间有结构性因果联系；中国在深刻的文化意义上更易倾向于孙子式的或儒家的战略传统，即争取代价最小化而非收益最大化；中国较难胜出的自我挑战较经常地在于，必需之际能够正面攻坚，以至"决战决胜"。

二、中国政治

近年来，在对中国政治发展的基本过程和特征进行总结和提炼的基础上，部分政治学者提出和发展了一些富有启发性的概念或解释模式，在一定程度上反映了中国政治学界理论建构的努力和初步成就。其中比较有代表性的有俞可平提出的"增量民主"论，史卫民提出的"政策主导型"渐进式改革模式，杨光斌系统阐述的"法治—分权"先行论，以及马骏提出的"预算制度建设"先行论。

俞可平认为，中华人民共和国 60 年的政治发展是一个不可分割的延续过程，以 1978 年底的改革开放为界，可以清楚地看到新中国政治变迁的趋势，即从革命到改革，从斗争到和谐，从专政到民主，从人治到法治，从集权到分权，从国家到社会。① 而所谓"增量民主"是指在不损害公民原有政治利益（存量）的前提下，通过推动改革，创造新的政治增量来全面推进民主进程，从整体上增加人民群众的政治权益。增量民主的实质是在中国目前的政治、经济和文化条件下，以程序民主来推进实质民主，通过培育公民社会扩大公民参与，以党内民主带动人民民主，以依法治党带动依法治国，从基层民主扩大到高层民主，以动态稳定取代静态稳定。增量民主的目标在于通过一系列的制度创新来持续地推进中国的民主进程，最终实现善治。②

在《"政策主导型"的渐进式改革：改革开放以来中国政治发展的因素分析》（中国社会科学出版社，2011）一书中，史卫民通过对改革开放以来中国政治发展的全景式分析，认为经济、制度、民主、法治、政治文化、公民社会、社会冲突、国际影响等因素在中国政治发展中都起了重要的作用，但这八个因素都不是主导中国政治发展的根本性因素，真正主导或决定中国政治发展的是政策因素，政策因素极大地影响、主导甚至制约着其他因素的发展，并形成了以"政策主导型"渐进式改革为基本特征的政治发展方式。"政策主导型"渐进式改革作为一种新的解释框架，不仅可以对中国政治发展作出更符合实际的解释，亦可以使中国公民更关注中国公共政策的发展，更关注公民的"政策参与"。

杨光斌通过对英、美、法等主要国家的民主发展进程进行考察，认为民主诸种形式之间实际上是"词典式序列关系"，即先后顺序或位置不能颠倒，否则必然是"无效的民主"。在具体序列上，成功的民主发展进程大致遵循"法治—分权—选举"的民主发展模式。法治民主不但保障个人权利和自由，也保障国家主权，因而是一种基本政治秩序的民主；分权民主则是为了实现民主初衷而去中央化的一种使制度安排更加合理化的民主，但分权不是无度的，既不能形成无政府主义式的分权，也不能在分权的旗帜下分裂国家；选举民主则至少是一种在形式上保障大众平等权利的民主，但是"大众"既可能用选举来拥护非民主政体，也可能通过选举而分裂国家。对中国而言，只有充

---

① 参见俞可平：《中华人民共和国六十年政治发展的逻辑》，载《马克思主义与现实》，2010（1）。

② 参见俞可平：《增量民主的改革思路》，载《领导科学》，2012（18）。

分地发展法治秩序，合理设计分权制度，才能减少选举民主带来的不确定性。①

马骏指出，建立一个对人民负责的政府是现代国家治理的核心问题。通过选举制度来解决谁使用权力的问题，通过预算制度来解决如何使用权力的问题，是政治问责的两个关键环节。通过历史比较分析，马骏指出，有三条可以实现政治问责的道路：19 世纪的欧洲道路，选举制度和预算制度基本同步；从建国到进步时代改革的美国道路，选举制度先于预算制度的发展；雏形初现的中国道路。② 相对于西方经验来说，中国 20 世纪 80 年代以来的国家转型具有极大的特殊性，在预算制度建立并加以完善的基础上，适时启动选举制度改革，将有助于形成有中国特色的政治问责体系。

第二节 政治学基础文献建构：一级学科经典著作概览

政治学正在逐渐发展成为一门以论文为基础的学科，但是，最有影响力的贡献还是以著作的形式出现的。这些著作不仅构成了政治学专业教学的基本参考文献，也为政治学研究者之间的相互沟通提供了共同知识背景。在中国当前学术语境下对政治学学科基本文献进行评估，大致包括三个层面的工作：第一，梳理自古希腊以来 2 500 余年西方政治思想发展脉络，以及先秦以来中国政治思想史的源流和演变，列举有代表性的政治思想大师及其经典著作；第二，对二战以后当代西方主要发达国家的政治学发展状况进行回顾，择其重要文献进行介绍；第三，结合国际关系、中国政治和比较政治三个二级学科的具体情况，探讨中国的政治研究者的努力方向及其对政治学学术共同体的可能贡献。

随着中国政治学的展开，学术界已经就哪些是政治思想史上的经典文献达成了广泛共识，在政治学学者和相关学科学者的共同努力下，大多数西方政治思想史意义上的经典文献，如《理想国》、《政治学》、《雅典政制》、《君主论》、《利维坦》、《政府论》（上、下篇）、《论法的精神》、《论人类不平等的起源和基础》、《社会契约论》、《联邦党人文集》、《论自由》、《论美国的民主》、《旧制度与大革命》等等，以及马克思主义经典作家的代表性论著，如《共产

---

① 参见杨光斌：《民主与中国的未来》，载《战略与管理》，2012 (2)。
② 参见马骏：《实现政治问责的三条道路》，载《中国社会科学》，2010 (5)。

党宣言》、《法兰西内战》、《家庭、私有制和国家的起源》、《国家与革命》等等，均已经被翻译成中文出版。中国学者在引进、介绍和解读西学经典的过程中，编写了一系列有影响力的教材，撰写了众多有独立见解的专著。

中国政治思想史意义上的经典文献，如《尚书》、《论语》、《孟子》、《荀子》、《老子》、《墨子》、《商君书》、《韩非子》、《吕氏春秋》、《贞观政要》、《明夷待访录》、《潜书》等等，一直受到中国政治学者的尊崇和推荐。对古代重要思想家和流派进行系统梳理和解读，是现代中国政治学学术体系建设的重要任务。早在 20 世纪 20—30 年代，中国现代政治学发轫伊始，学者们即已出版了近十部与中国政治思想史有关的教材和研究性专著①，如梁启超的《先秦政治思想史》（1923）、谢无量的《古代政治思想研究》（1923）、陶希圣的《中国政治思想史》（1932）、吕振羽的《中国政治思想史》（1937）、萧公权的《中国政治思想史》（1945）等等。1949 年以后，萨孟武在台湾出版的《中国政治思想史》（1969），以及大陆政治学恢复重建后刘泽华主编的《中国古代政治思想史》（1992）和曹德本主编的《中国政治思想史》（1999），均产生了较大影响。葛荃出版的《认识与沉思的积淀：中国政治思想史研究历程》（河南人民出版社，2007），则比较系统地梳理了中国政治思想史研究历程，是该领域的一部研究性力作。值得关注的是，2010 年以来，天津师范大学政治文化与政治文明建设研究院主持编辑的学术季刊《政治思想史》（刊号为 ISSN1674-8662，CN12-1419/D），兼顾西方政治思想研究和中国政治思想研究论文，为相关研究工作的深入，提供了交流和发表平台。

在本节余下篇幅，我们将以《牛津政治科学手册》（*The Oxford Handbook of Political Science*，Oxford University Press，2009）提供的资料为基础，结合政治学领域最知名的约翰·斯凯特奖（Johan Skytte Prize in Political Science）19 位获奖者的研究工作，比较系统地介绍二战以来西方政治学领域的代表性文献，为中国政治学的学科建设和研究工作提供资料基础和学术借鉴。

罗伯特·古丁主编的《牛津政治科学手册》，以《美国投票者》（*American Voter*，1960，尚无中文译本）、《政治科学手册》（*Handbook of Political Science*，1975，中文选译本定名为《政治学手册精选》，商务印书馆，1996）、

---

① 参见孙宏云：《中国现代政治学的展开：清华政治学系的早期发展（一九二六至一九三七）》，161～162 页，北京，生活·读书·新知三联书店，2005。

《政治科学新手册》(*New Handbook of Political Science*，1996，中文译本定名为《政治科学新手册》，生活·读书·新知三联书店，2006)三部在学科建设领域具有代表性的著作的出版年限为界，将政治学的学科发展区分为四个阶段，并就各个阶段的代表性文献进行了尝试性的归纳（见表 8—1 至表 8—4）。

表 8—1 政治学经典著作 I：1940—1959 年

作者	著作	出版时间
Arendt	*The Origins of Totalitarianism*＊	1951
Arrow	*Social Choice and Individual Values*＊	1951
Black	*The Theory of Committees and Elections*	1958
Dahrendorf	*Class and Class Conflict in Industrial Society*	1959
Downs	*An Economic Theory of Democracy*＊	1957
Duverger	*Political Parties*	1951
Easton	*The Political System*＊	1953
Hartz	*The Liberal Tradition in America*＊	1955
Key	*Politics, Parties and Pressure Groups*	1942
Key	*Southern Politics in State and Nation*	1950
Luce and Raiffa	*Games and Decisions*	1957
March and Simon	*Organizations*＊	1958
Mills	*The Power Elite*＊	1956
Morgenthau	*Politics among Nations*＊	1948
Schumpeter	*Capitalism, Socialism and Democracy*＊	1943
Selznick	*TVA and the Grass Roots*	1949
Simon	*Administrative Behavior*＊	1947
Waltz	*Man, the State and War*＊	1959

资料来源：*The Oxford Handbook of Political Science*，p. 33. 根据表 A1.1.1 第 1 栏制作，格式略有调整。标 ＊ 者表示该文献已有中文译本。

表 8—2 政治学经典著作 II：1960—1975 年

作者	著作	出版时间
Allison	*Essence of Decision*	1971
Almond and Verba	*The Civic Culture*＊	1963
Banfield and Wilson	*City Politics*	1963
Barry	*Political Argument*	1965
Burham	*Critical Elections and the Mainspring of American Politics*	1970

续前表

作者	著作	出版时间
Campbell et al.	*The American Voter*	1960
Campbell and Stanley	*Experimental and Quasi-Experimental Designs for Research*	1963
Dahl	*Who Governs?* *	1961
Deustsch	*The Nerves of Government*	1963
Edelman	*The Symbolic Uses of Politics*	1964
Ferejohn	*Pork Barrel Politics*	1974
Hirschman	*Exit，Voice，and Loyalty* *	1970
Huntington	*Political Order in Changing Societies* *	1968
Kaufman	*The Forest Ranger*	1960
Key	*The Responsible Electorate*	1966
Lane	*Political Ideology*	1962
Lijphart	*The Politics of Accommodation*	1968
Lindblom	*The Intelligence of Democracy*	1965
Lipset	*Political Man* *	1960
Lipset and Rokkan	*Party Systems and Voter Alignments*	1967
Mayhew	*Congress：The Electoral Connection*	1974
Moore	*Social Origins of Dictatorship and Democracy* *	1966
Neustadt	*Presidential Power*	1960
Nozick	*Anarchy，State，and Utopia* *	1974
Olson	*The Logic of Collective Action* *	1965
Pateman	*Participation and Democratic Theory* *	1970
Piven and Cloward	*Regulating the Poor*	1971
Rawls	*A Theory of Justice* *	1971
Riker	*Theory of Political Coalitions*	1962
Schattschneider	*The Semi-sovereign People*	1960
Schelling	*The Strategy of Conflict* *	1960
Wildavsky	*The Politics of the Budgetary Process* *	1964
Wolin	*Politics and Vision* *	1960

资料来源：*The Oxford Handbook of Political Science*，pp. 33-34. 根据表 A1.1.1 第 2 栏制作，格式略有调整。标 * 者表示该文献已有中文译本。

表 8—3 政治学经典著作 Ⅲ：1976—1996 年

作者	著作	出版时间
Alt and Shepsle（eds）	*Perspectives on Positive Political Economy* *	1990
Axelrod	*The Evolution of Cooperation* *	1984
Barnes and Kaase	*Political Action*	1979
Bueno de Mesquita and Lahamn	*War and Reason*	1992
Cox and McCubbins	*Legislative Leviathan*	1993
Esping-Andersen	*The Three Worlds of Welfare Capitalism* *	1990
Fenno	*Home Style*	1978
Fiorina	*Retrospective Voting in American National Elections*	1981
Hood	*The Tools of Government*	1983
Inglehart	*The Silent Revolution*	1977
Jennings and Niemi	*Generations and Politics*	1981
Jervis	*Perception and Misperception in International Politics* *	1976
Kaase, Newton and Scarbrough	*Beliefs in Government*	1995
Katznelson	*City Trenches*	1981
Keohane	*After Hegemony* *	1984
King，Keohane and Verba	*Designing Social Inquiry*	1994
Kymlicka	*Multicultural Citizenship* *	1995
Lindblom	*Politics and Markets* *	1977
Lipsky	*Street-Level Bureaucracy*	1980
March and Olsen	*Rediscovering Institutions* *	1989
Olson	*The Rise and Decline of Nations* *	1982
Orren	*Belated Feudalism*	1991
Ostrom	*Governing the Commons* *	1990
Pateman	*The Sexual Contract*	1988
Peterson	*City Limits*	1981
Popkin	*The Reasoning Voter*	1991
Przeworski and Sprague	*Paper Stones*	1986
Putnam	*Making Democracy Work* *	1993
Riker	*Liberalism against Populism*	1982
Rogowski	*Commerce and Coalitions* *	1989
Schelling	*Micromotives and Macrobehavior* *	1978
Segal and Spaeth	*The Supreme Court and the Attitudinal Model*	1993

续前表

作者	著作	出版时间
Skocpol	*States and Social Revolutions**	1979
Skocpol	*Protecting Soldiers and Mothers*	1992
Skowronek	*The Politics Presidents Make**	1993
Sniderman, Brody and Tetlock	*Reasoning and Choice*	1991
Wildavsky	*Speaking Truth to Power*	1979
Wilson	*The Politics of Regulation*	1980
Young	*Justice and the Politics of Difference*	1990
Zaller	*The Nature and Origins of Mass Opinion*	1992

资料来源：*The Oxford Handbook of Political Science*，pp. 33-34. 根据表 A1.1.1 第 3 栏制作，格式略有调整。标 * 者表示该文献已有中文译本。

表 8—4　　　　　　　　　政治学经典著作Ⅳ：1996—2009 年

作者	著作	出版时间
Acemoglu and Robinson	*Economic Origins of Dictatorship and Democracy**	2006
Boix	*Democracy and Redistribution**	2004
Bueno de Mesquita et al.	*The Logic of Political Survival*	2005
Cox	*Making Votes Count*	1997
Dryzek	*Deliberative Democracy and Beyond**	2000
Keck and Sikkink	*Activists Beyond Borders**	1998
Krehbiel	*Pivotal Politics*	1998
Lijphart	*Patterns of Democracy**	1999
McAdam, Tarrow and Tilly	*Dynamics of Contention**	2001
Moravcsik	*The Choice for Europe**	1998
Pogge	*World Poverty and Human Rights*	2002
Russett and Oneal	*Triangulating Peace*	2001
Scott	*Seeing Like a State**	1997
Tsebelis	*Veto Players*	2002
Wendt	*Social Theory of International Politics**	1999

资料来源：*The Oxford Handbook of Political Science*，p. 33. 根据表 A1.1.1 第 4 栏制作，格式略有调整。标 * 者表示该文献已有中文译本。

如表 8—1 所示，《牛津政治科学手册》编者在 1940 年至 1959 年出版的政治学著作中，遴选了 18 部经典文献。根据笔者的检索，《极权主义的起源》《社会选择与个人价值》《民主的经济理论》《政治体系》《美国自由主义传统》、《组织》、《权力精英》、《国家间政治》、《资本主义、社会主义与民主》、《管理行为》和《人、国家与战争》等 11 部著作已经出版了中文译本 ①，占该阶段所列重要文献的 61.1%。

在 1960 年至 1975 年出版的政治学著作中，《牛津政治科学手册》编者遴选了 33 部经典文献（见表 8—2）。依据笔者的检索，《公民文化》、《谁统治》、《退出、呼吁与忠诚》、《变化社会中的政治秩序》、《政治人》、《民主与专制的社会起源》、《无政府、国家和乌托邦》、《集体行动的逻辑》、《参与和民主理论》、《正义论》、《冲突的战略》、《预算过程中的政治学》、《政治与构想》等 13 部著作出版了中文译本②，占该阶段所列重要文献的 39.4%。

在 1976 年至 1996 年出版的政治学著作中，《牛津政治科学手册》列举了 40 部重要文献（见表 8—3）。依据笔者的检索，只有《实证政治经济

---

① ［美］汉娜·阿伦特：《极权主义的起源》，北京，生活·读书·新知三联书店，2008；［美］肯尼斯·J·阿罗：《社会选择与个人价值》，成都，四川人民出版社，1987（上海，上海人民出版社，2010）；［美］安东尼·唐斯：《民主的经济理论》，上海，上海人民出版社，2010；［美］戴维·伊斯顿：《政治体系：政治学状况研究》，北京，商务印书馆，1993；［美］路易斯·哈茨：《美国的自由主义传统：独立革命以来美国政治思想阐释》，北京，中国社会科学出版社，2003；［美］詹姆斯·马奇、［美］赫伯特·西蒙：《组织》，北京，机械工业出版社，2008；［美］查尔斯·赖特·米尔斯：《权力精英》，南京，南京大学出版社，2004；［美］汉斯·J·摩根索：《国家间政治——寻求权力与和平的斗争》，北京，中国人民公安大学出版社，1990（北京，北京大学出版社，2012）；［美］约瑟夫·熊彼特：《资本主义、社会主义与民主》，北京，商务印书馆，2009；［美］赫伯特·A·西蒙：《管理行为》，北京，机械工业出版社，2013；［美］肯尼思·N·华尔兹：《人、国家与战争：一种理论分析》，上海，上海译文出版社，1991。

② ［美］加布里埃尔·A·阿尔蒙德、［美］西德尼·维巴：《公民文化：五个国家的政治态度和民主制》，北京，东方出版社，2008（［美］阿尔蒙德、［美］维巴：《公民文化：五国的政治态度和民主》，杭州，浙江人民出版社，1989）；［美］罗伯特·A·达尔：《谁统治：一个美国城市的民主和权力》，南京，江苏人民出版社，2012；［美］阿尔伯特·O·赫希曼：《退出、呼吁与忠诚：对企业、组织和国家衰退的回应》，北京，经济科学出版社，2001；［美］塞缪尔·P·亨廷顿：《变化社会中的政治秩序》，上海，上海人民出版社，2008（［美］亨廷顿：《变革社会中的政治秩序》，北京，华夏出版社，1988）；［美］马丁·李普塞特：《政治人——政治的社会基础》，上海，上海人民出版社，1997；［美］巴林顿·摩尔：《民主与专制的社会起源》，北京，华夏出版社，1987；［美］罗伯特·诺奇克：《无政府、国家和乌托邦》，北京，中国社会科学出版社，2008；［美］曼瑟尔·奥尔森：《集体行动的逻辑》，上海，上海三联书店，1995；［美］卡罗尔·佩特曼：《参与和民主理论》，上海，上海人民出版社，2012；［美］约翰·罗尔斯：《正义论》，北京，中国社会科学出版社，1988；［美］托马斯·谢林：《冲突的战略》，北京，华夏出版社，2006；［美］阿伦·威尔达夫斯基、［美］内奥米·凯顿：《预算过程中的新政治学》，上海，上海财经大学出版社，2006（该书为《预算过程中的政治学》第 5 版）；［美］谢尔登·S·沃林：《政治与构想：西方政治思想的延续和创新》，上海，上海人民出版社，2009。

学》、《合作的进化》、《福利资本主义的三个世界》、《国际政治中的知觉与错误知觉》、《霸权之后》、《多元文化的公民身份》、《政治与市场》、《重新发现制度》、《国家的兴衰》、《公共事务的治理之道》、《使民主运转起来》、《商业与联盟》、《微观动机与宏观行为》、《国家与社会革命》、《总统政治》等 15 部著作已经出版了中文译本①，占该阶段所列重要文献的 37.5%。

　　在 1996 年至 2009 年出版的政治学著作中，《牛津政治科学手册》列举了 15 部重要文献（见表 8—4）。依据笔者的检索，《专制和民主的经济起源》、《民主与再分配》、《协商民主及其超越》、《超越国界的活动家》、《民主的模式》、《斗争的动力》、《欧洲的抉择》、《国家的视角》、《国际政治的社会理论》等 9 部著作已经在中国大陆出版了中文译本②，占该阶段所列重要文献的 60%。

---

　　① 〔美〕詹姆斯·E·阿尔特、〔美〕肯尼思·A·谢泼斯主编：《实证政治经济学》，上海，上海人民出版社，2009；〔美〕罗伯特·阿克塞尔罗德：《合作的进化》，上海，上海人民出版社，2007；〔丹〕哥斯塔·埃斯平-安德森：《福利资本主义的三个世界》，北京，商务印书馆，2010；〔美〕罗伯特·杰维斯：《国际政治中的知觉与错误知觉》，北京，世界知识出版社，2003；〔美〕罗伯特·基欧汉：《霸权之后：世界政治经济中的合作与纷争》，上海，上海人民出版社，2012；〔加拿大〕威尔·金利卡：《多元文化的公民身份：一种自由主义的少数群体权利理论》，北京，中央民族大学出版社，2009；〔美〕林德布洛姆：《政治与市场：世界的政治—经济制度》，上海，上海三联书店，1992；〔美〕詹姆斯·G·马奇、〔挪〕约翰·奥尔森：《重新发现制度：政治的组织基础》，上海，上海三联书店，2011；〔美〕曼瑟·奥尔森：《国家的兴衰：经济增长、滞胀和社会僵化》，上海，上海人民出版社，2007；〔美〕埃莉诺·奥斯特罗姆：《公共事务的治理之道：集体行动制度的演进》，上海，上海三联书店，2000；〔英〕罗伯特·D·帕特南：《使民主运转起来》，南昌，江西人民出版社，2001；〔美〕罗纳德·罗戈夫斯基：《商业与联盟：贸易如何影响国内政治联盟》，上海，上海人民出版社，2012；〔美〕托马斯·C·谢林：《微观动机与宏观行为》，北京，中国人民大学出版社，2005；〔美〕西达·斯考切波：《国家与社会革命：对法国、俄国和中国的比较分析》，上海，上海人民出版社，2007；〔美〕斯蒂芬·斯科夫罗内克：《总统政治：从约翰·亚当斯到比尔·克林顿的领导艺术》，北京，新华出版社，2003。

　　② 〔美〕达龙·阿塞莫格鲁、〔美〕詹姆士·A·罗宾逊：《政治发展的经济分析：专制和民主的经济起源》，上海，上海财经大学出版社，2008；〔美〕卡莱斯·鲍什：《民主与再分配》，上海，上海人民出版社，2011；〔美〕道格·麦克亚当、〔美〕西德尼·塔罗、〔美〕查尔斯·蒂利：《斗争的动力》，南京，译林出版社，2006；〔美〕阿伦·利普哈特：《民主的模式：36 个国家的政府形式和政府绩效》，北京，北京大学出版社，2006；〔美〕玛格丽特·E·凯克、〔美〕凯瑟琳·辛金克：《超越国界的活动家：国际政治中的倡议网络》，北京，北京大学出版社，2005；〔美〕安德鲁·莫劳夫奇克：《欧洲的抉择：社会目标和政府权力》，北京，社会科学文献出版社，2008；〔美〕詹姆斯·C·斯科特：《国家的视角——那些试图改善人类状况的项目是如何失败的》，北京，社会科学文献出版社，2011；〔美〕亚历山大·温特：《国际政治的社会理论》，上海，上海人民出版社，2008；〔澳〕约翰·S·德雷泽克：《协商民主及其超越——自由与批判的视角》，北京，中央编译出版社，2006。此外，*Making Votes Count* 与 *Veto Players* 两书在台湾出版了中文繁体字译本。

第三节 政治学基础文献建构：各二级学科文献支持情况

除了政治思想史和政治学方法论外，政治学的研究对象主要包括国际政治、本国政治和外国政治。相应地，在中国的具体语境下，政治学一级学科中最主要的二级学科包括国际关系、中国政治和比较政治。在上一节对政治学一级学科整体的文献保障情况进行评估后，我们在此专门评估国际关系、中国政治和比较政治三个二级学科的文献支持情况。

一、国际关系基础文献

中国国际关系学科在理论上取得的创新，离不开对西方国际关系理论的引进、消化和吸收。在主流理论范式下的创新性成果自然需要系统地检阅相关领域的文献，特别是把握理论发展的脉络和了解学科发展的前沿。即使是超越西方现有理论传统的"大理论"意义上的创新，也要深刻洞悉既有理论传统的缺陷和问题。在中国国际关系理论自生产能力还严重不足的情况下，西方国际关系理论的核心文献仍是本学科发展最重要的基础文献。

作为政治学当下的一种学科状态，核心理论文献包括论文类文献和专著类文献。根据 2009 年对 2 724 名国际关系学者的一项调查，对国际关系学者影响最大的前十位期刊依次为《国际组织》（*International Organization*）、《国际安全》（*International Security*）、《国际研究季刊》（*International Studies Quarterly*）、《美国政治科学评论》（*American Political Science Review*）、《世界政治》（*World Politics*）、《外交事务》（*Foreign Affairs*）、《冲突解决杂志》（*Journal of Conflict Resolution*）、《欧洲国际关系杂志》（*European Journal of Intl Relations*）、《国际研究评论》（*Review of International Studies*）和《外交政策》（*Foreign Policy*）。[①] 北京大学、中国人民大学、清华大学、复旦大学等中国一流大学的图书馆大多购买了这

---

① Richard Jordan, Daniel Maliniak, Amy Oakes, Susan Peterson, Michael J. Tierney, "One Discipline or Many? TRIP Survey of International Relations Faculty in Ten Countries," Teaching, Research, and International Policy (TRIP) Project, The Institute for the Theory and Practice of International Relations, The College of William and Mary, Williamsburg, Virginia, February 2009.

些期刊的纸质版或者购买了包含这些期刊论文电子版的数据库，为中国国际关系学者与学生了解和跟踪国际学术前沿提供了必要的文献保障。

与论文类文献在经济学等学科中的绝对主导地位不同的是，专著类文献在国际关系研究中仍具有重要的地位。鉴于外文原著的价格和获取渠道等方面的限制，多数中国国际关系专业的研究人员和学生对专著类文献的获取主要依赖中文译著。即使是频繁使用外文原著的研究人员，在本人研究课题之外的学术领域中也对中文译著多有依赖。在这种背景下，"西学东译"仍是一项具有文献建构意义的学术事业。上海人民出版社的"东方编译所译丛"、北京大学出版社的"国际关系理论前沿译丛"和"大战略研究丛书"、世界知识出版社的"国际关系学名著系列"等集中翻译了大批国际关系学科的重要理论著作，为国际关系学科在中国的发展提供了关键性的文献支持。当然，由于各方面的原因，仍有一些重要的理论专著尚无中文版面世。为了更好地说明本学科中文译著的现状，我们以普林斯顿大学、芝加哥大学等世界一流大学博士综合考试专业文献目录为依据，检阅国际关系学科各个领域中的中文文献保障情况。①

在国际关系理论的各种流派中，现实主义、自由制度主义和建构主义三大主流理论范式的代表性学术著作大都有中文译本。比如：（1）现实主义理论著作，包括汉斯·摩根索的《国家间政治》、爱德华·卡尔的《20年危机（1919—1939）》、肯尼思·华尔兹的《人、国家与战争》和《国际政治理论》、约翰·米尔斯海默的《大国政治的悲剧》等；（2）自由制度主义理论著作，包括罗伯特·基欧汉和约瑟夫·奈的《权力与相互依赖》、罗伯特·基欧汉的《霸权之后：世界政治经济中的合作与纷争》、肯尼思·奥耶编的《无政府状态下的合作》、约翰·伊肯伯里的《大战胜利之后：制度、战略约束与战后秩序重建》等；（3）建构主义理论著作，包括亚历山大·温特的《国际政治的社会理论》、玛莎·芬尼莫尔的《国际社会中的国家利益》、尼古拉斯·奥鲁夫等主编的《建构世界中的国际关系》、阿米塔·阿查亚的《建构安全共同体》等。此外，罗伯特·基欧汉编的《新现实主义及其批评者》，戴维·鲍德温主编的《新自由主义和新现实主义》，彼得·卡赞斯坦、罗伯特·基欧汉和斯蒂芬·克拉斯纳编的《世界政治理论的探索与争鸣》反

---

① 由于翻译出版的周期一般在2～3年，我们所考察的文献并不包括近三年内出版的英文学术著作，即2009年以后出版的英文学术著作。

映了主流理论范式之间的"大辩论"。其他理论流派的代表性著作也有一些有中文译本，比如英国学派的赫德利·布尔的《无政府社会》，但总体而言，在三大主流范式之外的理论流派代表作在中文世界中仍付之阙如，比如：（1）共和自由主义理论著作，包括 Michael Doyle 的 *Ways of War and Peace*，Bruce Russett 的 *Grasping the Democratic Peace* 等；（2）商业自由主义理论著作，包括 Richard Rosecrance 的 *The Rise of the Trading* 等；（3）女性主义理论著作，包括 Ann Tickner 的 *Gender in International Relations*，Joshua Goldstein 的 *War and Gender* 等。

在国际安全研究领域，一些重要的理论著作也被译为中文，比如托马斯·谢林的《冲突的战略》和《军备及其影响》、塞缪尔·亨廷顿的《文明的冲突与世界秩序的重建》、罗伯特·杰维斯的《国际政治中的知觉与错误知觉》、罗伯特·吉尔平的《世界政治中的战争与变革》、斯蒂芬·沃尔特的《联盟的起源》、杰克·斯奈德的《帝国的迷思》、戴尔·科普兰的《大战的起源》、斯蒂芬·范·埃弗拉的《战争的原因》、彼得·卡赞斯坦主编的《国家安全的文化》、玛莎·芬尼莫尔的《干涉的目的》等。这些著作的翻译出版推动了安全研究在中国的专业化，但遗憾的是，很多重要的安全理论著作目前尚无中文译本，比如 G. Allison 的 *Essence of Decision*，Henry Kissinger 的 *A World Restored*，A. F. K. Organisk 的 *The War Ledger*，Richard Betts 的 *Nuclear Blackmail and Nuclear Balance*，Barry Posen 的 *The Sources of Military Doctrine*，Scott Sagan 和 Kenneth Waltz 的 *The Spread of Nuclear Weapons*，Bruce Bueno de Mesquita 和 David Lalman 的 *War and Reason*，Stephen Krasner 的 *Sovereignty：Organized Hypocrisy*，Alastair Iain Johnston 的 *Cultural Realism*，Robert Powell 的 *In the Shadow of Power*，Jonathan Mercer 的 *Reputation and International Politics* 以及 Bruce Russett 和 John Oneal 的 *Triangulating Peace* 等。

与国际安全研究相比，国际政治经济学领域中的中文译著文献更为系统和全面。多数国际政治经济学的代表性著作已经有中文版问世，比如罗伯特·吉尔平的《国际关系政治经济学》和《全球政治经济学》、本杰明·科恩的《国际政治经济学：学科思想史》、罗伯特·基欧汉和海伦·米尔纳编的《国际化与国内政治》、彼得·卡赞斯坦的《权力与财富之间》、彼得·古勒维奇的《艰难时世下的政治》、罗纳德·罗戈夫斯基的《商业与联盟》、迈克尔·希斯考克斯的《国际贸易与政治冲突》、海伦·米尔纳的《利益、制度与信息：国内政治与国际关系》、莉萨·马丁的《民主国家的承诺》、杰弗里·弗里登的《20 世纪全球资本主义的兴衰》、巴里·艾肯格林的《资本全球化：国际货币体系史》、约瑟夫·奈和约翰·唐纳胡主编的《全球化世界的治理》、奥兰·扬的《世界事务中的治理》、安德鲁·莫劳夫奇克的《欧洲的抉择：社会目标和政府权力》、罗伯特·考克斯的《生产、权力和世界秩序》、苏珊·斯特兰奇的《国家与市场》以及伊曼纽尔·沃勒斯坦的《现代世界体系》等。当然，仍有某些重要的国际政治经济学著作仍无中文版面世，比如 Stephen Krasner 的 *Defending the National Interest*，Beth Simmons 的 *Who Adjusts? Domestic Sources of Foreign Economic Policy during the Interwar Years*，Geoffrey Garrett 的 *Partisan Politics in the Global Economy*，Joanne Gowa 的 *Allies, Adversaries, and International Trade* 等。

上述国际关系理论文献是中国国际关系学者进行理论创新的文献基础。但是，除了极少数的例外，这些理论文献大都与西方大国的国际关系经验紧密相关。随着中国国际关系学者的学术自觉意识不断增强，提供中国自身的国际关系经验的文献开始得到挖掘和整理。作为探索中国古代国际政治思想的基础之一，阎学通和徐进在林林总总的先秦文献中抽取了《管子》、《老子》、《墨子》、《荀子》、《韩非子》、《尚书》、《左传》、《国语》、"四书"、《战国策》、《吕氏春秋》等典籍中的有关篇章，编辑了《中国先秦国家间政治思想选读》（复旦大学出版社，2008）一书。由于先秦著作中有关国家间政治的思想并不系统，多数散见于政治对话、历史纪事和策论之中，阎学通等人所做的文献收录和编辑工作为学术界对中国古代国际政治思想的深入研究提供了便利。

随着中国的崛起，当代中国外交实践与国际关系理论构建的关系日益显现，中国外交案例的不断积累也将为中国国际关系理论的创新提供新的文献资料基础。钱其琛在《外交十记》中记述了自己亲身经历的十个重大事件，为中国外交的案例研究与教学开辟了先河。吴建民在《外交案例》中按照外交智慧、逆境外交、首脑外交、多边外交、使馆工作和危机处理等类别挑选了 19 个中国外交的典型案例。张陀生和史文主编的《对抗·博弈·合作：中美安全危机管理案例分析》则集中了抗美援朝、抗美援越、台海危机、炸馆事件、撞机事件等中美关系中的重要案例。王逸舟的《创造性介入：中国外交新取向》则从当代中国外交的丰富实践中提取出外交部副部长傅莹与媒体打交道的故事等 8 个案例来阐述中国领导人和外交官在对外关系不同领域中的"创造性介入"。此外，以沈志华、杨奎松为核心的华东师范大学国际冷战史研究中心的学术团队在他们所发表的一系列论著中以解密档案为基础揭示了冷战时期中国对外关系特别是中苏关系中重大事件的大量决策细节。随着中国外交档案的不断解密，随着互联网等新兴媒体在中国社会中的日益普及，中国外交的案例对国际关系学科发展的文献支持将会更加凸显。

二、中国政治基础文献

对本国政治的历史发展和现实运行机制进行研究，在各国均是政治学学术体系的最核心内容之一。尽管由于历史以及学科建制原因，体制化的"中国政治"学科尚未完全建立起来，但关于中国政治史和中国政治制度史，以及关于当代中国政府与政治的研究，在事实上构成了中国政治研究的核心内容。

就中国政治制度史而言，20 世纪 30—40 年代即已出版了数部著作，如吕诚之的《中国政体制度小史》（1929）、曾资生的《中国政治制度史》（1943）、杨熙时的《中国政治制度史》（1947）。在 1952 年中国大陆政治学中断后，台湾地区的学者先后出版了数部中国政治史和政治制度史的著作，如萨孟武的《中国社会政治史》（1968）、张金鉴的《中国政治制度史》（1978）、曾繁康的《中国政治制度史》（1979）、杨树藩的《明代中央政治制度》（1977）、周道济的《汉唐宰相制度》（1978）等。中国大陆政治学恢复重建以后，出版了数十部与中国政治制度史有关的教材和研究性著作，比较有代表性的著作有林代昭等的《中国近代政治制度史》（重庆人民出版社，1988）、韦庆远主编的《中国政治制度史》（中国人民大学出版社，1989）、白钢主编的《中国政治制度史》（天津人民出版社，2002；社会科学文献出版社，2007）、张鸣的《中国政治制度史导论》（中国人民大学出版社，2004）。关于当代中国政府与政治的通论性著作，比较有代表性的有朱光磊的《当代中国政府过程》（天津人民出版社，1997）、谢庆奎主编的《当代中国政府与政治》（高等教育出版社，2003）、杨光斌的《中国政府与政治导论》（中国人民大学出版社，2003）。

当代中国政治的具体研究工作，主要涉及如下主题：（1）政党制度，主要涉及执政党中国共产党的研究，以及多党合作与政治协商制度的研究；（2）选举制度与人民代表大会制度；（3）政府与行政体制，主要涉及中央政府、地方政府运行机制以及基层治理结构和运作体系的研究；（4）司法制度，涉及法院、检察院，以及司法行政制度的研究；（5）民族区域自治制度及港澳台政治制度研究；（6）公民政治态度与政治行为的研究。在以上各专

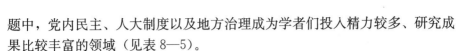

题中，党内民主、人大制度以及地方治理成为学者们投入精力较多、研究成果比较丰富的领域（见表8—5）。

表8—5　　　　　　　　当前中国政治研究领域的部分研究文献

领域	作者	书名	出版社	时间
党内民主	林尚立	党内民主——中国共产党的理论与实践	上海社会科学院出版社	2002
党内民主	肖立辉等	中国共产党党内民主建设研究	重庆出版社	2006
党内民主	高建等主编	党内民主	天津人民出版社	2010
人大制度	蔡定剑	中国人民代表大会制度（第4版）	法律出版社	2003
人大制度	史卫民等	直接选举：制度与过程	中国社会科学出版社	1999
人大制度	史卫民	公选与直选	中国社会科学出版社	2000
人大制度	袁达毅	县级人大代表选举研究（第2版）	中国社会出版社	2008
人大制度	孙哲	全国人大制度研究：1979—2000	法律出版社	2004
人大制度	何俊志	制度等待利益：中国县级人大制度模式研究	重庆出版社	2005
基层治理	徐勇	中国农村村民自治	华中师范大学出版社	1997
基层治理	白钢等	选举与治理——中国村民自治研究	中国社会科学出版社	2001
基层治理	景跃进	当代中国农村"两委关系"的微观解析与宏观透视	中央文献出版社	2004
基层治理	周庆智	中国县级行政结构及其运行	贵州人民出版社	2004
基层治理	吴毅	小镇喧嚣：一个乡镇政治运作的演绎与阐释	生活·读书·新知三联书店	2007
基层治理	唐娟主编	城市社区业主委员会发展研究	重庆出版社	2005

对中国政治研究者而言，海外中国政治研究的论文和专著也值得特别关注。自20世纪50年代以来，海外中国政治研究领域涌现了一批有影响的学者，如费正清，史华慈，史景迁，白鲁恂，邹谠，黎安友，裴宜理，李侃如，欧博文，James Towsend，Brantly Womack，Bruce Dickson，Melanie Manion，Jean Oi，David Shamhaugh，Joseph Fewsmith，陈捷，李成，裴敏欣，史天健，唐文方，肖凤霞，杨大力，赵鼎新，郑永年，钟杨，等等。海外中国政治研究者的论文多集中发表在 *Comparative Political Studies*，*Comparative Politics*，*Asian Survey*，*China Quarterly*，*China Journal*，*Journal of Contemporary China*，*Modern China*，*Chinese Political Science*

Review 等学术刊物上；有一部分学者的学术著作已经翻译成为中文正式出版，比较有代表性的译作系列有中国人民大学出版社出版的"国外毛泽东研究译丛"，以及中山大学出版社出版的"海外杰出华人学者论丛"。有针对性地引进、选译海外中国政治研究文献，无疑是充实中国政治研究文献、开拓国内学者学术视野、提升中国政治研究水平的重要途径。

三、比较政治基础文献

比较政治学是现代政治学学科体系的一个基本分支学科，其基本研究对象是民族国家或者独立的政治体系。比较政治学特别强调通过实证研究方法来获取资料，试图通过两个或者两个以上个案的比较来认识政治现象的规律性。依据普林斯顿大学博士生综合考试的文献目录，比较政治学主要研究文献包括七个专题：（1）理论范式与研究方法；（2）国家与政体（国家形成、政治发展、民主化）；（3）政治制度（立法—行政—司法；单一制与联邦制；官僚体制）；（4）政治参与、集体行动与抗争政治；（5）选举政治（选举制度与代议制、投票行为与政党体制）；（6）政治文化与认同政治（政治文化、族群与认同）；（7）政治经济学。

我国比较政治研究起步较早，早在 20 世纪 30 年代，由王世杰、钱端升合作撰写的《比较宪法》（1936），将政治学研究聚焦于对各国宪法的研究，开启了中国比较政治研究的先河。然而，随着 50 年代初期政治学作为一门学科被取消，比较政治学的研究也进入了中断和停滞时期。政治学的恢复重建以来，我国学者在比较政治学领域的工作主要包括两个方面：（1）翻译西方比较政治学的代表性文献；（2）在消化、引进国外比较政治学理论的基础上，编写教材，撰写研究性专著。

政治学恢复重建以来，西方比较政治学文献在中国大陆出版的中文译本，又大致包括两种类型：第一种是概论性的教材，或者分析框架性的著作，其中比较有代表性的有阿尔蒙德等合作撰写的《比较政治学——体系、过程和政策》（上海译文出版社，1987；东方出版社，2007）、奇尔科特的《比较政治学理论——新范式的探索》（社会科学文献出版社，1998）、迈耶等合作撰写的《比较政治学——变化世界中的国家和理论》（华夏出版社，2001）、威亚尔达的《比较政治学导论：概念与过程》（北京大学出版社，2005）、扎哈里亚迪斯主编的《比较政治学：理论、案例与方法》（北京大学出版社，2008）、利希巴赫等编的《比较政治：理性、文化和结构》（中国人民大学出版社，2008），以及阿尔蒙德等合作的《当代比较政治学：世界视野》（上海人民出版社，2010）。

第二种类型是研究性的著作，较有代表性的有摩尔的《民主与专制的社会起源》（华夏出版社，1987）、亨廷顿的《变化社会中的政治秩序》（上海人民出版社，2008）和《第三波——20世纪后期民主化浪潮》（上海三联书店，1998）、亨廷顿和纳尔逊的《难以抉择——发展中国家的政治参与》（华夏出版社，1989）、亚诺斯基和希克斯的《福利国家的比较政治经济学》（重庆出版社，2003）、斯考切波的《国家与社会革命》（上海人民出版社，2007）、李帕特的《选举制度与政党制度：1945—1990年27个国家的实证研究》（上海人民出版社，2008）、林茨等的《民主转型与巩固的问题：南欧、南美和后共产主义欧洲》（浙江人民出版社，2008）、奥唐奈的《现代化和官僚威权主义：南美政治研究》（北京大学出版社，2008）、奥唐奈等人合著的《威权统治的转型：关于不确定民主的试探性结论》（新星出版社，2012）。

在引进、吸收和消化西方比较政治学研究成果的基础上，中国学者出版了数部通论性的著作或者教材，比较有代表性的有王沪宁的《比较政治分析》（上海人民出版社，1987）、杨祖功的《西方政治制度比较》（世界知识出版社，1992）、张小劲和景跃进的《比较政治学导论》（中国人民大学出版社，2001）、徐育苗的《中外政治制度比较》（中国社会科学出版社，2004）、曹沛霖等主编的《比较政治制度》（高等教育出版社，2005）、朱天飚的《比较政治经济学》（北京大学出版社，2006）。

此外，还有一部分学者出版了与比较政治学主题相关的专著，比较有代表性的有关海庭的《中俄体制转型模式的比较》（北京大学出版社，2003）、杨光斌的《制度的形式与国家的兴衰：比较政治发展的理论与经验研究》（北京大学出版社，2005）、刘骥的《阶级分化与代际分裂：欧洲福利国家养老金政治的比较分析》（北京大学出版社，2008）、任军锋的《超越左与右？——北欧五国政党政治比较研究》（上海三联书店，2012）。从2010年起，上海师范大学开始编辑出版《比较政治学研究》（李路曲主编，中央编译出版社出版），每年出版两辑；2013年，中国人民大学研究者编辑出版了第一期《比较政治评论》（杨光斌主编，中国社会科学出版社出版）。这些连续性出版物的出版，将为比较政治研究提供交流和发表平台。

作为比较政治研究的经验基础，地区和国别问题研究在中国具有很长的历史。除了中国社会科学院的国际学部的各个研究所外，教育部国际问题研究基地共有 9 家，分别涉及美国研究（复旦大学）、欧洲研究（中国人民大学）、俄罗斯研究（华东师范大学）、东北亚研究（吉林大学）、东南亚研究（厦门大学）、南亚研究（四川大学）、中东研究（上海外国语大学）及亚太经济合作组织（南开大学）、华侨华人研究（暨南大学）。这些基地中的大部分从事的研究属于比较政治范畴。但在现阶段，这些地区和国别问题的研究者很少使用比较政治的分析框架。

从已经出版的著作和论文来看，中国的比较政治研究尚处于起步阶段。对于比较政治学的学科建设而言，一方面需要采取有效措施，继续加强对西方主要发达国家比较政治学理论和方法的学习，另一方面需要鼓励和引导中国本土的学者特别是博士生和年轻学者在比较政治学领域从事扎实的实证。

第九章　社会学[*]

　　任何学科的发展都是一个继往开来、推陈出新的连续过程。这一点表现在文本上，就是学科著述所引用的文献会不断变化：随着学科的发展，新的文献不断被创造出来和引用，一些曾经备受追捧的文献逐渐被冷落甚至遗忘，同时有一些文献被长盛不衰地引用，积淀为该学科的基础文献。就这样，学科发展和文献建构形成一种奇妙的互动演化关系，即学科的发展引起文献引用在数量、范围和方式上的不断更新，而文献的不断创制和淘汰则持续地推动和反映着学科的发展，二者相互参证、相互发明。本章即试图揭示社会学的学科发展与文献引用之间的这样一种互动演化关系，一方面希望通过文献引用的状况去观察和反思社会学的学科发展，另一方面则希望根据学科发展的需要去反思和指引社会学基础文献建设的方向。

第一节　改革开放以来中国社会学的发展

　　中国社会学的发展历程十分坎坷：在 20 世纪 50 年代初的高校院系调整

---

　　[*] 本章主笔：洪大用，中国人民大学教务处处长、社会与人口学院教授；冯仕政，中国人民大学社会与人口学院副教授。

中，社会学被当作一门"资产阶级学科"遭到取缔，直到 1978 年在邓小平的指导下才得以恢复重建。尽管如此，在整个 80 年代，社会学仍然不得不耗费大量精力去为自己"正名"，捍卫自己作为一门独立学科的正当性。甚至到了 1990 年，"有关部门的领导还以'社会学是敏感学科'为借口，勒令社会学停止招生"①。1992 年邓小平南方谈话后，长期笼罩在社会学头上的姓"资"姓"社"的问题才基本祛除，整个学科得到快速的发展。进入新世纪以来，在建设社会主义和谐社会事业的推动下，社会学的发展尤其迅速。

美国社会学家布洛维曾用知识类型和听众类型这样两个特征将社会学知识划分为四类：（1）专业社会学：以学术界为听众的工具性知识；（2）政策社会学：以非学术界为主要听众的工具性知识；（3）批判社会学：以学术界为听众的反思性知识；（4）公共社会学：以非学术界为主要听众的反思性知识。② 其中，所谓"工具性知识"，是指按照特定目标生产出来的、对这个目标本身不做反思和批判的知识；"反思性知识"，则是对知识生产的目标非常敏感，保持足够强烈的反思性和批判性的知识。如果借用这个概念框架来描述，那么，中国社会学自改革开放以来的发展呈现出以下重要趋势和特征：

首先，专业社会学得到很大发展，与政策社会学的分化越来越明显。在 20 世纪 90 年代以前，由于政治和历史因素的限制，社会学不得不将大量精力放在论证和确立学科地位上，这在相当程度上牵制了社会学知识本身的发展。1992 年邓小平南方谈话以后，社会学作为一门独立学科的地位已经毋庸置疑，社会学家得以腾出更多精力，更加致力于社会学知识本身的发展。随着研究的深入，专业社会学越来越繁荣。这主要有三个表现：一是社会学研究涉足的问题越来越广泛，由此导致社会学内部的分工越来越发达，分支社会学不断增加和壮大。一些在 90 年代及以前知之不多甚至前所未闻的分支社会学，不仅聚集了大批社会学研究者，并且开始成立专门的研究组织。进入 21 世纪以来，在中国社会学会之下成立的专业委员会越来越多，目前已经达到 20 个。二是社会学研究的理论和方法工具越来越完善，使用也越来越规范、越来越严谨。在较长一段时间内，中国社会学研究所使用的概念

---

① 中国社会科学院社会学所编：《中国社会学年鉴（2007—2010）》，356 页，北京，社会科学文献出版社，2011。

② 参见［美］麦可·布洛维：《公共社会学》，载《社会》，2007（1）。

和方法带有明显的随意性和直观性，缺乏作为一门专业所需要的分析性、传承性和系统性。大约从 20 世纪 90 年代末以来，这一状况大为改观，对比《社会学研究》、《社会》两个主要社会学期刊上所发表的论文，可以看得非常清楚。三是采集的数据资源越来越丰富、越来越系统。社会学是一门强调经验研究的学科，数据资源（包括案例和抽样调查）是这门学科赖以可持续发展的重要基础设施。30 多年来，中国社会学在这方面取得了可喜的成就。社会学家不仅越来越积极地投身于经验调查，广泛获取第一手数据，而且越来越重视数据的系统性和共享性。比如中国人民大学社会学系创立的"中国综合社会调查"（CGSS），不仅连续实施调查，并且数据向国内外开放。数据资源的持续丰富大大地促进了中国社会学的繁荣和专业化。

其次，政策社会学持续发展，并且越来越专业化。自恢复重建以来，中国社会学一直高度关注中国社会发展的现实问题，并积极参与党和政府以及各种社会组织的政策研究、制定和评估。特别是最近十余年来，随着社会建设问题越来越突出、越来越受重视，政策社会学研究也越来越活跃。与此同时，随着专业社会学的发展，在专业社会学的支撑下，政策社会学开始大量吸收专业社会学的理论、方法和研究成果，逐渐摆脱早年单纯依靠思辨的研究路数，研究水平越来越高。

再次，随着传媒，特别是互联网的大发展，公共社会学的发展十分迅速。公共社会学是社会学知识在舆论上的体现。在 20 世纪 90 年代以前，社会学尽管也在媒体上发出自己的声音，但由于当时社会学和媒体都比较弱小，公共社会学很不发达。1992 年实行社会主义市场经济改革以后，中国传媒得到极大的发展，特别是互联网的异军突起，更是深刻地改变了中国传媒和舆论的基本面貌。依托爆炸式发展的传媒，加上社会学本身的发展，社会学在舆论上的声音越来越多、越来越大，公共社会学蔚然成形。

最后，随着专业社会学、政策社会学和公共社会学的发展，社会学也开始从学理上反省和批判自身存在的不足，批判社会学应运而生。不过，从目前的情况来看，批判社会学还很弱小，可说是四类社会学知识中最为弱小的。

总而言之，经过 30 多年的发展，中国社会学的学科内容越来越丰富，学科分支越来越齐全，在一定程度上出现了专业社会学、政策社会学、公共社会学、批判社会学等多种类型的社会学知识互生共进的生动局面。

第二节　中国社会学的文献引用状况分析

为了进一步解析中国社会学的发展，我们选择了文献分析的视角。文献是一个学科得以持续发展的重要基础，也是反映一个学科的发展水平的重要指标。本节以中国社会学最重要的期刊——《社会学研究》的文献引用状况为样本，考察中国社会学的发展状况和文献建设状况，以及两者之间的相互关系。

一、样本及数据库的构造

到目前为止，中国社会学只有两个专业首发期刊：一个是由中国社会科学院社会学研究所主办的《社会学研究》，创刊于 1986 年；另一个是由上海大学社会学院主办的《社会》，创办于 1981 年。《社会》的创办虽然早于《社会学研究》，但由于中间曾一度转型为非专业期刊，直到 2005 年才恢复专业期刊的定位，加上其他多种因素的影响，《社会学研究》一直被认为是目前中国社会学界最重要的期刊。因此，这里以《社会学研究》为基础来构造样本。构造的方法如下：（1）通过"中国知网"（www. cnki. net）将《社会学研究》自创刊以来发表的全部文献下载，按发表时间排序。（2）删除其中的启事、消息、序跋等非研究性文献，只留下论文，共 2 213 条记录，仍按发表时间排序并编号。（3）以 10 为间距等距离抽样，共抽取 221 条文献，这些文献构成本节赖以进行统计分析的一个样本。（4）识别和记录每条样本文献的作者、题目、发表时间、下载数、被引数，以及引用的外文论文数、外文专著数、中文论文数、中文专著数和中译论著数。其中，作者、题目、发表时间、下载数和被引数是中国知网的原生数据，以 2012 年 10 月 16 日的记录为准。其他数据项则是根据每条文献的实际引用情况由人工生成的。这些数据构成本节统计分析的基础。

二、文献引用的基本情况

所抽取的 221 篇论文总共引用文献 4 118 部/篇，平均每篇引用 18.63 部/篇，引用最少者为 0，最多者为 123 部/篇。不过，不同论文引用的情况相当不均衡。如表 9—1 所示，未引用任何文献（即文献引用数为 0）的论文有 47 篇，占到 21.27％；有 28.96％的论文所引用的文献数为 1～10 部/篇，14.93％为 11～20 部/篇。总的来看，50％的论文所引用的文献数在 10 部/篇以下，约 2/3 的论文在 20 部/篇以下。

表 9—1　　　　　　　《社会学研究》论文文献引用的基本情况

文献引用数（部/篇）	论文篇数	所占百分比（％）	累积百分比（％）
0	47	21.27	21.27
1～10	64	28.96	50.23
11～20	33	14.93	65.16
21～30	19	8.60	73.76
31～40	26	11.76	85.52
41～50	15	6.79	92.31
≥51	17	7.69	100
总计	221	100	

如果按年份来考察，则发现，越是早期的论文，篇均文献引用数就越少。其中，最少的是 1986 年，篇均引用文献只有 1.2 部/篇；最多的是 2011 年，篇均引用文献为 53.57 部/篇。从图 9—1 来看，逐年递增的趋势非常明显。进一步分析发现，篇均文献引用数的标准差是相对稳定的，年与年之间没有显著的变化。这表明，每篇论文引用文献的多寡并不是作者个人

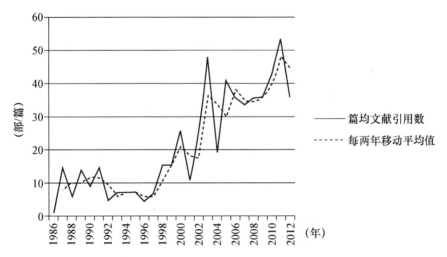

图 9—1　《社会学研究》所发表的论文中文献引用数量的基本趋势

的偏好，而是代表着一个时代的社会学家进行科学研究的共同取向。因此，篇均文献引用数的不断提高，意味着在过去 30 余年中，中国社会学家对于如何开展社会学研究的观念发生了显著变化，那就是，更加注重吸收前人的研究成果，更加注重学术对话，而不是闭门造车、自说自话。这表明，中国社会学研究更加符合和尊重科学发展的规律，社会学作为一门学科也越来越成熟、越来越规范和专业化。从过程上看，2000 年是一个非常明显的转折点。在 2000 年以前，篇均文献引用数普遍偏低，年均每篇论文的文献引用数只有 9.14 部/篇，而在 2000 年及以后，这个数字则迅速上升到 34.07 部/篇。上面提到的没有引用任何文献的 47 篇论文中，也有 45 篇发表在 2000 年以前，其中又有 28 篇发表在 1992 年以前。

三、引用文献的类型

为了进一步揭示社会学研究的文献引用状况，我们把引用文献分为五种类型：中文论文、中文专著、外文论文、外文专著、中译文献。如表 9—2 所示，被引用得最多的文献类型是中文论文，占所有类型的 28.39%，平均每篇论文引用的中文论文为 5.29 篇；其次是外文论文，占所有类型的 21.15%，平均每篇论文引用的外文论文为 3.94 篇。接下来，依次是中文专著、外文专著和中译文献，分别占 19.31%、18.31% 和 12.85%。从语言类型来看，中文文献（包括论文、专著和译著）被引次数为 2 493 次，显著高于外文文献（包括论文和专著）的 1 625 次，前者所占比例为 60.55%，后者只有 39.46%；中文文献篇均被引次数为 11.28 次，而外文文献只有 7.35 次。这说明，总的来看，中国社会学家更熟悉和更倾向于引用母语文献。

表 9—2　　　各类文献在《社会学研究》论文中的被引用情况

文献类型	被引次数		篇均被引次数		占总条数百分比（%）	
中文论文	1 169		5.29		28.39	
中文专著	795	2 493	3.60	11.28	19.31	60.55
中译文献	529		2.39		12.85	
外文论文	871	1 625	3.94	7.35	21.15	39.46
外文专著	754		3.41		18.31	
总计	4 118		18.63		100	

如果分成论文和专著（含译著）两种类型来考察，则差别不大：论文类

文献被引次数为2 040次，占49.54%；专著类文献被引次数为2 078次，占50.46%。篇均被引次数前者为9.23次，后者为9.40次；也没有显著区别。

为了更好地观察社会学家对各类文献的引用情况，有必要进一步考察文献引用的历史变化趋势。为此，本节将1986—2012年划分为5个阶段，然后考察不同文献类型占总引用数的百分比随历史阶段而变化的情况，结果如图9—2所示。从图9—2中不难发现：首先，对外文论文的引用上升十分显著。在1986—1991年期间，外文论文占总引用数的百分比为13.55%，但到1998—2003年期间迅速跃升到24.12%，到2010—2012年期间则已达到33.33%，在所有文献类型中列第一位。

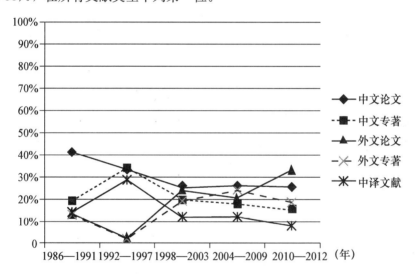

图9—2 《社会学研究》论文所引文献类型的时期变化

其次，对外文专著的引用同样上升迅速，从1986—1991年期间的12.89%上升到2010—2012年期间的18.4%，在2004—2009年期间曾达到24.12%的历史最高点。

第三，与上述两个趋势相应，对中文文献的引用急剧下降。其中，对中文论文的引用下降尤其显著，从1986—1991年期间占41.16%，一路下跌到目前的占25.35%。对中文专著的引用也从最高峰时的33.86%（1992—1997年期间）下降到2010—2012年期间的15.32%。对中译文献的引用也是下降的，尽管总体下降趋势不像前两类中文文献那么显著。

为了更清楚地观察不同文献类型的相对变化情况，我们首先根据文献的文字类型将所有文献分为"中文文献"和"外文文献"，前者指中文论文、中文专著和中译文献，后者包括外文论文和外文专著；其次根据文献的作者分为"中源文献"和"外源文献"，前者指由中国作者创作的文献，包括中文论文和中文专著，后者指由外国作者创造的文献，包括外文论文、外文专著和从外国译介的中译文献。根据这个分类，从图 9—3 中可以非常清楚地看到，在 1998—2003 年这个阶段以前，中文文献和中源文献占据着绝对优势，对中文文献的引用最高峰曾占到所有文献引用的 90% 以上，而中源文献最高峰时也曾占到近 70%；而经过世纪之交的更迭，这一优势不复存在，到 2010—2012 年，不管是外文文献还是外源文献都已获得领先优势，分别占所有文献引用的 51.74% 和 59.33%。

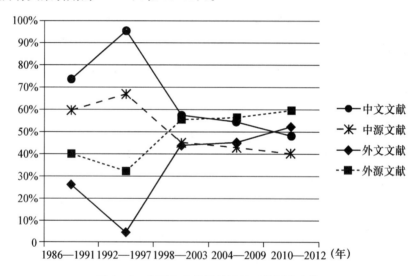

图 9—3　中西方文献的被引情况的历史变化

上述情况说明：第一，中国社会学家的视野越来越开阔，不再局限于中文文献和中国学者的创作，而是放眼全球，积极从外文文献和外源文献中汲取营养；第二，中国社会学的知识和理论目前主要来自西方，中文文献和中源文献的影响相对削弱，这是一个值得注意的趋向。当然，造成中文文献和外文文献、中源文献和外源文献之间此消彼长的动因很复杂。可能的原因包括：第一，2001 年中国加入世界贸易组织后，中国融入国际社会的步伐越来越快，程度越来越深，对外文文献和外源文献的引用的急剧上升正是中国的国际学术交流空前活跃的反映；第二，最近 10 年来，大量留学生学成归国，他们的学术背景决定了外文文献和外源文献在他们的写作和引用中占有非常重要的位置；第三，近年来，互联网迅速发展，国内获取外文文献和外源文献的渠道前所未有地增多，成本前所未有地降低，无疑有利于外文文献和外源文献在中国社会学中传播。不过，到底是哪些原因通过哪些机制发挥着哪些作用，还需要通过更丰富的数据予以揭示和阐释，此处不再展开。

四、《社会学研究》论文的被引用情况

《社会学研究》是中国社会学目前仅有的两个首发学术期刊之一，而且是其中最重要的刊物。这一地位决定了在《社会学研究》上发表的论文本身即是中国社会学研究最重要的文献基础之一。因此，《社会学研究》所发表的论文被参考和引用的情况，可以作为考察整个中国社会学界文献引用状况的另一个重要指标。为此，本节使用了两个指标，一是下载数，二是被引数。从下载情况来看，从 1986 年到 2012 年，在《社会学研究》上发表的论文中，最少的被下载 22 次，最多的被下载 4 540 次，平均被下载 620.30 次。一般来说，被下载的论文都会被阅读（当然，被阅读的程度有差异）。《社会学研究》上不存在被下载数为 0 的论文，说明该期刊确实受到中国社会学界的高度重视，它所发表的论文基本上都会被阅读。

不过，从被引数来看，情况则不那么乐观：最少的被引用 0 次，最多的被引用 413 次，平均被引用 24.01 次，远远低于下载数。而且，被引数为 0 的论文达到 52 篇之多，占 23.53％。也就是说，大量论文被下载阅读后并没有被引用，这说明论文的质量有待提高。如果用一篇论文的被引数与其被下载数之比率——简称"引用下载比"——作为衡量其质量的一个指标，那么，可以发现，有 95％的论文引用下载比低于 10％，也就是说，有 95％的论文每被下载 10 次的被引次数低于 1。而最好的论文引用下载比却可以达到 33％，即每被下载 10 次，同时会被引用 3.3 次。

一篇论文被下载和被引用的情况与其发表时间的长短不无关系。一种可能是，发表得越早，意味着传播的时间越长，相应地，被下载和被引用的可能性越大。但相反的可能性也是存在的，即发表得越早，越容易被遗忘，被下载和被引用的次数因此而降低。为了考察被下载和被引用的情况与时间之间的关系，本节采用了"月均下载率"和"月均被引率"这样两个指标。其中，"月均下载率"是指一篇论文自发表以来平均每月被下载

的次数，而"月均被引率"则是一篇论文自发表以来平均每月被引用的次数。利用这两个指标，研究发现，《社会学研究》论文被下载和被引用的频率确实与时间存在很强的关联性。如图 9—4 所示，发表的时间越晚，论文的月均下载率就越高，趋势非常清楚。1986 年发表的论文月均下载率只有 0.25 次/月，而 2012 年发表的论文的月均下载率则已达到了 80.8 次/月，是前者的 300 多倍！

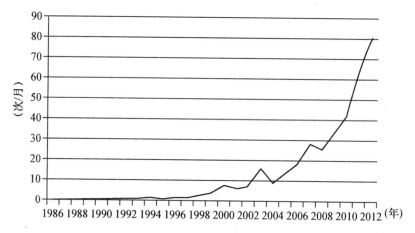

图 9—4　《社会学研究》论文的月均下载率与时间之间的关系

　　这一趋势在一定程度上可以用人类的注意力机制和科学研究规律来解释。从心理学上说，总是越近的事物越容易引起人们的注意；从科学的角度来说，基于知识发展的继承性和积累性，研究者在了解相关领域的文献时总是倾向于从最新的研究成果入手。在这两个因素的共同作用下，最新发表的论文容易被下载是可以理解的。不过，需要注意的是，早期论文与近期论文在时间上相差只不过 26 年而已，月均下载率却相差 300 余倍之多。从科学的角度来说，在关注度上的差异如此之大，表明社会学文献之间的继承性和关联性较差，以致对近期文献的关注很少能够引起对早期文献的关注。这意味着中国社会学在过去 30 余年的发展中，在知识传统上存在着严重的断裂，以致早期的社会学研究很快就被后来的研究忘记和抛弃。如前所述，总的来看，在过去几十年中，中国社会学在各个方面都取得了长足的进步。这种知识传统上的断裂更多地应该被理解为中国社会学的进步非常迅速，频繁的知识更新使早期的社会学文献很快就失去了参考和引用的价值。这一点在一定程度上可以从《社会学研究》论文的月均被引率与时间的关系中得到印证。

从月均被引率来看，如图 9—5 所示，尽管从图中线性趋势线所揭示的一般趋势来看，仍是越晚发表的论文，被引用的可能性越高，然而，将其与图 9—4 相比就不难发现，月均被引率与时间之间的关联，已经远不如月均下载率与时间之间的关联那么强。这表现在，被引率曲线远不如图 9—4 中的下载率曲线那么平滑且单调递增，而是有较大的起伏：以 2003 年为界，此前的被引率是基本上单调递增的，此后的被引率则基本上是走低的。尽管 2003 年以后被引率的走低在一定程度上与发表时间太近，人们还来不及引用有关，但被引率并未简单地随着下载率的上升而上升，并且是恰恰相反，仍然说明研究者们对文献的引用不是基于喜新厌旧的心理，而确实是尊重科学的，是以被引文献的质量为基础的。因此，从了解社会学文献的质量走势来说，月均被引率是比月均下载率更好的指标。

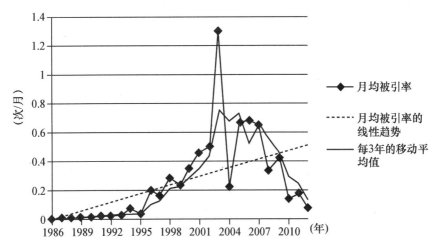

图 9—5　《社会学研究》论文的月均被引率与时间之间的关系

为了更准确地刻画月均被引率随时间而变化的趋势，图 9—5 进一步使用了每 3 年的移动平均值作为趋势线。移动平均值的好处是，它对总体趋势的刻画既不像线性趋势线那么干瘪，又可以消除一些过于波动的年份的影响。从移动平均值所揭示的趋势来看，大约在 1996 年以后，月均被引率有一个很大的跃升。数字显示，在 1995 年及以前，每篇论文的月均被引率基本在 0.03 次/月以下，而 1996 年及以后，则基本维持在 0.2 次/月以上，后者是前者的 6 倍多。那 52 篇被引率为 0 的论文中，有 42 篇（占 80.77%）出现在 1995 年及以前；而在 1995 年以后出现的 10 篇论文中，有 6 篇出现在 2010—2012 年间，其被引率为 0 很可能是由于发表过晚引起的。如果除掉这 6 篇，那么，在 1996—2009 年这 14 年间所发表的论文中，实际上只有 4 篇（约占 7.69%）的被引率为 0。与上面月均下载率所揭示的趋势一样，月均被引率的上述变化趋势也表明，在过去近 30 年中，社会学研究在知识传统上存在着一个断裂，这导致《社会学研究》在 1995 年以前所发表的论文基本上已经退出被引用的范围，从而退出了"社会学文献"的行列。但毫无疑问，这是中国社会学研究取得巨大进步的表现。

五、引用与被引用之间的关系

一篇社会学论文是在引用文献的基础上创作出来的，而一旦创作发表之后，该论文又会作为文献被其他论著所引用。那么，一篇论文的引用与被引用之间是否存在某种因果关系？比如，可以设想，一篇参考和引用越广泛的论文可能水平越高，进而越有可能被引用。也就是说，引与被引之间可能存在一种正相关关系，引用越多的论文，很可能被引率越高。那么，实际情况又是怎样的呢？初步研究发现，引用与被引用之间确实存在相关关系。表 9—3 是以被引用次数为因变量，以引用的中文文献数和外文文献数为自变量而做的多元回归分析。模型中还控制了"已发表时间"的影响。结果显示，一篇论文所引用的中文文献数量对该论文的被引率无显著影响，但所引用的外文文献数量对被引率的影响非常显著：引用的外文文献数量越多，该论文的被引率也越高。如果将 1986 年以来《社会学研究》所发表的文章合并起来统计（模型一），则外文文献对被引率的影响系数为 0.65，即外文文献每增一部（篇），则被引率会增加 0.65 次。如果将所有文章以 2000 年为界分成两组来统计，则发现外文文献的影响力比想象的更大：在 1986—1999 年间，影响系数为 0.73（模型二），到 2000—2012 年间则增加到 0.83（模型三）。从决定系数 R^2 来看，模型一只有 0.09，到模型二和模型三则迅速提高到 0.20 和 0.19。这表明，外文文献的影响力存在着明显的时间差异，分成不同历史阶段有利于更准确地把握一篇论文的文献引用状况对该论文的被引率的影响。上述发现进一步印证了前文的发现，即外国文献对中国社会学研究的影响日益加深。

表9—3　　　　　　　被引数相对于引用状况的多元回归系数

	模型一 1986—2012 年	模型二 1986—1999 年	模型三 2000—2012 年
已发表时间（月）	−0.08** (0.04)	−0.25*** (0.05)	0.64*** (0.16)
引用的中文文献数	−0.04 (0.27)	0.17 (0.24)	−0.08 (0.49)
引用的外文文献数	0.65*** (0.24)	0.73*** (0.27)	0.83*** (0.38)
截距	34.74 (10.48)	69.25 (13.11)	−19.65 (20.82)
决定系数（R^2）	0.09	0.20	0.19
样本量（N）	221	135	86

　　*** $P < 0.01$，** $P < 0.05$，* $P < 0.1$。括号内为标准误。

　　再看文章的已发表时间的影响。从模型一可知，如果把1986—2012年《社会学研究》所发表的论文作为一个总体来看，已发表时间对被引率的影响是负的（＝−0.08），即发表时间越长，被引率越低。根据发表的年份将论文分成两组，则发现，对发表于1999年之前的论文来说，已发表时间对被引率的影响仍然是负的（＝−0.25），但对发表于2000年以后的论文来说，其影响力却由负转正（＝0.64），即发表时间越长，被引率越高。这在一定程度上似乎说明，2000年以后的论文比此前的论文的质量更高，从而更经得起时间的考验。这也印证了前文所揭示的一个结论：中国社会学知识的更新非常迅速，早期的论文随着时间的推移已经逐渐被淘汰出"社会学文献"的行列。

　　综合上述分析，我们可以得到以下结论：第一，随着时间的推移，中国社会学论文所引用的文献在数量上越来越大，范围上越来越广，这表明中国社会学研究越来越注重学术对话，越来越尊重科学规律，同时表明中国社会学研究越来越规范，越来越专业，中国社会学越来越成熟。第二，外文文献和外国文献对中国社会学研究的影响越来越深，这一趋势在2000年以后日益明显。这表明中国社会学研究越来越具有全球视野，同时也表明中国社会学研究的原创性还严重不足。第三，中国社会学文献的淘汰非常快，不过二三十年前的社会学文献就已经少有人引用。这一方面表明中国社会学的进步很大，另一方面也说明中国社会学还未创造出很多能够经得住历史考验的高水平研究成果，中国社会学发展还有相当长的路要走。

需要指出的是，本研究得出的发现和结论与其他学者基于中文社会科学引文索引（CSSCI）而得出的发现和结论①相比既有相同的地方，也存在一些差别。就主要方面而言，相同的地方在于，都发现中国社会学研究引用的文献范围越来越广，对外文文献和外国文献的引用越来越多；不同的地方在于，CSSCI 的数据显示，目前中国社会学研究所引用的文献仍以中文和中国文献为主，而本研究的分析则显示，对外文和外国文献的引用已经超过中文和中国文献。与此同时，本研究所揭示的平均每篇论文引用的文献数量远远高于基于 CSSCI 数据而得出的结论。这两个发现看似有出入，事实上具有内在的一致性。原因在于，CSSCI 数据库的分析对象是整个社会学领域的论文，其中包括水平一般甚至很差的论文，而作为本研究分析对象的《社会学研究》的论文，应该是代表着这个领域的最高水平。本研究的发现和结论与基于 CSSCI 得出的发现和结论之间的上述差异，实际上代表着社会学领域中最高水平的论文与平均水平的论文之间的差异。然而，这并不意味着本研究的分析没有意义，因为 CSSCI 数据显示，即使使用一级学科意义上的"社会学"概念，从而将《人口研究》等人口学期刊也包括在"社会学期刊"的范围之内，《社会学研究》仍是其中影响最大者，并且其影响力远远超过其他期刊。换言之，在《社会学研究》上发表的论文对整个社会学领域的研究具有很强的导向性，因此，本研究所揭示的《社会学研究》论文的现状实际上预示着整个中国社会学研究在未来的走向。

此外，两个研究之间的另一个重要差别是，本研究使用的是一个时间序列数据，从而能够对社会学文献引用的历史变异进行比较精细的分析，这一点是 CSSCI 研究所没有的。与此同时，CSSCI 研究所使用的数据最晚只更新到 2007 年，而本研究所使用的数据则已经更新到 2012 年 10 月下旬。这也许是造成双方研究的发现和结论存在些许差异的一个原因。

社会学研究在文献引用上的上述特征表明，在西方社会学研究的影响和国内社会学进步的共同作用下，中国社会学研究的文献引用是一个高度动态变化的过程，一些当时被当作经典奉读的文献，很可能转眼即被淘汰出局。

---

① 相关分析参见苏新宁主编：《中国人文社会科学图书学术影响力报告》，752～799 页，北京，中国社会科学出版社，2011；苏新宁主编：《中国人文社会科学学术影响力报告》（2011 年版），下册，741～784 页，北京，高等教育出版社，2011。

这种状况的形成，一方面与中国社会的快速转型造成中国社会学家的研究兴趣和注意力不断转变有关，另一方面也与社会学这个学科本身比较发散和多元化有关。一个领域的文献引用实际上代表着该领域对知识范式的共识，文献引用越集中，表明这个领域的学者对本领域中知识范式的共识越强，反之则表明共识越弱。中国社会正处在一个巨变的时代，再加上社会学学科本身的发散性特点，决定了中国社会学研究要形成一个具有高度共识的知识范式非常困难，同时也决定了要确定一个大多数社会学家都认可的"基本文献库"非常困难。不过，这对中国社会学的发展未必不是好事。正如库恩所指出的，既有知识范式的弱化，正是科学革命即将发生的前奏。① 如果中国社会学家能够在当前科学的乱局和迷茫中创造出新的社会学范式，未尝不是好事。

第三节　中国社会学发展面临的突出问题

《社会学研究》论文的文献引用只是中国社会学 30 多年风雨历程的一个很小的侧面，但它集中地展现了中国社会学在过去 30 多年中所取得的成绩和存在的问题，那就是：放眼过去，进步不小；展望未来，问题很大。所谓"问题很大"，大就大在研究水平上还远远跟不上中国社会发展需要的水平；"软实力"的严重不足，使中国社会学不得不仰赖"西方的智慧"来研究中国问题。也就是说，在中国社会学的知识创造中，存在着严重的中西失衡。这样一种失衡状态的形成，原因很复杂，既有中国社会学恢复重建的历史还很短的原因，也有全球政治经济秩序仍由西方主导的原因。但不管怎样，这样一种失衡的状态是不可持续的，是必须改变的。显然，改变这一状态的唯一途径是尽可能提高中国社会学的研究水平。而正是在这一问题上，中国社会学的发展面临很多障碍。概括起来，主要有两个方面：

一是与其他学科相比，社会学仍未引起国家和社会的足够重视，社会学的发展面临人才、制度和资源等诸多限制。即以大学中学科点的设置为例（如表 9—4 所示），社会学就远远落后于经济学；而在美国，两个学科基本上是并驾齐驱的。当然，中国与美国的社会形态不同，社会需求也不同，中国社会学的发展并不能简单地照搬美国模式。然而，正如近年来党和政府所

---

① 参见［美］库恩：《科学革命的结构》，北京，北京大学出版社，2003。

一再呼吁的，当前和未来中国社会发展的关键任务之一，就是要摆脱以往那种单纯以经济建设为中心的发展模式，实现经济建设与社会建设的平衡。要搞好社会建设，没有足够发达的社会学是不行的。而要发展社会学，党和政府必须从思想观念、组织制度、资源投入等方面创造适当的条件。应该说，在过去十年中，党和政府在这些方面已经做了很多工作，整个社会对社会学学科也越来越重视，但离中国社会发展的要求以及中国社会学发展的要求还有相当大的距离。

表 9—4　　　　　中美两国社会学、经济学学科点及招生数比较

		学科点（个）			招生数（人）		
		社会学	经济学	社会学：经济学	社会学	经济学	社会学：经济学
中国	硕士点	115	1 477	1∶12.84	1 083	14 287	1∶13.19
	博士点	16	405	1∶25.31	160	2 720	1∶17.00
美国	学士点	651	—	—	26 939	24 069	1∶0.89
	硕士点	271	331	1∶1.22	2 009	2 824	1∶1.41
	博士点	138	178	1∶1.29	558	849	1∶1.52

资料来源：中国社会科学院社会学研究所编：《中国社会学年鉴（2007—2010）》，357 页，北京，社会科学文献出版社，2011。

　　二是社会学内部的发展也严重不平衡。首先是学科取向之间的发展不平衡。从学科取向来说，即以本章所描述的四种社会学知识取向——专业社会学、政策社会学、批判社会学、公共社会学——而论，毋庸讳言，最受国家重视的、得到资源最多的还是政策社会学。这固然与当前中国社会问题比较突出、党和政府的政策需求比较旺盛有关系，但也与有关部门急功近利、急于求成有关系。须知，社会学作为一个知识系统，各种知识取向必须协调发展，只有各得其所，才能相得益彰，任何一种知识取向单兵突进，都是不可持续的，水平也不可能很高。只有在专业社会学等其他社会学知识的有力支持下，政策社会学才能真正满足党和政府的政策需求，否则很容易陷入低水平重复，既无益于政策社会学本身的发展，也无益于中国社会的发展。

　　其次是社会学学科的区域分布高度不平衡。截至 2010 年，中国社会学总共只有 16 个博士点①，其中，北京 4 家，上海 3 家，武汉 3 家，南京 2

---

　　①　参见中国社会科学院社会学研究所编：《中国社会学年鉴（2007—2010）》，427～462 页，北京，社会科学文献出版社，2011。

家，天津、广州、厦门和长春各1家，分布高度集中；广大的西南和西北地区不但一个博士点没有，甚至连成建制、上规模的社会学系都很少。

再次是社会学机构之间的发展高度不平衡。这一点在社会学文献的形成上体现得非常鲜明。表9—5列出了自《社会学研究》创刊以来，在该刊上发文排名前十位的社会学机构的发文情况。表中显示，这十家单位的发文总数竟占到总发文数的44.87％！而中国社会科学院一家就占到14.01％，其下属的社会学研究所又占到总数的11.48％。社会学机构之间的发展不平衡由此可见一斑。

表9—5　　　　　　在《社会学研究》上发文排名前十位的
社会学机构情况（1986—2012年）

排序	社会学机构	论文数（篇）	占总数（2 213篇）的比例（％）	累积占总数的比例（％）
1	中国社会科学院（其中：社会学研究所）	310（254）	14.01（11.48）	14.01
2	北京大学	203	9.17	23.18
3	中国人民大学	125	5.65	28.83
4	中山大学	69	3.12	31.95
5	南京大学	56	2.53	34.48
6	清华大学	56	2.53	37.01
7	上海大学	49	2.21	39.22
8	南开大学	45	2.03	41.25
9	浙江大学	42	1.90	43.15
10	复旦大学	38	1.72	44.87
	合计	993	44.87	

资料来源：根据中国知网（www.cnki.net）所提供的《社会学研究》数据库统计。

2008年，一些专家学者给中央领导写信，建议加大对社会学学科发展的扶持力度。当年7月19日，中共中央总书记、国家主席胡锦涛对来信作了重要批示："专家们来信提出的问题，须深入研究。要从人才培养入手，逐步扩大社会学研究队伍，推动社会学发展，为构建社会主义和谐社会服务。"① 就目前而言，中国社会学只有努力克服来自社会学内部和外部的各

---

① 中国社会科学院社会学研究所编：《中国社会学年鉴（2007—2010）》，355页，北京，社会科学文献出版社，2011。

种不平衡因素，才能实现大发展、大繁荣，才能积累更加优质的、具有原创性的成果，从而不仅为继续建设具有中国特色的社会学基础文献和提升中国社会学的影响力打下基础，而且更好地为建设社会主义和谐社会的实践服务。

第十章　马克思主义理论[*]

第一节　马克思主义理论学科发展概况

自 2005 年底以来，马克思主义理论的学位授权点发展速度较快，所增数量较多，涵盖院校较广。据不完全统计，到 2012 年底，马克思主义理论一级学科博士点已有 37 个，二级学科博士点达 78 个，马克思主义理论一级学科硕士点已有 191 个，二级学科硕士点达 212 个。学位授权点覆盖的院校除综合性、文科类、师范类院校外，也包括了理工医农类院校。目前，拥有马克思主义理论一级学科国家重点学科的院校有一家（中国人民大学），拥有二级学科（马克思主义基本原理或思想政治教育）国家重点学科的院校有武汉大学、中山大学、华中师范大学、东北师范大学、南京师范大学、解放军南京政治学院等。各省、区、市和各高等院校也确立了一批一级学科或二级学科的重点建设学科。可见，学科规模拓展已成为马克思主义理论学科迅速发展的一个重要标志。

---

* 本章主笔：张雷声，中国人民大学马克思主义学院教授；龙晓菲，西南大学马克思主义学院讲师；邓春芝，中国人民大学马克思主义学院博士生。

科研成果显著，是马克思主义理论学科迅速发展的突出表现。该学科设立以来，马克思主义理论研究取得了新的进展。首先，马克思主义理论整体性问题成为研究重点，这是由马克思主义理论学科的特征所决定的。近几年来，理论界对这一问题作出了系统而深入的研究，在马克思主义理论整体性的产生、内涵、实质、范围的研究上取得了重要成果，与马克思主义理论整体性紧密相关的马克思主义定义、马克思主义结构和表现形态、马克思主义发展阶段、马克思主义研究方法、马克思主义理论学科建设等问题的研究也得到了深化。另外，关于马克思主义理论整体性与马克思主义理论分科性的关系、马克思主义理论整体性与马克思主义理论层次性的关系、马克思主义理论整体性与马克思主义理论学科建设等问题，成为马克思主义理论整体性研究的基本问题。

其次，马克思主义理论学科与思想政治理论课的关系成为学者们关注的问题之一。通过探讨，学者们基本上已经取得了共识，即马克思主义理论学科使思想政治理论课教师有了学科的归属感，使思想政治理论课教学有了学科的依托和支撑，从这一意义上说，马克思主义理论学科建设服务于思想政治理论课教学实效的提高；在马克思主义理论学科所属的六个二级学科与思想政治理论课四门课程之间并不存在一一对应的关系，这表明两者之间尚存在脱节的情况，需要加以重视；不过，马克思主义理论学科建设不能停留在思想政治理论课建设的层面，思想政治理论课建设必须提到学科建设的高度，既不能在学科建设和课程建设之间画等号，也不能相互取代。

第三，在马克思主义理论研究和教学中的一些重大问题上，取得了较大的研究进展。例如，意识形态问题，劳动价值论，"两个必然"和"两个决不会"关系问题，马克思主义中国化、时代化、大众化问题，中国特色社会主义理论体系，社会主义核心价值体系，影响大学生思想的各种社会思潮等。这类研究的成果颇丰，突出的有陈先达等著的《马克思主义基础理论若干重大问题研究》（经济科学出版社，2009），孙正聿等著的《马克思主义基础理论研究》（上、下卷）（北京师范大学出版社，2011）。此外，张雷声等著的《马克思主义基本原理的中国化与中国化的马克思主义基本原理》（中国人民大学出版社，2012），选取了马克思主义理论研究和教学中的十个重大问题进行了探讨。

第四，在马克思主义理论学科体系的研究上，围绕马克思主义理论学科的性质及定位、马克思主义科学体系与学科体系的关系、马克思主义理论学科的研究重点和范围、马克思主义理论学科体系内部各学科间的关系，以及马克思主义理论学科建设的方向、思路和方法等问题，展开热烈的讨论，并取得了大量的成果。这方面的成果主要有：顾钰民著的《马克思主义理论学科建设研究》（复旦大学出版社，2009），刘景泉主编的《马克思主义理论学科体系建设的思考》（南开大学出版社，2010），张雷声等著的《马克思主义理论学科体系建构与建设研究》（经济科学出版社，2011）。此外，还有《教学与研究》、《思想理论教育导刊》、《高校理论战线》等刊物发表的大量相关论文。这些著述对马克思主义理论学科体系问题都作了较为深入的研究。

　　学科建设的关键在于人才培养。人才培养质量的提升是这几年马克思主义理论学科发展所取得的不可忽视的一个重要成绩。马克思主义理论学科关于人才培养质量的提升主要表现在两个方面：一是通过思想政治理论课教学，为培养中国特色社会主义事业的接班人和建设者保驾护航；二是通过招收不同层次的研究生，培养马克思主义理论的专业人才。

　　党的十六大以来，高校已经基本形成了本科生思想政治理论课"2005方案"和研究生思想政治理论课"2010方案"的结构合理、功能互补、相对稳定的课程体系；教材编写都纳入了中央马克思主义理论研究和建设工程。四本高质量的本科生思想政治理论课教材和多门研究生思想政治理论课的教学大纲投入教学使用。新教材、新大纲具有很强的科学性、权威性和针对性，也具有很强的时代感、现实感，在教学中产生了很好的反响。思想政治理论课四本新教材和多门教学大纲的编写使用，以及以新课程方案实施为标志，马克思主义中国化最新成果"进教材、进课堂、进学生头脑"工作取得重要进展，高校思想政治理论课呈现出蓬勃生机和良好发展态势。教育主管部门提供的情况显示，各高校课堂出勤率明显上升，认真上课、专心听讲的学生明显增多，积极参加课堂讨论的学生明显增多，课堂秩序明显好转，考核优秀率明显提高。[①] 大学生们对思想政治理论课开始从"抵触"变为喜欢，从被动学习变为主动学习。许多同学也表示，思想政治理论课解决了他们成长中的许多困惑，让他们少走了不少弯路，变得更加自信，对在中国共产党领导下走中国特色社会主义道路更加充满信心。大学生对思想政治理论课的满意度大幅提高，思想政治理论课正在逐步成为大学生真心喜爱、终身

---

　　① 　参见《高校思想政治理论课新教材受到广大师生普遍欢迎》，载《光明日报》，2007-10-14。

受益、毕生难忘的课程。①

各高校马克思主义理论学科博士点和硕士点在专门人才培养上，一方面根据《中华人民共和国学位条例》，《中华人民共和国学位条例暂行实施办法》和国务院学位委员会、教育部《关于调整增设马克思主义理论一级学科及所属二级学科的通知》（学位〔2005〕64 号）精神，把握学科内涵和特点，凝练学科研究方向，加强学科专业建设；另一方面结合本学科点的实际，加强特色研究，科学制定专门人才的培养方案，加强研究生课程体系建设。因此，从培养原则、培养目标、培养过程、培养评价等方面，建立起科学、可行和有效的人才培养模式，是近几年高校在马克思主义理论学科建设中探讨的重点。提升马克思主义理论学科专门人才的质量，既必须坚持专业化的培养目标、明晰的研究方向和合理的课程体系，也必须坚持品德、知识、能力相统一的原则，努力促进研究生思想道德素质、科学文化素质和健康素质的协调发展，培养德智体全面发展、具有较高的政治素质和专业理论功底，以及有能力运用马克思主义立场、观点和方法分析研究当代现实问题的专业人才。从这几年的培养情况看，研究生的总体素质是好的，他们已经成为马克思主义理论研究和教学队伍的重要后续力量。

思想政治理论课教师是高校马克思主义理论学科队伍的主体。近几年来，国家相关部门采取多种措施，大力加强马克思主义理论队伍特别是中青年理论队伍建设，取得明显成效。通过举办哲学社会科学教学科研骨干和高校思想政治理论课骨干教师研修班，按照"稳步推进、分层实施、点面结合、全员培训"的原则，对"马工程"教材相关专业教师进行分级分层培训，组织思想政治理论课教师在职攻读硕士、博士学位等多渠道、多形式的教育、培训工作，专门成立了高等学校思想政治理论课教学指导委员会，一大批哲学社会科学教学科研骨干正在茁壮成长，广大思想政治理论课教师的思想政治素质、科研水平和教学能力都有了明显提高。自 2005 年以来，中组部、中宣部、中央党校、教育部、财政部、解放军总政治部分工协作、周密安排，不断充实内容、加强管理、完善制度，全面深入推进哲学社会科学教学科研骨干研修工作。各地按照中央要求，认真组织地方哲学社会科学教学科研骨干参加研修，推动各项工作不断向深度和广度发展。5 年多来，中

① 参见《让理论更贴近大学生——加强和改进高校思想政治理论课以及马克思主义理论学科建设综述》，载《光明日报》，2010-05-25。

央六部门共举办研修班 34 期，培训学员 3 595 人。同时，各地结合实际开展研修工作，共举办研修班 428 期，培训学员 37 619 人。① 经过研修班的学习，学员们在思想政治上、理论素养上明显提高，在了解国情、了解革命传统、了解党的大政方针上有了明显收获，在做好哲学社会科学教学科研工作和大学生思想政治工作的责任感与使命感上明显增强。哲学社会科学教学科研骨干研修已成为我国哲学社会科学队伍建设的品牌项目和重要抓手。高校思想政治理论课教师培训取得明显成效。在新教材每一轮使用前组织开展全员培训，坚持先培训、后上课，并组织实施高校思想政治理论课骨干教师 5 年研修计划，纳入马克思主义理论研究和建设工程，已举办了 20 期，共计 2 000 人。从 2008 年起实施了思想政治理论课教师在职攻读马克思主义理论博士学位专项计划，2009 年起启动了高校思想政治理论课骨干教师国内外参观考察活动。② 5 年多来，在多措并举下，基本形成了骨干研修、全员培训、在职攻读学位、国内外学习考察等相结合的教育部、省级教育部门和高校三级思想政治理论课教师培训体系，广大思想政治理论课教师的思想政治素质、理论水平和教学能力得到明显提高，涌现了一大批课讲得精彩、受学生爱戴的优秀教师。另外，教育部还实施全国高校优秀中青年骨干教师择优资助计划、教学能手表彰计划、优秀教学团队建设计划等，对教师队伍建设产生了激励作用；完善了师资基本状况数据库，实现了思想政治理论课教师队伍资源共享、平台共建。一大批坚持正确方向、理论功底扎实、勇于开拓创新、善于联系实际的学科带头人和优秀人才脱颖而出。

总之，"马克思主义理论一级学科设立以来，学科建设取得重要进展：学科规模拓展，科研成果显著，思想政治理论课教学效果明显提高，队伍素质和人才培养质量不断提升"③。

第二节　马克思主义理论学科的文献建构

文献作为记录、积累、传播和继承知识的载体，是学科理论研究的重要

---

① ②　参见《让理论更贴近大学生——加强和改进高校思想政治理论课以及马克思主义理论学科建设综述》，载《光明日报》，2010-05-25。

③　国务院学位委员会：《关于进一步加强高校马克思主义理论学科建设的意见》（学位〔2012〕17 号）。

参考材料和依据，文献建构成为学科建设和发展的重要内容之一。马克思主义理论学科设立之际，国务院学位委员会、教育部［2005］64 号文件就明确地将"马克思主义文献学"、"马克思主义经典著作和基本原理"等的研究作为马克思主义理论学科研究的内容之一，并提出了在马克思主义理论学科中普遍开设"马克思主义经典著作选读"课程的要求。①

一、文献建构的特点

较之于其他学科，马克思主义理论学科在文献建构上具有如下特点：

第一，整体性与分科性相统一。马克思主义理论是一门从整体上研究马克思主义基本原理和科学体系的学科。它研究马克思主义基本原理及其形成和发展的历史，研究它在世界上的传播与发展，特别是研究马克思主义中国化的理论与实践，同时把马克思主义研究成果运用于马克思主义理论教育、思想政治教育和思想政治工作。② 整体性是马克思主义理论的突出特征。马克思主义理论学科的文献建构，一方面要凸显马克思主义理论整体性，从分科性走向整体性，另一方面也要用分科性补充整体性。

第二，科学性与阶级性相统一。马克思主义的科学内容和政治使命是高度统一的。它旨在探索并揭示人类社会发展的客观规律，争取无产阶级的自身解放并最终解放全人类，实现共产主义。因此，马克思主义理论文献的建构，必须旗帜鲜明地坚定无产阶级的阶级利益和阶级立场，呈现出对自然界、人自身发展、人类社会发展客观规律的分析和揭示，表现出科学理论在实践运用中所取得的成果，反映正确认识在实践检验中的曲折过程，体现出马克思主义理论是具有鲜明阶级色彩的科学理论本色。

第三，历史性与时代性相统一。马克思主义理论学科是一门历史学，它要研究马克思主义理论及其形成和发展的历史；要研究马克思主义在世界的传播与发展，特别是它在中国发展创新的历史。③ 可见，它关注的不仅是已经过去的历史，还有正在发生的未来的历史。马克思主义与时俱进的内在理论品质，促使它要不断地回应时代发展所提出的各种课题，推动其在理论上和实践上的发展、创新。马克思主义理论历史性与时代性相统一的特点也就

①②③ 参见国务院学位委员会、教育部 2005 年 12 月 23 日下发的《关于调整增设马克思主义理论一级学科及所属二级学科的通知》（学位［2005］64 号），附件二《马克思主义理论一级学科及所属二级学科简介》。

内在地成为马克思主义理论文献建构的基本特点。

第四，意识形态性与思想教育性相统一。马克思主义理论是无产阶级的精神武器，是中国特色社会主义理论体系的指导思想，是思想政治教育的理论支撑，是集阶级性、政治性、方向性和教育性为一体的意识形态理论。马克思主义理论文献的传播、普及和解读的过程实际上就是马克思主义理论的教育过程。因此，马克思主义理论文献建构，必然要把对阅读者实行意识形态教育和思想教育作为基本目的和要求，使他们通过文献的阅读和学习，接受教育，坚定信念，树立理想。

二、一级学科层面的文献建构

马克思主义理论作为一个一级学科，是对马克思主义理论的基本内涵、精神实质、科学体系、实际运用的研究和教学，因而这个层面的文献建构必须反映本学科理论的基础性，以及各二级学科发展的方向性。

从理论内容上看，马克思主义理论的文献建构，既要表述出本专业所包括的基本观点、基本理论和思想前沿，又要反映本专业的研究方向、涉猎领域以及本学科自身发展的现状和成果，还要具有启发研究生深入研究的方法论引导作用。例如《资本论》，是马克思在吸收前人优秀成果、掌握最新理论知识和实际资料的基础上，运用唯物史观解剖资本主义生产关系、探索资本主义生产方式运动规律的典范。在这一伟大文献中，马克思成功地实现了哲学、政治经济学、科学社会主义三部分理论逻辑的融汇对接，并以其严密的逻辑、辩证的思维，展示了他的科学方法。这一文献无疑已成为马克思主义理论一级学科层面的文献。

从文本形式上看，马克思主义理论的文献建构，应该建立在全方位把握马克思主义文献的基础之上。不仅应该包括马克思主义经典作家已经完成的论著和公开发表的文献，如《哲学的贫困》、《共产党宣言》；也应该包括马克思主义经典作家未完成的手稿和书信，如《1844年经济学哲学手稿》等。前者是研究马克思主义理论的基本依据，后者则是马克思主义经典作家的心路历程和思想进程的真实记录，具有独立的科学意义和研究价值。此外，还应该包括读书摘录、笔记、批注，记事笔记和谈话记录等其他形式的文献，如"人类学笔记"、"历史学笔记"等。① 这些文献以其特有的价值和意义，

---

① 参见张云飞：《学科建制视角下的马克思主义文献学》，载《教学与研究》，2007（3）。

有助于研究生进一步深入全面地理解马克思主义理论。

从文本作者看，马克思主义理论的文献建构，应该以理论创始人（马克思和恩格斯）、理论实践者（原苏联和中国）、理论研究者（中国和西方学者）三部分为主体。马克思和恩格斯作为马克思主义理论的创始人，其理论文献是核心。原苏联和中国，是把马克思主义从理论变为现实、在理论和实践两个层面发展马克思主义的代表，其理论文献是主干。中外学者具有代表性、权威性的马克思主义著述，反映了马克思主义理论研究的最新成果，对拓展研究生的理论视野，推动马克思主义理论研究有着重要意义，也应成为文献建构中不可或缺的部分。

三、各二级学科的文献建构

遵照马克思主义理论一级学科文献建构的理论内容、文本形式、文本作者的基本构架，建构各二级学科的文献，可以体现马克思主义理论学科文献建构的普遍性与特殊性、原则性和生动性。

（一）马克思主义基本原理

马克思主义基本原理，是马克思主义科学体系的基本理论、基本范畴，是其立场、观点和方法的理论表达，是人类社会的本质和发展规律的科学概括，是马克思主义学说的精髓。[①] 马克思主义基本原理学科的文献建构主要表现在：

第一，勾勒、阐述和发展马克思主义基本原理。从马克思、恩格斯关于唯物史观、社会发展道路的论述，到列宁、斯大林关于社会主义建设的实践，以及对规律客观性的尊重和认识，再到毛泽东关于社会主义建设道路的探索、科学发展观与和谐社会理念的提出，等等。通过这一系列文献的建构，勾勒一条马克思主义基本原理形成和发展的主线，以及不断发展创新的马克思主义的基本理论、基本观点和基本主张。

第二，反映马克思主义基本原理经受怀疑、诋毁、封锁和打击而不断发展的过程。从马克思主义诞生时资产阶级学者的"缄默抵制"到 19 世纪与

---

① 参见国务院学位委员会、教育部 2005 年 12 月 23 日下发的《关于调整增设马克思主义理论一级学科及所属二级学科的通知》（学位［2005］64 号），附件二《马克思主义理论一级学科及所属二级学科简介》。

20 世纪之交遇到的"马克思主义运动的极端严重的内部危机"①，再到第二次世界大战至 60 年代中期马克思的"复活"，以及新的世纪之交以来马克思主义所遇到的新的挑战，等等。通过这一系列文献的建构，勾勒一条马克思主义基本原理发展的曲折线路，使研究生通过阅读文献掌握马克思主义基本原理的发展过程。

第三，国外学者对资本主义的新发展、对社会主义的历史和未来的看法。建构国外学者关于现代资本主义、社会主义的文献，一方面可以通过他们的言论，让研究生客观地认识和了解现代资本主义的发展状况，认识我国在社会主义理论和实践建设中存在的问题，从而更好地理解和发展马克思主义基本原理；另一方面也可以通过对这些文献的学习，使他们以更加开放的心态学习和掌握马克思主义。

（二）马克思主义发展史

马克思主义发展史是一门研究马克思主义产生、发展的历史过程和规律的科学。它通过侧重于思想史、学说史的研究视角，而与国际共产主义运动史、马克思主义中国化研究等学科区别开来。② 基于此，马克思主义发展史学科的文献建构应该囊括马克思主义思想发展的整体概貌，体现马克思主义理论发展的历史性、开创性、规律性。

马克思主义发展史的文献建构，在表现方式上可采用多主体、多角度的阐释方式。既可以用马克思、恩格斯的文献系统勾勒，也可以用列宁的文献表达，还可以用后继的马克思主义研究者的文献反映，通过多主体、多角度的阐释方式，呈现出用马克思、恩格斯的文献表现马克思主义思想发展历程，用无产阶级革命家列宁的文献评述马克思主义发展历程，用马克思主义研究者的文献阐发马克思主义发展历程的主线。通过这种全方位、多元化阐释研究对象的表现方式，使研究生能够在对文献的学习和研究过程中，进行马克思主义发展史的分析和思考。

研究马克思主义发展史，不仅仅是要了解马克思主义发展的历史过程，还在于透过对马克思主义思想发展过程的研究，总结马克思主义自身发展和

---

① 《列宁专题文集》，第 1 卷，161 页，北京，人民出版社，2009。
② 参见国务院学位委员会、教育部 2005 年 12 月 23 日下发的《关于调整增设马克思主义理论一级学科及所属二级学科的通知》（学位［2005］64 号），附件二《马克思主义理论一级学科及所属二级学科简介》。

指导实践的历史经验，揭示马克思主义发展的一般规律和在不同历史阶段上发展的特殊规律，特别是与各国实际相结合而不断发展的规律，从而在了解和把握新世纪马克思主义研究发展现状的基础上，面对新世纪的新机遇和新挑战，探讨马克思主义仍然能够继往开来地向前发展的根本动力，推动马克思主义的发展迈上新的台阶。因此，马克思主义发展史的文献还应该编入一些中外马克思主义研究者的相关文献。例如，《马克思主义发展规律初探》（徐昕，《马克思主义研究》1988 年第 3 期）、《论发展着的马克思主义》（薛汉伟，《马克思主义与现实》2002 年第 4 期）、《马克思主义历史发展中的几个特点》（赵曜，《当代世界社会主义问题》2004 年第 1 期）等。

（三）马克思主义中国化研究

马克思主义中国化，是马克思主义同中国具体实际和时代发展相结合的过程。"马克思主义中国化研究"，是专门研究马克思主义中国化的基本经验、基本规律，以及马克思主义中国化理论成果的学科。[①] 马克思主义中国化研究学科的文献建构，应充分体现内含于马克思主义中国化过程中的理论性和实践性、本土性和外来性、探索性和试错性相统一的特点。

如何把马克思主义基本原理应用于中国的具体环境，使马克思主义在其每一表现中带有中国的特性、中国的作风和气派，体现马克思主义的伟大力量，实现马克思主义的中国化[②]，这是一个理论问题，更是一个需要在实践过程中不断摸索、创新，从而逐步形成理论，并在实践中加以检验的发展过程。在马克思主义中国化的文献建构中，需要充分利用中外文献，阐述马克思主义中国化的基本内涵、基本要素、基本理念、基本理论以及与之相关的基本概念。在形式上，甚至可以利用一组论战性文献进行集中阐发。这样，一方面可以从不同学者具有不同视角的文献上启发研究生深入思考，另一方面也可以以百家争鸣的氛围，彰显马克思主义中国化理论研究的开放性。

马克思主义中国化的实践历程，是深入研究马克思主义中国化的核心和关键，也是构成马克思主义中国化研究学科文献的主体。以马克思主义中国化为主题，以中国特色社会主义道路、理论体系、制度为重点，总结中国在新民主主义革命道路、社会主义改造道路和社会主义建设道路的探索中，在

---

①② 参见国务院学位委员会、教育部 2005 年 12 月 23 日下发的《关于调整增设马克思主义理论一级学科及所属二级学科的通知》（学位〔2005〕64 号），附件二《马克思主义理论一级学科及所属二级学科简介》。

社会主义制度确立、完善的过程中取得的经验、教训，深入研究中国历届中央领导集体不断推进马克思主义中国化的历史进程和基本经验，系统掌握中国化的马克思主义理论成果的主要内容和精神实质，深刻揭示马克思主义中国化和中国化的马克思主义不断发展的基本规律①，明确在市场化、信息化、全球化条件下推进马克思主义中国化的方向。因此，马克思主义中国化研究的文献，还应该有意识地收列国外学者的相关著述，以开放的心态、批判的眼光、发展的视野引导研究生加强研究。

（四）国外马克思主义研究

国外马克思主义研究是对当代国外马克思主义相关的理论、思潮、流派的发生、演进及基本思想进行研究的学科。② 基于此，国外马克思主义研究学科的文献建构，应该秉承敞开胸怀、全面介绍，坚定立场、客观评析，借鉴吸收、深化发展的构建原则。

从内容上来看，国外马克思主义的文献应该聚焦于四个方面：一是外国共产党人根据时代变化和本国实际对马克思主义的研究，其中包括发达国家和发展中国家共产党的研究，社会主义国家执政的共产党的理论与实践；二是对资本主义持批判态度的左翼学者对马克思主义的研究；三是既批判资本主义又批评现实社会主义的"西方马克思主义"的有关研究；四是由马克思主义文本出发研究马克思主义的思想流派等。③

因此，在上述内容的安排上，国外马克思主义的文献可以采用对比映照的方式，通过用外文和中文两种语言风格，用国外学者和中国学者的两种不同立场，交相辉映地详尽介绍和评价国外马克思主义各主要流派的观点，例如，《20 世纪 70 年代以来英美的马克思主义研究》（段忠桥，《中国社会科学》2005 年第 5 期）、《新世纪国外马克思主义的发展趋势和特点》（曾枝盛，《教学与研究》2007 年第 6 期）、《20 世纪西方主流学术界的阶级与社会结构理论述评》（周穗明，《当代世界社会主义问题》2007 年第 2 期）等国内文献，从总体上评述了国外一些主要流派的观点和思想。如果再辅之以国外各流派代表人物的英文文献，将原版文献与中文评述相对照，在观点与评述的对应中，可以强化研究生对国外马克思主义理论的理解和把握。

---

①②③ 参见国务院学位委员会、教育部 2005 年 12 月 23 日下发的《关于调整增设马克思主义理论一级学科及所属二级学科的通知》（学位〔2005〕64 号），附件二《马克思主义理论一级学科及所属二级学科简介》。

在系统介绍和评价国外马克思主义理论内容的同时，反映国内学者在此方面的研究成果，也是国外马克思主义文献建构的重要组成内容。一是反映国外马克思主义研究中的基础性、热点性、前沿性问题。例如，对国外马克思主义合理定位的问题，即如何正确认识和处理国外马克思主义与马克思主义的关系问题。对这类关键性、前提性问题的阐述，是文献建构的基本职责，是使研究生确立研究基点的基本条件。二是开展国外马克思主义研究的方法论。例如，《中国西方马克思主义哲学研究的逻辑转换》（张一兵等，《中国社会科学》2004 年第 6 期）、《西方马克思主义的哲学范式转换及其启示》（衣俊卿，《江苏社会科学》2006 年第 2 期）等文献，通过对研究路径、研究范式、理论思维方式等内容的介绍和讨论，说明了思维方式在研究中的地位和作用，同时也启迪了研究生对自身研究范式、思维方式的思考。

（五）思想政治教育

思想政治教育是运用马克思主义理论与方法，专门研究人们思想品德形成、发展和思想政治教育规律，培养人们正确世界观、人生观、价值观的学科。[1] 思想政治教育学科的文献建构应该循着从宏观到微观、从理论到实践的思路进行。

思想政治教育作为一门学科经历了一个发展过程，文献建构可以从思想政治教育学科建设的角度入手，收列有关回顾该学科创立与发展的历程，探讨该学科的概念、学科体系的建构以及事关学科发展的前沿性问题的文献。

由于思想政治教育是关于人的精神世界成长进步发展的学说[2]，因而它的文献建构，应该包括的内容有：对思想政治教育深层价值和本质的认识，思想政治教育重要组成范畴和功能，思想教育、政治教育、道德教育等，以及中国共产党的思想政治教育理论的研究述评，思想政治教育发展的历史，中外思想政治教育的比较等，还应该包括新的历史条件下关于各种思想政治教育现象的剖析等。

思想政治教育还是一项实践活动，因而在它的文献建构中，还应该涉及深入探讨这一活动的本质、目的、内容、对象、主体等构成要素，探讨教育

---

① 参见国务院学位委员会、教育部 2005 年 12 月 23 日下发的《关于调整增设马克思主义理论一级学科及所属二级学科的通知》（学位［2005］64 号），附件二《马克思主义理论一级学科及所属二级学科简介》。

② 参见张澍军：《略论思想政治教育的深层价值》，载《思想教育研究》，2010（7）。

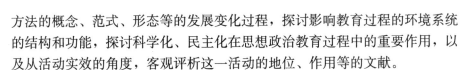

方法的概念、范式、形态等的发展变化过程，探讨影响教育过程的环境系统的结构和功能，探讨科学化、民主化在思想政治教育过程中的重要作用，以及从活动实效的角度，客观评析这一活动的地位、作用等的文献。

（六）中国近现代史基本问题研究

中国近现代史基本问题研究，是围绕历史和人民怎样选择了马克思主义、中国共产党、社会主义道路和改革开放，即中国的发展举什么旗、走什么路、由谁来领导等中国近现代史的基本问题，专门系统研究中国近现代的历史进程及其基本规律和主要经验的学科。[①] 中国近现代史基本问题研究学科的文献建构，应该始终围绕"中国"这个历史主体，体现中国社会在革命、建设、改革发展过程的曲折性和前进性。

阐明历史和人民的"四个选择"，是中国近现代史基本问题研究文献建构的主题。在把握这一主题的基础上，文献建构中所要把握的内容主要有：一是马克思主义经典作家对中国革命的认识。例如，马克思的《中国革命和欧洲革命》、恩格斯的《波斯和中国》，论述了中国革命与世界革命的关系。二是反映中国共产党基本理论、基本路线、基本纲领、基本经验的成果。例如，邓小平的《在武昌、深圳、珠海、上海等地的谈话要点》、江泽民的《在庆祝中国共产党成立八十周年大会上的讲话》、胡锦涛的《在庆祝中国共产党成立90周年大会上的讲话》等。三是敢于直面我党在革命、建设时期经历种种历史挫折的文献。例如，中共六届七中全会通过的《关于若干历史问题的决议》、中共十一届六中全会通过的《关于建国以来党的若干历史问题的决议》等。

此外，中国近现代史基本问题研究的文献建构，还应该考虑方法论，即以怎样的视角加强中国近现代史基本问题的研究。首先，它应该开阔研究生的研究视野和思路。《当代中国史学思潮与马克思主义历史观的发展》（蒋大椿，《历史研究》2001年第4期）等文献，在马克思主义历史观和整体性研究视角上可以起到这方面的作用。其次，它应该描绘出中国近现代史基本问题研究的范式、方法和路径。例如，《五四运动与二十世纪的中国》（彭明，《中共党史研究》1999年第3期）、《关于改革开放史研究的若干思考》（章

---

① 参见国务院学位委员会、教育部2008年4月2日下发的《关于增设"中国近现代史基本问题研究"二级学科的通知》（学位〔2008〕15号），附件二《"中国近现代史基本问题研究"二级学科简介》。

百家，《北京党史》2008 年第 6 期）、《新中国初期的毛泽东和周恩来》（金冲及，《党建》2007 年第 12 期）、《关于国史、党史人物研究和传记写作的若干问题》（程中原，《中共党史资料》2009 年第 3 期）、《论中华人民共和国史研究》（朱佳木，《中国社会科学》2009 年第 1 期）等文献，点出了研究中国近现代史基本问题的不同角度和方法。最后，它应该强调史料的重要性。史料收集方法、如何有效利用数据库进行观念史研究、学科发展概况等，都应该在文献建构中有所考虑。

第三节　马克思主义理论学科前景展望

马克思主义理论学科的可持续发展，需要从以下几个方面展开：

第一，明确学科定位，凝练研究方向，增强学科建设的服务功能。从服务党的思想理论建设和高校思想政治理论课教学出发，进一步凝练学科研究方向，确立符合实际情况的学科发展方向和定位，势在必行。需要进一步明确各二级学科的研究范围、特定概念和范畴，在新的专业建构和研究方向的开拓上下功夫。要统筹协调好马克思主义理论研究、学科建设和思想政治理论课教育教学之间的关系，使三者互相促进，相得益彰。要自觉地把学科研究方向凝聚到为思想政治理论课教育教学服务上来，把为思想政治理论课教学服务作为学科建设的核心问题和首要任务，使学科建设为思想政治理论课教学发挥更大的支撑作用。要把思想政治理论课教育教学中遇到的问题，纳入马克思主义理论研究计划，给予有说服力的回答，要注意把理论研究的最新成果及时运用到课堂教学中去，形成教学与科研相长的局面，不断提高教育教学的实效性，增强说服力、感染力和亲和力。

第二，遵循学科建设规律、马克思主义理论发展规律和思想政治理论课教育教学的规律，加强科学研究。马克思主义理论学科建设有自身的规律，只有深入研究和揭示其规律，才能遵循这些客观规律进行建设，推动马克思主义理论学科的发展。遵循整体性地建设马克思主义理论学科的规律，既要进一步加强各二级学科的分科建设，又要加强它们与思想政治理论课的整合建设。科学研究是学科建设的基础，而学科建设可以为基础理论的研究提供更广阔的空间。在科学研究中，必须遵循马克思主义理论发展规律和思想政治理论课教育教学的规律，进一步深化马克思主义理论整体性研究，加强对马克思主义各主要组成部分内在关系的研究和把握，深化对马克思列宁主义、毛泽东思想和中国特色社会主义理论体系的内在关系的研究。坚持理论联系实际的研究原则，深入研究马克思主义经典著作历久弥新的思想价值，深入研究马克思主义中国化理论与实践过程中的重大问题，总结经验和规律。深入研究马克思主义理论体系、教材体系、教学体系及其相互联系；深入研究思想政治理论课教育教学中的重点难点问题，不断推出经得起实践和历史检验的优秀成果。

第三，加强教师队伍建设，不断提高队伍整体学科素养和科研能力。思想政治理论课教师是高校马克思主义理论学科队伍的主体，他们的理论素养、业务能力和道德修养，他们的学科意识，将直接影响学科建设的成效。因此，应进一步积聚学科力量，整合资源，以项目、课题为纽带，形成学科带头人、学术骨干和学术新秀相结合的全员参与的学术团队。从强化学科意识入手，以队伍建设规划为纲，将已经举办的各级高校哲学社会科学教学科研骨干研修班、到相关的研究基地进行访问研究，以及国内外社会考察和挂职锻炼等形成制度，全面提高学科队伍素质。通过若干年努力，培养造就一批学贯中西、在国内外有广泛影响的马克思主义理论学科高层次领军人物，一批马克思主义理论学科带头人和教学名师，一大批高素质的中青年理论骨干和教学骨干，使思想政治理论课教师队伍成为一支"让党放心，让学生满意"的队伍。

第四，加强学科专业人才培养，全面提升人才培养质量。人才培养既是学科建设的首要任务，更是学科建设的归宿。学科专业人才培养应坚持学科性质与研究特色相统一的原则，以"专业宽、基础厚、能力强"为人才培养的目标。因此，应合理设置研究方向，培养学生具备宽广的跨学科、跨专业基础知识；应凝聚学科研究方向，培养学生坚实的马克思主义理论基础知识、厚实的马克思主义理论功底；应提高学科队伍的整体素质，培养学生进行基础理论研究和现实问题研究相结合的能力，以及运用马克思主义基本原理分析新的实践的能力、从新的实践中阐发理论的能力、进行理论创新的能力、能够在社会舞台上宣传并实践马克思主义理论的能力。这不仅应从研究生的学科准入入手，即考试科目必须有马克思主义基础理论，还应从确定马克思主义理论学科研究生的学位课程，学位论文选题、开题、写作和答辩等环节加强马克思主义理论学科规范化管理。

第五，统筹协调各种建设力量的关系，形成马克思主义理论研究与教育的合力。学科建设是一个宏大的系统工程，需要各主管部门、高校、科研机构学位点的共同努力，形成学科建设的"合力"。要注意协调各种建设主体的力量，形成马克思主义理论研究的创新团队、马克思主义理论学科的建设团队和思想政治理论教育教学的教师团队，并使之形成合力，整体推进马克思主义理论研究、学科建设和人才培养。马克思主义理论学科的学术骨干必须承担思想政治理论课教学任务，必须是思想政治理论课的教学骨干。思想政治理论课骨干教师应积极参与马克思主义理论学科建设，成为学科建设的骨干。

第六，加强学科交流，提升学科影响力。要加强马克思主义理论学科点之间的交流，加强马克思主义学科系统内各学科之间的交流，加强马克思主义理论与哲学社会科学相关学科之间的交流，以开放的姿态建设学科。通过交流，整合学科信息资源，开展跨学科交叉研究，加强国内各高校马克思主义理论学科点之间的联合建设。今后应进一步加强国内外相关学术机构和研究人员之间的交流与合作，鼓励学术骨干积极参与世界性的马克思主义研究相关论坛，加强与国际相关研究机构和学者的交流，拓展学术研究视野，提升马克思主义理论学科的国内、国际影响力。

第七，统筹协调好各管理部门的关系，形成齐抓共管的建设格局。在规范学科建设组织机构方面，一是着力解决学位点与思想政治理论课教学科研机构分离问题，将学科点设在思想政治理论课教学和研究的独立的直属学校领导的二级机构中；二是要对导师队伍的准入资格提出明确要求，解决学科建设中存在的"借船出海"、"就汤下面"的问题；三是研究生导师要树立学科意识，积极参与学科建设，承担思想政治理论课的教学任务。在加大学科建设经费投入方面，学科建设应有由国家、地方和学校共同筹措、分级管理的专项资金保障，相关高校和科研机构也要提供配套资金，有条件的高校还要将学科建设纳入"211"或"985"建设计划，激励教师通过课题和项目的集体申报等方式获取科研基金，多出优秀研究成果。在学科建设检查评估方面，国务院学位委员会学科评议组和各省、自治区、直辖市共同对学科建设情况进行检查和评估，及时发现和纠正学科建设中的问题，不断促进学科健康持续发展。

第十一章　教育学[*]

第一节　教育学发展概况

教育学是人类最古老而又最富有生命活力的学科。可以说，自从有了人、有了人类社会、有了教育活动，就有了人们对教育活动的认识。作为独立形态的教育学，出现于17世纪。英国哲学家培根，作为"近代实验科学的鼻祖"，在猛烈地批判经院哲学的基础上，提出了实验的归纳法，并将其视为获得真正知识的必由之路，这为教育学的发展奠定了方法论的基础。1623年"教育学"首次与其他学科并列。1632年，捷克教育家夸美纽斯出版了《大教学论》，成为近代第一部教育学著作。之后，在洛克、卢梭、康德、赫尔巴特、裴斯泰洛齐、福禄贝尔、杜威等一代又一代教育家的不断努力完善下，教育学也经历了科学教育学、实验教育学、文化教育学、实用主义教育学、马克思主义教育学、批判教育学的不断发展与完善。

在我国，教育学作为一门独立的学科，已有百年的历史。它是20世纪

---

[*] 本章主持：胡娟，中国人民大学教育学院院长、教授；主笔：陈露茜，中国人民大学教育学院讲师。

初从日本移植而来的，并经历了"学习日本"、"学习欧美"、"学习苏联"的三大历史阶段。可以说，中国的教育学是在百年的曲折经历中走向今天的繁荣昌盛的，而在这百年求索中，如何在与实践的互动中变革教育学、如何在与他国的对话中发展教育学、如何在对我国教育学进行深刻的反思中重建教育学，始终是我国教育学工作者的重要任务，并取得了一定的进展：第一，我国教育学研究的问题领域急剧扩大，教育学研究的问题领域已经从微观的教育教学过程扩展到宏观的教育规划，从教育的内部关系扩展到教育的外部关系，从基础教育扩展到高等教育，从正规教育扩展到非正规教育，从学校教育扩展到社会教育，从正常儿童的教育扩展到一些有特殊需要的儿童的教育，从儿童青少年的教育扩展到成人教育、老年教育等。第二，教育学研究基础和研究模式呈现多样化，教育学的学科平台从以哲学和心理学为基础发展成为社会学、经济学、政治学、法学、历史学、文化学、生理学、脑科学、管理学等多学科共同参与、共同搭建、共同支撑的多元化景象；同时，研究模式也出现了基础研究、应用研究、行动研究、咨询研究、开发研究等多层次、多类型、互依赖、互促进的完整体系。第三，教育学内部发生了细密的分化，形成了一个繁荣发展的教育学学科体系。20 世纪 80 年代以来，出现了教育社会学、教育经济学、教育政治学、教育法学、教育哲学、教育史学、比较教育学、教育统计学等一系列教育学二级学科的蓬勃发展，初步形成了一个多层次、多类型、多形式的教育学学科体系。第四，教育学研究与教育改革实践的关系日益密切。从日本移植而来的教育学，深受赫尔巴特学派的影响，强调教育学进行的是形而上学的研究，对实践之中的问题关注不够。当前，随着时代的发展和社会进步，教育实践、社会实践迫切需要教育理论的指导，教育理论的发展也迫切需要教育实践的基础，因此，传统的教育理论工作者与教育实践工作者之间的隔绝状态得到了一定程度的扭转，开始出现了多种形式的接触、交流和对话。第五，教育学加强了对自身的反思，形成了教育学的元理论。即对教育学自身的知识逻辑体系的梳理，如关于教育学研究对象的知识、逻辑起点的知识、发展史和历史分期的知识、知识陈述形式的知识、教育学理论与教育实践关系的知识等等。在变革中反思、在反思中重建，这也是中国教育学当下发展的重要路径之一。

教育学肩负着在文化强国建设中培养文化自觉、促进文化与教育的深度融合以及推进思想文化创新的使命，肩负着转变教育发展方式、扎实推进教育改革的重要任务，肩负着教育质量标准的制定与监测的重要任务，肩负着深化人才培养体制改革、培养创新人才的使命，肩负着积极发展学前教育、推进义务教育均衡发展、推动产学研协同创新、提高民办教育质量和效益、鼓励教师学习与发展、促进教师教育的重要任务，面对重重重任，教育学又该何去何从？我们认为关键在于夯实教育学的基石，其中完善教育学基础文献的建构和实践基础的成熟应成为重中之重。

可以说，任何严肃的科学研究都要考察、甄别、借鉴已有的研究成果，任何严肃的科学研究都是源于实践、高于实践、超越实践，而又能引领实践的，教育学的发展也是如此。教育的多样性、复杂性、差异性和不平衡性，教育的持续发展与深刻变革，教育与整个时代和社会的互动式发展，都要求进一步夯实教育学科，进一步完善教育研究的科学性和有效性，而这一切又都离不开教育学基础文献的支持与实践基础的成熟。

第二节　教育学基础文献的建构及其意义

教育学基础文献的建构与发展，描绘出的是教育学知识来源的谱系。1901 年王国维从日本引进教育学，对国内外教育学及其相关学科已有文献的梳理、使用就已成为当时教育工作者与研究者的重要使命之一。而在之后100 多年的发展之中，教育学的基础文献工作始终是与中国时代的变迁和社会的转型紧密结合在一起的，并在改革开放之后不断繁荣发展，基本形成了一个多学科、多类型、多语系的教育知识来源体系。

一、当前教育学发展中文献使用之现状

改革开放以来，特别是近十年以来，教育学科进入了一个蓬勃发展的兴盛时期。以 CSSCI 收录的教育学论文为例，在 2000—2004 年五年间，CSSCI 收录的教育学论文每两年增加 1 000 篇左右，而 2005 年较 2004 年则增加近 1 000 篇。同时，教育学论文引用文献也年增近千篇次。例如，2006 年引用文献达到 56 545 篇次，是 2000 年的 2.98 倍。2006 年有引文的论文比例已达 73.3%，较 2000 年的 47.4%增长了 25.9 个百分点；篇均引文数也达

到 5.67 篇，几乎是 2000 年篇均引文数的两倍。① 教育学论文与引文的快速增长，一方面为教育学学科的持续发展奠定了文献基础，另一方面也说明了教育学研究对文献的重视程度在不断提升。目前，我国的教育学发展中的文献使用已形成了多学科、多类型和多语系的三个基本特征：

第一，多学科参与的文献体系不断发展。教育学研究所使用的基础文献，不仅来源于教育学学科内部，而且来源于其他学科，如哲学、社会学、经济学、历史学、政治学、新闻学、图书馆学，等等。例如，对《教育研究》30 年发文的引文文献统计表明，在被统计的 19 个学科领域中，大部分学科领域被教育学引用的文献量都呈上升态势（见表 11—1）。② 这不仅进一步证明了教育学本身就是一个构建在多学科平台与视野之上的学科，而且说明了教育学基础文献的构建也需要多学科的贡献与支持。

表 11—1　　　　　　教育知识来源的学科领域分布表（引文量所占比重）

学科领域	1979—1988 年小计	1989—1998 年小计	1999—2008 年小计	30 年总计
教育学	49.56%	56.21%	64.03%	59.58%
哲学	7.71%	8.21%	9.93%	9.08%
马恩毛原著	12.68%	8.04%	1.39%	5.04%
心理学	10.30%	5.74%	2.89%	4.80%
历史学	3.68%	4.69%	3.51%	3.91%
社会学	1.33%	2.52%	3.20%	2.73%
政策报告	1.72%	4.61%	1.60%	2.58%
自然科学总论	3.12%	2.44%	1.43%	1.98%
工具书	1.86%	2.46%	1.02%	1.59%
经济学	1.19%	1.60%	1.52%	1.50%
政治学	0.35%	0.43%	2.37%	1.48%
文学	4.24%	1.53%	0.65%	1.41%
新闻学	0.18%	0.22%	2.40%	1.40%

---

① 参见龚放：《从 CSSCI 统计结果看我国教育研究的现状》，载《教育发展研究》，2009（5），79 页。

② 参见张斌贤等：《近三十年我国教育知识来源的变迁：基于〈教育研究〉杂志论文引文的研究》，载《教育研究》，2009（4），21 页。

续前表

学科领域	1979—1988 年小计	1989—1998 年小计	1999—2008 年小计	30 年总计
语言学	0.77％	0.67％	0.76％	0.73％
法学	0.74％	0.12％	0.89％	0.62％
图书馆学	0.14％	0.03％	0.84％	0.48％
管理学	0.11％	0.18％	0.72％	0.46％
艺术学	0.35％	0.26％	0.41％	0.35％
文化学	0.00％	0.04％	0.46％	0.26％

资料来源：张斌贤等：《近三十年我国教育知识来源的变迁：基于〈教育研究〉杂志论文引文的研究》，载《教育研究》，2009（4），24 页。

第二，多类型体现的文献体系蔚为大观。随着时代的发展，教育学知识的来源也日益呈现出多类型的特征。目前，教育学所使用的文献类型主要包括图书、期刊、报纸、政策报告、会议论文、网络资料和学位论文。图书虽然一直是教育学研究所使用的最主要的、影响最大的文献类型，但其所占的比重却在逐年下降。据对《教育研究》引文的统计，在改革开放 30 年间，图书的使用比重从 81.36％降为 50.46％，下降了 30 多个百分点（见表11—2）。[1] 而期刊则由于能够最迅速地反映学科研究的最新成果，研究动态和热点、焦点、前沿问题，因此日益受到研究者的关注与青睐，其使用频率和所占比重也是稳步提升，根据统计口径的不同，有研究甚至认为期刊即将或已经取代图书成为教育学研究所使用的核心文献类型。[2] 另外，政策报告、会议论文、网络资料、学位论文近年来也构成了教育学研究所使用的主要文献。其中，政策报告在 20 世纪 90 年代发挥过重要的文献价值[3]；而网络资料也随着信息社会的到来，日益发挥着重要作用，从 CSSCI 统计的教育学论文引用所涉及的网络资源来看，2000 年仅有 131 篇次，仅占引文量的 0.7％，2006 年则达到 3 793 篇次，占引文量的 5.77％。[4]

---

① 参见张斌贤等：《近三十年我国教育知识来源的变迁：基于〈教育研究〉杂志论文引文的研究》，载《教育研究》，2009（4），19 页。

② 参见龚放：《从 CSSCI 统计结果看我国教育研究的现状》，载《教育发展研究》，2009（5），80 页。

③ 参见张斌贤等：《近三十年我国教育知识来源的变迁：基于〈教育研究〉杂志论文引文的研究》，载《教育研究》，2009（4），19 页。

④ 参见龚放：《从 CSSCI 统计结果看我国教育研究的现状》，载《教育发展研究》，2009（5），80～81 页。

表11—2　1979—2008年《教育研究》论文引文类型统计

	图书		期刊		报纸		会议论文		学位论文		网络资料		政策报告	
	数量	比重(%)	数量	比重(%)	数量	比重(%)	数量	比重(%)	数量	比重(%)	数量	比重(%)	数量	比重(%)
1979	48	81.36	3	5.08	7	11.86	1	1.69	0	0	0	0	0	0
1980	109	81.34	6	4.48	6	4.48	1	0.75	0	0	2	1.49	10	7.46
1981	118	67.05	36	20.45	16	9.09	6	3.41	0	0	0	0	0	0
1982	296	79.36	51	13.67	3	0.80	4	1.07	0	0	0	0	19	5.09
1983	240	74.77	69	21.50	7	2.18	1	0.31	0	0	0	0	4	1.25
1984	304	85.39	37	10.39	9	2.53	6	1.69	0	0	0	0	0	0
1985	389	76.42	87	17.09	15	2.95	5	0.98	0	0	0	0	13	2.55
1986	176	74.26	46	19.41	6	2.53	6	2.53	0	0	0	0	3	1.27
1987	262	76.61	69	20.18	6	1.75	1	0.29	0	0	0	0	4	1.17
1988	186	60.59	111	36.16	5	1.63	4	1.30	1	0.33	0	0	0	0
10年小计	2 128	75.62	515	18.30	80	2.84	35	1.24	1	0.04	2	0.07	53	1.88
1989	310	62.12	160	32.06	10	2.00	0	0	0	0	0	0	19	3.81
1990	382	70.61	128	23.66	11	2.03	7	1.29	0	0	0	0	13	2.40
1991	359	65.75	167	30.59	10	1.83	7	1.28	0	0	0	0	3	0.55
1992	429	68.20	176	27.98	11	1.75	3	0.48	0	0	0	0	10	1.59
1993	437	69.59	151	24.04	17	2.71	7	1.11	0	0	0	0	16	2.55
1994	482	71.41	161	23.85	10	1.48	3	0.44	0	0	0	0	19	2.81
1995	494	67.86	182	25.00	17	2.34	8	1.10	1	0.14	0	0	26	3.57
1996	400	58.74	215	31.57	19	2.79	7	1.03	1	0.15	0	0	39	5.73
1997	545	64.27	228	26.89	23	2.71	2	0.24	0	0	1	0.12	49	5.78
1998	645	66.70	235	24.30	20	2.07	4	0.41	3	0.31	2	0.21	58	6.00

续前表

	图书		期刊		报纸		会议论文		学位论文		网络资料		政策报告	
	数量	比重(%)	数量	比重(%)	数量	比重(%)	数量	比重(%)	数量	比重(%)	数量	比重(%)	数量	比重(%)
10年小计	4 483	66.49	1 803	26.74	148	2.20	48	0.71	5	0.07	3	0.04	252	3.74
1999	359	58.37	162	26.34	27	4.39	5	0.81	2	0.33	4	0.65	56	9.11
2000	543	69.35	200	25.54	25	3.19	4	0.51	5	0.64	1	0.13	5	0.64
2001	619	68.40	224	24.75	41	4.53	9	0.99	1	0.11	4	0.44	7	0.77
2002	711	58.52	410	33.74	39	3.21	19	1.56	5	0.41	10	0.82	21	1.73
2003	721	63.98	326	28.93	34	3.02	9	0.80	2	0.18	11	0.98	24	2.13
2004	530	59.35	300	33.59	24	2.69	13	1.46	4	0.45	12	1.34	10	1.12
2005	777	56.14	458	33.09	37	2.67	49	3.54	14	1.01	24	1.73	25	1.81
2006	855	60.04	445	31.25	45	3.16	24	1.69	7	0.49	26	1.83	22	1.54
2007	823	56.56	469	32.23	48	3.30	9	0.62	7	0.48	54	3.71	45	3.09
2008	831	50.46	588	35.70	49	2.98	75	4.55	17	1.03	56	3.40	31	1.88
10年小计	6 769	59.13	3 582	31.29	369	3.22	216	1.89	64	0.56	202	1.76	246	2.15
30年合计	13 380	63.70	5 900	28.09	597	2.84	299	1.42	70	0.33	207	0.99	551	2.62

资料来源：张斌贤等：《近三十年我国教育知识来源的变迁：基于〈教育研究〉杂志论文引文的研究》，载《教育研究》，2009（4），19页。

第三，多语系表达的文献体系逐渐形成。目前，在教育学所使用的文献中，主要包括中文（包括外文著作的中文译文）、英文、俄文、日文、法文、德文和韩文这七个语种。随着教育学学科的发展和教育研究的进展，这七个语种的文献数量都呈现出上升的趋势。据不完全统计，其中，中文文献的使用量最大，约占63%；译文其次，约占22%；英文被引文献占14%；其后依次为俄文、日文、法文、德文、韩文（这五个语种被引文献共占1%）（见表11—3）。①

二、当前教育学文献使用中存在的主要问题

可以看出，多学科、多类型、多语系渐已成为我国教育学文献体系的主要特征，这是我国教育学百年发展的最重要的成就之一。但尽管如此，在目前我国教育学的文献体系中依然是存在问题的。

第一，在文献的使用率方面，教育学仍低于其他人文社会科学。以对CSSCI的教育学论文统计为例，在2005—2006年间，教育学论文中引文合计为103 019篇次，有引文的论文13 507篇，占论文总数的69.9%，较同期人文社会科学有引文的论文平均值低9.7%；篇均引文为5.33篇，不仅远低于历史学（17.11篇）、心理学（14.52篇）、考古学（13.99篇）、法学（12.30篇）等学科，而且低于同期整体人文社会科学的篇均引文数（8.62篇），仅仅高于新闻与传播学（3.37篇）、艺术学（4.71篇），在24个学科中居倒数第三。②

第二，在多语系的教育学文献体系中仍存在结构性的失衡。对《教育研究》近30年的统计表明，在过去三十年间中文文献（包括译文）始终是我国教育学知识的主要来源，中文被引文献（包括译文）在各语种被引文献所占比重在三十年间平均达84.73%。值得注意的是，在《教育研究》创刊后的第一个十年（1979—1988年），中文被引文献为54.35%，而到第三个十年（1999—2008年）却增至62.60%。与此相联系的是，外文著作中文译文的被引文献在过去的三十年间一直保持较高比例，三十年

---

① 参见张斌贤等：《近三十年我国教育知识来源的变迁：基于〈教育研究〉杂志论文引文的研究》，载《教育研究》，2009（4），20页。

② 参见龚放：《从CSSCI统计结果看我国教育研究的现状》，载《教育发展研究》，2009（5），80页。

表 11—3　1979—2008 年《教育研究》论文引文语种分布统计

时间＼语种	中文		译文		英文		日文		俄文		法文		德文		韩文	
	引文数	比重(%)	引文数	比重(%)	引文数	比重(%)	引文数	比重(%)	引文数	比重(%)	引文数	比重(%)	引文数	比重(%)	引文数	比重(%)
1979	23	38.98	25	42.37	11	18.64	0	0	0	0	0	0	0	0	0	0
1980	63	47.01	68	50.75	1	0.75	0	0	2	1.49	0	0	0	0	0	0
1981	78	44.07	60	33.90	22	12.43	3	1.69	14	7.91	0	0	0	0	0	0
1982	169	45.31	125	33.51	60	16.09	1	0.27	15	4.02	0	0	3	0.80	0	0
1983	173	54.06	119	37.19	19	5.94	4	1.25	3	0.94	1	0.31	1	0.31	0	0
1984	179	59.87	100	33.44	20	6.69	0	0	0	0	0	0	0	0	0	0
1985	206	54.21	93	24.47	78	20.53	2	0.53	1	0.26	0	0	0	0	0	0
1986	139	58.65	64	27.00	28	11.81	0	0	6	2.53	0	0	0	0	0	0
1987	201	58.60	114	33.24	28	8.16	0	0	0	0	0	0	0	0	0	0
1988	199	64.40	78	25.24	28	9.06	0	0	2	0.65	1	0.32	1	0.32	0	0
10年小计	1 430	54.35	846	32.16	295	11.21	10	0.38	43	1.63	2	0.08	5	0.19	0	0
1989	331	70.88	124	26.55	9	1.93	2	0.43	1	0.21	0	0	0	0	0	0
1990	302	54.81	207	37.57	42	7.62	0	0	0	0	0	0	0	0	0	0
1991	387	70.62	117	21.35	41	7.48	1	0.18	2	0.36	0	0	0	0	0	0
1992	462	72.30	126	19.72	46	7.20	1	0.16	1	0.16	3	0.47	0	0	0	0
1993	437	68.82	103	16.22	87	13.70	0	0	3	0.47	0	0	5	0.79	0	0
1994	420	62.22	149	22.07	93	13.78	11	1.63	0	0	0	0	2	0.30	0	0

续前表

时间\语种	中文		译文		英文		日文		俄文		法文		德文		韩文	
	引文数	比重(%)	引文数	比重(%)	引文数	比重(%)	引文数	比重(%)	引文数	比重(%)	引文数	比重(%)	引文数	比重(%)	引文数	比重(%)
1995	478	66.95	153	21.43	75	10.50	4	0.56	2	0.28	2	0.28	0	0	0	0
1996	503	69.09	123	16.90	83	11.40	0	0	3	0.41	2	0.27	0	0	14	1.92
1997	605	73.60	161	19.59	52	6.33	0	0	1	0.12	3	0.36	0	0	0	0
1998	621	61.18	174	17.14	190	18.72	14	1.38	0	0	12	1.18	1	0.10	3	0.30
10年小计	4 546	66.91	1 437	21.15	718	10.57	33	0.49	13	0.19	22	0.32	8	0.12	17	0.25
1999	718	74.71	155	16.13	70	7.28	5	0.52	1	0.10	12	1.25	0	0	0	0
2000	510	62.35	191	23.35	116	14.18	0	0	0	0	1	0.12	0	0	0	0
2001	620	66.31	212	22.67	101	10.80	1	0.11	0	0	1	0.11	0	0	0	0
2002	726	62.26	207	17.75	223	19.13	0	0	0	0	8	0.69	2	0.17	0	0
2003	666	57.17	199	17.08	289	24.81	8	0.69	0	0	3	0.26	0	0	0	0
2004	571	64.52	172	19.44	119	13.45	13	1.47	7	0.79	1	0.11	2	0.23	0	0
2005	843	62.86	327	24.38	169	12.60	2	0.15	0	0	0	0	0	0	0	0
2006	912	63.20	277	19.20	231	16.01	7	0.49	16	1.11	0	0	0	0	0	0
2007	893	60.71	285	19.37	288	19.58	5	0.34	0	0	0	0	0	0	0	0
2008	949	57.58	320	19.42	370	22.45	0	0	7	0.42	2	0.12	0	0	0	0
10年小计	7 408	62.60	2 345	19.82	1 976	16.70	41	0.35	31	0.26	28	0.24	4	0.03	0	0
30年合计	13 384	62.96	4 628	21.77	2 989	14.06	84	0.40	87	0.41	52	0.24	17	0.08	17	0.08

资料来源：张斌贤等：《近三十年我国教育知识来源的变迁：基于〈教育研究〉杂志论文引文的研究》，载《教育研究》，2009（4），20页。

平均为 21.77%。此外，外文被引文献所占比重增长的速度并不明显。① 可见，在教育学的文献体系中，中文文献的使用是较外文文献占绝对性优势的。但在当前这样一个国际化、全球化程度不断加深的时代背景中，在当前这样一个对他国，特别是西方发达国家的教育研究进展必须实时跟进、深入交流的研究环境中，在当前这样一个其研究概念、研究范式、研究方法等深受西方教育思潮影响的教育学学科体系中，中文文献的这种绝对性优势是值得我们反思和重视的。一方面，我们对"舶来"的概念、方法、范式奉若圭臬；而另一方面，我们却对这些用其母语表述的概念、方法、范式知之甚少，这就必然会造成在研究和对话中的偏差。甚至可以说，对外文文献的重视不足、使用不足，很有可能会造成我国教育学研究和实践中的盲目"跟风"现象。

第三，在多类型的教育学文献体系中对书籍的过度依赖仍需改善。如前所述，在教育学使用的诸多类型的文献之中，图书一直居于非常重要的地位，虽然在近年来出现了使用频率下降的趋势，但其仍然是我国教育学研究者使用的最重要的、所占比重最大的文献。图书作为一种成熟的、定型的、经过反复积淀的文献资料，无疑是应当也必须引起研究者重视的，但不可否认的是，图书与其他类型的文献，诸如期刊论文、会议论文、网络资源相比，具有出版周期长、知识更新周期长等特征，因此，从知识的更新速度上来说，图书是不具有优势的。而教育学研究对图书资源的过度依赖也必然会影响到教育学自身的发展与教育学知识的更新。因此，如何在教育学研究中平衡图书的使用和期刊论文、会议论文、网络资源等其他类型文献的使用，也是当前我们面临的主要议题。

第四，在多学科的教育学文献体系中还需更多地借鉴其他社会科学知识。虽然目前我们已基本形成了一个多学科参与的教育学文献体系，但从参与其中的学科门类上看，哲学、历史学、文学等人文学科的被引文献量逐渐下降，而管理学、经济学、社会学、法学等社会科学的被引文献量则逐渐上升，这表明我国教育学知识来源和学科范式的一个转变。而正是由于这种转变，必将使得教育学的学科包容性、开放性不断增强，使得教育学的知识来源进一步丰富，使得教育学向多种"陈述系统"转变，因此，这也必然进一

---

① 参见张斌贤等：《近三十年我国教育知识来源的变迁：基于〈教育研究〉杂志论文引文的研究》，载《教育研究》，2009（4），23页。

步要求教育学研究重视其他社会学科的发展及其文献使用。

三、教育学文献使用之改进策略

　　针对目前我国教育学文献使用中存在的主要问题，我们认为，首先，在教育学研究和论文发表中要重视文献的引用。对已有观点、结论和成果的考察和甄别，对已有观点、结论和成果的规范引用，体现的是一个学科整体的规范程度和研究深度，体现的是一个学科研究者群体的学术道德和学术风范。因此，在教育学研究和论文发表中重视文献的引用，"言必有据"应成为规范的、道德的、有深度的教育学之必需。其次，重视外文文献的直接阅读与使用。在一个开放的、多元的、日益复杂化的时代和世界背景中进行教育学研究，直接使用外文阅读、使用国外的相关文献是教育学发展的必然选择。只有在用文献所使用的语言来对文献自身进行解读和学习时，我们才能更正确、更恰当、更深入地理解文献中所阐释的概念、理论、范式，才能更正确、更恰当、更深入地使用这些文献，也才能更正确、更恰当、更深入地进行广泛的教育学的国际对话与交流。再次，要重视各类型论文的文献价值，提高教育学知识更新的速度。在正确地认识、对待、使用图书资源的同时，知识生产周期最短、知识更新速度最快的各类论文应进一步得到广大教育学研究者的重视与使用。最后，要更加广泛地借鉴、引用其他社会科学的知识与文献。不仅要让教育学成为一门多学科参与的学科，更要让教育学成为一门多学科共同搭建与认可的学科。

第三节　教育学发展的实践维度及其把握

　　如果说文献是教育学发展的支撑的话，那么实践就是教育学发展之根源。离开了实践，教育学就变成了"无源之水、无本之木"。这既是由教育学自身的特征所决定的，也是由现代社会科学的整体发展趋势所决定的，更是由整个社会乃至时代的需求所决定的。一方面，立足实践是教育学学科发展自身的需求。17世纪由夸美纽斯所创建的教育学，本身就是源于教育实践发展的需求，因此，可以说，教育学本身就是一门关于经验的、实践的科学，教育学的发展也离不开实践的基础。另一方面，面向实践也是现代社会科学发展的整体趋势。从当代西方社会科学发展来看，"以问题为中心"的新知识生产方式正逐渐取代以往的"以学科为中心"的陈旧的知识生产方式。"以问题为中心"强调科学研究能够直面社会现实中亟待解决的问题，能够从问题自身的逻辑出发，各个学科从不同的侧面来研究问题的性质、问题的路径、解决问题的方法，等等。因此，这也要求教育学必须面对实践、面对现实。再一方面，面向实践是整个时代对教育学提出的重大要求。目前，我们正处于一个纷繁复杂的转型期，社会转型时期的社会变化与发展必将带来许多需要教育学解决的新问题、新现象、新矛盾，这些问题、现象与矛盾也必将比非转型时期所遭遇的问题更具复杂性、艰巨性和挑战性。而这些都要求教育学能够予以充分地关注、把握和解决，需要教育学关注实践、参与实践、批判实践，进而改进实践。

一、当前教育学发展中"实践"的缺失

在我国教育学发展的实际过程中，其实践维度存在着不同程度的问题，主要表现为：

第一，试图用抽象的理论去"规范"多元、复杂的实践。在教育学的理论联系实践的过程中，常常出现的一种现象就是用抽象的理论去"规范"多元、复杂的实践。公允地说，教育学的抽象理论是源自实践的，是从具体到一般的升华后的产物，合理地、恰当地、生动地使用理论指导实践必将使得教育实践"事半功倍"。但不可否认的是，教育的实践是极其复杂多样的，如果完完全全、严格地按照抽象的理论来生搬硬套式地"规范"形形色色的实践，必将导致实践中的种种偏差，而这种偏差往往会带来极为严重甚至是不可逆转的后果。

第二，盲目使用外来理论来诠释中国实践。在当前这样一个全球化的时代，国外的教育思潮、教育理论和教育成果都对我国教育研究者及其实践产生了重要的影响。目前，在我国的教育学界谈论、研究的诸多概念、范式、制度都源自他国。值得注意的是，各个国家的教育理论、政策、法律、措施都是根植于各国的政治、经济、文化、历史土壤。因此，在分析、借鉴、分享、移植他国的教育成就的同时，一定要考虑我国与他国在政治经济体制、在历史文化传统等方面的差异性。如果撇开文化差异、社会差异、政治经济体制差异而盲目地效仿和制度跟进，可能带来的是更为严重的问题。

第三，在教育学学科体系内进行纯粹的概念演绎。这主要体现在两个方面：一方面是醉心热衷于"文字游戏"，漠视实践问题。我国不少教育研究

者热衷于在纯粹的哲学概念、范畴和理论中来"生产"新的教育名词、"诠释"教育理论，他们进行的是从"抽象"到"抽象"、从"一般"到"一般"的演绎式的研究工作，这种研究既没有任何的实践基础，也没有任何的实践指向性，完全是一种"书斋式"学者自娱自乐的"文字游戏"。另一方面是完全从教育学的学科逻辑出发，撇开实践问题，进行学科构建。这是我国教育学界长期以来"学科取向"所产生的严重后果之一。许多研究者仅仅从学科的逻辑出发，讨论学科的属性、概念、范畴等等，其唯一的工作就是进行学科建设工作。不可否认，教育学的学科建设工作是有着极其重要的地位和意义的，对我国现代教育学的繁荣发展发挥了极为重要的作用。但是当学科建设成为一种盲目的"下意识"时，当学科建设成为教育研究工作的全部内容和唯一指向时，这种形而上的学科逻辑、学科取向就是危险的、盲目的了，也必将给教育学的发展带来严重的问题。

二、教育学发展中"实践"缺失的成因分析及其解决路径

之所以出现种种这般的由"实践"的缺失而引起的问题，究其原因，主要包括以下三个方面：

第一，我国教育学理论的结构性缺失及其修复。哈贝马斯曾将社会学的知识分为经验分析知识、历史释义知识和批判反思性知识三类；布雷钦卡认为，教育理论应有教育科学理论、实践教育理论和教育哲学理论三类。这无非都说明了包括教育学理论在内的社会科学理论都应是具有多种形态的；根据所解决的问题的不同，理论也是有不同的面向和指向性的。而"中国教育学的理论构成中缺少浸入实践的研究和生成于实践的理论"[1]。自改革开放以来，我国大规模地引进西方的教育理论，希冀借助源自他国教育实践的理论来解决我国教育实践中存在的问题。正如前文所述，他国的教育理论都是根源于其具体的、真实的教育实践的，因此，这些来自他国的教育理论与中国的教育实践相比，是有距离感的、是相脱离的，如果盲目地采用"拿来主义"的方法，必将导致我国教育学中理论与实践的脱离。要改变这种现象，就要构建源自中国教育实践的"经验分析知识"，构建源自中国教育实践的"实践教育理论"。只有使得我国的教育理论具有了活生生的实践根基和实践

---

① 吴黛舒：《中国教育学学科危机探析》，载《教育研究》，2006（6），50 页。

指向性，丰富、完整了我国教育学理论的根本结构和根本逻辑，才能使得实践具有真正的意味，才能真正实现"理论联系实践"。

第二，"体系研究"与"问题意识"。我国教育学研究中"实践"的缺失，在很大程度上，还与长期以来，特别是改革开放以来，我国教育学界存在着的"体系研究"有关。"所谓体系研究，是指在学科研究中，更多地关注概念、范畴本身的确定性，更多地关注概念与概念、范畴与范畴之间的逻辑关系，更多地关注学科体系的严谨、完整和包容性。具体言之，就是在研究工作中，无论是研究课题的确定还是课题研究所要达到的目的，都主要是以学科本身的需要为出发点，都主要是为了学科自身的建设。"① 这种"体系研究"在 20 世纪 80 年代初期曾为我国教育学的繁荣发展作出了重要的贡献，建设了一大批二级学科，使得我国教育学科出现了百花齐放的喜人景象。但"体系研究"也是存在负面问题的，即"体系研究""更主要的是以一种较为封闭、静止的观念和较为狭窄的眼界来构思学科研究的。在这个过程中，受到注意的主要是概念、范畴、逻辑、体系以及学科本身的知识积累，而构成学科发展客观前提的活生生的教育现实则得不到应有的重视，甚至被忽略了"，"随着时间的推移和客观条件的变化……当这种意识逐渐成为不自觉的集体'冲动'时，和当这种意识导致为体系而体系、把体系当作学科建设的全部目的，从而忽略了学科体系之外的世界、忽略了建设学科体系的最初动因和所要达到的最终目的时，这种意识就会成为一种经院习气，成为束缚学科本身不断更新和发展的力量，成为阻碍教育科学研究不断拓展和深入的消极因素"②。为此，随着时代的发展，随着社会科学的整体发展，我们要用"问题意识"来取代"体系意识"。"问题意识"，是以问题而不是以学科为核心的研究模式，它遵循的是问题自身的逻辑，如问题的性质、问题形成的过程、造成问题的种种因素、该问题与其他问题之间的关系、解决问题可能存在的方式和途径、解决问题所应采取的步骤、问题解决可能产生的各种后果等等。因此，可以说，"问题意识"是从具体的、特定的、活生生的问题出发进行研究，进而生成普遍的、一般的、具有共性的总结与理

---

① 张斌贤：《从"学科体系时代"到"问题取向时代"：试论我国教育科学研究发展的趋势》，载《教育科学》，1997（1），16 页。

② 张斌贤：《从"学科体系时代"到"问题取向时代"：试论我国教育科学研究发展的趋势》，载《教育科学》，1997（1），17 页。

论。而在"问题意识"引领下的教育研究，也必将使得教育研究者能从关注现实问题出发，从我国活生生的教育现象和实际出发，从我国现实的教育矛盾、困境、冲突出发，来研究、分析、解决、升华，只有这样的研究才能真正解决中国教育之中的问题，也只有这样的研究才能真正解决中国教育学中"实践"的缺失，从真正意义上丰富我国的教育学理论与实践。

第三，教育研究者与实践者的分离及其结合。我国教育学中"实践"的缺失，也与我国教育理论工作者与教育实践者的职业分工有关。教育学的理论工作者大多囿于高等学府，从各自的兴趣和专长出发，进行教育研究；而广大一线的教育工作实践者，尤其是教师，则是在自己日常的实践活动领域内进行实践。前者专门从事理论生产，后者专门从事实践活动，二者的分工与分离渐行渐远，二者的沟通与对话也日益困难。而这必然导致我国教育学中"实践"的缺失。为此，我们一方面要加强教师教育，加强对教育实践第一线的教育实践者的理论素养的培养；另一方面要在教育理论研究中重视质性研究、重视田野调查，让教育理论工作者能够在真实的实践环境中发现问题、研究问题、解决问题。

三、关注实践、参与实践、批判实践、改进实践

与文献一样，实践是教育学学科生长、发展的重要维度之一。当前我国教育学中"实践"的缺失，要求我国教育理论工作者与实践者都要重新进行角色定位，达成相互间的沟通与对话，共同聚焦实践、参与实践、批判实践、改进实践。①

第一，从研究对象上说，要聚焦实践。教育学研究必须也必然要从教育实践中的现实问题、矛盾、疑难、冲突出发，围绕着实践问题，以实践问题的逻辑展开研究，要彻底改变"形而上学"式的对概念体系和学科体系的盲目追求，要彻底改变"文字游戏"般的、纯粹的概念名词的推衍和演绎，进而处理好理论与实践之间的关系。

第二，从研究方法上看，要真真正正地参与实践。要改变教育理论研究与教育实践活动"两张皮"的现象。教育理论工作者和工作、生活在教育实践第一线的广大教育实践工作者要构成真正意义上的共同体，来共同改变教

---

① 参见郑金洲：《中国教育学研究的问题与改进路向》，载《教育研究》，2004（1），24～25页。

育研究脱离教育实践的现象，使得教育理论与实践能真正实现相互促进、互相丰富、互相完善。

第三，从研究功能上看，要做到批判实践。立足于实践的教育研究，不仅仅要研究透彻实践中的问题，更要反思实践、超越实践、升华实践，最终实现理论与实践的统一。批判实践的目的不是为了批判而批判，而是帮助教育学工作者进一步发现问题、了解问题，进而解决问题；进一步说，批判实践的目的，是帮助我们以理性的原则来反思实践，反思教育实践中的固化与僵化，进而超越实践、升华实践，构建源自中国教育实践的教育概念、范式与理论。

第四，从研究的目标指向性上看，要改进实践。以实践为根本指向的教育学研究，是要以推进实践、改进实践为主要目标的，"这并不是要求教育学对每一个具体教育事件提出解决方法，而是要求对一些有关教育改革与发展的具有普遍性的、根本性的现实问题包括理论的和实践的进行研究和提出解决的方向"，"并不是说任何理论、任何理论工作者都应该涉足实践，无论进行何种研究都需要有明确的实践指向，而是说，从教育学研究的根本方向上，应该有强烈的实践指向性，不应以思辨为研究的最高境界，以书斋为研究的唯一场所，以难读、难懂为研究的主要表达方式"[1]，而是说教育学研究必须具有实践情怀。

综上所述，文献与实践是教育学发展的两大支撑点。中国教育学发展的百年历史，尤其是自改革开放以来的发展历程表明，当下我国教育学发展所面临的重要任务就是要继续形成、完善、发展一个多学科、多类型、多语系平衡、和谐发展的文献体系，以及形成以聚焦实践、参与实践、批判实践、改进实践为思想内核的实践胸襟。

---

① 郑金洲：《中国教育学研究的问题与改进路向》，载《教育研究》，2004（1），24～25 页。

第十二章　心理学 *

　　科学心理学的诞生，受益于很多学科的发展，尤其是生理学、生物学和哲学。正如人们常说的，"心理学的父亲是哲学，母亲是生理学，媒人是生物学"。这样的发展渊源，决定了心理学作为一门科学，从诞生之日始就具有交叉学科的性质，不仅与自然科学交融，也与社会科学交融。从学科发展角度来说，心理学的交叉性，不仅表现在研究方法和研究内容上，还表现在整个学科发展的历史上。首先，在研究方法上，心理学最早的研究方法为心理物理法和内省法，前者以物理学的方法研究基础心理过程；而后者则来源于哲学，通过内省的方式描述心理过程。其次，在研究内容上，心理学从诞生之日就采用实验科学的手段，探讨人类灵魂和精神意识的构成，而这个问题，始终是哲学最基本的问题之一。更不用说心理学的研究发展历史，在心理学学科发展的 100 多年间，始终存在着与不同学科的学者之间的交流对话。

　　中国心理学学科的发展，秉承了心理学学科发展自身的规律，同时也受到中国思想、文化的影响，因此可以简单地说，当代中国心理学的发展，是

---

　　* 本章主笔：胡平，中国人民大学心理学系副主任、教授；孙健敏，中国人民大学心理学系主任、教授。

在国际心理学学科迅速发展的大方向引导下，在中国社会急剧转型的语境中进行的。中国心理学学科发展既包含着国际心理学的发展特征与特点，也兼具中国问题和中国特色，同时从学科发展趋势来看，未来相当长的一段时间依然会存在着追随国外主流学科发展同时兼顾本土问题的混合发展方向，因此笔者也将从国际和国内转型这两个方面来总结以及探讨中国心理学学科发展和研究方向。

第一节　国际心理学学科发展的趋势

总结最近十年的国际心理学学科发展，可以看到，从学科性质讲，心理学与其他学科的发展日益交叉融合。这表现在一方面努力采用新的技术和方法从更深层次回答经典问题，另一方面心理学的发展正深刻地影响其他学科发展，心理学正在成为新的核心枢纽学科。从研究内容讲，心理学内部分支学科之间相互交叉融合，趋于形成完整的知识体系，新兴领域层出不穷；从研究领域上来讲，心理学的应用领域不断拓展，学科与行业并行发展。

一、心理学正成为核心的枢纽学科

Boyack 等人在 2005 年对 2000 年发表在社会科学引文索引（SSCI）和科学引文索引（SCI）的 7 121 个学术期刊上的逾百万篇科学文献，采用科学计量和文献计量等方法，分析了各个科学领域的影响力（Boyack, Klavans, and Borner, 2005）。他们的研究成果发现，有七门科学可以成为"枢纽科学"（hub science）。这七门科学分别为：数学、物理、化学、地球科学、医学、心理学和社会科学。所谓的枢纽科学是指和其他学科能够相互融合，产生跨学科新成果的学科。枢纽科学作为人类所有科学研究领域中结构性的部分，正广泛地影响着科学发展的方向。一个学科，作为枢纽学科，不仅影响着自身的学科发展方向，而且在人才培养、研究方法、研究问题等角度为其他学科的发展提供强劲的支撑作用。在认知神经科学的发展中，心理学作为枢纽学科的影响就非常鲜明地体现出来。

20 世纪末，欧洲和美国不约而同地提出了"脑十年"计划，随即日本也宣称了"脑科学时代"。在这样宏大的科学计划的推动之下，21 世纪被世界科学界公认为是生物科学、脑科学的时代。对人脑语言、记忆、思维、学习和注意等高级认知功能进行多学科、多层次的综合研究随即成为当代科学发展的主流方向之一，认知神经科学随之诞生。认知神经科学的根本目标就是阐明各种认知活动的脑内过程和神经机制，揭开大脑—心灵关系之谜，它以心理学为基础，高度融合了当代认知科学、计算科学和神经科学，把研究的对象从纯粹的认知与行为扩展到脑的活动模式及脑与认知过程的关系。认知神经科学强调多学科、多层次、多水平的交叉，把行为、认知和脑的机制三者有机结合起来，试图从分子、突触、神经元等微观水平上和系统、全脑、行为等宏观水平上全面阐述人和动物在感知客体、形成表象、使用语言、记忆信息、推理决策时的信息加工过程及其神经机制。认知神经科学本质上就是心理学结合其他学科的研究成果发展起来的，而且这种发展是采用最新技术手段来回答心理学最基本的问题——意识和心灵。在认知神经科学的发展中，心理学学科的枢纽作用就非常显著地体现出来。

从近十年的发展可以看到，从研究层次上来看，认知神经科学可以分为宏观和微观两个研究层次：宏观上，主要进行的是神经心理学临床研究和脑功能成像研究；而微观上，主要采用的是分子生物学的方法，对不同机能进化水平的动物进行分子、细胞、神经环路等多层次的神经生物学研究。

在宏观方面，认知神经科学主要关注于认知活动的脑功能定位，着眼于揭示神经事件与认知活动或行为活动的相关性，阐明认知过程中神经系统相应产生的规律性活动。在过去的十年中，认知神经科学的一个重要发展就是利用神经影像技术，对脑损伤病人和正常人在进行某种认知操作时的脑活动模式进行无创伤性的功能成像。这种无创伤性的功能成像，有利于直观实时了解认知过程中的大脑活动，帮助研究者认识大脑活动规律性。如对不同种类记忆的研究发现，长时记忆的活动过程是大脑的内侧颞叶负责对初级、次级皮层逐级加工信息的编码，然后投射到新皮层贮存信息，形成长时记忆；海马不但参与记忆信息的初始编码，还参与以后不断发生的记忆回放过程；额叶参与了记忆编码的各个过程等。认知神经科学中脑功能定位的研究，为探究大脑区域激活与认知加工活动的关系，厘清不同认知活动的基础和大脑机制等提供了新的技术手段。

在微观方面，认知神经科学中最著名的进展就是基因—文化协同进化理论的建立以及镜像神经元的发现。基因—文化协同进化理论提出，文化是一种生物现象，人类有关知识的获得、保存和使用的整个神经机制都会影响文化形成和变化的轨迹，促使其发展；与此同时，文化也会反过来影响人类的神经机制，促使其发展和进化。而镜像神经元的发现为这一理论的提出提供了非常重要的证据。所谓镜像神经元是指当人们看到别人运动时，自己脑皮层运动区中会被激活兴奋的神经元。镜像神经元的发现，有利于解释人们活动规律的传承、保存、获得等过程，从而有助于解释人类文化的遗传和进化。将基因—文化协同进化理论和镜像神经元相结合来解释人类社会发展和变化，就可以看到，文化中最外在的和宏观复杂的行为模式与最内在的、微观精细的基因分子的活动完美结合在一起，可以更完整地解释人类社会发展中智能发展的本质和意识起源这样的重大理论问题。

随着脑成像技术的突破和神经生物学的发展，认知神经科学在不同研究层面上飞速发展，心理学与认知科学和神经科学的交融达到前所未有的热度，并且由此影响了人类学、遗传学、社会学、哲学等多个学科的发展，越来越多的从事生理学、生物学、物理学、基因组学、生物化学、医学、计算机科学语言学、数学、逻辑学、遗传学的研究人员投入心理学研究中。心理学对这些自然科学和社会科学学科的新进展和新技术的借鉴吸收，不仅极大地推动了心理学自身的发展，同时也为原有学科的进一步发展提供了指引性信息，这样的科学发展研究的趋势，都说明了心理学学科已经从边缘学科成长为枢纽学科和核心基础学科。

二、学科内外部相互交叉融合

从 21 世纪初开始，心理学的发展呈现了复杂的交叉和融合的趋势。这种交叉融合不仅表现在心理学学科内部各分支学科的交叉融合，而且表现在心理学和其他学科发展的交叉融合。

（一）学科内部各分支学科的交叉融合

心理学学科内部，各种研究分支纷繁复杂。比如根据研究视角，可以分为发展心理学、进化心理学、生理心理学等；根据研究层次，可以分为社会心理学、群体心理学等；根据研究领域，又可以分为基础心理学和应用心理学。这样的学科区分，使得心理学内部的理论和研究范式也差异较大。但是从 21 世纪初开始，越来越明显的发展趋势是心理学内部各个研究方向几乎都存在着多层面的交叉融合。

几乎所有的心理学问题，都有人用认知神经科学或认知科学的研究方法，来尝试揭示这些心理过程的神经机制；与此同时，对心理现象机制进行研究的认知神经科学也与社会心理学、教育心理学、跨文化心理学等心理学分支领域密切结合，逐步形成了一系列迅猛发展的新的交叉研究领域，如社会认知心理学、社会认知神经科学、文化认知神经科学、认知神经教育学、应用认知神经科学等。

除开在研究问题和研究方法上的相互融合以外，还有很多心理学研究者试图采用统一范式去理解和整合各个分支心理学研究成果，提供多层面的整合理论。如认知神经心理学家 Michael Posner 就基于他数十年对于注意过程的研究，提出"注意网络"理论作为可能整合心理学研究的模型（Posner & Rothbart，2007）。在他的理论中，他认为"注意网络"的形成过程受到基因、社会化和文化因素等不同层次因素的综合影响，采用统一整体范式有利于人们对心理学研究成果的整体理解，同时也为人类更好地理解心理意识活动提供了一条共同的途径。

（二）学科外部与其他学科的交叉融合

认知神经科学的诞生和发展，是心理学与其他学科交叉融合的最明显标志，除开认知神经科学以外，在社会生活的诸多领域，心理学都与其他学科日益交叉融合。另一个非常明显的例子就是心理学与经济学的交融——经济心理学的诞生。

经济心理学就是心理学和经济学交叉融合的产物，这个学科一方面为传统经济学理论带来了极大的挑战与完善，另一方面也为心理学中人类认知和决策过程的研究提供了新的发展。在传统的经济学理论假设中，一直都贯穿着"人是完全理性的"这样的思想，因此经济决策过程就是完全理性，趋利避害，谋求最大收益的全面权衡，获得最优决策结果的过程；但是认知心理学家 Herbert Simon 率先考虑到人的心理因素在经济行为中的作用，提出了"有限理性"（bounded rationality）理论（Simon，1955，1976），而心理学家 Daniel Kahneman 和 Amos Tversky 更进一步解释了人类在不确定条件下的判断和决策行为如何受到心理因素的影响过程（Kahneman & Tversky，1974，1979），最终为行为经济学和经济心理学，甚至是神经经济学的建立奠定了基础。

除开心理学与经济学的结合以外，另一个很重要的领域就是心理学与管理学的结合。正因为管理学家们关注到了霍桑效应，引进了心理学的思想，才将早期的科学管理模式推进到人际交往管理思想，并最终在管理学理论中应用马斯洛需求层次理论而提出了人本主义的管理模式。

这些心理学与其他学科交叉融合的发展已经成为其他学科中重要的组成

成分而为人们所熟知。最近十年的发展中，心理学与其他学科的融合发展更为快速，比如心理学与金融、投资、消费、宏观经济、公共管理、危机管理等，这样的发展不仅为其他学科，也为心理学自身提供了更为深厚的理论基础，产生了深远的影响。

（三）应用领域不断拓展，学科与行业并行发展

最近十年中，随着全球化竞争，经济形势的转变，社会结构的转型，人们的生产生活出现了诸多新的问题，这些问题正日益影响着人们的身心健康水平和主观幸福感受，因此需要心理学参与的应用领域问题不断增多，同时伴随着心理学研究成果的增多，心理学对于社会的贡献愈发突出，心理学学科伴随着不同行业的发展而迅速发展。

从理论上，自 21 世纪初开始，越来越多的心理学研究者开始关注社会生活这样大的情境是如何影响到个体心理特征，同时个体心理特征又是如何反过来影响整个社会生活情境的。Gelfand 等人（Gelfand, Nishii, Raver, and Lim, 2004）提出了一个"情境制约"的多层模型，这个模型的基本观点认为，生态文化和历史因素、社会情境的结构以及心理过程之间存在复杂的相互影响。这个理论非常突出地说明了情境结构成为心理学研究的核心焦点。他们认为，特定生态文化的和历史的因素更加需要社会行为的可预测性和在文化范围内的协调，例如高人口密度、自然资源匮乏、极端气候、遭受外来威胁等，这样问题的解决就需要创造一种特定的社会结构，才能促使秩序和协同行动，而秩序和协同行动是建立在心理学的基础上的。21 世纪以来国际心理学的发展，也明显地体现了情境（context）是影响心理学发展的越来越重要的因素，在现实的情境中，心理学越来越多地渗透到其他行业中去，为人类的发展而作出努力。

如在应用领域中，生态心理学和灾害心理学正成长为发展迅速的新兴学科。这两门新兴学科的发展，就来源于全球气候的变化、自然灾害的频发对人们日常生活的深刻（负面的）影响。这两个学科的主要任务是采用心理学的方法和技术来研究气候变化及灾害对个体和群体心理与行为的影响，揭示其发展和变化规律，并探讨有效应对和干预的方法、途径与模式。目前这两个学科的主要研究集中在以下几个方面：（1）公众对于全球变暖的预期和适应受到哪些因素的影响；（2）自然灾害对于公众心理健康的影响，由自然灾害导致的心理创伤和应激反应的心理干预模型；（3）全球气候变化对于公众心理和行为的影响；（4）心理学的研究对于预防气候变化和自然灾害的

贡献。

比如随着极端宗教意识的抬头，恐怖袭击已经成为许多国家关注的一个问题。近十年来，心理学家开展了一系列工作，研究恐怖袭击的成因以及对公众的影响，研究恐怖袭击的防范。

比如随着全球人口老龄化越来越加速，越来越多的心理学家开始关注老年心理学的研究。最近有关老年心理学的研究发现，尽管年龄增加会带来一些负面的变化，但是老年人在情绪调节等一些社会技能方面却有优于年轻人的表现。尽管专门进行的老年人的研究依然不多，但是有关老年心理学的研究，已经成为全人发展心理学中非常重要的组成成分。

在应用心理学领域心理学与行业相互发展中，还有一个非常活跃的发展领域就是人机交互。有关人机交互、人性化发展、人工智能计算处理方式等，已经为航空航天、计算机以及交通运输等领域提供了非常重要的理论基础，而且随着人工智能化水平的提高，由机器思维模拟人的思维，完成原来必须依靠人手才能完成的很多工作已经成为一种趋势，甚至因为机器的稳定性能更好，在很多领域会越来越依赖机器。比如外科手术中，越来越多的外科手术需要借助电脑和仪器来完成，人机交互的因素成为提高手术安全性和治疗效果的一个至关重要的因素（Bray，2010）；比如在自闭症的儿童治疗中，具有良好社会反馈性的机器人正在逐渐成为良好的治疗手段。

第二节　中国心理学的发展

21 世纪以来，中国心理学的发展也取得了很大的进步，无论是从理论还是从应对国家需要挑战的角度，均取得了较大的进步。

一、基础研究成果发展迅速

尽管中国心理学发展时间不长，但是通过采用现代科学技术手段，在很多方面也取得了很好成绩，尤其是国内研究者关于知觉和注意的认知神经科学研究取得突破性进展，出现了一些处于国际领先水平的研究，受到国际同行广泛关注和认可。

国内研究者有关视知觉的研究主要集中在视觉拥挤、视觉适应、知觉学习、知觉组织和面孔知觉等几个方面。视觉拥挤指的是在外周视野当靶目标被干扰物围绕时，原本清晰可辨的靶目标将会变得难以辨认。这一视觉现象被认为是视觉系统物体识别的瓶颈，对于理解物体识别的加工过程（如特征整合）有很大的帮助，因此一直是视觉科学领域的研究热点。国内研究者发现，视觉拥挤效应在大脑的发生部位应该是具有左右视野相互独立而上下视野连续的特征的一个或者多个视觉皮层。传统的知觉学习研究认为知觉学习具有两个基本特征——网膜位置特异性与特征特异性，国内研究者采用了创新性的实验范式，证明知觉学习也可以在不同的刺激朝向之间进行完全迁移，研究者由此提出了一个新的基于规则的知觉学习理论（Zhang et al.，2010）。除开简单的视觉刺激以外，研究者还对复杂的视觉刺激，比如面孔等进行了研究，也取得了很好的成绩。在有关注意的研究方面，国内研究者也取得了长足的进步，这些研究问题包括知觉负荷影响注意选择的时程以及脑机制（非自主注意与自主注意），注意和意图的加工脑区，注意控制理论以及注意控制的神经网络的各个部分的作用等。

在基础心理学研究中，近十年来，情绪一直都是心理学研究者极度关心的主题和持续的研究热点。国内的研究者不仅关注了情绪加工的传统脑区，而且发现了在情绪和认知彼此交互中，传统的认知脑区参与到了情绪加工。除此以外，有关抑郁症病人的情绪等也是重点研究对象。

除开认知神经科学取得的成果外，在国内，还有研究者在社会认知神经科学方面也取得了较大进步。社会认知神经科学是一门采用认知神经科学技术研究社会认知现象的交叉学科，它结合采用认知神经科学和社会心理学的理论和方法，研究人类的认知、情绪、人际、组织和文化等多种社会现象。研究者比较了中国基督教徒和佛教徒有关自我的加工脑区，发现这两种信仰的人自我参照加工激活的背侧内侧前额叶是相同的，但是与藏族人的自我参照加工激活区域是不同的。研究者还发现，在中国文化下或西方文化下，自我概念在哲学、心理学和神经科学上是一致的（贺熙、朱滢，2010）等。

认知神经科学的方法不仅被用来研究社会问题，还被用来研究经济决策问题。研究者在对人们经济决策中获得和损失的神经机制研究中发现，人们对获得和损失进行决策的神经机制并不对称，不同的决策情景激活了不同的脑区，这些研究结果说明人类的大脑对未来损失比对未来的获得更加敏感。

通过以上研究结果的总结可以看到，中国心理学尽管起步较晚，但是在认知神经科学等新兴学科发展前沿还是取得了较好的成绩。

二、应对国内社会生活需求能力提高

除开基础心理学发展迅速以外，可以看到，心理学应对国内社会生活多方面需求的能力也逐渐提高。

首先是心理健康。心理健康事关每个人的身心健康、工作成就以及人生发展，所以心理健康一直都是人们社会生活中关注的热点问题，在如何提高心理健康水平方面，国内心理学研究者作出了很多努力。从理论上，研究者深入研究精神疾病的患者以及神经发育障碍的患者，探讨导致病人症状的基础，比如研究精神分裂症的神经机制，了解抑郁病人的认知神经加工过程；而从实践的角度，研究者在全国东部、中部、西部和东北共 21 个省（直辖市）的 39 个城市进行了抽样测试，建立了《中国人心理健康量表》全国常模，构建了国民心理健康数据库。除此以外，心理学工作者还从不同方面构建中国心理健康体系。从个体水平上，心理学工作者帮助了解特定个体或人群的心理健康水平，提供方案；从群体的水平上，教育部和卫生部等部门都发布公告，要求在学校和雇员较多的企业设立专门的心理咨询岗位，帮助学生和员工面对环境压力和冲突；从国家层面上，自从 2008 年汶川地震以来，我国灾害心理学迅速发展，取得了很好的成绩，在心理创伤、群体心理反应以及心理援助的服务和管理方面做了大量工作，为以后自然灾害再发生时如何帮助受灾人员积累了很好的经验，心理学工作者对受灾人员的心理干预方案也成为国家防灾减灾的预案之一。

从管理心理学角度，心理学研究者结合中国管理的实践也作出了很好的成绩。随着中国经济的提速，国内很多企业都面临科学化的管理问题，而中国心理学工作者在帮助管理者解决企业内部的员工激励、员工心理援助方面的问题上也作出了很大贡献。除开这些方面，心理学工作者在教育、人机交互、交通等方面都和相关行业的工作人员一起，为社会作出了较大贡献。

第三节　转型语境下中国心理学学科的发展

尽管中国心理学学科发展取得了很大的进步，但还是有很多领域和发展方向需要进一步深入，尤其是面对转型期社会转型和重构所带来的巨大挑战，未来的心理学学科发展还遇到很多新的问题。本节从以下几个方面总结未来中国心理学学科发展的趋势：

一、传统经典问题的继续追问

精神与脑的关系。这是一个古老的科学和哲学问题，也是人类认识自身的关键问题，但真正对之进行科学研究还是近一二十年的事。正如前面所提到的，神经影像学的发展，新的研究手段（如 fMRI，PET）的广泛使用，使得科学家们可以采用这种无创伤性活体技术直接对人的复杂认知活动的神经机制进行研究，这也使得精神与脑的关系成为当代科学研究的热点。基础心理活动过程的认知神经机制研究依然是未来心理学学科发展的重要基础，同时认知神经机制的研究成果也是应用心理学长足发展的重要依据，所以传统经典问题的继续深入研究，是中国心理学学科发展的必然趋势。但在心理活动认知神经机制的研究中，汉语言认知的研究是中国心理学为心理学基础认知提供成果的最独特的角度；采用认知神经科学的手段，科学认知和深入研究汉语言的加工过程，是中国心理学能够领先的可能领域。

二、持续关注现有学科发展的新趋势

在国际心理学快速发展的今天，中国心理学界一定也会持续关注现有学科的发展，同时关注中国社会的特殊问题。

比如提高人口素质。儿童是我们的未来，教育是我国的国策。心理学既研究人类个体生长的不同阶段心理发展的特征，也研究个体的学习、个性形成与社会化、知识和技能的传授与掌握的规律，因此，中国心理学可以为持续提高人口素质提供科学的手段。随着中国社会的发展，在个体成长和发展方面出现了很多新的问题，比如留守儿童的问题、独生子女成年后出现的"少成人化"现象，都是中国社会发展的特殊问题，因此中国心理学界一定会在持续关注国外发展的方向的基础上关注中国儿童发展的特殊问题。

应对老龄化发展的心理学研究领域。中国社会非常快速地进入老龄化，促生了与此相对应的心理学研究领域，也是应对挑战的重要发展领域，比如老年心理学、终身学习领域、健康心理学等。应对老龄化的心理学研究不仅能够了解老年的心理活动过程，更重要的是能够提供有助于提高生活质量的技术和政策建议。

促进身心健康。联合国教科文组织指出："健康不仅是免于疾病和虚弱，而且是保持体格、心理、社会方面的完美状态。"人类发展指数（Human Development Index）越来越广泛地被用于评估一个国家的发展程度，因此，衡量一个国家的发达程度，不仅要看它的国民生产总值（GNP），还要看该国人民的生活质量。从现在起，我国还要有相当长的一段时间处于社会转型期，学习、工作、生活的压力和矛盾依然会存在，而且传统的中国社会支持体系正在发生巨大变化，在新的社会支持体系建立之前，人们会体验到更多的烦恼和冲突，也可能出现更多的心身疾病。据十年前统计，我国心理疾病占疾病总数的 33.2%，但有专家预测，到 2020 年心理问题引起的疾病将在疾病总负担中排名第一。持续研究心理健康的影响因素、心理疾病的产生机制以及心理疾病的防治办法，加强健康心理学和职业健康安全心理的研究和应用，可以提高全民族的心理健康水平，有利于提高工作效率，稳定社会秩序，因此心理健康和幸福感的研究领域也将是中国心理学研究的方向之一。

跨文化心理学的研究。在国际上，跨文化心理学是在近几十年内兴起和发展起来的。所谓跨文化心理学的研究是指比较研究两个或多个社会或文化背景中个体或群体心理发展和变化的规律，从而找出哪些是适用于任何社会或文化背景中人类行为的普遍法则，哪些是仅适用于特殊文化背景中人类行为的特殊法则。依此定义，寻找人类心理和行为的普遍性和不同文化背景下的特殊性是它的两个基本目的。近十年来，研究者普遍认识到文化对人的心理和行为的重要作用。文化在心理学研究中越来越得到重视，以至部分心理学家将这称为"一场范式的转变……在心理学中获得了极为重要的影响和广泛的听众"。跨文化心理学的研究，不仅能够帮助我们理解中国人和外国人的心理结构以及模式的差异，而且能够理解不同民族人群之间的心理差异，有助于寻找心理学更普遍的行为特征。

注重本土化心理学的研究。长期以来，心理学一直都建立在西方实证心理学的基础上，西方心理学被认为是可以超越本土文化的唯一合理和普遍适用的心理学。而事实上，西方实证心理学正是建立在西方文化背景中科学文化、实证精神的基础上的，它忽视了西方文化这一潜在背景中的心理生活和文化现象，因而未能适当地对全球不同文化的人的心理生活作出可信的解释，也不可能放之四海而皆准。建立本土化心理学研究的体系，确立本土化心理学研究的范式，是中国心理学发展中非常重要的任务。从更长远的角度来说，任何一个国家的学科发展都离不开对自身文化的解读，因此对中国人自身的心理与素质基础数据的测量，对中国国民行为基础规律的掌握，对中国文化下国民的基本思想和道德观念的剖析，都是中国心理学学科发展的重要组成成分，因此有关中国人自身的心理与行为的研究也是非常重要的发展领域。

三、关注社会变迁和转型所带来的新问题

应对社会变迁的心理学研究领域。中国社会正在发生剧烈转型，中国社会的转型，会带来社会、经济结构、文化形态、价值观等的深刻变化，它意味着人们生产方式、生活方式、心理结构和价值观的全面而深刻的变化，因此与其关联的是人们社会心理的巨大变化和对已有理论的挑战。社会变迁带来的社会认同、自我身份确认、对威权的重新理解、态度的重塑以及自我价值的重新塑造等，都会带来整个社会心理的巨大变化，对此进行研究的心理学成果不仅能够帮助厘清社会变迁所带来的丝缕脉络，更重要的是能够帮助重塑社会文化、建构社会合理价值体系，为国家政策应对心理巨大变迁提供依据。

注：本章部分观点借鉴了中国科学技术协会主编、中国心理学会编著的《2010—2011中国心理学学科发展报告》（中国科学技术出版社，2011）和杨玉芳、孙健敏撰写的《心理学的学科体系和方法论及其发展趋势》（载《中国科学院院刊》，2011（6），611～619页）。

第十三章　中国语言文学*

第一节　语言学的发展与文献建设

一、现代语言学研究的发展概况

中国的现代语言学研究始自《马氏文通》。一个多世纪以来，经过赵元任、王力、吕叔湘、朱德熙等几代语言学者的努力，已经取得了较大的成就，表现在这样几个方面：

第一，建立了一套立足于汉语事实的学科体系。改变了传统语言学作为经学附庸、学科意识不强的状况，语言学成为一门独立学科，研究领域不断扩大，各分支学科相应建立，一些综合性、交叉性的边缘学科也粗具规模，从而使中国的语言研究有了比较完备和健全的学科体系。

第二，在理论上的深入思考和在与世界保持同步的自觉性下对西方理论的借鉴与吸收。《马氏文通》在借鉴西方语法理论的基础上，创立了第一套完备的汉语语法体系。此后像赵元任提出的"音位标音法的多能性"在国际上有很大影响，又如吕叔湘的"动词中心观"和动词的"向"的理论，赵元

---

* 本章主笔：朱冠明，中国人民大学文学院副教授；徐楠，中国人民大学文学院副教授。

任、罗常培、王力等在历史音韵学、方言学、语法学、少数民族语言、汉语史等领域的开创性研究，在当时都是国际领先的。① 20 世纪 80 年代以来，则全面引介了西方现代各流派的语言学理论，并结合汉语事实进行深入思考，在自觉与西方理论保持同步的同时尝试性地根据汉语特点提出自己的理论。如徐通锵先生提出的"字本位"语法理论，近几年沈家煊先生提出的动词、形容词以分层方式隶属于名词这一大类等观点。

第三，全面挖掘了汉语包括汉语方言的事实，对境内少数民族语言也进行了充分的调查和研究。建国后关于主宾问题和词类问题的大讨论、在结构主义理论支配下对汉语事实全面的分析和描写等，都为挖掘汉语事实作出了努力。方言研究方面，在 50 年代以前就有多处方言点的翔实调查报告；50 年代又进行了大规模的方言调查，取得了大量的第一手资料；80 年代，在大面积调查的基础上形成了新的方言分区并编纂了语言地图集和包含 42 个方言点的大型汉语方言词典；近年又在规模更大、更细致的方言调查的基础上出版了《汉语方言地图集》（曹志耘主编，商务印书馆，2008）。少数民族语言是我国十分珍贵、不可替代的语言资源。20 世纪 80 年代，在少数民族语言大调查的基础上，出版了一套包括 59 种少数民族语言的"中国少数民族语言简志丛书"，共 57 本，并对 50 年代大调查所得的语言资料加以整理，集中研究中国少数民族语言方言并编纂有关词典，目前已出版"中国少数民族语言方言研究丛书"10 多种、"中国少数民族语言系列词典丛书"20 多种。

总体来说，中国的现代语言学研究，尽管与世界先进水平还有相当的差距，但在传统语文的现代化、现代学科的创立、理论追求、事实挖掘等方面还是取得了较大的成就。同时，100 多年的研究也积累了丰厚的学科基础文献，既包括研究性的文献，也包括新发现或新认识的材料性文献。

二、语言学的研究性文献

语言学的研究性基础文献，指现代语言学研究中出现的一些重要的、有代表性的研究文献，这些文献对学科某一方面的发展进步起到了重要作用。下面对这一类文献从现代汉语研究和汉语史研究两个方面加以介绍。

---

① 参见胡明扬：《中国语言学 21 世纪展望》，见《语言》，第 3 卷，北京，首都师范大学出版社，2002。

现代汉语研究是以语法研究为主体的。100 多年来，汉语语法研究大体经历了三个时期①：（1）套用期（19 世纪末期—20 世纪 30 年代末期）。基本倾向是套用国外语法学体系，略加增减修补，从而形成汉语语法学体系。代表著作是马建忠的《马氏文通》（1898）、黎锦熙的《新著国语文法》（1924）。（2）引发期（20 世纪 30 年代末期—70 年代末期）。基本倾向是引进国外语法理论，用以观察和描写汉语语法事实，从而生发出比较注重汉语语法事实的语法学系统。代表著作有王力的《中国现代语法》（1943）和《中国语法理论》（1944、1945），吕叔湘的《中国文法要略》（1942、1944），丁声树等的《现代汉语语法讲话》（1961），张志公主编的《汉语》课本第三、四、五册（1956、1957）。（3）探求期（20 世纪 70 年代末期至今）。基本倾向是在接受国外理论的前提下，注重对汉语语法事实的发掘，追求形成具有中国特色的研究思路与方法。重要著作有吕叔湘的《汉语语法分析问题》（1979）、朱德熙的《现代汉语语法研究》（1980）和《语法讲义》（1982）等。

汉语史这一学科的成立，当以王力先生的《汉语史稿》在 1957 年、1958 年的出版为标志。《汉语史稿》是第一部对汉语作通史性研究的学术专著，明确了汉语史的研究对象和范围，对汉语史进行分期，并对汉语语音、语法、词汇的发展演变进行全面描写和规律总结。这部著作充分吸取我国古代及近代语言学研究的精华，同时借鉴国际先进的语言学理论，勾勒出汉语史这一学科的基本面貌，为汉语史今后的研究奠定了基础。在此基础上，王力先生后来又出版了《汉语语音史》、《汉语语法史》、《汉语词汇史》等著作。

吕叔湘先生于 20 世纪 40 年代发表的一组近代汉语研究的文章，既是全面系统研究近代汉语的开山之作，又是此领域杰出的代表性成果，后结集出版，即《汉语语法论文集》（1955）。文章包括《释您，俺，咱，喒，附论们字》、《释〈景德传灯录〉中的"在"、"著"二助词》、《论"底"、"地"之辨兼及"底"字的由来》等。这些文章起点甚高，不仅对所研究的问题得出了科学的结论，而且在研究理论和方法上也作出了开创性的贡献，"荜路蓝缕，创具规模，开了一个很好的头"②。

向熹先生的《简明汉语史》（修订本，2010）和蒋绍愚先生的《近代汉

---

①　关于分期及主要代表文献，参见邢福义：《汉语语法研究之走向成熟》，见《邢福义选集》，长春，东北师范大学出版社，2001。

②　朱德熙语，见［日］太田辰夫：《中国语历史文法》，中译本序，北京，北京大学出版社，1987。

语研究概要》（2005）则是新时期汉语史研究的代表性著作。

汉语史研究可分为语音史、词汇史、语法史三个部分。语音史研究有高本汉的《中国音韵学研究》，此书内容于1915—1926年陆续发表，1940年译成中文出版，是第一部用历史比较法来构拟汉语上古音的著作，对汉语语音史研究产生了巨大而深远的影响。罗常培的《唐五代西北方音》（1933）用敦煌出土的几种汉藏对音材料及其他一些旁证，推溯唐五代西北方音的面貌，并同现代西北方音对比而考察该历史流变。李荣的《切韵音系》（1952），罗常培、周祖谟的《汉魏晋南北朝韵部演变研究》（第一分册）（1958），董同龢的《中国语音史》（后改名为《汉语音韵学》，1965），李方桂的《上古音研究》（1971）等也是这一领域杰出的代表作。胡明扬先生认为，20世纪在中国传统语言学领域取得了不少可喜的进展，"特别是在音韵学领域成就最为突出"①。

词汇史研究最重要的著作当属张相的《诗词曲语辞汇释》（1953）和蒋礼鸿的《敦煌变文字义通释》（1959）。《诗词曲语辞汇释》初稿写成于1936年，定稿于1945年，后由中华书局出版。此书首次将语词训诂的范围延伸到近代诗词曲领域，并重点解释一些"字面生涩而义晦"、"字面普通而义别"的字词。所释主要是当时的口语词，材料丰富，考释精当，对从未有过专书作解释的口语词作了较为系统的研究，张永言称其继承并发扬了我国训诂学的优良传统，于汉语史和中国古代文学的研究作出了卓越的贡献。②《敦煌变文字义通释》于1959年出版时不足6万字，后经反复增订，于1997年出版定本，增至43万余字。此书首次对敦煌变文中的口语词进行了系统的研究，开敦煌资料语词研究的先河，在敦煌词语的考释研究方面纵横捭阖，博大精深，国内外学者都认为此书是中国当代敦煌语言学研究的重大成果，誉之为研究中国通俗文学的指路明灯、步入敦煌宝库的必读之书。

关于词汇史研究的成果，还必须提到蒋绍愚的《古汉语词汇纲要》（1989）和汪维辉的《东汉—隋常用词演变研究》（2000）。蒋著是一部充分吸收现代词汇学、语义学理论而对汉语历史词汇进行研究的著作，对汉语词汇发展演变的规律作了深入探讨和理论总结；汪著则改变了过去词汇研究以疑难词为主的局面，对中古时期38组常用词的替换性演变作了精细准确的

---

① 胡明扬：《中国语言学21世纪展望》，见《语言》，第3卷，北京，首都师范大学出版社，2002。

② 参见张永言：《训诂学简论》，武汉，华中工学院出版社，1985。

描写，并总结了规律，使词汇史研究别开生面。

语法史的研究，除上文提到的王力先生和吕叔湘先生的著作外，日本学者太田辰夫的《中国语历史文法》（1958年日文初版，1987年译为中文）是另一部非常重要的著作。此书以虚词入手，从历史的角度来考察现代汉语语法的形成过程，对于汉语语法从唐代至明清的历史发展的描写尤为细致，可以说与吕叔湘先生的《汉语语法论文集》一样，是近代汉语语法史研究的开创之作。此书以十分丰富、翔实的语言材料为基础，对汉语语法的历史发展作了详细、深入的论述，受到世界各国汉语语法研究者的高度评价。朱德熙先生认为"此书刊布已三十年，可是到目前为止，还没有哪一部书可以取代它的位置"①。《梅祖麟语言学论文集》（2000）中收录的梅祖麟从80年代初起发表的一组汉语历史语法的文章，改变了以往研究以事实描写为主而不重解释的倾向，主张对语法的演变进行理论上的解释，在研究方法上对汉语语法史研究起到了非常大的推动作用。另外蒋绍愚的《汉语词汇语法史论文集》（2000）、江蓝生的《近代汉语探源》（2000）、曹广顺的《近代汉语助词》（1995）、吴福祥的《语法化与汉语历史语法研究》（2006）等都在各自研究的语法史问题上作出了贡献。

三、语言学的材料性文献

现代语言学研究区别于传统语言学研究的重要一点，在于研究对象从书面的"死语言"转向口头的"活语言"，表现在对口语和方言的重视。朱德熙先生明确指出，"北京口语语法的研究，是现代汉语语法研究的基础"②。因此，以北京话创作的文学作品如《儿女英雄传》、《老残游记》以及老舍、王朔等现当代作家的作品，在现代汉语研究中受到了很大的重视。一些语言机构还专门收集了数百万字的北京话口语语料，如北京语言大学的《当代北京口语语料库》。另外，20世纪50年代以来，语言工作者进行过数次大规模的汉语方言调查，对很多方言写出了详细的调查报告，编纂了方言词典。③ 方言研究的深化，有力地推动了汉语音韵、词汇和语法的研究。

---

① 朱德熙语，见［日］太田辰夫：《中国语历史文法》，中译本序，北京，北京大学出版社，1987。

② 朱德熙：《现代汉语语法研究的对象是什么?》，载《中国语文》，1987（4）。

③ 参见王福堂：《二十世纪的汉语方言学》，见刘坚主编：《二十世纪的中国语言学》，北京，北京大学出版社，1998。

相对于现代汉语研究而言，汉语史研究中材料的作用更为突出。汉语史的研究不再限于先秦语言，而是将对象扩大至历朝历代的口语化程度高的白话文献，以考察汉语发展演变的真实历史。汉语史的研究一切要靠材料说话，材料固然是书面的，但不同于传统的文言材料，而是反映某一时期口语情况的白话文献。可以说，新的口语材料的发现或从新角度的使用，在推动汉语史研究的过程中起到了至关重要的作用，往往是有了新材料，研究随之取得极大进展，局面为之一新。下面就这方面的内容作一个简单的介绍。

　　第一，敦煌文献尤其是其中的敦煌变文的发现和利用，极大地推动了近代汉语研究的发展。

　　以前的汉语研究的对象在两头，即以先秦诸子为代表的古代汉语和现代汉语。正是因为有对敦煌文献为代表的一批近代口语文献的发现和重视，才使近代汉语在分期上得以成立，在研究上得到进展，从而使汉语史研究有成为"通史"的可能。吕叔湘先生在给汉语史进行历史分期时，即是以口语材料的较多出现为标准："我们发现，尽管从汉魏到隋唐都有夹杂一些口语成分的文字，但是用当时口语做基础，而或多或少地搀杂些文言成分的作品是直到晚唐五代才开始出现的（如禅宗语录和敦煌俗文学作品），因此我们建议把近代汉语的开始定在晚唐五代即第九世纪。"①

　　第二，中古佛典语料的重视和运用，极大地推动了中古汉语研究的发展。以往研究中，因为汉代至唐代本土的口语性文献非常有限，汉语发展史中这一段几近空白，很多问题往往是直接从上古跳跃到近代，或者是近代汉语中的很多词汇语法现象也找不到来源。从 20 世纪 80 年代中期开始，学者逐渐把眼光投到始自东汉后期的汉译佛典上。汉译佛典不仅口语性强，而且量比较大、多数译经年代可靠，因此是高质量的汉语史研究材料。对汉译佛典从语言史角度的利用，极大地促进了汉语史的研究，正如方一新、王云路在《中古汉语读本》中所说："如同佛教的传入是中国哲学思想史、文化艺术史以及中外交流史上的一件大事一样，汉译佛经的出现，同样也是汉语发展史上的一件大事。由于多种原因，东汉以至隋代间为数众多的翻译佛经，其口语成分较之同时代中土固有文献要大得多，并对当时乃至后世的语言及文学创作产生了巨大的影响。是研究汉语史、尤其是汉魏六朝词汇史的宝贵材料，应该引起我们的充分注意。"

---

　　① 吕叔湘语，见《近代汉语读本》，序，上海，上海教育出版社，1985。

第三，甲骨文以及秦汉简帛等出土文献的发现，也极大地促进了上古至秦汉文字、语音、词汇和语法的研究。殷商时期的甲骨文是目前所见最早的成规模的汉语文献，反映了早期汉语的真实面貌。甲骨文在19世纪末出土以后，学者很好地利用这批材料，在汉语史尤其是汉语溯源的研究中发挥了巨大的作用。秦汉简帛则以其真实地记录了当时的语言而具有独特的价值。秦汉以来的传世文献为数并不少，但多数在后世的改动很多，不一定完全反映当时的语言真相，简帛文献则属于太田辰夫先生所说的"同时资料"，因此应该作为汉语史研究的首选材料。①

第四，一些域外汉籍的发现和利用，也促进了汉语史研究的进展。如在日本发现的《祖堂集》，是反映晚唐五代南方汉语口语情况的重要文献，很多近代汉语研究中为学者重视和反复讨论的语言事实都来自这部文献。又如发现于韩国的《老乞大》、《朴通事》，也是近代汉语研究中非常重要的文献。尤其是《老乞大》，有元代至清代的四个不同版本，代表不同时期的汉语口语真实面貌，直观地反映了这400多年间汉语词汇语法的发展情况。另外《老乞大》、《朴通事》还有谚解本，对研究明代语音也具有相当重要的价值。这一类文献还有《训世评话》（韩国）、《白姓官话》（日本）等。汪维辉编纂的《朝鲜时代汉语教科书》（2005）及其续编（2011），张美兰编纂的《日本明治时期汉语教科书汇刊》（16册，2011），较全面地收集了这两个国家现存的口语性强的汉语文献。

四、当前语言学研究在文献建设方面的主要问题

尽管一个多世纪以来中国的现代语言学研究取得了很大的成绩，但总的来看，除20世纪少数几位语言学大师做出过世界领先的成果外，当前整体上在世界范围内还处于比较落后、以学习西方为主的阶段。正如胡明扬先生所说："近半个世纪以来，由于种种原因，再加上基础教育的失误造成的知识结构方面的缺陷，中国现代语言学与当代国际语言学已经达到的水平的差距不是缩小了而是反而拉大了，这也是无可争辩的事实。"②

---

① 有关出土文献对汉语史研究发挥的作用，可参见陈伟武：《出土文献之于古汉语研究十年回眸》，载《古汉语研究》，1998（4）。

② 胡明扬：《中国语言学21世纪展望》，见《语言》，第3卷，北京，首都师范大学出版社，2002。

从文献建设的角度看，目前存在着这样几个方面的主要问题：

　　第一，基础性工作做得很不够，如对汉语事实的全面描写（包括现代汉语和古代汉语）、汉语优质语料库的建设、汉语方言材料的调查与分析等，尽管也有一定的成果，但如果同英语的研究相比，或者同我们做进一步高水平研究的需要相比，则还有相当大的欠缺。

　　第二，文献资料收集不全面。欧美和日本都有针对不同专题而编制的大型的文献资料索引，而国内这方面的工作还相当有限。另外相关研究材料不全，一般的高校图书馆连国内出版的资料收藏都极不齐全，更遑论国外的资料了。这种文献查检不便利的现状，极大地限制了学术的发展。近年来由于电子资料的大量出现，这种情况有所改观，但也还远远不够。

　　第三，对文献的翻译和整理也相当欠缺。我国有汗牛充栋的古籍，但真正经过整理的、能便利地为研究者所用的还只是其中极少数，大量的文献被束之高阁。即便是经过整理的文献，有的也质量不高，错误较多。国外有大量与汉语研究有关的文献，因语言障碍而不能利用。当前除英语文献利用得相对多一些外，其他语种如德语、法语、日语等，就很少见有利用，到底有哪些文献也不得而知。这种状况的改善，必须要有专门的人从事收集、整理和翻译工作。

第二节　文学的发展与文献建设

一、文学研究发展的基本状况

　　文学学科的基本理念是在晚清和民国初年形成的。1912 年蔡元培颁布《大学令》，文学研究的框架基本形成。其间经过多次变迁，文学研究脱离文史不分的传统形态，走出以诗文研究为主导的传统路径，形成了分工细致的新格局。目前的文学研究主要包括文艺学、中国古代文学、中国现当代文学、比较文学与世界文学几个二级主干学科。其基本情况如下：

　　文艺学作为"中国语言文学"和整个文学研究领域的基础性学科，现设有古典诗学与基础理论、马克思主义文论、文化研究与文化批评等方向。该学科是中国古代文论与西方文论结合的产物，曾与苏联文学研究体系存在一定关联。20 世纪 50 年代以来，该学科立足于马克思主义文艺学的长期传统，从基础文献和批评实践两个角度进行延展，不断拓宽研究路径，在西方古典诗学、马克思主义文论、文化研究等领域形成了学科自身的研究特色和相对优势，目前与美学、古典学等学科多交叉地带，对文学研究理念的生成有着很大的推动力。

中国古代文学概念的建立，与新文化运动颇有关系，是现代学术体系的产物。20世纪上半期的古代文学研究专家大多既具备深厚的传统文化修养，又主动吸纳西方学术的思维方法与研究范式；其中不少人是新文学的作家。这些情况，使其研究具备相当深度，也呈现着明显的现代性痕迹，同时带有很强的审美特征。20世纪80年代以来，该学科与历史学、考古学、哲学、艺术学等学科形成积极互动，文献考辨与理论阐释并重，在保持前辈学者既有研究优势的基础上不断开拓路径，从作家、作品、流派、文体、文学接受与传播、文论史、文论范畴等多个角度考察中国古代文学现象，体现出中国传统治学理念与西方学术的双重影响。目前，各高校古代文学学科多按文学史分期来设置基本研究方向，部分高校将古代文论研究方向归入文艺学学科。

中国现当代文学学科是新兴的学科，其中现代文学研究始于民国期间，当代文学的学科近来才渐趋成熟。目前，国内各高校对这个学科的设置略有差异。一部分高校把现代文学与当代文学分离开来，一部分高校是合二为一。这个学科以作家作品研究引人关注，借鉴了古代文学研究与西方学界对文学读解的方式，有浓厚的批评色彩和现实情怀。20世纪80年代后，历史感渐渐代替了印象式的概括，其研究与古代文学研究开始接近，研究对象开始客观化地呈现在学人面前。以《新文学史料》、《中国现代文学研究丛刊》、《鲁迅研究月刊》为核心的刊物，为该学科的文献积累和整理做了大量工作，在文献基础上的研究深切影响着该学科的走向。

比较文学与世界文学学科也是民国期间在外国文学研究基础上形成的学科。经过几代人的努力，该学科逐渐形成了一支精通外语、学有专攻的学术队伍，并在史论研究、经典研究、跨学科研究等领域不断强化自己的特色和相对优势。该专业的国际性越来越明显，目前呈现出一种中外互动的格局，翻译与文本校勘、细读，都在不断深化。该学科下设比较诗学与西方文论、比较文学与外国文学、比较文化与艺术批评等研究方向，是中外视野下的文学瞭望，对文艺学和中国现当代文学研究均存在不可忽视的影响。

除上述主干二级学科外，文学学科在不同单位有不同的建构，一些院校尚着力建设古典文献学专业、戏剧戏曲学专业、影视与新媒体专业、国际写作中心等。这类建构有些存在较稳定的独立传统，有些系从既有学科分化而出，有些则是交叉学科结合的产物。总体来看，其中有不少属于随社会文化生态变化而产生的研究环节和研究群体，与传统研究队伍的理念和审美兴趣存在一定的差异。

二、文献建设的基本情况

文学研究中的文献建设是重要的一环，目前，文学学科中的文艺学、中国古代文学、中国现当代文学、比较文学与世界文学四个二级学科均已结合教学、研究中长期积累的经验，较系统地选择出在研究方法、问题意识上具有突出示范意义，产生过重大学术影响的元典与研究论著，完成了各自主文献建设的基本工作。已确定的系列专业主文献，足以成为当下教学、科研的基本依据。它们为相关学科研究提供了扎实的起点和多样的思路，也为文学学科的进一步发展提供了文献保障。

文艺学学科主文献涵盖两大类内容。第一类为中西古代、近现代文艺理论原著，第二类为具有代表性的美学史、文艺理论史等学科专题研究成果。在第一类文献中，选入柏拉图的《文艺对话录》、亚里士多德的《诗学》、康德的《判断力批判》、刘勰的《文心雕龙》等古典名著；同时，有重点地择取了什克洛夫斯基、艾略特、瑞恰兹、弗洛伊德、海德格尔、萨特、巴赫金、罗兰·巴特、阿多诺、赛义德、科恩等20世纪西方学界重要理论家的成果，相关内容涵盖了俄国形式主义、象征主义、英美新批评、存在主义、精神分析、叙事学、女性主义、文化研究、殖民话语理论、生态批评等重要的批评方法与思潮。在第二类文献中，塔塔尔凯维奇的《西方六大美学观念史》、韦勒克的《近代文学批评史》、伊格尔顿的《当代西方文学理论》、威德森的《现代西方文学观念简史》等是西方20世纪文艺学研究取得的较重要成果，有助于研究者相对清晰地认识西方文艺思潮及文学批评的流变过程，在问题意识、研究方法上亦具有不容忽视的参考价值。罗根泽的《中国文学批评史》是20世纪上半期中国古代文论研究的力作，其基本观点、研究方法至今仍具有相当重要的启示意义。而美国学者刘若愚的《中国文学理论》则用西学思路概括中国古典诗学，试图找到中西诗学间对话的可能性。这种融汇中西诗学的尝试，能够启发当代文艺学研究者突破中西界限，探寻带有普遍意义的文艺学观念。值得一提的是，马克思主义文论研究一直是文艺学学科传统优势所在。文艺学主文献建设中，这方面内容得到了足够重视。其中，《马克思主义文艺学思想发展史教程》等教材集中体现了相关研究的代表性观点。马尔库塞的《审美之维——对马克思主义美学的批判性考察》、伊格尔顿的《马克思主义与文学批评》等重要论著则为研究西方马克思主义文艺学的特征、发展、流变提供了门径。此外，近年来，该学科"古典诗学与基础理论"研究方向通过对西方古典诗学的研究与相关论著的翻译，为基础理论提供了较扎实的文献基础与理论根基。该方向出版的"经典与诠释"等系列丛书已在学术界产生较大影响，也为该学科主文献建设作出了新的贡献。

一般来说，中国古代文学学科包括中国古代文学史和中国古代文论两大研究方向。该学科的主文献也涵盖了这两方面内容。选取相关文献时，该学科注重研究方法、视角的多样性，选入足以代表中国传统学术研究方法的论著，也重视那些成功采用新方法、新视角的重要成果。就入选的研究专著来说，范文澜的《文心雕龙注》采用传统的笺注形式进行研究，不仅于训释词句贡献良多，更提出、深化了有关《文心雕龙》基本价值取向、文体论、创作论、风格论、鉴赏批评论等内容的多种重要观点，体现出传统研究方法的活力与魅力。陈寅恪的《元白诗笺证稿》将中唐诗歌研究与历史研究结合起来，以诗证史，诗史互证，为如何将文学作品恰切运用为考据材料作出了示范，也为打通文、史，寻找两学科共同的问题领域提供了良好参照。叶嘉莹的《伽陵论词丛稿》具备比较扎实的文献基础，体现出丰富细腻的审美感受能力，贯彻了中国古人格外重视的感发精神，良足当代诠释、批评中国古典诗歌者借鉴。而朱自清的《诗言志辩》、鲁迅的《中国小说史略》、王瑶的《中古文学史论》、王国维的《宋元戏曲史》等著作，不仅在 20 世纪中国古代文学研究史上具有奠基意义，而且以其开阔的学术视野、敏锐的问题意识产生着经久不衰的影响。至于蔡锺翔、成复旺、黄保真的《中国文学理论史》，则是古代文论研究的标志性成果，代表了 80 年代前后国内古代文论史研究的领先水平，至今仍具有重要的参考价值。在论文方面，鲁迅的《魏晋风度及文章与药及酒之关系》、林庚的《盛唐气象》、缪钺的《论宋诗》等对特定时代特定文学现象的评析，堪称相关研究的典范成果。游国恩的《屈赋考源》、徐公持的《潘岳早期任职及其徙官考辨》、章培恒的《百回本〈西游记〉是否吴承恩所作》等体现传统朴学精神，通过文献考辨，探讨、解决了有关作家生平、作品源流、系年等学科基础问题。除此而外，该学科的论文文献尚完整地涵盖了文体、文学流派、地域文化与文学、宗教与文学、科举制度与文学、文人心态等常见的古代文学研究视角。

中国现当代文学学科包括中国现代文学研究和中国当代文学研究两方面

基本内容。该学科选择的主文献在思路、方法上各具特色，涵盖了现代、当代两时段的重要作家及文学现象。该学科注重选取探寻现代文学起源的重要论著。这方面内容以王瑶的《中国现代文学与古典文学的历史联系》、严家炎的《"五四"新体白话的起源、特征及其评价》、王德威的《被压抑的现代性——晚清小说的重新评价》、陈方竞的《多重对话：中国新文学的发生》等为代表。与此同时，那些注重考察现代、当代两时段文学复杂关联的研究，也为该学科格外重视。陈思和的《民间的浮沉——对抗战到"文革"文学史的一个尝试性解释》、郜元宝的《柔顺之美：革命文学的道德谱系——孙犁、铁凝合论》等论文即是这方面的入选成果。上述论著，均力避孤立地分析、评价现代、当代文学现象，而是将其置于文学史流程中，探寻其渊源，辨析其演化理路，从而也有益于更为深入地反省现当代文学的基本特性。在文学思潮、文学流派、重要作家作品等传统研究角度上，该学科同样选取了足以反映当下研究水平的代表性著作、论文。谢志熙的《美的偏至——中国现代唯美—颓废主义文学思潮研究》、唐小兵编的《再解读：大众文艺与意识形态》、王富仁的《中国现代主义文学论》、李今的《日常生活意识和都市市民的哲学——试论海派小说的精神特征》、钱理群的《周作人传》、李杨的《50—70年代中国文学经典再解读》等均是这方面的代表。至于讨论现当代文学学科研究基本问题、方法及重要概念的论文、著作，则是主文献收入的另一部分重要内容。这部分论著包括洪子诚的《问题与方法》及《当代文学的"概念"》、樊骏的《我们的学科：已不再年轻，已走向成熟》等成果。还需说明的是，该学科尚正承担国家社科基金项目"当代文学史资料长编"等与文献建设相关的工作。这项工作的展开与完成，将使得学科文献基础更为丰富、扎实。

比较文学与世界文学学科的研究对象不仅包括具体的西方文学现象，而且包括与西方文艺思潮相关的哲学、宗教、思想史、文化史内容。该学科主文献的选择，也体现出这方面特征。《缪灵珠美学译文集》（四卷本，章安祺编订）收入他有关西方美学史、文论史众多经典文献的译作，是该学科主文献的重要组成部分。而主文献中贡斯当的《古代人的自由与现代人的自由之比较》、艾兰·布鲁姆的《〈政治与艺术〉导言》、列维-斯特劳斯的《神话的结构研究》、罗森的《海德格尔的柏拉图解》、福柯的《何为启蒙》、以赛亚·柏林的《反启蒙运动》、霍尔的《文化研究：两种范式》、詹姆逊的《乌托邦和意识形态的辩证法》、杨乃乔等编译的《后殖民批评》等论著，则反映出该学科研究内容的深度与广度，也体现出该学科对人文社会科学领域其他学科研究方法的充分重视。众所周知，比较文学与世界文学这一研究内容，决定了研习者至少必须具备高水平的英文阅读能力。只有如此，超越译本的中介，相对广泛、深入地进入研究方将成为可能。因此，在该学科的主文献中，英文原始著作、论文占有很大比例。这些文献均在该学科研究中具有重要的价值，且多数尚无中文译本。对其加以研读，无疑对研修者专业素养、研究能力的提升具有相当积极的意义。近年来，该学科还先后出版"西方文学与基督教书系"、"诠释学与当代世界译丛"及《西方经典英汉提要》（三卷本）等成果，且即将出版"当代人文学术的交叉概念研究"论丛、"中国古代经典英译本汇释汇校"等成果。这些均为该学科主文献建设开拓了更为广阔的空间。

三、存在的主要问题

文学学科当下发展实践中的主要问题包括以下几方面：

其一，在取得一定成绩的同时，文学学科的主文献建设尚存在较大提升余地。经典文学作品，是中国古代文学、中国现当代文学、比较文学与世界文学三个二级学科研究的基本对象。经典作品文本内容与版本的选择和确定，仍是这三个学科主文献建设需要关注的问题。而如何恰切地吸纳海外学界有关中国古代文学研究的重要成果，各学科如何有效地参考彼此的重要研究论著，从而丰富各自的主文献内容，等等，均值得进一步加以探讨。

其二，文艺学与中国现当代文学及比较文学与世界文学的资料建设还有许多空间，除了活资料还有待挖掘整理外，系统的资料库建设和文献的钩沉依然需要投入相应的精力。文学研究离不开文献的支撑，各二级学科师资队伍中有文献研究功底的人员不多，尚需不断加强队伍建设。目前，文学学科师资结构仍存在若干不足。一方面，要建设完整的学术梯队，长期保持较高的研究水准；另一方面，古典文献学等基础学科需要尽快配备完整的师资队伍，以完成学科建设，使文学学科的整体结构走向完善。

其三，如何进一步推动学术交流，积极促进学术研究。近年来，学界在面向国际、国内的学术交流上取得了一系列成绩。其中，定期举办的国际交流活动，不定期举办的各类研讨、交流活动开阔了各学科的研究视野，推进了各学科学术研究的水平，也提升了学科在国内、国际的知名度。但各个学科之间的交叉不够。文学研究中的文献建设还要借助于其他学科的成果，与考古界、翻译界、哲学界广泛接触，保持学术交流与学术研究相辅相成、共同发展的良好势头。只有这样，学术深度、交流广度等方面才会取得新的进展，这是学科建设需要加以重视的问题。

第十四章　外国语言文学[*]

第一节　英汉两种语言交流的历史

英语的发展历史大约 1 500 年，不到汉语发展时长的一半。英语目前是遍及全球的语言，在国际舞台上，英语的使用场合比汉语多。汉语是古典语言中唯一延续并使用至今的语言，讲汉语的人口比讲英语的人口大约多两倍。英语最初接触的语言包括古丹麦语、拉丁语和法语，汉语最初接触的主要语言包括梵文、藏文、蒙文和拉丁文。800 年以前，英语是弱势语言，而汉语是强势语言。英语受外来语的影响较大，而汉语受外来语的影响较小。现代英语是分析性语言，而汉语仍属于一种综合性语言。在全世界所有的语言当中，词汇量最大的两种语言是汉语和英语，同时掌握这两种语言的人有很大的优势。到目前为止，英语借用汉语词汇的数量不多，而汉语借用英语词汇的数量则很多。从目前来看，这两种语言之间的相互影响是不对称的，英语对汉语的影响大，而汉语对英语的影响相对小一些。

---

[*] 本章主笔：张勇先，中国人民大学外国语学院教授。

一、始于 1637 年的民间商业交往

英语在中国的使用可以追溯到 17 世纪上半叶。1600 年，英国东印度公司在印度立足后不久，便开始派遣商船到中国广东沿海一带进行贸易活动。1637 年，英国商船第一次抵达中国广东；1664 年，英国人在广东建立贸易点；1685 年，东印度公司在广东开设商馆。从那时起，随着英国东印度公司在广东地区贸易活动的展开，皮钦英语（pidgin English）① 便应运而生，也就是当时的商务英语。19 世纪中期，皮钦英语开始在上海流行，成为上海人、宁波人与英国人做生意时的交际工具。后来，上海人将皮钦英语称为洋泾浜英语（pidgin English）②。这是一种不符合英语语法规则的中式英语，用词简单，往往是汉英逐字翻译，常用在口头交际中。比如：no can do（不能做），no go（不行），lose face（丢脸），long time no see（好久不见）；再比如描述一起车祸：One car come, one car go, two car peng peng, people die。这种语言虽然在清末民初时就已淡出了历史舞台，但洋泾浜英语中的一些音译词具有强大的生命力，最终成为汉语普通话正式词汇的一部分，如时髦（smart）、霓虹灯（neon light）、俱乐部（club）、品脱（pint）、三明治（sandwich）、吉普（jeep）、土司（toast）、布丁（pudding）、夹克衫（jacket）、来复枪（rifle）、华尔兹（waltz）、派对（party）、雪茄（cigar）等。同样，"马路"一词也源于英语对汉语的影响。1815 年，英国在伦敦西部的布里斯托尔修筑了第一条新型公路③，并用其英国设计师马卡丹（John McAdam，1756—1836）的名字来命名，称为 McAdam Road。对应的汉语翻译为"马卡丹路"，简称"马路"，是现代柏油路的雏形。

就英汉两种语言的交流历史而言，英语较汉语主动。英语词汇的借入使汉语词汇得到了拓展和丰富，这也体现了汉语语言的包容能力。

二、始于 1793 年的官方交流

18 世纪末期，率先实行工业革命的英国资产阶级奔走于世界各地以寻求商品输出市场，扩大殖民统治范围。正处于乾隆盛世的中国，自然成为英

---

① "皮钦英语"中的"皮钦"是音译词，沿海一带的中国人对 business 一词的发音就像 pidgin（与 pigeon 同音）。为了商务往来，两国人民互相迁就，接受了"皮钦"一词。

② "洋泾浜英语"因当时英法租借地之间的一条无名小河而得名。

③ 新型公路的特点是路面略高于地平面，先在路基上铺设碎石和炉渣，然后再用夯土，路面中间稍高，两侧偏低，雨水季节时，路面不易积水。

国的首要目标。1793 年，英国的马嘎尔尼勋爵（Lord Macartney）率领使团，以为乾隆皇帝补祝八十大寿为名来到中国。当时正值乾隆五十八年，朝廷以友好的态度招待英国使团一行人，并回赠珍贵礼物。马嘎尔尼与清政府协商，提出如下条件：（1）允许英国派人常驻北京，并在北京开设商馆进行贸易。（2）开辟宁波、天津等地为通商口岸。（3）占用舟山群岛的一个岛作为英国商人居住和存货之地。（4）将广州附近的一地给英国商人使用。（5）减免英国货物税收。然而乾隆皇帝拒绝接受任何提议，并致信英国国王乔治三世，"天朝物产丰盈，无所不有，原不藉外夷货物以通无有"。

在商贸合作的提议失败后，马嘎尔尼使团在华期间还重点考察了当朝的军事力量、科技水平以及社会状况。可以说，英国人此时见到的"天朝"与马可·波罗笔下的中国简直大相径庭。当朝者骄傲自大，官吏横行霸道，百姓民不聊生，装配不堪一击，腐朽的封建等级制度岌岌可危。据马嘎尔尼在《乾隆英使觐见记》中的观察记录，中国军队的装备十分落后，"各兵手中均执钢刀，无有荷火器者……又有兵马一队，排列庙前，手中不持刀，亦无手枪，但有弓一张、矢一束，为状与吾英古代之甲士同也。"[1] 马嘎尔尼认为，中国高层官员根本不把新技术、新发明放在眼里（不重视高科技），他在 8 月 19 日（星期一）的日记中有这样的记录："今日适无要事，礼物中有轻便铜制野战炮一尊，取出尚便，敝使拟于此间一试，藉博三大人（大清高官——引者注）一餐，三大人亟称善。余遂命炮匠取出试之，约每分钟开放二十响以至三十响，余初以此种速率，三大人见之，必甚以为异。初不料彼等虽用心观玩，而意态殊觉落寞，若无足轻重者。然非此炮之不善，吾敢决言中国全境，必无此种轻快之炮。彼三人意态之所以落寞者，殆犹茫然于此炮轰击力之如何耳？"[2] 显然，英国人此时已经开始将故步自封的中国逐步列为殖民统治的目标，半个世纪后便用坚船利炮打开了中国的大门。

目前，史学界大都认为马嘎尔尼使团没能与中国建立外交关系、获得商业特权，是一次失败的出访。然而，从两国交流的角度来看，马嘎尔尼访华是中英两国相互接触、彼此了解的第一步，其背后蕴藏的文化意义是不容否认的。

中英交流史上另外一位不可忽视的重要人士就是传教士马礼逊（Robert

---

① ［英］马嘎尔尼：《乾隆英使觐见记》，26 页，天津，天津人民出版社，2005。

② 同上书，48～49 页。

Morrison)。1807 年 1 月，马礼逊受伦敦传教会派遣，乘坐美国货船前往中国。当时的清政府不允许传教士进入内地，明令华人不得信教，也不能教洋人习中文。在这样紧张的气氛下，马礼逊伪装为美国人暂居广州，在美国商馆的掩护下偷偷学习中文，并且按照伦敦传教会的指示开始翻译《圣经》、编纂《华英字典》。1808 年 10 月，中英发生争执，马礼逊不得不离开广州前往澳门，并于 1809 年担任东印度公司的译员，暂时稳定下来。

在此后的 25 年里，马礼逊在许多方面都有首创之功。他呕心沥血，把《圣经》全译为中文并予以出版，使基督教经典得以完整地介绍到中国；在此之前，只有少数传教士将《圣经》的部分内容译成中文。据《马礼逊评传》一书，马礼逊的翻译和出版工作困难重重。"1815 年，正当字典编纂工作顺利进行时，澳门的中国官府将已排版的一部字典全部抄走。为了防止官府再来，马礼逊将《圣经》的刻版也自行销毁。"① 就是在这样紧张的环境下，马礼逊于 1819 年完成《圣经》的全部翻译，于 1822 年出版《华英字典》，完成了对世界文化传播与交流都有巨大贡献的两项任务。② 同时，他创办第一份中文月刊《察世俗每月统纪传》，为中国报刊业的发展奠基；开办"英华书院"，开传教士创办教会学校之先河；又与东印度公司医生在澳门开设眼科医馆，首创医药传教的方式。1834 年 8 月马礼逊逝世后，其生前好友 22 人倡议以他的名字创办教会学校，先后致函美国耶鲁大学和"英国与海外学校协会"邀请教师。1839 年 11 月，马礼逊学校正式成立。③ 总之，马礼逊的卓越贡献使其成为开创近代中西文化交流的先驱。

三、19 世纪末的"西学东渐"

19 世纪 60 年代，面对太平天国运动和西方列强的内忧外患，中央以奕䜣，地方以曾国藩、李鸿章、左宗棠、张之洞为代表的洋务派领袖发起以"自强求富"为目标的洋务运动，以维护清朝统治。在洋务运动的倡导下，1862 年京师同文馆开设英文课，这是英汉两种语言相互影响的另一标志性事件。早在 1859 年，时任翰林院编修的郭嵩焘就向清政府提出过"欲制外夷者，必先悉夷情始。欲悉夷情者，必先立译馆、翻夷书始"的建议，要求

---

① 参见顾长生：《马礼逊评传》，78 页，上海，上海书店出版社，2006。

② 参见上书。

③ 参见陈汉才：《容闳评传》，20~26 页，广州，广东高等教育出版社，2008。

清政府设立外语学堂培养本国的外语人才。①

从 1872 年到 1875 年，清政府先后选派了幼童赴美留学。这是近代中国历史上的第一批官派留学生。此事的促成离不开"近代留美第一人"容闳的提议。1841 年，容闳进入马礼逊学校学习英文，时任校长为勃朗。可以说，马礼逊学校和勃朗校长对容闳留美前的青少年时期影响最大。1846 年，勃朗校长打算返美，出于对中国学生的不舍之情，他决定带三五名学生赴美深造。在大多数孩子犹豫不决之时，勃朗校长的得意门生容闳首先表示要同行。容闳、黄胜、黄宽三人经过与父母的再三协商，终于得到准许，随勃朗校长一起前往美国。② 容闳在美国孟松中学毕业后，辗转进入耶鲁大学学习，并且以优异的成绩毕业。

容闳不仅深谙中国古典文学，而且有极佳的英文水平，可谓一位学贯中西的大师。根据《容闳评传》一书，"1868 年，容闳又向母校耶鲁大学赠送 1 000 多册珍贵的中国书籍，包括有《三字经》、'四书'、'五经'、《千字文》、《山海经》、《康熙字典》、《三国演义》、《纲鉴易知录》等"③。此举使中国在学习西方的同时，也让西方进一步了解了中国，大大促进了英汉语言的交流和融合。回国后，容闳向曾国藩提出派遣中国学生赴美留学的提议。1872 年，第一批幼童在容闳的带领下由上海前往美国。此后，这 30 名幼童分别进入哈佛大学、耶鲁大学、哥伦比亚大学、麻省理工学院等名校学习，不少人成为近代中国的杰出贡献者，如詹天佑、唐绍仪、唐国安、吴仰曾等。

容闳开创了中国学生留美的先河，虽然其计划被迫终止，但让清政府认识到了接触西方、认识西方是刻不容缓的。1877 年 3 月 31 日，清政府派遣第一批中国学生赴欧洲留学，这其中就有后来著名的翻译大家严复。在英国，严复先后进入普茨茅斯大学、格林威治海军学院学习，了解了大量资产阶级政治理论，对西方社会科学兴趣浓厚。1879 年回国后，他翻译了《天演论》、《原富》、《群己权界论》、《群学肄言》等重要著作。④ 通过严复的译

---

① 参见郭建荣：《京师同文馆的英文课程分析》，载《兰台世界》，2012（27）。

② 参见陈汉才：《容闳评传》，34～37 页，广州，广东高等教育出版社，2008。

③ 同上书，61 页。

④ 《天演论》、《原富》（《国富论》）、《群己权界论》（《论自由》）、《群学肄言》是四位英国学者的著作，英文书名和作者名分别是：*Evolution and Ethics and Other Essays*，Thomas Henry Huxley；*An Inquiry into the Nature and Causes of the Wealth of Nations*，Adam Smith；*On Liberty*，John Stuart Mill；*The Study of Sociology*，Herbert Spencer。

著，中国人对英国的政治、经济、社会等有了更多的了解，同时，对英语也有了新的认识。

就英汉语言交流的历史而言，19世纪中后期是英语在中国广为传播的年代。在此期间，教会学校扮演了很重要的角色。从1843年英国传教士马礼逊的"英华书院"迁至香港到19世纪末，教会学校在数量和种类上都有一定的发展，重点逐步向高等教育转移。在此期间，学生人数也在逐年增加。1876—1920年，教会学校的学生总人数达到了1 229 542人。[①] 教会学校使用的语言基本是英语，通过教会学校毕业生，英语在中国得到了大范围的传播。19世纪末20世纪初，除了日语之外，中国人学习的主要外语是英语，这种现象一直持续到1949年。新中国成立之后，俄语教育在中国盛行了十余年，之后便是"文化大革命"，但英语教育并没有完全消失。

四、改革开放以来的英语热潮

改革开放以来，伴随着经济的迅猛发展，中国教育界经历了一场轰轰烈烈的"语言变革"。为适应改革开放的需要，从中央到地方，各级教育部门反复不断地强调外语教育的必要性和重要性。按照教育部门的要求，外语课已经成为各级各类学校最主要的课程之一。根据国家统计局2011年发布的《国民经济和社会发展统计公报》，中国在校生总人数为2.2亿人；据此推算，中国各级各类学校在校学习英语的人数和在校学过英语的人数之和，已经超过了全球以英语为母语的总人数3.72亿人。

而此时，英美两国借机在英语学习狂热的中国展开愈演愈烈的文化输出，中国大陆成了两国语言竞争的主要战场。在中国大陆畅销的教材有英国的《新概念英语》，也有美国的《英语900句》；电视教学片有英国的《跟我学》，也有《走遍美国》；词典有英国的《牛津英语词典》，也有美国的《韦氏英语词典》；电台广播有BBC，也有VOA；留学考试有雅思，也有托福。旷日持久的英语学习和层出不穷的英语考试耗费了中国人大量的时间、精力和金钱，而获得文化影响和经济利益的主要是英国和美国，英美两国利用英语获取的财富是一个相当惊人的数目，英语产业化为这两个国家带来的巨额利润是其他行业所望尘莫及的。

[①]　参见刘英杰主编：《中国教育大事典1840—1949》，1011页，杭州，浙江教育出版社，2001。

第二节　英语对汉语的影响

英语对汉语的影响是一个纷繁复杂的话题。从语音到语法，从词汇的借用到概念的补充，从国民心态的分析到两种语言的互译，从国民经济的发展到国际地位的变化，这些都是应该进行深入思考的问题。

一、英语语音对汉语语音的影响

汉语和英语发音方式不同。汉语是声调语言，而英语没有声调，有重音和次重音、重读和非重读的区别。当今，中国人在汉语中常夹杂一些英语单词，如 hi，OK，bye-bye 等。再比如，中国各地机场的英语广播，汉语地名往往没有声调，听起来像英文地名，如 Beijing，Sichuan，Hunan，Shanghai 等。有些中国人用英语介绍自己的中文名字时，会刻意放弃汉语的声调而尽力模仿英语的音调。

在汉语中夹杂英文缩略语也会潜移默化地影响汉语的语音。当一个人去买 SIM 卡的时候，当患者和医生谈论是否做 CT 的时候，当一个人上网去 google 的时候，当人们用 QQ 聊天的时候，当警方要查对 DNA 的时候，当音乐节目介绍 DJ 的时候，当有人推销 DVD 的时候，当有人声称发现 UFO 的时候，当游客需要 GPS 导航的时候，当亿万学生进入英语课堂的时候，所听到的语言必然会含有英语的语音，自己所说出来的话会在不同程度上带有英语的腔调。正如明代音韵学家陈第所言，"时有古今，地有南北，字有变更，音有转移"。语言的变音变调是自然的事，比如《现代汉语词典》（第6版）中标注的"的"字音，多了一个第一声（"打的"的"的"），说再见时的"拜拜"中的"拜"，多了一个第二声（阳平）。语音语调总是处于变化之中的，汉语的语音变化和英语的语音变化都证明了这一点。受英语语音的影响，汉语的语音也在变化，尽管这种变化是一个十分缓慢的过程。

二、英语句式对汉语语法的影响

像英语词汇一样，英语句式对汉语的表达也有影响。在中国的青年学生当中，很多人会在不经意间用英语的句式表达汉语，比如"如果你不介意的话，我建议你去看医生"（If you don't mind，I suggest you go and see the doctor）。这样的例子很多，人们不一定是在有意识地模仿，往往是一种自然的流露。汉语语法的"欧化"程度如此之高，以至于引起了许多专家的广泛关注。近年来，已有不少学术专著问世，其中包括贺阳先生的《现代汉语欧化语法现象研究》。作者在书中指出，"所谓的'欧化语法现象'是指现代汉语在印欧语言，特别是在英语影响下产生或发展起来的语法现象"。此书通过对比"五四"前后汉语及英语的有关语法，对"五四"以来汉语中的欧化语法现象进行了全面而系统的考察①。著名学者胡明扬曾说，在白话文的探索过程中，很多领袖人物都深感汉语书面语表达不够精密，需要向西方语言学习，不论是傅斯年、胡适，还是陈独秀、瞿秋白、鲁迅等都公开提出要向西方语言学习，或在翻译领域公开支持直译，支持引进西方语言的用语乃至语法结构。②

三、汉语中的音译外来词

通过英语进入汉语的音译词数量越来越多，这些音译词极大地丰富了现代汉语词汇。生活在现代社会的人们需要了解这些新事物，自然，表示这些事物的名称也很容易被人接受。因为这些事物是中国不曾拥有的，或在中国没有命名，所以，中国人很乐意接受它们的音译名称，并觉得这种借用是天经地义的，例如：

引擎	摩丝	克拉	马拉松	基因	比基尼	幽默	香槟
酷	海洛因	咖啡	可卡因	黑客	荷尔蒙	克隆	尼古丁
桑拿	逻辑	迪斯科	雷达	白兰地	模特	吐司	威士忌
沙龙	吉他	咖喱	脱口秀	沙发	马赛克	卡通	沙拉

毕竟，"沙拉"比"凉拌生菜"更为简洁，音译的"沙拉"听起来似乎有新鲜的味道，而且更符合中国人更愿意接受热食热饮的习惯（至少听起来不是生的）。

对于一些外来词，人们仍在音译和意译之间徘徊。荷尔蒙和激素，话筒和麦克风，激光和镭射，盘尼西林和青霉素，卡通和漫画，以及引擎、马达和发动机等都是汉化了的英语外来词。虽然用的都是汉字，但音译和意译还

---

① 参见贺阳：《现代汉语欧化语法现象研究》，北京，商务印书馆，2008。

② 参见上书，"序言"。

是有区别的。以上这些都是英语对汉语的影响。

改革开放以来，中国一跃成了吸收英语词汇的大户。在借用词汇方面，不但有音译，而且还善于在借用的基础之上进一步发挥，正所谓"英语给颜色、汉语开染坊"。汉语是目前为止使用时间最久的语言，其灵活的应变能力和强大的融合扩展能力是不容置疑的，这是由深厚的中国文化所决定的，是中国人的禀性。在玩弄文字方面，中国人技高一筹，给点颜色就能开染坊。比如，"酒吧"一词译自英语的 bar，当时翻译这个词的时候，加了个"酒"字来表示意思，这种音译和意译相结合的办法是比较科学的。近年来出现的一系列"吧"就是在此基础上的扩展，如：网吧，聊吧，氧吧，冰吧，迪吧，贴吧，水吧，琴吧，陶吧，书吧，微博吧（太多了吧！）。看到 tips 这个词就联想到了各种各样的"士"（博士、硕士、学士、护士、壮士、武士、勇士、斗士、猛士、骑士、教士、爵士、烈士、人士，还有助产士、角斗士、大力士、圣斗士等等），所以就出现了"贴士"。再比如：因为有了"世界杯"（World Cup）的"杯"，现在无论什么样的比赛都一律冠以"××杯"；因为有了"水门事件"丑闻（Watergate Scandal），所以就有人在这方面大做文章，出现了有人明白、有人感觉一头雾水的各种各样的"门"，如"诈骗门"、"捐款门"、"艳照门"等；还有由"粉丝"（fans）演变出来的"铁丝"和"钢丝"，由"出租车"（taxi）粤语叫法"的士"演变出来的"的哥"、"的姐"、"打的"、"面的"和"摩的"，由"黑客"（hacker，电脑高手）引发出来的"拍客"和"博客"，之后又繁衍出了"微博"和"博文"。

在大量音译外来词的过程中，很多人忽视了汉语文化特有词汇的音译。结果是，汉语中的特有文化名词用了意义上的解释，用了意译而舍弃了音译，弄巧成拙，导致很不利于交流。换位思考一下，既然中国人很乐意（至少不介意）使用这些音译外来词，那么，英语国家的人对 qipao（旗袍），qiuku（秋裤），mantou（馒头），tangyuan（汤圆），以及 ganbei（干杯）和 jiayou（加油）这样的汉语音译词会反感吗？由于历史的原因，在使用英语进行对外交流的过程中，有不少中国人对本民族特有文化词语的音译羞于启齿。其实，外国人对中国人的这个特点（弱点）看得很清楚。很显然，目前中国人在这方面缺乏自信心。不少中国人总喜欢把饺子说成 dumplings，其实，英文中的 dumplings 类似中国北方农村过去常吃的一种面食，跟"疙瘩汤"或"拌汤"差不多，把饺子音译为 jiaozi（加复数更好）更加精准、更受欢迎。在饮食文化方面，中国特有而西方没有的，我们应该以音译为妥，原汁原味，给人以新鲜感，同时我国可以从中获得经济效益。在改革开放之前，英语是比汉语更加强势的语言、更受人们青睐的语言。改革开放之后，汉语的国际地位有了很大的提高，但是人们还没有彻底摆脱文化畏缩的心态。在面对中国文化特有词汇和文化负载词的时候，很多人依然在完全按照英语旧有的表达方式交流。比如，把中国最长的河流"长江"说成是Yangtze River（扬子江），把世界最高的珠穆朗玛峰说成是Mount Everest（艾维瑞斯特峰①）。这种状况引人深思。受英语语言文化的影响，有不少人在中国特有文化名词的翻译和使用方面表现出了民族文化畏缩心态。

四、汉语中的英式表达

从汉语借用英语的抽象概念词和言语表达方式方面也能看出英语对汉语的影响。例如：

以牙还牙 a tooth for a tooth　　遭遇滑铁卢 meet one's waterloo

以眼还眼 an eye for an eye　　看不见的手 invisible hand

破纪录 break the record　　禁果 forbidden fruit

红灯区 red light district　　黑马 dark horse

连锁店 chain store　　金砖四国 BRIC

连锁反应 chain reaction　　做爱 make love

闭环 closed loop　　多米诺效应 Domino effect

头脑风暴 brainstorm　　处女航 maiden voyage

处女地 virgin land/soil　　软饮料 soft drink

软实力 soft power　　无冕之王 uncrowned king

峰会 summit meeting　　低碳生活 low carbon life

烫手山芋 hot potato　　负增长 negative growth

路演 road show　　路线图 road map

帽子戏法 hat trick　　玩火 play with fire

吸引眼球 attract the eyeball　　热线 hot line

---

①　George Everest（1790—1866，乔治·艾维瑞斯特）是当年英国驻印度测绘局局长的姓氏，他本人可能还没有亲眼看到过珠穆朗玛峰。他的继任者为了纪念他，就给珠穆朗玛峰取了一个新名字。

团队建设 team building　　　　团队精神 team spirit

地球村 global village　　　　　买方市场 buyer's market

卖方市场 seller's market　　　　熊市 bear market

牛市 bull market　　　　　　　二手（车）second hand（car）

上传 upload　　　　　　　　　下载 download

触底 touch bottom　　　　　　破冰 break the ice

鳄鱼的眼泪 crocodile tears　　　冷血的 cold-blooded

公平游戏 fair play　　　　　　蓝领 a blue-collar worker

白领 a white-collar worker　　武装到牙齿 armed to the teeth

转折点 turning point　　　　　笑料 laughing stock

选边① take sides　　　　　　　替罪羊 scapegoat

猎头 headhunting　　　　　　黑匣子 black box

双刃剑 double-edged sword

翻开新的一页 turn over a new leaf（page）

炮舰外交 gunboat diplomacy

圆桌会议 round-table conference

往伤口上撒盐 add salt to the wound

伸出橄榄枝 hold out the olive branch

一石二鸟 kill two birds with one stone

胡萝卜加大棒 the carrot and the stick

旧瓶装新酒 put new wine in old bottles

把骄傲放进口袋里 to pocket one's pride

暴风雨之前的平静 the calm before the storm

只见树木不见森林 not be able see the wood for the trees

时间就是金钱 Time is money.

知识就是力量 Knowledge is power.

血浓于水 Blood is thicker than water.

条条道路通罗马 All roads lead to Rome.

没消息就是好消息 No news is good news.

---

① 用中国人的话说就是"偏袒某一方"或"站在某人一边"，现在的很多媒体在语言方面是很新潮、很崇洋的。

时间可以愈合一切伤口 Time heals all wounds.

罗马不是一天建成的 Rome was not built in a day.

只要结局好，一切就都好 All is well that ends well.

言语是银，沉默是金 Speech is silver, silence is gold.

贪财是万恶之源 The greed for money is root of all evil.

闪闪发光物未必是真金 All is not gold that glitters.

良好的开端是成功的一半 A good beginning is half done.

天底下没有免费的午餐 There is no such thing as a free lunch.

不要把所有的鸡蛋放在一个篮子里 Don't put all your eggs in one basket.

以上这些例子并不是英式汉语词汇的全部。中国人口众多，方言差异很大，很难收集整理出英式汉语词的全部。有些英式汉语词是书面的，而有些是口头的，有些会继续存在下去，而有些则是昙花一现。从当前的情况来看，英式汉语词汇增长的速度很快；英语对汉语的影响大于汉语对英语的影响。语言和文化的强大影响力是可以带来经济利益的。这是一个规则制定权的问题，同时也是一个话语权的问题。比如，现代体育运动项目（板球、高尔夫、足球、台球、篮球、马球、手球、水球、保龄球、羽毛球等）的规则基本上是由英语国家制定的。这种话语权有利于英语的发展（术语的传播），也有利于附加产品和服务项目的推销（体育用具和体育比赛）。语言和文化可以带来经济效益的例子很多。当然，词汇的丰富本是一件很好的事情，语言之间的互相借用也是自然的事情。汉语中有了"鸵鸟政策"（ostrich policy）、"淘金热"（gold rush）、"酸葡萄"（sour grapes）、"嬉皮士"（hippies）、"雅皮士"（yuppies）、"披头士"（Beatles）等，可以使汉语言丰富多彩、活灵活现。但是，引入借词应该有个度，这种翻译不能走过头，"汽车每小时行驶多少公里"是正常的，"汽车每小时跑多少迈"（"迈"源于英里 mile）最后变成了"多少码"，那"迈"和"码"的差别可就大多了。中文标准书面语和汉语口头语在现阶段似乎出现了向不同方向发展的趋势。

五、汉语中的英文缩略语

年轻人在汉语中使用英文缩写字母的现象非常普遍，而且有上升的趋势。这种现象值得注意、值得探讨。假如一个没文化的农民跟医生说话用"做 CT"或"查 DNA"的话，那也许是迫不得已而为之。当然，用 CT 或 DNA 也节省时间，尤其是在中国的医院里，基本没有人会跟医生慢条斯理地说"我要做电子计算机 X 射线断层扫描",或"我要查脱氧核糖核酸来看一下这孩子是不是我的"。有时用英文缩写字母是人之常情,习惯这么说,没有什么不对。达到交流目的就行,这样效率更高,因为"地球人都知道"。比如手机用户去购买 SIM 卡,恐怕没有人会说:我要买一个"用户识别模块"(或用户识别卡)。再比如:在取钱时,你是愿意用 ATM 呢,还是想用"自动取款机"呢?这或许要视情况而定。但是,有的时候,如果不是为了简洁,而是为了和他人拉开距离而有意使用英语缩略语,这样的语言就收不到好效果了。假如一个中国学者面对成千上万的中国电视观众,总说 UN 怎么样,而不说"联合国"怎么样,那他纯粹是为了装潢门面、炫耀自己的学识,而不是想认真地与人交流。在汉语中,把首都机场的"3 号航站楼"说成"T3 航站楼"同样值得我们斟酌。

目前汉语中出现的英文缩略语大体可分为两类,第一类缩略语是字母式,即缩略语中的字母需要逐个读出来,例如:

BBS(电子布告栏系统)　　　　CBD(商务中心地区)
CPI(消费者物价指数)　　　　CPU(中央处理器)
DJ(流行音乐节目主持人)　　　DNA(脱氧核糖核酸)
EMS(特快专递)　　　　　　　EQ(情商)
GDP(国内生产总值)　　　　　GPS(全球卫星定位系统)
IQ(智商)　　　　　　　　　　ISO(国际标准化组织)
KFC(肯德基)　　　　　　　　MBA(工商管理硕士)
MTV(音乐电视)　　　　　　　MSN(微软提供的网络在线服务)
NBA(美国职业篮球联盟)　　　OTC(非处方药)
SOS(紧急求救信号)　　　　　UFO(不明飞行物)
USB(通用串行总线架构)　　　VIP(重要人物)

第二类缩略语是单词式,即把缩略语当作一个单词来读,例如:

AIDS(艾滋病)　　　　　　　　BASIC(初学者通用符号指令代码)
FIFA(国际足球联盟)　　　　　IELTS(雅思考试)
NASA(美国国家航空航天局)　　NATO(北大西洋公约组织)
OPEC(石油输出国组织)　　　　SARS(非典型肺炎)
TOEFL(托福考试)　　　　　　UNESCO(联合国教科文组织)

由于有越来越多的中国人在口头语言或书面语言中使用英文缩略语,所以 2012 年 6 月出版的《现代汉语词典》(第 6 版)在附录和正文之间加入了

AA 制，ABC，ABS，ADSL，CCTV，CD-ROM，CEO，CET，IP 地址，IP 电话，IQ，ISBN，IT，K 粉，K 歌，TNT 等 239 个"西文字母开头的词语"。这一举动在学术界引起了轩然大波。对于新版《现代汉语词典》收录西文字母开头的词语这一做法，有人赞同，有人反对。反对者中有 100 多名学者联名举报至新闻出版总署和国家语言文字委员会，要求保护汉字的纯洁，反对"文化入侵"；而在人数方面，赞成者显然占大多数（大多数是青年学生），他们认为《现代汉语词典》把这些常用的以西文字母开头的词语也作为"现代汉语"的一部分收入词典不仅是大势所趋，而且是理所当然的正常现象，理由是英文缩略语（西文字母词）简洁实用，而且在普通人的使用频率中逐渐呈现上升的趋势。目前，《现代汉语词典》收录以西文字母开头的词语备受关注和争议。这种广泛的关注和激烈的争议说明英语对汉语的影响越来越大。对汉语中出现的越来越多的英语成分有不同的看法是正常的。谈英语对汉语的影响，谈英语和汉语的交流，谈汉英两种语言的翻译，离不开深层次文化探究。具体名词的翻译较容易理解和接受，因为外来名词（包括音译词和意译词）属于文化表层部分。而世界观和价值观等文化深层内涵则难以通过翻译从一种文化进入另一种文化。涉及理念方面的深层次文化语言表达不容易翻译，似乎最完美的译文永远比不上原汁原味的原文。或者说，表达民族理念和信仰的原文是不可能完全译成另外一种语言的。任何一种翻译的尝试都会或多或少地在翻译过程中丢失原文中的某些附带信息。似乎，要理解一个民族的文化理念和深层价值观就必须学会这个民族的语言。

六、结语

光阴荏苒，中国的英语教育已经走过了不平凡的路程。在"全民学英语"的大背景下，认识英语的特点有利于语言学习，了解英语和汉语的发展演变历史有利于两种语言的相互交流。就目前的发展态势来看，汉语中的音译外来词、汉语中的英式表达以及英文缩略词在汉语中的广泛使用是一股难以阻挡的洪流。音译外来词、英式表达、英文缩略语甚至包括现代汉语的"欧化语法"等都是注入汉语的新鲜血液，它们符合语言发展的规律，无碍汉语的发展。在经济快速发展的年代、在社会发生巨大变化的时代，外来词借用的现象会更加普遍。新词出现的形式是多种多样的，文化的交流离不开语言之间的相互模仿、相互借用，词汇的发展、补充和创新其实也是语言发展演变的一条必由之路。但是，当官方主流媒体在语言表达中创造并频繁使用所谓的新潮词语"不选边"（用来替代"不偏袒任何一方"），使用"田野调查"（用来替代"实地调查"）等英式表达的时候，我们应该有足够的警觉。我们必须清醒地认识到：如何保证民族语言的健康发展是一个至关重要的问题。在"全民学外语"的背景下，我们尤其不能忽视英语对汉语的影响。

第十五章　新闻传播学*

第一节　新闻传播学发展概况

1997 年，新闻传播学在我国被确立为一级学科。这个学科的原有基础是新闻学，在世界范围内，从 20 世纪 60 年代起，新闻学逐渐与传播学融合为一门适应当代社会新闻传播，进而适应社会一般信息传播的专门学科——新闻传播学。新闻学经历了数百年的形成过程；传播学的研究也有 100 多年的形成过程。在中国，新闻学研究有近百年的历史；传播学研究在中国台湾和香港地区有 50 多年的历史，在大陆有 30 多年的历史。

1690 年，德国人托拜厄斯·波伊瑟（Tobias Peucer）撰写的拉丁文博士论文《关于新闻报道》（De Relationibus Novellis）是世界上第一篇新闻学文献。然而，新闻学作为一门学科，则是 200 年以后的事情。17—18 世纪世界新闻业的发展颇为缓慢，新闻学难以作为一门学科存在。19 世纪，工业革命的兴起、通讯社的出现、电报的使用、知识税的废除和国民教育的

---

　* 本章主笔：陈力丹，中国人民大学新闻学院教授。感谢彭兰、胡百精、周勇、冯丙奇提供的相关研究方向文献基础的意见。

普及，使得欧美的新闻业得以在 19 世纪 50 年代前后得到突飞猛进的发展，"报纸就包括在英国城市工人的必要生活资料之内"①。此种情形下，关于职业新闻传播的研究自然被提上日程。于是 19 世纪末首先在德国、瑞士的大学里开设了新闻学（又译"报学"）课程。20 世纪初，美国的大学设置新闻学院，新闻学作为一个学科得以形成。

中国新闻学教育和研究的起点，以 1918 年 10 月北京大学新闻学研究会的成立为标志。校长蔡元培亲任会长，从美国学习了新闻学和经济学归来、在北京大学任教的徐宝璜教授和北京《京报》主编邵飘萍为导师。1919 年，徐宝璜的著作《新闻学》出版，是为中国第一本新闻学著作。

传播学形成的两个社会条件是：19 世纪的工业革命和城市的规模化聚合。20 世纪传播媒介形态的不断创新与普及，以及人口从农村加速聚集到城市，为现在的信息时代准备了新的社会环境；与此同时，人们对信息传播现象的研究形成规模。传播学被社会大体承认，开始于 20 世纪 40 年代的美国。20 世纪 20 年代美国芝加哥学派（包括经济学、社会学、心理学、政治学、人类学五大学科）从不同方面为传播学的形成奠定了理论基础；第一次世界大战和第二次世界大战的宣传战、电波战以及对它们的研究，直接促成了传播学首先在美国形成。40 年代后期形成的系统论、信息论、控制论，进一步为传播学提供了新鲜的理论支持。接着在 20 世纪 60 年代，以欧洲人文—历史—哲学为背景的传播学批判学派形成。20 世纪六七十年代，西方国家高等院校的新闻学专业设置逐渐与传播学融合，原来的新闻院系的称谓，陆续更名为"传播"或"社会情报"院系。

为适应经济腾飞和新传媒的普遍运用，中国台湾和香港的学者 20 世纪五六十年代先后引进传播学，高校的新闻院系也陆续改名为"新闻传播"（或"新闻与传播"）院系；这一时期，中国大陆"以阶级斗争为纲"，政治运动不断，只有复旦大学新闻系和中国人民大学新闻系的少数教师知悉外国有个传播学，以"批判资产阶级"的名义翻译了少量材料，内部油印阅读。

1978 年 7 月，复旦大学新闻系出版了改革开放时期第一本新闻传播方面的期刊《外国新闻事业资料》，在加了近一页的"批判资产阶级"的按语之后，刊登了第一篇传播学译文。1978 年 10 月，日本新闻学会会长内川芳美教授访华，第一次面对面地向中国新闻学界介绍了传播学。1982 年 4—5

---

① 《马克思恩格斯全集》，中文 1 版，第 48 卷，12 页，北京，人民出版社，1985。

月，美国传播学者韦尔伯·施拉姆访华，较为全面地向中国新闻学界展示了美国经验—功能主义传播学派的观点。同年 11 月，中国新闻学界召开了第一次全国传播学研讨会。传播学 1983—1984 年一度遭到批判，被认为是"精神污染"，其要害是否定阶级斗争。1983 年复旦大学新闻系即将召开的传播学国际研讨会被迫停办，全国的传播学研究一度中止。80 年代后期，中国大陆除了中国人民大学新闻学院和复旦大学新闻学院坚持原来的"新闻"称谓外，其他高校新设置的新闻院系均冠以"新闻传播"的称谓。所有中国大陆高校的新闻传播院系，其教学和研究的对象，实际上扩展到除了新闻传播（含广播电视新闻）以外的其他社会传播，诸如出版、广告、公关、新媒体，以及影视艺术、媒介经济、文化创意等等。1989—1992 年，传播学再度遭到一些人的批判，被认为是不讲阶级和阶级斗争的"资产阶级理论"。但是，这次新闻传播学界没有理会他们的鼓噪，研究照常进行。1997 年，"新闻传播学"在中国被承认是一个学科。

新闻学是以大众传播业为背景的一门应用学科，传播学虽然可以划分为多种学派（有的学派研究带有较强的功利性质），但总体属于理论研究，传播学研究带给新闻学较多的学术理论支点，带来了较为严谨的科学方法论，扩展了新闻学的研究视野。目前我国学界已经从最初单方面吸收经验—功能主义学派的理论与方法，转向全面引进和吸收技术主义控制论学派、结构主义—权力学派等不同学派的观点与方法。

经验—功能主义学派出于服务功利目的的需要，无形中形成大体五个研究板块，即控制研究（传播者研究）、内容分析、媒介渠道（形态）研究、受众研究（调查）、传播效果研究。结构主义—权力学派，包括德国法兰克福学派、英国文化学派和政治经济学派、法国的符号学和批判理论等等。他们认为，人的思维和信息的传播，受制于传播的基本符号系统，人生活在具体的符号体系之中，因而任何传播都早已被"结构"了。在这样思路的研究中，又以揭示传播中符号背后的权力（政治的、意识形态的、经济的和文化的权力）背景的居多。

在传播科技发达的现代，对信息的载体——媒介形态的研究已经形成一个独立的学派，即技术主义控制论学派。马歇尔·麦克卢汉"媒介即讯息"表达了这个学派的基本的认识要点，即新的媒介形态本身（而不是内容）对改变社会结构起到了关键作用。这样的视角在传播科技日新月异的变革中凸显出来，并被完善为"媒介即环境"的思想（媒介环境学），成为热门的研究领域。

1949 年以后我国的新闻学研究一度被政治化，"文化大革命"时期完全被政治替代。1978 年恢复新闻学研究之时，是从讨论"什么是新闻"开始的。在新闻传播学作为一级学科之初，只有"新闻学"和"传播学"两个二级学科，新闻学主要是指传统新闻学的理论、历史和实务研究；传播学主要是指传播学理论，以及各种非新闻传播的社会传播现象的研究与实务技术（操作）研究。在中国人民大学新闻学院，"媒介经济"、"广播电视"先后成为博士生或硕士生培养的独立专业方向。

第二节　新闻传播学的基础文献建构

一、世界新闻学早期基础文献

新闻学的学术文献，历史记述可以追溯到 1690 年，但 1644 年英国政论家约翰·弥尔顿的演讲词《论出版自由》，18 世纪末以来被主要发达国家的新闻业界视为必读之作，以确立新闻职业理念。在新闻学研究史中，仅有一本 19 世纪的专著被提及，即 1845 年德国学者普尔兹（Robert Eduard Prutz，1816—1872）的《德国新闻事业史》（*Geschichte des deutschen Journalismus*），但阅读过此书的人有限。

新闻学形成学科后较早产生影响的文献，出现在 20 世纪初，可以提及的有 1922 年沃尔特·李普曼的《舆论》、1924 年卡斯柏·约斯特的《新闻学原理》和 1924 年尼尔森·克劳福德的《新闻道德》。这三本论著可视为新闻与社会、新闻理论、新闻伦理（其中关于客观性原则的论证占了三章）研究的早期经典。德国新闻学者奥托·格罗特（Otto Groth，1875—1965）1960—1974 年出版的《未被认识的文化力量——报学基础》（*Die unerkannte Kulturmacht：Grundlegung der Zeitungswissenschaft*），被视为最厚重的新闻学理论著作，共 8 卷 4 000 多页（后几卷是他的后人出版的），但这部专著较为晦涩，加之使用的是德文，难以产生影响力。

新闻学在西方国家是一门应用学科，关于学科的文献有百多年的积累，但在学科内得到公认的不多。目前对中国新闻学研究有影响的外国的基础性论著，较早的是 1947 年 3 月美国新闻自由委员会的研究报告《一个自由而负责的新闻界》（又称"哈钦斯报告"）。1946 年，以芝加哥大学校长罗伯特·哈钦斯为首的知识界群体听取 58 家代表性媒体的证词和 255 人的意见，召开了 17 次全体会议，对新闻业的弊端进行了系统梳理，以新闻业社会责任理念为基础提出了一系列新闻专业主义原则。目前学界比较关注的是由德国新闻学的领军人物、伊尔默瑙工业大学教授马丁·劳福霍兹（Martin Löffelholz）和美国印第安纳大学新闻学教授、前任美国新闻与大众传播教育学会会长大卫·韦弗尔（David Weaver）主编的《全球新闻学研究：理论、方法、发现和未来》（*Global Journalism Research：Theories，Methods，Findings，Future*，2008）。两位主编受 2004 年德国爱尔福特"全球化时代的新闻学研究"国际会议的委托，召集全球 26 位新闻学界人士（包括三位华人新闻学者）参与写作。该书涉及全球新闻理论、新闻学研究方法、新闻学研究案例与发现、新闻学研究的未来等四方面问题，首次对世界范围的新闻学研究进行了全面系统的梳理和分析。

二、中国新闻学早期基础文献

对中国的新闻学来说，奠基性的论著诞生于"五四"新文化运动期间，主要是四位中国新闻学的开创者和他们的六本书：1919 年徐宝璜的《新闻学》、1922 年任白涛的《应用新闻学》、1923 年和 1924 年邵飘萍的《实际应用新闻学》和《新闻学总论》、1925 年和 1927 年戈公振的《新闻学撮要》和《中国报学史》。《中国报学史》代表了这一时期中国新闻学研究的最高水准，主体是新闻史，第一章"绪论"和末章末节"总论"是新闻理论。该书共有 8 个中文版本和 1 个日文版本。其他论著虽然属于教材性质，但在新闻学基本理念和研究框架方面，为后来的学科发展奠定了基础。

这四位学者的学术来源主要是美国和德国。徐宝璜是中国最早在美国学习新闻学课程的两位留学生之一。邵飘萍和任白涛的新闻学知识均来自日本，而日本新闻学的学术来源当时主要是德国。戈公振的《新闻学撮要》提供了当时世界上已经出版的新闻学论著 300 多种，涉及英、德、日、中四种文字，其新闻理论的描述语言主要来自德国。

20 世纪 30 年代，新闻学者黄天鹏编辑出版了 30 多种新闻学书籍（其本人所著十几种），使得中国新闻学创立之初的文献得以比较完整地保存下来。

三、1978 年以后中国新闻学基础文献

1949 年以后，中国的新闻学逐步政治化。1957 年，复旦大学党委常委、

新闻系主任王中的《新闻学原理大纲》一度很有影响，但随即遭到批判。"文化大革命"时期，全国九成报刊停刊（723 种报刊只剩下 40 家报纸、2 家杂志及 18 家对外期刊），广播电台和电视台军管，政治话语完全替代新闻理论。1976 年 1 月印刷的复旦大学新闻系编《新闻学小词典》（318 页）中，"无产阶级新闻学著作"之下 27 条，全部是"马恩列斯毛"关于新闻工作的文章和指示，没有一本学术论著；"资产阶级新闻学"之下以批评的名义只列出 4 本书，全部是 20 世纪 20 年代的。1978 年恢复新闻学研究，从讨论"什么是新闻"开始。与此同时，传播学通过开启的中外学术交流，被新闻学界知悉，并主要在新闻学界展开引介和研究。

（一）新闻史

最早恢复研究的是中国新闻史。1981 年 6 月出版的方汉奇的《中国近代报刊史》，至今仍是被引证次数最多的新闻学专著（截至 2012 年 11 月 4 日 462 次）。21 世纪初，方汉奇主编的《中国新闻事业通史》三卷本和金冠军、戴元光主编的《中国传播思想通史》三卷本，完成了宏观中国新闻史和中国传播思想史的系统化陈述。宁树藩、丁淦林、吴庭俊等在新闻史方面的一些专著，也是中国新闻史研究的基础文献。1988 年 1 月出版的张隆栋、傅显明编著的《外国新闻事业史简编》（48 万字），是建国后第一本外国新闻史论著，因而成为这方面研究的奠基之作。目前这方面的代表作是陈力丹的《世界新闻传播史》（2002 年初版，2007 年再版，53 万字，10 次印刷）和李彬的《全球新闻传播史》（2005 年，72 万字）。

（二）新闻理论

恢复新闻学研究之后，新闻理论研究囿于环境的原因，这方面的文献长期停留在教材层面。1983 年出版的甘惜分的《新闻理论基础》为第一本这方面的教材，影响面很广。同一时期戴邦、钱辛波、卢惠民主编的《新闻学基本知识讲座》、李良荣主笔的《新闻学概论》，在 20 世纪 80 年代也有很大的社会影响。90 年代成美、童兵编著的《新闻理论教程》和刘建明的《宏观新闻学》影响面较广。2001 年，杨保军出版《新闻事实论》，随后数年内又陆续推出《新闻价值论》、《新闻真实论》等七本新闻理论研究专著。然而总体上，学术性的新闻理论研究仍然比较薄弱，新闻理论教材观念相对陈旧，需要创新思维。

"按照新闻传播规律办事"，"遵守新闻从业基本准则"（胡锦涛语）是中国新闻理论创新的方向，因而新闻法治、新闻专业主义和职业道德逐渐成为新闻理论研究的热点，这方面最早的论著是 1994 年孙旭培的《新闻侵权与诉讼》，目前魏永征的《新闻传播法教程》（2002 年初版，2006 年二版，2010 年三版，2013 年四版）、黄旦的《传者图像：新闻专业主义的建构与消解》（2005 年）、吴飞的《新闻专业主义研究》（2009 年）较有影响。

马克思主义新闻观研究作为中国特色新闻理论研究的一部分，改革开放后即起步研究，1989 年出版的童兵的《马克思主义新闻思想史稿》（34 万字）是这方面的第一本专著。陈力丹的《精神的交往论——马克思恩格斯的传播观》（1993 年初版，2008 年再版，46 万字）和《马克思主义新闻观思想体系》（2006 年，69 万字），以及郑保卫主编的《中国共产党新闻思想史》（2005 年，63 万字），是目前这方面研究的代表作。

（三）新闻业务

1978 年恢复新闻学研究以后，在中国社会层面较有影响力的新闻业务论著，20 世纪 80 年代是密苏里新闻学院写作组 1980 年的《新闻写作教程》（中文版 1986 年），目前是美国哥伦比亚大学新闻学教授梅尔文·门彻 2003 年第九版的《新闻报道与写作》（同年中文版，展江译，112 万字）。

改革开放后我国新闻业务研究进展迅速，第一本有影响的国人论著是 1982 年出版的艾丰的《新闻采访方法论》。此后出版了很多新闻业务方面的论著，目前刘海贵（采访）、蔡雯（编辑）、张征和高钢（采写）等的教材影响面较大。

（四）广播电视

1985 年电视在中国压倒报纸成为第一媒介形态以后，中国广播电视研究作为一个研究方向逐渐兴起。世界范围内的这方面研究开始于 20 世纪 60 年代，乔治·格伯纳关于电视的系列研究报告构成了这方面研究的早期文献。现在对我国广播电视研究影响较大的论著是 1987 年约翰·菲斯克的《电视文化》（中文版 2005 年）和 1992 年罗伯特·艾伦主编的批判学派论文集《重组话语频道》（中文版 2000 年和 2008 年）。

在中国电视史研究方面，赵玉明提供了较早的文献基础。目前这个领域较有影响的国人论著有刘燕南的《电视收视率解析：调查、分析与应用》（2001 年初版，2006 年二版）、孙玉胜关于中国当代电视史的《十年——从改变电视的语态开始》（2003 年）和吴飞关于电视的民族志研究的《火塘·教堂·电视》（2008 年）。

四、传播学文献基础

关于传播学研究的基础文献，需要先从不同学派的论著积累角度来叙述。

（一）传播学经验—功能主义学派

中国新闻学界最早接触的是以美国为主的传播学经验—功能主义学派，其早期的经典论著，均是某一方面研究范式的研究报告和专题论文。30 多年前，我国新闻学界从教材和普及读物中知晓这方面的内容。1983 年中国大陆国人第一本关于传播学的书《传播学简介》（中国社会科学院新闻所世界新闻研究室编），数年内影响学界。1984 年在中国大陆出版的第一本传播学译作，即韦尔伯·施拉姆和威廉·波特合著的《传播学概论》（原名 *Men，Women，Message and Media*），至今仍具有奠基性质。这两本最早的传播学书籍，主要谈论的是传播学经验—功能主义学派的观点。这一学派提供的理论假设或公式的原始论著，具有学术意义，但这些论著似乎没有被看重，近年有一批这方面论著翻译出版，然而普遍被引证的，仍然是教科书里关于这些理论假设或公式的描述。

在这一学派的量化分析方法论的影响下，我国学界 1982 年首次使用计算机进行了北京地区的传媒受众调查（主持人陈崇山），其系列调查报告当时影响较大。1986 年中国人民大学新闻学院成立舆论研究所，现在已发展到几乎同步进行的网上舆情分析（主持人喻国明）。关于舆论学的研究，我国学界最早接触到的论著是前面提到的新闻学早期文献之一，即李普曼1922 年的《舆论》（1983 年林珊首度翻译，书名《舆论学》；2002 年另一版本书名《公众舆论》）。刘建明的《基础舆论学》（1988 年）是建国后第一本这方面的论著，随后较有影响的是孟小平的《揭示公共关系的奥秘——舆论学》（1989 年）和陈力丹的《舆论学——舆论导向研究》（1999 年初版，2012 年再版，7 次印刷）。

（二）传播学技术主义控制论学派

传播学技术主义控制论学派，20 世纪 80 年代中期为中国新闻学界知晓，但被全面关注开始于 90 年代中期。这个学派早期代表人物哈罗德·英尼斯、马歇尔·麦克卢汉的论著和较近的代表人物尼尔·波兹曼 1985 年的《娱乐至死》（中文版 2004 年）、约书亚·梅罗维茨 1985 年的《消失的地域——电子媒介对社会行为的影响》（中文版 2002 年）、保罗·利文森 1997 年的《软边缘：信息革命的历史与未来》（中文版 2002 年）、林文刚（Casey

Man Kong Lum) 2006 年的《媒介环境学——思想沿革与多维视野》（中文版 2007 年）等，构成这方面的基础文献。由于要回答信息时代传播形态的瞬息变化对社会结构的影响，他们的代表性论著被翻译出版的较多，引发了学界的普遍兴趣，熊澄宇在这方面做了较多的推动工作。目前我国学界研究他们思想的论著很多，主要是叙述，尚无有影响的代表作。

对新媒体的研究，一定程度上是传播学技术主义控制论学派在应用研究方面的延伸，开始于 20 世纪 80 年代。最早影响我国社会和学界的文献，是美国网络学家尼古拉斯·尼葛洛庞帝的普及读物《数字化生存》（1995 年，中文版 1997 年，胡泳等译）。从学术研究角度看，最早提出虚拟社区概念并进行研究的论著是美国媒介批评家霍华德·莱茵戈德 1993 年出版的《虚拟社区：居住在电子领域》（无中文版），随后有西班牙信息研究专家曼纽尔·卡斯特 2000 年出版的《网络社会的崛起》（中文版 2006 年）、美国网络专家丹·吉尔摩 2004 年出版的《草根媒体》（"自媒体"和公民新闻的较早论著，中文版 2010 年）、美国媒介研究学者亨利·詹金斯 2006 年出版的《融合文化：新旧媒介的冲撞》（无中文版），它们是接力式研究新媒体的系列代表作，这些论著对世界新媒体研究影响较大，自然也影响到中国的学界。

我国新闻传播学界 20 世纪 90 年代后期开始关注新媒体，发表了大量论著，初期总体水平有限，目前转向深度研究。国人较有影响的新媒体研究代表作是彭兰的《网络传播概论》（2001 年初版，2009 年二版，2012 年三版）和胡泳的《众声喧哗》（2008 年）。

（三）传播学结构主义—权力学派

奠定传播学结构主义—权力学派（批判学派）基础文献的，主要是法兰克福学派的早期代表人物马克斯·霍克海默、西奥多·阿多诺。目前该学派不同学科的代表作有法兰克福学派第二代代表人物尤尔根·哈贝马斯 1981 年的两卷本《交往行动理论》（中文版 1994 年）和 1962 年的《公共领域的结构转型》（中文版 1999 年），英国文化学派斯图亚特·霍尔 1973 年的《编码/解码》（无完整中文版）和 1997 年的《表征——文化表象与意指实践》（中文版 2003 年），英国政治经济学派格雷厄姆·默多克和比特·戈尔丁 1997 年的两卷本《媒体政治经济学》（无中文版），以及法国文化符号学家米歇尔·福柯和结构主义思想家罗兰·巴特的系列论著。然而，相当多的批判学派的代表作不是由新闻传播学界引介的，而是由我国西方马克思主义研究、社会学、政治、文化、语言方面的学者翻译出版的。

国人在传播学批判学派研究方面有影响的论著是陈卫星 2004 年出版的《传播的观念》。

（四）跨文化传播文献基础

鉴于我国改革开放后国际交往越发频密，跨文化传播研究从 20 世纪 90 年代以后在中国逐渐成为一个比较重要的话题。世界上这方面成形的研究开始于 20 世纪 60 年代，奠定基础的代表作是美国人类学家爱德华·霍尔 1959 年出版的小册子《无声的语言》（中文版 1995 年和 2010 年）以及他 1976 年的著作《超越文化》（中文版 2010 年）。中国学界比较熟悉的跨文化传播文献是拉里·萨默瓦、理查德·波特 1981 年出版的《跨文化传播》（中文版 1988 年），此书 2001 年第四版目前在中国较为流通（中文版 2004 年）。

关于这方面国人较有影响的论著是关世杰的《跨文化交流学》（1995 年）和单波的《跨文化传播的问题与可能性》（2010 年）。

（五）中国传播学研究宏观文献基础

我国传播学研究在较长的时间内处于引进消化的阶段，目前正在转入自身研究阶段，一批年轻传播学研究者出版了十几本研究性质的论著，显现出研究潜力，这是中国传播学研究的希望。但就目前传播学理论研究的整体情况看，有影响的国人传播学书籍尚是教材，其中被引证次数最多（截至 2012 年 11 月 4 日 4 678 次）的是郭庆光 1999 年出版的《传播学教程》，初版 19 次印刷，2011 年再版。

为纪念传播学引进中国 30 年，2010 年出版的《中国传播学 30 年》（王怡红、胡翼青主编，853 页、137 万字）一书为中国传播学研究提供了全面回顾历史的文献基础。而 2009 年张国良主编的《中国发展新闻学》（9 卷 230 万字），对全国东、中、西部九个省份进行了传播业调查，为学界研究中国传播现象奠定了现状的资料基础。

五、广告与公关文献基础

广告研究、公共关系研究，目前都是包含在"传播学"中的应用性研究方向。我国较多高校的新闻传播院系，以广告教学点为支撑。

广告研究作为一个较为独立的研究方向，开始于 20 世纪 50 年代，在国际广告研究领域较有名气的早期文献是美国奥美广告公司的经营者大卫·奥格威 1963 年的《一个广告人的自白》（中文版 2010 年）和 1983 年 W·罗纳德·莱恩等的《克莱普纳广告教程》（中文版 2009 年）。由于这个研究方向的应用性质，这方面的文献大多为教材模式，90 年代末的一批教材是目前的文献基础，诸如威廉·阿伦斯和迈克尔·维戈尔德的《当代广告学》（1998 年，中文版 2010 年）、布鲁斯·伯格和海伦·卡茨的《广告原理：选择、挑战与变革》（1998 年，中文版 2006 年）、威廉·维尔斯和桑德拉·莫里亚提的《广告学原理与实务》（1999 年，中文版 2009 年）。

我国关于广告的文献目前也仅以教材的形式呈现，教材种类很多，较有影响的作者是陈培爱、黄升民、丁俊杰、倪宁等。

公共关系的研究 20 世纪 20 年代开始于美国，我国对公关的研究始于 1984 年。公关最早的文献是爱德华·伯内斯 1923 年出版的《舆论之凝结》（中文版正在出版中）。对我国较早产生影响的是斯各特·卡特里普等的《有效公共关系》（1952 年，中文版 1988 年和 2002 年）一书。目前对我国公关界影响最大的是美国公关学家詹姆斯·格鲁尼格和他团队的《卓越公共关系与传播管理》（1992 年，中文版 2008 年），以及台湾学者张依依的《公共关系理论的发展与变迁》（大陆版 2007 年）。

目前我国大陆较有影响的公关论著是《公共关系生态论》（陈先红，2006 年）和《公共关系学》（胡百精，2008 年）。

六、媒介经济文献基础

在市场经济的条件下，我国新闻传播学科的研究面得到扩展，“媒介经济” 20 世纪 90 年代从新闻学研究的一个话题，至少在几个主要高校的新闻传播专业中扩展为独立的研究方向。在世界范围内，传媒经济的研究始于 20 世纪 50 年代，早期的论著较为具体而分散，现在这方面研究的代表人物是美国传媒发展经济管理学家罗伯特·皮卡德，他担任多届世界媒介经济大会主席，其 1988 年出版的《媒介经济学：概念与问题》（中文版 2005 年）一书，已经成为经典。随着各种网络媒体形态的出现，“新媒体经济”的概念得以提出。2006 年，美国《连线》杂志主编克里斯·安德森出版的《长尾理论》一书，是这方面最有影响力的著作之一，当年就有了中文版。

我国实行市场经济以后，新闻传播业界对于媒介经济的实用需求旺盛，传媒行情分析类论著较多，有影响的国人学术论著是喻国明 2002 年和 2011 年的《解析传媒变局》、《传媒新视界》。

第三节 新闻传播学科当下发展实践中的主要问题

目前我国新闻传播学科的发展极为迅速，但学术研究的质量存在较多的问题，主要原因有以下两点：

第一，高校新闻传播专业的过度扩张掣肘学术质量的提升。20 世纪 90 年代中后期以来，新闻传播学科在我国高校的发展呈急遽扩张态势，至今全国已有 900 多个被批准的教学点（其中以广告专业为最多），三四百所大学设有新闻传播院系，很多高校这个专业教学点内的教师多数非新闻传播专业出身，于是学科整体不得不总是停留在学科常识的讨论上，本学科自身的基础文献多是些教材。由于需求量巨大，教材不论水平怎样总是畅销，厚重且有影响的学术专著有限。具有研究力量和研究潜力的几所高校新闻传播院系，相当大的精力用于提升这些同行的专业素质上。这几所高校的课堂上，挤满带着学习任务而来的各普通高校新闻传播院系的进修教师，甚至挤占了正常在读学生的空间。这些高校举办的各类学术会议，参会人从全国各地涌来，提交的论文多数水平不高，因而真正专业层面的学术性讨论难以形成气候。学习的渴望和热情固然应该鼓励，但从学科学术发展来说，这个包袱还是比较沉重的。

第二，"经世致用"的要求造成学科长期处于不断解释眼下问题的困境中，难以把主要精力用于真正的学术研究上。中国新闻传播业界 80 年代末以来自身急遽扩张，2005 年以后传统报业面临危机至今无法扭转，以及网络新媒体对传统媒体的冲击，业界对学界的实用性要求日甚。于是，"实用、管用、易用"的要求，对学术研究形成强大的外部压力，研究人员难以养成甘坐冷板凳的研究习惯，总要回答本来属于业务部门、行政管理或法制部门自身职能解决的问题。学术研究人员并非业界的智囊团，有其自身的使命。

其实，目前要求新闻传播学科解决的很多问题，都不是学术问题，而是政策不当或法律法规执行不力、职业道德失范、渎职或失职的问题，原因明摆着，却要学界反复"论证"，于是"摆问题（通常很生动）——谈原因（通常是几条永远不会错的说了也白说的话）——提措施（诸如'提高认识，加强领导，完善法规'之类套话）"模式的所谓论文充斥学术会议，学术变成了各种社会职能部门的"帮闲"，消耗了太多学人无谓的精力，造成学科整体上学术发展单薄无力的状态，难与国际同行在同一水平对话，国际学术会议上中方学者提供的论文总是停留在介绍情况的层面。

关于这个问题，黑格尔早已做了回答："科学，作为服从于其他部门的思考，也是可以用来实现特殊目的，作为偶然手段使用的；在这种场合，就不是从它本身而是从对其他事物的关系得到它的定性。从另一方面看，科学也可以脱离它的从属地位，上升到自由的独立的地位，达到真理，在这种地位，只实现它自己所特有的目的。"① 我们停留在黑格尔所说的前一种状况的时间太长，浮躁的社会环境已容不下一张平静的书桌了。现在本学科外国经典书籍出得越来越多，但能静心阅读这些书的研究者却很少，即使有心读，时间也已被无数事务性工作分割得支离破碎；在学术积累甚微的情形下，很难从学术角度深刻说明中国的传播现象。

就本学科各方面的情形而言，需要具体问题具体分析。

我国的学术新闻学在起点上紧跟美国、德国，当时并不落后。但新闻学作为一门应用学科，需要以同时存在的与其理念对应的新闻传播业作为社会背景，而中国新闻传播业与发达国家存在发展阶段的位差。那边已经从党报时期转入商业报刊时期，这边却刚刚兴起报刊，而且不可避免地首先创办的是大量党报，因而学术新闻学的新闻专业主义理念与中国实际存在的党报运作理念是相悖的，只适应中国几个大城市的商业传媒。1949 年学术新闻学的传统断代，"文化大革命"时期政治完全替代了新闻学本身。1978 年恢复新闻学研究后，较长时间内不是创新，而是找回专业主义的传统。至今我国政治对新闻学的影响仍然比较直接，因而胡锦涛 2002 年指出："要尊重舆论宣传的规律"。2008 年他再次提出要求："按照新闻传播规律办事"。习近平2009 年也谈道："尊重新闻舆论的传播规律"。领导人所以说这样的话，是因为现在的新闻体制和运作规则，相当程度上没有达到尊重新闻传播规律的理想状态。

在这样的状况下，距离政治较远的新闻史研究容易获得宽松的活动空间，取得的学术进展最为显著。目前新闻史研究的主要问题是方法论较为原始，需要从作坊式的研究转向采用各种历史科学方法论来研究新闻史。新闻理论研究正在努力推动现有新闻体制的变化，但囿于现实的环境氛围，新闻理论研究不得不首先解决基本理念的认识问题，诸如厘清新闻与宣传、新闻与舆

---

① ［德］黑格尔：《美学》，第 1 卷，10 页，北京，商务印书馆，1979。

论、新闻与意识形态的关系等等，使得新闻的专业化传播理念主导新闻传播业。其次，在保障人民的知情权、表达权、参与权、监督权和贯彻政府信息公开的原则方面，提供新闻法治的理念；在新闻真实、客观、平衡方面，提供新闻专业主义和职业道德理念。新闻业务领域的研究，改革开放以来十分活跃，目前面临的问题是：从仅仅适应报纸、广播、电视的新闻采、写、编、评的研究，转变到适应新媒体和公民新闻时代对新闻业务的要求。目前中国人民大学新闻学院在新闻业务的教学方面，已经开始了跨传媒形态的新闻业务教学尝试，出版了教材。新闻业务研究除了覆盖所有传媒形态外，跳出琐碎具体的事项，在中观和宏观层面提出问题和研究问题，是未来努力的方向。

我国新闻传播业界不断抱怨新闻传播学研究脱离实际，学与用结合不好。对此，要有全面的分析。要求学界为各种不符合新闻传播规律的口号、运动提供合法合理的论证，已经造成较多的新闻学论文行政思维主导，充斥套话空话，这种"学与用"恰恰是要批评的新闻学政治化、行政化现象。另一方面，业界发生的种种不符合职业道德与职业规范的行为，以及很多职业素养不高造成的问题，学界不能及时给予学理上的阐释或提供行为准则的论证，这方面的"理论"与实际的脱节确实比较严重。一些高校新闻传播院系的教师缺乏新闻传播专业的实践经历，不能准确把握业界需要的知识要点，也是一个现实的问题。

在传播学研究方面，1999 年以来规模化地翻译外国传播学论著持续到现在，已有三四百种论著出版，除了提出认真读书的要求外，现在的主要问题在于：不能长久停留在追逐"前沿"上，国人的传播学论文要从叙述为主转为论证中国的问题。传播学研究 30 多年了，至今研究的主体仍然是叙述外国人提出的种种"前沿"，没有人提出过以中国传播现象为背景的能够被全国乃至国际同行认可的传播学理论假设。外国人提出的各种传播学理论假设、公式等，是在那里的新闻传播体制下，通过研究、调查、试验和批判而形成的，有些在中国的新闻传播体制下很难直接加以运用，或直接用来解释中国发生的传播问题。曾有一些传播学理论在中国条件下运用可行性的研究，但没有普遍展开。各种功利化的研究要求，则从外部涌来或为迎合而在内部主动提出，造成这类研究的科学性面临质疑。新媒体研究起步很早，但长期停留在叙述新媒体的运作情形上，而新媒体形态更新换代很快，这类叙述的学术意义有限且很快过时。从中观、宏观角度把握新媒体现状和发展特征，提供认知方式更新的论证，是未来新媒体研究的方向。在广告和公关的研究方面，从教材转向形成专著，提出中国特色的学术理念，是未来的研究方向。

　　媒介经济研究作为一个新闻传播学的研究方向，只有十多年的历史，发展迅速且在社会上十分火爆。这个研究方向的外国文献，都是在西方发达国家经济体制下形成的，我国学者借鉴了较多的概念、论证架构和研究方法，却很难直接将它们移植到中国的情境中来。目前亟待形成中国传媒体制背景下的理论架构、核心概念和研究方法。当然，这不是简单迎合本来就需要改革的体制，而是要提出适应中国国情的、推动改革的媒介经济研究框架；同时，要防止那些为具体传媒集团服务的功利研究遮蔽更重要的学科发展的主线。

第十六章 考古学[*]

第一节 考古学学科建设的概况

2011年是"十二五"规划的开局之年，在考古学科发生了一个重要事件，国务院学位委员会和教育部联合下发通知，将原来历史门类下只有一个历史学一级学科，调整为考古学、中国史和世界史三个一级学科，这在国家近年来整合专业设置、严格控制一级学科数量的背景下，是非常难得的，充分说明了考古学的稳步发展得到了整个学术界的充分肯定，也获得了社会的广泛认同。新的学科体系的建立，为考古学的发展带来了千载难逢的历史机遇，有利于考古学和世界史学科的发展。成为一级学科后，各个大学的考古学和世界史专业院系从教育部等国家部委和本校获得的资源（包括招收本科生、硕士及博士研究生的数量，每年各个大学考古学和世界史学科专业从国家获得的经费支持额度）显著增加。考古学成为一级学科，是为释放科研生产力而作出的符合科研发展规律的调整。

---

* 本章主笔：魏坚，中国人民大学历史学院教授、博物馆副馆长；王晓琨，中国人民大学历史学院讲师。

目前，全国已有近 20 所高校设置了考古专业本科，近 40 所高校设置了硕士、博士点，每年为国家培养数百名专业人才。各高校积极承担"中华文明探源工程"、"指南针计划"等国家重点科研课题，主动参与三峡、南水北调工程考古和文物保护工作，大遗址保护和第三次全国文物普查等国家重点项目，为考古和文化遗产保护事业的稳步发展提供了有力支持。

我国考古和文化遗产保护事业的快速发展，为考古学学科建设提供了强大的动力。60 年来，配合基本建设考古、大遗址考古在各地全面实施，不断积累了丰富的考古学文化信息，推进了考古学研究工作的开展。在此基础上，中国考古学的时空框架体系逐步建立，使我们改变了对中国文明史的固有认识，考古学从证经补史的窠臼中脱离出来，形成独立的阐释系统。同时，我国多样化的遗址类型为考古学提供了种类繁多、结构复杂的实践客体，促使田野工作方法日臻完备。长期发展过程中，中国考古学确立了一套完善的、具有中国特色的工作程序和研究方法，考古学学科的逻辑结构不断发展成熟，考古学已经成为一门真正的科学。事实证明，中国考古学正是在解决考古和文化遗产保护事业面临的各项问题的过程中，不断获得前进动力的。

20 世纪 50 年代以后，中国考古学经历了 60 年的发展，今天已经站在一个全新的起点上，学科建设水平和发展环境较初建时期发生了巨大的变化。

一方面，我国考古和文化遗产保护事业的蓬勃发展，对考古学学科建设和人才培养提出了更高要求。当前，我国文化遗产保护事业正处于发展的关键时期，党和国家越来越重视、地方人民政府和相关部门越来越支持、广大民众越来越关注，政策和经费支持力度不断加大，考古和文化遗产保护工作内容不断增加，工作任务日益繁重。仅从 2012 年结束的第三次全国文物普查工作公布的数字上看，不可移动文物的数量猛增到约 77 万处；而在第七批国家级文物保护单位（简称"国保单位"）公布后，国保单位的数量也将增加近一倍，达到约 4 500 处。如何做好已知文物点的登记、保护、管理和利用，尽快完成第七批国保单位的"四有"工作，将是今后几年各地文物部门面临的主要问题。庞大的任务与文物部门人才紧缺的现实矛盾将会更加突出。与此同时，随着我国文化遗产保护理念的发展，世界文化遗产、大遗址、国家考古遗址公园、文化线路、文化景观、乡土建筑、工业遗产、水下文化遗产等新类型和新领域不断涌现，遗址保护、展示，国家考古遗址公园建设和管理等等，都为考古学提出了新任务，迫切需要学术界加强基础理论研究，进一步明确文化遗产保护的理念、方法和技术，提供强有力的学术和人才支撑。

另一方面，考古学自身的不断发展亟须加强学科建设和人才培养。长期以来，我国考古学作为历史学之下的二级学科，学科架构参照历史学学科的建设模式，按时代划分学科分支，符合历史学研究规律，也适应了建立考古学文化谱系这一学科时代任务的需要。但是，随着考古学学科建设水平不断提升，科研实力不断增强，考古学研究的重点已经从谱系研究，逐渐转变为更深层次的社会历史和文化的重建，从线到面，从物到人；而随着田野考古工作水平的不断提高，考古工作的领域和范围进一步扩展，手工业考古、实验室考古、水下考古等新领域和新方向已成为学术界关注的热点，相关新技术、新理念的应用与推广迫切需要高水平科研和高素质人才的强力支撑。同时，中国考古学与世界考古学的联系日益密切，国际化趋势逐渐显现，也需要我们改变固有的研究理念和思维模式，从国际化的视角系统地总结考古学学科建设和人才培养的经验，深入思考我国考古学的定位和长远发展方向。

近年来，国内许多高校已经开始注意到这些问题，从自身实际情况出发逐渐对专业与课程进行调整，如吉林大学组建边疆考古研究中心，厦门大学组建海洋考古学研究中心，山东大学成立文化遗产研究院，西北大学不仅较早开设了文物保护专业，而且积极参与文物保护规划的编制工作，等等，都收到了很好的成效。中国人民大学考古专业在 2004 年建立之初，根据团队自身的特点，成立了"北方民族考古研究所"，经历近 10 年的艰苦磨炼，中国人民大学的考古学研究已经在北方民族考古学界崭露头角，走上了一条快速发展的路子。

各级文物行政部门对高校考古专业建设和人才培养工作非常关注与重视。国家文物局和一些省级文物部门先后同北京大学、中国人民大学、四川大学、武汉大学、西北大学等高校签订共建协议，共同推进考古与博物馆等专业的建设，在人才培养、教学及科研基地建设等方面给予大力支持和引导，起到了积极作用。如年轻的中国人民大学考古专业，通过与河北、北京、新疆、内蒙古等省市自治区的文物主管部门签订战略合作协议，在联合考古发掘和科研项目攻关等方面已经取得了非常好的效果，也为新时期全国考古学学科建设和人才培养积累了经验。

第二节 考古学学科当下的重要发展

2011 年以来，伴随着不断涌现的考古新发现，中国考古学持续取得进展。综合而言，这两年的考古学具有以下特点：

（一）新的发现层出不穷，中国史前考古交出漂亮成绩单

考古学在人类史前历史研究中具有绝对的学科优势，2011 年以来的史前考古就涌现出一批引人关注、价值重大的新发现和新研究成果。如在被推荐参评"2011 年度全国十大考古新发现"的 48 项候选项目中，属于旧石器时代的遗址占据了 6 项，包括陕西洛南盆地张豁口、河南郑州老奶奶庙、河南淅川坑南、内蒙古鄂尔多斯乌兰木伦、福建漳平奇和洞、湖南道水流域诸多遗址。其中 3 项闯入 25 强入围名单。旧石器考古项目大面积丰收并强势抢滩。

陕南的张豁口遗址从黄土地层中出土手斧、手镐、薄刃斧等具有标识性的器物和数量丰富的其他类型的石制品，作为近 20 年间从洛南盆地发现的 300 余处同类遗址的代表，在东亚旧石器时代早期遗存与西方阿舍利技术之间建立起明确的链接，这个聚宝盆将取代广西百色盆地而成为维系东西方远古文化纽带的金钉子和国际学术研究的聚焦地。郑州老奶奶庙出土动物碎骨、石器和火塘遗迹等丰富的文化遗存，是郑州地区近来一系列重大旧石器晚期考古发现最新的一环，尽显中原地区远古文化遗产集散地的地位，揭示出先民不但继承了华北早期旧石器文化传统，并且具备了早期现代人群对居址做复杂利用的特点，强化了中国乃至东亚人群本土连续演化的观点。福建漳平奇和洞保存了史前居民在不同时期的生产生活遗迹，出土珍贵的人类骨骼和具有旧石器时代向新石器时代过渡特征的石器、陶器、骨器和工艺品，在研究古人类生计模式转变和海峡两岸远古文化纽带方面弥足珍贵。乌兰木伦富含距今 7 万～3 万年间某些时段的文化遗存，为研究东北亚早期现代人群迁徙和对末次冰期环境的适应，提供了重要素材。而淅川、道水流域的发现则将原先被认为是西方早期现代人群专属的文化标识——石叶技术向中原和华夏腹地延伸，并为旧石器向新石器过渡和早期农业起源研究带来契机。

还有更多的新发现和研究成果，例如在周口店遗址的发掘中发现明确的控制用火的遗迹，在内蒙古大窑遗址的新地点揭露出新的层位和新的文化内涵，在宁夏水洞沟遗址的研究中揭示出先民对遗址的复杂利用方式和采集加

工植物食材的现代人行为特征，在沈阳和本溪地区的旧石器考古调查中取得重要突破，填补了时空的缺环，也增添了中国旧石器文化多样性的风采。

这些发现铭刻着中国旧石器时代传统文化的清晰印记，又与世界性的考古命题紧密结合。它们势必会进一步促进中国的考古研究与世界考古研究接轨，使我国这一领域更能引起国际学者的关注。①

（二）"中华文明探源工程"取得重大进展

"中华文明探源工程"是继国家"九五"重点科技攻关项目——"夏商周断代工程"之后，2004 年开始启动的又一项由国家支持的以考古学为基础、多学科结合研究中国古代历史与文化的重大科研项目。它是由科技部立项，国家文物局作为组织单位，中国社会科学院考古研究所和北京大学等作为主要承担单位，联合了国内外数十家单位的数百位专家学者进行的大规模科研项目，也是迄今为止中国规模最大的综合性、多学科参与研究人文科学重大问题的国家工程。

"中华文明探源工程"分为预研究（2002—2003 年）、第一阶段（2004—2005 年）、第二阶段（2006—2008 年）和第三阶段（2009—2015年）等阶段。迄今为止，探源工程已进行近十年。

探源工程的研究主要涉及中华文明起源、形成和早期发展背景、原因、过程、机制、特点等方面，取得的成果，概括起来主要有：

（1）建立各个地区公元前 3500—公元前 1500 年期间考古学文化的年代序列，认识其自然环境以及农业和冶金、琢玉、制陶等手工业的发展状况。

（2）根据中国自己的考古材料，提出了既具有自身特点，又具有一定的普遍意义的判断文明形成的标志，如农业的发展、高端手工业的专业化、都邑的出现等。

（3）对中华文明形成与早期发展的过程和阶段性有了总体性认识。即距今 6 000 年前，在中原、长江中下游等地区，开始出现社会的分化，文明进程呈现出加速的状态。距今 5 000 年左右的牛河梁、凌家滩等大型遗址，出现了王权或其雏形，可能已经进入初期文明。公元前 2500 年前后的良渚、陶寺等一些文化和社会发展较快的区域，已经出现了早期国家，进入了古国文明的阶段。

---

① 参见高星：《2011：中国旧石器时代考古交出漂亮成绩》，载《中国文物报》，2012-04-15。

（三）边疆地区的考古新发现初露端倪，学术潜力大

在新的考古发现中，一些古代周边地区的新发现，对于我们现在认识以中华文明及汉族为主体的多民族国家与中华民族的形成具有极为重要的科学意义。比如：福建漳平奇和洞遗址的考古发现，是目前所知福建地区最早的新石器时代文化遗存，它在海峡两岸古人群的迁徙和文化交流、南岛语族的起源与扩散之研究中，有着重要的科学意义；辽宁省文物考古研究所华玉冰研究员主持的"建昌东大杖子战国墓地"的考古新发现，是辽宁乃至东北地区前所未有的等级高、保存好的战国时代大型墓地，它们对于研究公元前5—公元前3世纪燕文化与东北及东北亚古代民族的融合、秦汉时代中央集权的多民族国家在这里的建立之历史必然，有着极为重要的学术价值；广东五华狮雄山秦汉建筑遗址，其34 000平方米遗址范围的确认，板瓦、筒瓦、瓦当、封泥等文物的出土，炭化粮食"粟"的大量发现，都表明岭南地区是最早进入以汉族为主体的多民族统一国家的；至于少数民族在中华民族发展中的重要历史作用，在"山西大同云冈石窟窟顶北魏辽金佛教寺院遗址"、"内蒙古巴林左旗辽上京皇城乾德门遗址"等考古发现中，均得以充分体现，特别是董新林研究员主持发掘的乾德门遗址，是近年辽代都城考古的最重要发现之一。

（四）三普之后的考古新发现引人注目

第三次全国文物普查（简称三普）历时5年，国家共计投入近15亿元经费，近5万名普查队员参与文物调查，登记了77万余处不可移动文物。其中古遗址19万余处、古墓葬13万余处，有多处非常重要的考古发现。如入围2011年度十大考古终评的4个项目，是对三普新发现文化内涵的深度挖掘，学术价值重大，在业界影响广泛。福建漳平奇和洞由龙岩市的第三次文物普查洞穴专题组发现，包含了旧石器至新石器时代过渡阶段人类生存演化、行为方式、技术发展等重要信息；浙江桐庐方家洲遗址，是长江流域发现的第一处大型的（面积逾2万平方米）、专业性玉石生产制造场遗址；内蒙古魏家窝铺遗址发现了占地9万余平方米的大型红山文化早期环壕聚落；西藏日喀则羌姆石窟位于西藏西部阿里与卫藏腹心区域的连接地带，其发现扩大了西藏乃至中国石窟的分布空间，对探讨西藏早期佛教艺术、佛教发展史甚至后弘期初期西藏社会历史的进程具有极其重要的参考价值，因此入选了"2008年第三次全国文物普查重要新发现"。这些重大成果再次证明第三次全国文物普查的开展，为全面了解国家的文化资源、准确判断文物保护形势、科学制定文物的保护政策提供了重要依据。三普发现的大批古遗址、古

墓葬之后续发掘才刚刚开始，成果值得期待。

同时普查成果显示，我国已登记的不可移动文物的保护状况不容乐观，其中保存状况较差的占 17.77%，保存状况差的占 8.43%。对此比较有效的办法首先是对普查发现的部分古遗址、古墓葬进行抢救性考古发掘，进而利用发掘所取得的重要成果作为公布或提高保护级别的主要依据，尽快依法保护。

（五）考古发掘工作的新理念、新方法不断得到应用

随着科技考古的显著进展，过去传统的发掘方法逐渐被"边发掘、边保护、将来展示"的新发掘形式代替，江苏盱眙大云山汉墓的 2011 年考古发掘是其中典型的例子，在发掘过程中将聚落考古理念运用到陵墓考古之中的实践、田野发掘和文化遗产保护相结合的理念、发掘现场出土文物和遗迹的前瞻性保护预案、考古过程中数字化手段的运用、发掘信息全方位记录、出土文物保护、课题研究意识、长达 500 小时的全程跟踪影像记录和踏实严谨的作风等等，堪称典范。大云山汉墓发掘是将先进的考古理念运用到陵墓考古之中的现代考古实践，发掘期间即将出土文物进行展出、及时回馈社会的做法更值得称道。大云山汉墓的发掘堪称当代考古发掘的样板。

（六）公众考古取得新发展，文物保护宣传取得更显著成效

时下，公众考古已成为一个热词。公众从未像今天这样将如此多的关注赋予考古领域，全国各地的公众考古活动层出不穷。"公众考古学"一词最早兴起于 20 世纪六七十年代西方英美国家，源自查尔斯·麦克吉米西出版的同名著作 *Public Archeology*。它被提出的初衷就是为了更好地实现考古资源的保护和获得公共支持，并为考古资源的研究、保存和发展开辟一个新途径。我国学界从 20 世纪 90 年代开始关注公众考古学，近年取得较大的进展。公众考古是考古学的一个全新的研究领域，它在尊重公众对考古活动的参与权、知情权、监督权和受益权的基础上，通过考古机构和考古工作者的引导和转换，与公众共享考古成果，致力于满足公众对考古学的社会需求和激发社会公众对文化遗产的保护和传承意识。基于公众的巨大热情，考古学界也积极回应。北京大学成立公众考古中心和俱乐部，建立各种考古网站，办班开讲座，组织公众开展专门的考古观摩活动；《中国文物报》定期或不定期刊登公众考古学文章，举办公众考古学论坛；各种媒体直播考古发掘现场；国外普及性考古论著被翻译推介到国内；复旦大学开设"公众考古学"课程，中国人民大学在公选课堂开展公众考古学教学实践；等等。另外，在"2011 年度全国十大考古新发现"评选结束后，由中国文物报社和北京大学考古文博学院、北京大学公众考古与艺术中心合作主办的大型考古科普活动"遗迹·奇迹——全国十大考古新发现进中学"在江苏沭阳高级中学率先启动。考古学者和学生及普通公众之间取得了良好的互动。至此,以文物发现、保护、利用、传播为核心的一系列实践性公众考古学活动,已与西方公众考古学理念逐步接轨,殊途同归。

第三节　考古学学科当下发展实践中的主要问题

(一)学科体系需要统筹规划

考古学学科建设与考古和文化遗产保护事业发展息息相关,科学、稳妥地调整学科建构,既应遵循学科发展的自然规律,也必须密切联系考古和文化遗产保护事业的需要。

首先,考古学学科体系建设应反映学科发展的方向,借鉴、吸纳国内外相关学科建设的经验,进一步明确学科建设的总体规划和阶段性发展目标,统筹协调学科发展的广度和深度问题,在此基础上科学设计考古学二、三级学科的架构和内容,完善考古学学科体系。由于多种历史原因,我国文博学界多年来形成了重发掘、轻保护,重考古学、轻博物馆的不良习惯,因此,在考古学一级学科下面设置二级学科的时候,在充分考虑已有优势方向和团队的同时,要对"文物保护"、"外国考古"和"博物馆学"三个方向给予足够的重视,这三个领域的科学研究和人才培养都有非常大的发展空间和发展前景,对中国考古学科未来的发展具有至关重要的作用。

其次,应紧密结合事业发展的新形势、新理念、新需求,在加强史前考古、历史时期考古、科技考古等传统学科设置的基础上,推进遗址保护和管理、博物馆建设与管理、古建筑研究与保护等方向的建设,及时设立相关课程,逐步构建起具有中国特色、符合事业发展需要的考古学专业门类体系。此外,我国旧石器时代考古专业人才十分匮乏,有限的人力资源主要集中于中科院等单位,无法满足各地旧石器研究和保护工作的需要,各高校教师力量也很薄弱,应加强高校和研究机构的合作,推进相关人才的培养。

第三,应注意突出地域特色和科研重点,结合各高校的实际情况,充分整合资源优势和人才力量,设立能够反映本地区考古学研究特色、具有前瞻性和战略性的学科专业,培养一批可以在某一学术领域发挥领导作用的专门性人才,不断提升考古学学科发展水平。中国人民大学的考古学专业,在成立之初，结合人民大学师资的特点，把"北方民族考古"定为学科的战略重点，紧紧围绕这个战略重点，开展了多项考古调查、发掘和研究，目前成果初步显现。

（二）高校考古专业课程体系建设有待完善

考古学的发展要具备广阔的视野，不断吸收其他学科的理论和理念，强化发展的基础和动力；文化遗产事业的发展也需要多学科技术成果的支撑。在校教育中，应该不断加强课程体系建设，积极为考古专业学生获取全面的知识储备创造有利条件。各高校应根据现阶段我国高校考古专业整体建设水平，按照学科发展的需要，切实、有步骤地完善课程设置。考古学现在升级为一级学科，也依然是广义历史学的重要分支。因此，设立考古专业的高校，首先应将古文字学、史料学、出土文献研究、民族学等人文学科的课程列入必修课程，这些学科的理论和方法都是考古工作的必备知识。设立文博学院和文化遗产研究院的高校，专业课程设置中应包括文物保护规划、博物馆学、文物鉴定、新型文化遗产、非物质文化遗产、旅游学、公共考古等相关课程。

同时，高校应积极开设文物法规和考古管理相关政策的课程，宣传解释我国考古事业管理的基本政策和制度，包括不主动发掘帝王陵寝的规定、尽量减少主动性考古发掘面积等文物保护的各项基本原则和方针，使考古专业学生从一开始就树立牢固的法律意识和保护意识。此外，为增强古建维修的科学性，为复原、展示获取科学依据，开展古建维修前的考古工作将成为一项制度和必要的工作程序，在各地广泛实施。为适应这一需要，我们建议高校开设古建筑考古的课程。以上专业和课程都与当前文化遗产保护的重点工作密切相关，短期内没有教职人员配备的，应开拓思路，创新管理模式，积极利用其他院校和科研单位的力量。总之，无论是专业设置还是人才培养，都应遵循"人无我有、人有我优、人优我用"的原则，人无我有是特色，人有我优是水平，人优我用是策略。中国考古学的学科建设和人才培养应该"以考古研究为基础，以文物保护为己任，以科学技术为手段，以走向世界为目标"。

要高度重视教材编写工作。教材是保证教学质量的重要手段。应从学科发展的高度，从教书育人的高度，充分认识教材编写工作的重要性和紧迫性，结合课程设置和人才培养需求，积极吸纳当前已有考古工作成果，编写、更新各类考古学教材，为日常教学的顺利开展提供必要保障。高质量的教材是一个学科成熟的标志，应当争取在 5～10 年内形成基本完整的考古学教材体系。

（三）考古学理论体系建构和学术史研究需要切实加强

高等院校必须调整思路，坚持知识、能力、素质教育的辩证统一，着眼于培养学生的学术思维、创新意识，提高应用能力和思想素质，积极构建新型人才培养模式。

第一，要将田野实习放在重要位置，提高教学质量，增强学生实践能力。考古学是一门实践性很强的科学，田野考古是考古学的生命线，高校必须高度重视考古专业学生的田野培训。本科学生在校期间，必须安排参加一次至少历时半年的田野实习（有条件的可以利用寒暑假开展两次），按照《田野考古工作规程》的要求，进行系统训练。实习地点必须选择遗址条件较好的主动性考古发掘项目。各高校要结合实习和重点研究，同地方考古和文物单位合作，考虑建立长期的教学培训基地，不断改善田野实习的条件和质量。

第二，要注重扩展学生的学术视野，培养创新能力。应充分发挥高校学科综合、资源丰富、信息共享的优势，鼓励学生广泛涉猎多学科知识，关注、掌握其他学科新的技术、手段、方法，不断增强融会贯通、协同创新的能力。要引导学生有意识地关注新媒体，掌握当前社会发展阶段信息传播的特点，不断积累经验，提高应对和运用新媒体的能力。

第三，要加强学生思想道德观念教育。高校还仍然需要加强学生的专业思想、学术道德和职业规划教育，为我国考古事业长远、健康发展，培养有理想、有追求、有信念的专业人才。

考古学一级学科的确立和长远发展，必须有独立、完整的学科理论体系作为支撑，我国考古学的理论体系建构还只是刚刚开始，应大力加强这方面的工作。同时，应关注国外考古学理论研究论著，组织系统的编译引进，并不断消化吸收，为我所用，丰富我们学科的理论体系；还要注意着重介绍考古学史上的一些重大案例，比如国外的特洛伊古城、图坦卡蒙墓与金字塔，以及国内的敦煌文书、北京人遗址、殷墟等的考古及保护，注重培养学生的大局观和整体视野。应加强我国考古学发展史的研究，强化学科特性，探寻我国考古学发展规律，理清理论发展源流，从中不断吸取经验教训，指导学科建设和学术研究下一步的健康发展。加快考古报告出版的速度，这项工作对于推进考古学文化研究、综合研究、考古学理论研究和考古学史的研究都有非常重要的意义，应提高编写质量，丰富考古报告的内容。

注：本章部分观点借鉴了王巍：《考古学成为一级学科的前前后后》，载《中国文物报》，2012-06-15；王巍、林留根：《21 世纪中国考古学的若干特点及发展趋势：从"中华文明探源工程"说起——王巍所长专访》，载《东南文化》，2012 (3)。

第十七章　中国史[*]

在历史学学科"一分为三"后，成为一级学科的中国史既迎来了发展的契机，同时也出现了一些新问题。在这种情况下，简要梳理中国史学科的发展历程、检查其基础文献建构、检讨其面临的主要问题，是学界亟待从事的一项工作。

第一节　中国史学科发展概况

自20世纪初梁启超提倡"新史学"以来，中国史学学科的发展就从以"史纂"和"史考"为主要表现形式的传统史学阶段进入了追求"人群发展公理公例"的现代史学阶段。经过百余年来数代学人的努力，目前中国史研究领域可谓是"全面开花"、"硕果累累"。从宏观视野审视这百余年来的中国史学，大致经历了几个特点鲜明的发展时期：清末的观念传播期、民国的

*　本章主笔：孙家洲，中国人民大学历史学院院长、教授；姜萌，中国人民大学历史学院讲师；张忠炜，中国人民大学历史学院副教授。

古代史发展期、1949 年后的近现代史发展期、20 世纪末以来的全面发展期。

1902 年梁启超发表《新民说》、《新史学》之时，他希望的"新史学"是能够启蒙国民的史学，是能够帮助找寻富强文明之道的史学，是能够"新民"、"新国"的史学，所以他以近似武断的口气宣称"史界革命不起，则吾国遂不可救，悠悠万事，惟此为大"①。梁氏的观点迅速引起了清末知识阶层的共鸣，章太炎、严复、邓实、夏曾佑、张元济等人纷纷起而响应，宣扬鼓吹"新史学"一时蔚然成风②。对现代中国史学科来说，清末"新史学运动"的最大意义在于，短短数年间，以历史进化论为指导、以民主富强等现代价值为基准、以国家—群体为书写对象的现代史学观念迅速传播，并基本取代了以历史退化论（或循环论）为指导、以三纲五常等传统价值为基准、以帝王将相为书写对象的传统史学观念。

"新史学运动"使现代史学观念迅速传播、确立，对现代中国史发展有着不能抹杀的重大学术贡献，但也存在着严重缺憾——在实践方面成果甚微。③ 现代中国史研究与撰著的实践是在民国建立之后逐步取得进展的。王国维因辛亥革命避地日本后，开始转向中国史研究。④ 王国维此时从事中国史研究的环境，已经与钱大昕、王鸣盛等乾嘉学人大不相同：一方面，西陲简牍、甲骨文、敦煌卷子等新材料大规模出现；另一方面，学术研究已突破国与国之间的界限，王氏与日本、法国等东西方汉学界紧密交往。故而，王国维可以在中国史研究领域开创一个"由旧入新"的伟大时代。所谓"由旧入新"，就是在继承乾嘉汉学学术遗产的同时，吸纳东西方汉学界的观念和方法，利用各类新出土的文献来研究中国历史。短短几年间，王国维揭橥"二重证据法"⑤，在中国古代史领域做出了举世瞩目的成就，后被郭沫若尊崇为"新史学的开山"⑥。王国维开创的这种以新发现的材料与传统传世文献相参照来研究中国史的学术路径，为傅斯年领导的中央研究院历史语言研

---

① 梁启超：《新史学》，见《饮冰室合集》文集之九，7 页，北京，中华书局，1989。

② 可参阅王汎森：《晚清的政治概念与新史学》（见王汎森：《中国近代思想与学术的系谱》，石家庄，河北教育出版社，2001）等文。

③ 除了一些翻译的世界史著作，就是编纂了一些历史教科书，其中最为著名者为夏曾佑未完成的《最新中学历史教科书》，即后之《中国古代史》。

④ 参见袁英光、刘寅生：《王国维年谱长编（1877—1927）》，76 页，天津，天津人民出版社，1996。

⑤ 参见乔治忠：《王国维"二重证据法"蕴义与影响的再审视》，载《南开学报》，2010（4）。

⑥ 郭沫若：《鲁迅与王国维》，见《历史人物》，213 页，北京，人民文学出版社，1979。

究所继承、光大，成为中国史研究的重要流派，延绵至今。

稍后于王国维，在中国史领域引领潮流的是胡适和顾颉刚。与王国维从新发现的材料入手不同，胡、顾则是从新观念入手，以"层累地造成中国古史"为观念，以"不立一真，惟穷流变"的方法，对中国的古史、古书等进行系统的辨伪考证，打破了影响中国人数千年的"帝统"、"道统"等观念束缚，追求对中国历史的真实认知。在顾颉刚等人的不懈努力下，数十年间积累了七大册、数百万言的《古史辨》，并带动了历史地理学、民俗学等研究领域的拓展。虽说取向上有所不同，不过王国维、顾颉刚皆把他们的主要精力投放到先秦史的研究中去，并引领了诸多民国学人，如徐中舒、丁山、董作宾、郭沫若等投身到先秦史研究中去。

20世纪20年代末期以后，对秦至清时期的研究也开始呈现出繁荣的景象。首先涌现成果的是陶希圣领导的"食货派"。陶希圣等人发起的"社会史论战"旨在探明中国的社会性质，故其领导的"食货派"颇致力于秦汉以后中国的社会史、经济史研究，先后出版了《中国社会之史的分析》（陶希圣）、《中国封建社会史》（陶希圣）、《西汉经济史》（陶希圣）、《西汉社会经济史研究》（陈啸江）、《唐宋官私工业》（鞠清远）、《中国行会制度史》（全汉昇）等等。这一时期另一位在对秦至清时期的研究领域里引领风尚的学人是陈寅恪。陈氏留学海外多年，初期借鉴海外汉学的治学方法，以语言学介入历史考证学，撰写发表了《灵州宁夏榆林三城译名考》、《元代汉人译名考》、《吐蕃彝泰赞普名号年代考》等文。后又致力于隋唐史的研究，先后撰写了《李唐氏族之推测》、《读连昌宫词质疑》、《元白诗中俸料钱问题》、《唐代政治史述论稿》、《隋唐制度渊源略论稿》等论著。他在这一时期发明的"以诗证史"方法，颇为学界认可。与陈寅恪并称"二陈"的陈垣，在宗教史领域也取得了瞩目的成绩。

20世纪30年代中后期，史学研究队伍中又逐渐出现了一批主要来自清华大学和北平社会调查所（后更名为中央研究院社会科学研究所）的青年学者，他们的眼光主要集中在明清时期，如梁方仲、吴晗、汤象龙等。[1] 这些

---

[1] 梁方仲先后发表了《明代鱼鳞图册考》、《明代"两税"税目》、《明代户口田地及田赋统计》、《明代粮长制度》等文；吴晗先后发表了《胡惟庸党案考》、《十六世纪前之中国与南洋》、《明教与大明帝国》等文；汤象龙先后发表《道光时期的银贵问题》、《道光朝的捐监统计》、《咸丰朝的货币》、《光绪三十年粤海关的改革》等文。

民国史学界新秀研究时段的下移，显示出中国史研究的重大改变，即近现代史开始受到越来越多的关注。开近代史研究风气的人物是蒋廷黻。他在 20 世纪 30 年代执掌清华大学历史系，培养了一批研究近现代史的青年学者。

1949 年后史学界一度"只有五朵金花"①，但由于意识形态建构的需要，近现代史研究日渐增多是不能忽视的事实②。在 1949 年之后的 17 年间，虽然史学还是作为一个学科存在着，但是由于政治的不断侵扰，使这一时期的学术研究日渐失去学术含量，中国史研究受到了重大损失。1966 年开始的"文革"，更是取消了史学这一学科，更不存在有价值的史学研究。改革开放以后，中国史研究逐渐回到正轨。此后的史学界一方面努力摆脱过去极左观念的影响，重新探寻史学学科发展道路③，一方面因"现代化"的需求重新研究、评估中国历史。

受"文化热"的影响，文化史、思想史研究首先开始趋热。在庞朴发表关于中国文化史研究的相关文章后④，各种关于文化史、思想史研究的讨论文章就陆续跟进。1984 年，周谷城主编的"中国文化史丛书"开始编选，并由上海人民出版社陆续出版，该丛书收录的余英时的《士与中国文化》、葛兆光的《禅宗与中国文化》等著作对中国文化史、思想史的研究产生了重要影响。文化史研究的兴起又在先秦史领域引起了"中国文明起源"的持续探讨，产生了一批优秀的研究成果，如夏鼐的《中国文明的起源》、苏秉琦的《中国文明起源新论》等。在 90 年代，虽然"文化热"退去，但文化史研究却为历史实证研究打下了一定的基础，使西域研究、敦煌学研究等一方面可以汲取文化史研究的养分，一方面利用不断发现的出土文献，蓬勃发展起来。

社会经济史研究的再度出发也是一个显著的史学现象。在 20 世纪 80 年代初，有些学者就努力摆脱意识形态的影响，开始运用新发现的契约文书等材料，并借鉴社会学、人类学、地志学等学科的方法和理论，来进行区域社会史、经济史研究，撰写了颇具影响力的学术论著，如叶显恩的《明清徽州

---

① 语出向达，参见翦伯赞：《资产阶级右派在历史学方面的反社会主义活动》，载《人民日报》，1957-10-04。

② 最有力的证据是 1950 年 6 月中国科学院就成立了近代史研究所，并以范文澜为所长。

③ 这一时期在史学理论领域出现了关于"阶级斗争"、"历史创造者"等众多问题的探讨。

④ 1982 年 8 月 26 日，庞朴在《人民日报》"答记者问"专栏发表了《应该注意文化史的研究》一文，提倡文化史的研究，此后又发表了《中国传统文化与现代断想》等文。

农村社会与佃仆制》等。1986 年 10 月，《历史研究》编辑部等机构在天津召开了"第一届中国社会史研讨会"，号召用新观念、新方法来"复兴和加强关于社会生活发展史的研究"①。这一号召获得了学界的热烈回应，社会史、经济史研究迅速开展起来，多种"社会史丛书"接连出版。20 多年来，此一研究领域不仅人才辈出，成果丰硕，而且逐渐形成了关于华北、江南、岭南三个地区的研究热点②，成为中国史研究领域一道亮丽的风景。

大规模地研究近现代史是改革开放之后另一个史学现象。由于需要历史学为"现代化"路线提供学术支持，此前受"阶级斗争"观点影响最为显著的近现代史领域急需一场彻底的再研究和再评估，于是相关讨论和研究相当活跃，如近代史发展线索、洋务运动的评价、戊戌变法的评价、太平天国与义和团再认识、清末新政的重估、革命与改良的优劣、基督教与中国现代化、工商业发展等都是参与者众多的主题。以至于有学者认为，1979 年后的 20 年"是近代史研究为主导的 20 年"③。

为了迎接新世纪，中国史学界出现了一股对 20 世纪中国历史学进行总结、概括的热潮。④ 这些回顾总结性的论著对 21 世纪中国史研究的开展具有相当高的价值是毋庸置疑的，不过步入新世纪的研究者们是否充分吸取了以往的经验教训还是一个值得细细研究的问题。就总体而言，新世纪以来的中国史研究基本上延续了改革开放之后，尤其是 90 年代以来的风格、领域和方法，并无重大的突破。⑤

在先秦史研究领域，一些此前的研究主题仍然在继续，比如中国文明起源的问题⑥，各种各样的研究成果继续不断涌现，但较引起学界关注的是围

---

① 《把历史的内容还给历史》，载《历史研究》，1987（1）。

② 关于华北地区的社会史、经济史研究，以南开大学和山西大学为主要力量；关于江南的研究，李伯重等人成果丰硕；关于岭南的研究，中山大学、厦门大学等机构借助人类学等学科的方法和观念来研究社会史的取向独树一帜。

③ 王学典：《近五十年的中国历史学》，载《历史研究》，2004（1）。

④ 其中最有代表性的是《历史研究》编辑部开设的"二十世纪中国历史学回顾"栏目。

⑤ 导致这一现象的原因很多，浮躁风气的愈演愈烈导致的学风不纯、功利思想的日渐浓厚导致的后继乏人、狭隘视野的流行泛滥导致的理论匮乏，当是其中最为重要的几个因素。

⑥ 《历史研究》2010 年第 6 期以"中国古代文明与国家起源"为题刊发了一组相关文章。《编者按》指出："20 世纪 80 年代之后，中国古代文明与国家起源问题引起学界广泛关注，产生了一批重要成果。近年来，随着更多考古材料的发掘和文化人类学理论的应用，学界关于这一问题的研究取得诸多新进展"。

绕"疑古"问题出现的争论。在 20 世纪 80 年代，学界就出现了"走出疑古时代"呼声，此后在"夏商周断代工程"达到高峰。进入新世纪之后，学界开始对"走出疑古时代"提出质疑，并在《古史辨》出版八十周年（2006年）达到高峰。"疑古"与"走出疑古"的支持者不仅发表论著来交换意见，而且在《文史哲》编辑部举办的"先秦史重建的新路向暨《古史辨》第一册出版八十周年国际学术研讨会"上进行了面对面的交锋，不仅在先秦史重建的问题上有诸多的探讨，而且在理清先秦史研究与考古学的关系、如何认识疑古思潮等近现代学术史问题上也有切磋。① 这一争论已经在先秦史领域产生了重要影响，并由此引出了一些值得关注的实证研究。

在秦至清时期研究领域，社会史、政治史、经济史、文化史等，依然是研究成果不断涌现的研究领域，但是很多学人已经认识到"在论著数量剧增的同时，提高研究的水平"是一个急迫的问题，各方也在视野、方法等方面努力进行探索。② 这一时期对秦至清时期的研究，特别值得关注的现象是利用出土文献来研究此前历史研究未曾注意的问题。有的研究者利用居延汉简纠正了一些认识上的误区③；有的研究者利用银雀山汉简、张家山汉简研究了秦汉时期的政治制度或法律条文④；有的研究者利用额济纳汉简研究了汉代的经济、法律等问题⑤；有的研究者利用黑水城文献研究了宋代、西夏的政治制度、土地、军事、宗教等问题⑥；有的研究者利用新发现的吐鲁番文书研究唐代的西域、政治制度或历法等问题⑦；等等。

在近现代史领域，社会史、经济史（包含商会史）、文化史（包含学术

---

① 参见刘秀俊：《"疑古"与"走出疑古"的第一次正面交锋——〈古史辨〉第一册出版八十周年国际学术研讨会综述》，载《文史哲》，2007（1）。

② 参见《"宋辽金史研究：新视野、新论题、新方法"·编者按》，载《历史研究》，2006（6）。

③ 代表性的论文有李振宏的《汉代屯戍生活中的古典人道精神》（《历史研究》，2001（5））等。

④ 代表性的论文有张金光的《银雀山汉简中的官社经济体制》（《历史研究》，2001（5））、《普遍授田制的终结与私有地权的形成——张家山汉简与秦简比较研究之一》（《历史研究》，2007（5））等文。

⑤ 《历史研究》2006 年第 2 期刊发了一组"额济纳汉简研究"的文章，有谢桂华的《荴钱试解》等文。

⑥ 代表性的论文有孙继民的《黑水城宋代文书所见荫补拟官程序》（《历史研究》，2004（2））、史金波的《黑水城出土西夏文卖地契研究》（《历史研究》，2012（2））等文。

⑦ 《历史研究》2007 年第 2 期以"新获吐鲁番出土文献研究"为题刊载了荣新江的《阚氏高昌亡国与柔然、西域的关系》、史睿的《唐代前期铨选制度的演进》、陈昊的《"历日"还是"具注历日"——敦煌吐鲁番历书名称与形制关系再讨论》等文。

史、宗教史）等领域在 20 世纪的基础上继续前进，成果丰硕。就总体的情况而言，近现代史整体体现出一种越来越重史料的倾向。换言之，对史料和史实进行考订，或在对史料和史实进行考订的基础上重新发掘历史事实，并尝试进行基于学术本位的解读，是一个成果丰硕的研究路径。在对史料和史实进行考订方面，茅海建是一个较有代表性的学者，他的《戊戌变法史事考》、《从甲午到戊戌：康有为〈我史〉鉴注》等论著都引起了学界的关注。在民国史研究领域，杨天石、高华、杨奎松、王奇生等学者不仅皆注重发掘档案材料，而且注重对材料的辨别、阐释，撰写出版了一系列有影响的论著，如杨天石的《蒋氏密档与蒋介石真相》、高华的《革命年代》、杨奎松的《国民党的"联共"与"反共"》、王奇生的《党员、党权与党争：1924—1949 年中国国民党的组织形态》等。

近年来，由于"随着全球生态环境问题的凸显，生态环境史研究日渐成为国际史坛之大宗"[1]，环境史（也可称为"生态史"）在中国史领域成为一个热点。环境史研究不仅可以横跨整个人类历史进程，而且可以融合利用历史学、社会学、考古学以及自然科学方面的知识和方法，被认为是当前颇为重要的新学术增长点。在研究方面，《历史研究》在 2010 年第 1 期刊发了一组"中国环境史研究"的论文，探讨了中国环境史研究的理论、方法、文献等问题。在机构方面，继南开大学 2008 年成立中国生态环境史研究中心之后，中国人民大学也在 2012 年成立了生态史研究中心。

"全球史"或史学研究国际化是中国历史学界最近几年关注的另一个热点。据有关学者统计，近年来有关"全球史观"的论文数量不断上升，《史学理论研究》、《光明日报》（史学版）等有影响的报刊也都曾举办笔谈或开辟专栏探讨"全球史观"。[2] 就当前中国史研究领域来说，全球化带来的影响已经凸显，是毋庸置疑的。2010 年 10 月 31 日，《历史研究》编辑部与南京大学举办了主题为"延续与断裂：全球视域下的历史变迁"历史学前言论坛就是一个例证。但"全球史"能否取代"中国史"研究，或对"中国史"研究产生重大的影响，还应假以时日观察。[3]

---

① 《中国环境史研究·编者按》，载《历史研究》，2010 (1)。
② 参见刘新成：《全球史观在中国》，载《历史研究》，2011 (6)。
③ 葛兆光先生在《在全球史潮流中国别史还有意义吗》（《中国文化》，2012 (2)）一文中对此问题已有所探讨。

最近整个史学界都在关注的热点问题是史学研究的"碎片化"。从 20 世纪后期出现的注重实证研究和微观研究的史学倾向在史学回归学术的进程中起到了重要的作用，但是流风所及也使史学研究开始出现了"碎片化"的隐忧，比如社会史研究领域"进村找庙，进庙找碑"的现象就比较严重。在 2003 年，《历史研究》编辑部就曾以"编者按"的形式呼吁，在"具体研究和实证研究领域已经取得长足的进步，获得非常显著的丰富成果"的情况下，史学研究应进入一个新的、在较为宏观的层面上重新对中国史学的发展进行理论思考的阶段。[①] 2010 年，《文史哲》杂志举办了以"秦至清末：中国社会形态问题"为主题的高端论坛，旨在从宏观上重新探寻对中国社会性质的概括。如此宏大的主题，是数十年来的学术讨论会议不多见的。《文史哲》杂志还持续刊发了一系列相关主题的论文，试图唤起学界对宏观问题、理论问题的关注和探讨。《近代史研究》在 2012 年第 4、第 5 期刊发了一组以"中国近代史研究中的'碎片化'问题"为题的笔谈，多位学者就这一问题各抒己见，其影响尚待学界评估。

第二节　中国史研究领域的基础文献建构

现代中国研究的发展除了得益于观念、方法的进步之外，另一重要的因素就是得益于新史料的不断发现及其整理、出版。经过 100 多年来的努力，不仅甲骨文等新史料的发现、整理已基本告一段落，而且相关的回顾总结、已有成果编目等工作也卓有成绩。限于篇幅，此处不能面面俱到，只能略举先秦史、对秦至清时期的研究、近现代史三个领域的基础文献建构最主要的成果。

在先秦史领域，除了《尚书》等古籍的点校出版外，最主要的基础文献建构工作就是对甲骨文、金文资料的整理。甲骨文在清末发现之后，经过王懿荣、刘鹗、罗振玉等人的研究，逐渐被认为是关于殷代的文字记录，具有历史研究的价值。刘鹗将收藏的甲骨文 1 000 多片编为《铁云藏龟》，并在 1903 年石印出版，开启了近代以来甲骨文、金文文献编纂的先例。民国初年，罗振玉又将他搜集的甲骨文资料编辑成《殷墟书契前编》、《殷墟书契菁

---

① 参见《"新世纪的中国历史学"·编者按》，载《历史研究》，2003（1）。

华》、《殷墟书契后编》等书。此后有关甲骨文的文献还有王襄编纂的《簠室殷契类纂》、孙海波编纂的《甲骨文编》、董作宾编纂的《殷墟文字甲编》、郭沫若编纂的《甲骨文合集》①等。1933年，董作宾将此前几十年有关甲骨文的整理、研究成果编为《甲骨文论著目录》，对这一领域进行了阶段性的总结，1937年董氏又和胡厚宣一起编纂了《甲骨年表》。胡厚宣1952年又编纂了《五十年甲骨学论著目》。最近几十年间，关于甲骨文整理、研究的回顾性论著有多种，如《甲骨文献集成》、《百年甲骨学论著目录》等等，皆有学术价值。

虽然关于金文的整理和研究可追溯到金石之学，但是现代意义上的金文搜集、整理可能始自罗振玉。1917年，罗氏编纂出版了《殷文存》（1935年王辰又编印了《续殷文存》）。1937年，罗振玉又将自己40年收集的金文拓片变成《三代吉金文存》20卷，著录铜器4 835件，为先秦史研究的文献建构作出了卓越贡献。在罗振玉之后对金文文献搜集整理工作作出贡献的是容庚。他在1926年编著出版了《金文编》一书，被认为是金文资料的集大成者。该书此后多次增订，1985年中华书局版的《金文编》共收2 420字，附录1 352字。容庚在1931年又辑《秦汉金文录》，收录秦器86件，汉晋器749件，为当时秦汉金文之总汇。1932年，郭沫若编著出版了《两周金文辞大系》（1934年11月，增订为《两周金文辞大系图录》），引起中外学者的关注。1949年以来，地不爱宝，各类商周青铜器之出土屡见，故有汇总传世器物及考古器物之《殷周金文集成》出版；近些年来，又有《近出殷周金文集录》、《近出殷周金文集录续编》等著作出版。秦汉金文方面，则有孙慰祖、徐谷甫的《秦汉金文汇编》等专书。

在对秦至清时期的研究这一领域，基础文献建构影响最大的当属顾颉刚等人参与的"二十四史"等传统文献典籍的点校、整理和出版。在民国时期，商务印书馆、开明书局等机构就有整理"二十四史"等古籍的计划，但最终力有未逮。1958年，在毛泽东的指示下，国务院成立了科学规划委员会古籍整理和出版规划小组，宣布整理"二十四史"，最终历时20年，先后组织了20多家高校和科研单位，动用了数百位学者。这套3 000余卷、40 000余万言的史书采取了统一的体例标点、分段，经过了全面的校勘，

---

① 实际系中国科学院历史研究所先秦史研究室《甲骨文合集》编辑工作组集体编辑，郭沫若挂名主编，胡厚宣负责具体工作。

成就了"学术史上的旷古未有的事业"①。除了点校《资治通鉴》、"二十四史"之外，由于研究需要从典籍中整理出来的各种"史料汇编"类书籍，也为这一研究领域的文献建构作出了贡献。

除此之外，对秦至清时期的研究产生了深远影响的是敦煌文献的发现、简帛的出土及明清内阁大库档案的整理。斯坦因等人发现敦煌文献之后，王国维、罗振玉等中国学者就认识到了这些出土文献对中国史研究的重要价值。但真正在文献建构上作出重大贡献的是陈垣和刘复。陈垣在 1931 年编纂出版了《敦煌劫余录》，将北平图书馆保存的敦煌写经进行了编目；刘复在 1931 年按写本性质分类排比、编号，将敦煌文献编为《敦煌掇琐》出版。此后这类著作有学术价值的还有王重民编纂的《巴黎藏敦煌残卷叙录》（后扩充为《敦煌古籍叙录》）、许国霖编的《敦煌石室写经题记与敦煌杂录》、商务印书馆编的《敦煌遗书总目索引》。70 年代以来，是敦煌文献普遍刊布的时期，除公私所藏缩微胶卷外，图文结合的资料陆续出版，如《英国国家图书馆藏敦煌遗书》、《俄藏敦煌文献》、《法藏敦煌西域文献》、《国家图书馆藏敦煌遗书》等等。此外，吐鲁番文书、黑水城文书的资料也陆续刊布，如唐长孺主编的《吐鲁番出土文书》、《俄藏黑水城文献》、《英藏黑水城文献》、《中国藏黑水城文献》等等。

晚清之前，已陆续有简牍出土，只是实物无一保存至今，释文及考证亦极少流传。20 世纪初期以来，斯坦因、斯文·赫定、橘瑞超等人在中国新疆地区相继发现简牍。沙畹曾整理斯坦因发现的简牍资料，侨居日本的罗振玉、王国维自沙畹处获得手校本，并以《流沙坠简》为题在日本出版，简牍始为中国学界所重视。1949 年之前的简牍文献，主要有《居延汉简》、《敦煌汉简》；1949 年之后，尤其是 70 年代以来，迎来简牍大发现之时期。已出版或陆续出版的简牍文献，有《睡虎地秦墓竹简》、《银雀山汉墓竹简（壹）》、《居延新简——甲渠候官与第四燧》、《郭店楚墓竹简》、《张家山汉墓竹简》、《长沙走马楼三国吴简·嘉禾吏民田家莂》、《长沙走马楼三国吴简（壹）—（肆）》等等。所见帛书文献，主要是民国时期出土的楚缯书，以及长沙马王堆汉墓帛书。此外，上海博物馆所藏战国楚简，清华大学所藏战国楚简，湖南大学岳麓书院所藏秦简，北京大学所藏西汉竹书及秦简，材料也

---

① 赵守俨：《雨雨风风二十年——"二十四史"点校始末记略》，见《回忆中华书局》（下编），122 页，北京，中华书局，1987。

在陆续公布中。这些简帛文献的发现，为对秦至清时期的研究提供了重要的资料来源①，使得"简帛学"成为当今"显学"之一。

1922 年明清内阁档案移交北京大学收藏后，北京大学专门设立了"明清档案整理会"，开始对这些原始文献进行系统整理，此后成果陆续面世，为明清史研究打下了坚实的文献基础。在明清史研究领域，地方志类书籍的大量汇编出版，是另一个非常重要的文献建构工作。

在近现代史领域，由于时间较近，各种档案、日记、见闻录、回忆录大量存在，为学术研究提供了第一手的资料。但杂乱伪讹等问题极大地影响了近现代史研究的开展。有目的性地编辑文献以助近现代史研究的工作，最早作出成绩的是左舜生。他在 1926 年就编辑出版了《中国近百年史资料》（1933 年 2 月，该书改名为《中国近百年史资料初编》出版。1933 年 9 月，中华书局又出版了左舜生编辑的《中国近百年史资料续编》），对从鸦片战争至辛亥革命的历史文献进行了汇编。1931 年，蒋廷黻编辑出版了《近代中国外交史资料辑要》（1934 年 11 月出版中卷），对外交史研究产生了重要影响。

回顾近现代史研究领域的基础文献建构，当然不能不提 1950 年开始编辑的《中国近代史资料丛刊》。1950 年就成立了由徐特立、范文澜、翦伯赞、陈垣、郑振铎、向达、胡绳、吕振羽、华岗、邵循正、白寿彝 11 人组成的《丛刊》总编辑委员会，并明确了各个专题及其负责人。1951 年 7 月中国史学会正式成立后，其主要工作之一就是编辑《中国近代史资料丛刊》。其间虽有中断，但到 1978 年，先后出版了《义和团》（4 册，翦伯赞主编，1950 年）、《太平天国》（8 册，向达主编，1952 年）、《回民起义》（4 册，白寿彝主编，1952 年）、《戊戌变法》（4 册，翦伯赞主编，1953 年）、《鸦片战争》（6 册，齐思和主编，1954 年）、《中法战争》（7 册，邵循正主编，1955年）、《中日战争》（7 册，邵循正主编，1956 年）、《辛亥革命》（8 册，柴德赓主编，1957 年）、《捻军》（6 册，范文澜主编，1957 年）、《洋务运动》（8册，聂崇岐主编，1959 年）、《第二次鸦片战争》（6 册，齐思和主编，1978年），共计 11 种，2 700 多万字，收录文献 1 800 多种。虽然在编辑中存在一些问题，但该丛书为中国近现代史研究打下了坚实的文献基础，为世界中国近代史研究界所赞许。受这一工作的影响，中国科学院近代史研究所还创办了《近代史资料》刊物。在近现代史研究领域，1949 年以来编纂出版了

① 具体成果可参阅谢桂华等：《二十世纪简帛的发现与研究》（《历史研究》，2003（6））一文。

数量不菲的"史料汇编"性质的书籍，比较有代表性的有《戊戌变法档案史料》、《义和团档案史料》、《中华民国史档案资料汇编》、《曲阜孔府档案史料选编》、《辛亥革命前十年间民变档案史料》、《中国少数民族社会历史调查资料丛刊》、《徽州千年契约文书》、《山东大学义和团调查资料汇编》等。

近些年来，关于中国史研究的文献编纂出版工作一直在有序进行。主要表现在几个方面：一是古代传世文献的整理工作仍然在继续，中华书局准备重新校订"二十四史"、山东大学准备系统校订"十三经"等是比较引人注意的大工程；二是一些学术机构或地方编纂出版了规模比较大的类书或丛书，比如北京大学正在编辑出版《儒藏》，山东出版了《山东文献集成》，湖南编纂了"湖湘文库"等；三是各种出土文献的整理、刊布受到越来越多的关注，成果不断涌现。不过也应该清醒地认识到，中国史研究领域的基础文献建构工作在未来不太可能出现重大的突破。究其原因，一是既有资源多已利用，二是学术投入的不足、考核机制不认可、学术界缺乏共识等因素导致需要"集团作战"的文献编纂工作越来越难以开展。

第三节　中国史研究面临的主要问题

如果从梁启超发表《新史学》算起，现代中国史研究已经走过了 110 年的历程。回首这 110 年，成果固然丰硕，教训也不可不谓深刻。对于中国史研究来说，我们不是要空喊一句"鉴往知来"，而是要在充分反省检视过去的基础上，深刻认识当下面临的问题，勇于改正错误、突破局限，为此后的学术发展拓宽道路以及提升境界。就我们的观察来说，中国史研究当前面对的主要问题有四个。

第一，理论的原创能力的孱弱非常突出。我们必须承认，中国史研究是在西方现代史学的"帮助"之下走向现代化的，在其"出生"之时，原创的色彩就不足。就其当时的情势，这也是可以理解的现象。进入民国之后，这一现象稍稍得到改变。不仅王国维等人秉持"学无中西有用无用"的观念将中国传统的经史考据之学和西方汉学的方法融会一堂，将传统典籍与出土文献共冶一炉，别开中国史研究的新路径；顾颉刚也从故事、戏剧中获得灵感，提出了"层累地造成中国古史"的史学认识论，发明了"不立一真，惟穷流变"的方法论，推进了中国古史、古书的研究。1949 年之后的中国史研究，尽管围绕着理论产生了一波又一波的论战，揆之于实情，本之于学术良心，我们也不能不承认，这些理论都不是我们原创的，这些争论，对于推动中国史研究都未产生重大的正面作用。改革开放之后，史学界与欧美史学界重新接轨，吸纳了不少有益于中国史研究的营养。就实际情况而言，在治学的观念、方法等方面，只能效其颦步，而未能升华出我们自己的理论和方法。时至今日，一方面由于实证研究的发展使我们的具体历史知识越来越丰富，一方面对于理论原创的轻视导致我们的历史认识不能实现飞跃。比较具有反讽意义的是，尽管各种评测表格上都很突出"创新之处"，但是学界很久没有创造出能推进中国史研究的新观念、新方法。一言以蔽之，今天中国史研究领域，甚至整个中国学术界，理论原创能力的孱弱是一个值得高度重视的问题。

第二，学术评估的机制不合理，学术研究的氛围不健康。学术评估机制不合理是一个全国性的问题，这一不合理对历史研究产生的最恶劣影响就是不给青年学人在学术研究上以沉潜、积淀的机会。中国史是一个基础学科，不仅熟悉学术研究需要的原始资料需要很长的时间，而且了解前辈的已有研究成果也颇费精力，但现在的机制是一个"不出版就死亡"的机制，水平的高低是以发表论文的数量为主要判定标准的。无论是博士生要获得教职，还是青年教师要完成工作考核、晋升职称，都是数量优先①，这就直接导致了重量轻质、重复研究，甚至抄袭。在这样的机制引导下，稍稍一个"正常"的人，都很难沉潜下去一点一滴提升自己的学术素养，更不要说冥思苦想去凝聚新观念、发现新方法。与学术机制不合理一起严重制约中国史研究发展的大问题是学术研究氛围的不健康。任何事物要健康地发展，都不能缺少自我的反省和他人的批评。今天的中国史研究不仅缺少自我的反省，更缺少他人的批评。导致这一现象的出现，最主要的因素是缺乏学术自由探讨的氛围和真理至上的追求。由于缺少自由探讨的氛围，我们的学术探讨总是顾忌各种条条框框，不能深入透彻；由于缺乏真理至上的追求，我们的学术研究总是禁不起方方面面的批评和质疑②，不能禁得住时间的考验。

---

① 按照现在的机制，陈寅恪不仅不可能被清华国学院聘任，而且在 20 世纪 30 年代也基本不可能评为教授。

② 今日各种期刊发表的书评，大多都是对所评对象优点的列举，如果是批评性的评论，要么被评者认为评论者心有歹意，要么评论者确有歹意。

第三，史学研究与史学应用的脱节。传统中国史学由于重叙事、重鉴戒，在传播历史知识方面，在参与社会建构方面，都产生了重大的作用。现代史学是以问题为中心的考论式研究，在创造知识、在解答疑问方面的确是有很大的进步，但是它不考虑社会因素的选题、专业无趣的表述形式等，也会造成疏远社会大众、无益于社会秩序和观念的建构。近些年来，《百家讲坛》等"讲史"节目的出现，《明朝那些事儿》等通俗读物的出版，一定程度上缓解了史学研究与史学应用的脱节问题。作为史学研究从业者，我们更应该清楚地看到：《百家讲坛》等"讲史"节目的被认可，与其说是史学研究受到了重视，不如说是现代传媒发现了史学的价值而对其进行了开发；《明朝那些事儿》等通俗读物的大量面世，与其说是史学为人民喜爱，不如说是社会大众厌弃了刻板无趣的历史说教而对其进行了改造。尽管目前学界已有一些史学研究者对这一现象有所反省和探索[1]，但整个史学界对史学研究与史学应用脱节的问题还没引起足够的重视，对于史学能否、以何种方式参与到大众的生活中，参与到社会的健康建构中，还有很多问题等待我们思考。

第四，文献整理的工作亟待改善。胡适曾经说过，治史应当"有几分证据说几分话"[2]。100 多年来甲骨文、金文、简牍、敦煌吐鲁番文书、明清内阁档案等文献的发现和整理，为从上古到近现代的史学研究提供了大量的"证据"，极大地促进了现代史学研究的发展。[3] 问题在于，一旦新发现的考古资料迟迟不能公之于世，或仅为少数人所垄断，则其对学术研究的意义自然会弱化。史料整理工作既需要人力，也需要物力、财力，是一个"出力不讨好"的工作。目前的考核机制对史料整理的成果不太认可，学术投入也不充足，导致各种专题性的史料整理工作很难开展，加之整理过程中的种种人为问题，使得新材料的整理进度显得极为缓慢或滞后。

---

① 参见姜萌：《通俗史学、大众史学和公共史学》(《史学理论研究》，2010 (4))、孙瑜：《公众的历史求真实践——关于历史知识生产与传播新环境的思考》(《学术研究》，2012 (8))等文。

② 罗尔纲：《师门五年记·胡适琐记》，41 页，北京，生活·读书·新知三联书店，2006。

③ 在民国时期，学界对此就已有深刻的认识，可参阅抗父的《最近二十年间中国旧学之进步》(《东方杂志》，第 19 卷第 3 号)、顾颉刚的《当代中国史学》(南京胜利出版社公司，1947) 等论著。

第十八章　外国史*

在中国的历史学领域，外国史（世界史）学科是一个年轻的学科。由于学术信息和语言文字方面的原因，外国史学科在历史文献的搜集、整理和运用上，一直处于滞后状态。这些年来，随着国家科研经费和对外学术交流的增多，外国史学科得到较快发展。这一状况开始得到显著的改善。

第一节　外国史学科发展概况

我国的外国史学科发端于 20 世纪初，乃是借鉴西方教育与学术的产物。在当时，随着新型学校的兴起，外国史的教学列入大学和中学的教学计划。但直到 1949 年新中国成立，外国史学科始终处于萌发期。这是因为这一时期各大学历史学系的外国史教学涵盖面有限，多局限在"西洋史"的范畴，开设的是欧美的通史、断代史、国别史，只有少数学校开设过亚洲史、日本史、印度史等课程。此外，外国史课程的门数都少于中国史，专职教师寥寥

＊ 本章主笔：孟广林，中国人民大学历史学院教授。

可数，一些在国外专攻外国史的留学人员回国后也改行搞中国史。由于条件的限制，那时极度缺乏第一手历史文献资料，外国著名史学家的权威著作也甚少引进，外国史的科学研究尚无多少建树。尽管如此，还是出现了一些不错的教材和通俗性读物，为日后我国外国史学科的建构作了必要铺垫。

新中国成立之后，随着我国国际地位的不断提高，我国的外国史学科逐步建构起来。1952 年院系调整后，各大学都仿效苏联的教学计划，以世界史取代了西洋史。世界史的教学与科研队伍大大充实，各院校的历史学系都成立了专门的世界史教研室，有的还设有世界史专业。同时，中国社会科学院建立了世界历史研究所以及一些以研究现状为主但也兼顾历史的研究所，如美国所、日本所、南亚所等等。地方上一些社会科学院也建立了相关的研究单位。此外，不少有关外国史学科的全国性研究会乃至地方性研究会也相继建立。另一方面，各院校历史学系的世界史课程的门数和种类也空前增加，不仅有了"世界古代史"、"世界中古史"、"世界近代史"、"世界现代史"等断代史课程，而且开设了一些重要国家的国别史课程，如"苏联史"、"美国史"、"英国史"、"法国史"、"德国史"、"日本史"，甚至开设了"二战史"、"古希腊史"、"西方殖民主义史"等专门史课程和"亚洲史"、"非洲史"、"拉丁美洲史"等区域史课程。同时，相关的文献资料的引进与翻译也逐步展开，并取得了不少成绩。此外，一些史料翔实、论述精湛的学术论著与叙述周详的教材也相继问世。

不过，由于这一时期我国尚未对外全面开放，与欧美国家的学术交流甚少，我国的外国史学科的发展面临着信息不灵、资料缺少的困难。"左"的政治路线的影响，也限制了相关学术研究的空间。而在"文化大革命"的十年动乱中，外国史学科也同其他人文社会科学学科一样，受到严重摧残。

1978 年党的十一届三中全会以后，随着政治路线上的拨乱反正和改革开放的拓展，整个学术文化领域迎来了全面发展的春天。在这 30 多年中，我国外国史学科有了迅速发展。这主要表现在以下几个方面：

一、学术空间进一步扩大，研究方向日益拓展

改革开放之初，国内的世界史研究破除迷信，解放思想，打破"以阶级斗争为纲"的旧框架，抛弃曾经盛行的"以论代史"的做法，逐步将学术研究真正纳入科学化的正确轨道。在这个过程中，学界同仁一方面对马克思主义唯物史观作了不断深入的诠释，同时也批判地借鉴当代西方各史学流派的

成果，为建构完整的理论和方法体系，开采出多层次、多角度的学术理路而展开研究。由此，外国史学科的研究空间日臻完善，形成了断代史、区域史、国别史、专门史、史学理论等方向整合而成的布局。同时，在传统的政治史、经济史、军事史、战争史、宗教史等领域之外，对现代化史、文明史、后现代史学等新领域的研究逐渐展开，新兴的社会史研究更是日益勃兴，如人口史、家庭史、妇女史、环境史、疾病史、日常生活史等等。可以说，通过努力，世界史的研究范畴，涵盖了从上古到世界各主要地区、国家的历史的各个方面。

二、学术研究成就显著

在这 30 多年中，通过不懈努力，外国史学科的学术研究，无论在学科体系的建构还是特定的研究领域，都取得了前所未有的显著成就。

改革开放之初，我国的世界史学者突破禁区，解放思想，对世界史体系的建构作了广泛深入的探讨。吴于廑在这方面的成就最为突出，他连续发表4 篇互相关联的重要论文[①]，阐发了自己的学术观点。他认为：世界史"不是一门中国域外史，也不是包容一切国家、地区历史的总汇"。进而依据经典马克思恩格斯的观点明确指出，"世界历史是历史学的一门重要分支学科，内容为对人类历史自原始、孤立、分散的人群发展为世界成一密切联系整体的过程进行系统探讨和阐述"。也就是说，世界史所要探索和说明的主题应当是："历史怎样发展为世界的历史"。1987 年，受国家教委委托，吴于廑和齐世荣共同主编新的六卷本《世界史》（高等教育出版社，1992—1994），这部教材体现了我国学者在经济、政治、文化、社会诸多方面取得的学术成果，内容周详，体裁合理，在体系、分期、中国在世界中的地位以及一些具体问题的分析上，都有独到的见解。

在改革开放以来的 30 多年中，除了学科体系的探讨外，外国史学科在以下重要领域的研究上更是成果丰硕。

在国别史方面，有陈之骅主编的《苏联史纲（1917—1937）》（人民出版

---

① 即《世界历史上的游牧世界与农耕世界》、《世界历史上的农本与重商》、《历史上农耕世界对工业世界的孕育》和《亚欧大陆传统农耕世界不同国家在新兴工业世界冲击下的反应》。以上四文分别载《云南社会科学》，1983（1）；《历史研究》，1984（1）；《世界历史》，1987（2）；《世界历史》，1993（1）。

社，1991），宫达非主编的《苏联巨变新探》（世界知识出版社，1998）等，刘绪贻、杨生茂主编的《美国通史》（6卷本，人民出版社，1989—2001），蒋孟引主编的《英国史》（中国社会科学出版社，1988），张芝联主编的《法国通史》（北京大学出版社，1988），丁建弘和陆世澄主编的《德国通史简编》（人民出版社，1991），孙成木等主编的《俄国通史简编》（人民出版社，1986），吴廷璆主编的《日本史》（南开大学出版社，1994），刘文鹏的《古代埃及史》（商务印书馆，2000），等等。这些著作，包含了作者多年教学和科学研究的成果，内容充实，不少解读颇有新意。

在区域史方面，则有了新的开拓，中国非洲史研究会《非洲通史》编写组的《非洲通史》（北京师范大学出版社，1989）、李春辉的《拉丁美洲史稿》（商务印书馆，1983）、彭树智主编的《二十世纪中东史》（高等教育出版社，1991）都是有相当广度和深度的学术著作。

专题史方面的研究著作则层出不穷，涵盖了文化、政治、经济、军事、国际关系、社会生活等各个方面。在这一领域中的成果主要有：周一良主编的《中外文化交流史》（河南人民出版社，1987）和其所著的《中日文化关系史论》（江西人民出版社，1990），日知主编的《古代城邦史》（人民出版社，1989）和其所著的《中西古典学引论》（东北师范大学出版社，1999），罗荣渠的专著《现代化新论》（北京大学出版社，1993），马克垚的《西欧封建经济形态研究》（人民出版社，1985）及其姊妹篇《英国封建社会研究》（北京大学出版社，1992），王绳祖主编的十卷本《国际关系史》（世界知识出版社，1995），华庆昭的《从雅尔塔到板门店》（中国社会科学出版社，1992），何兆武、陈启能主编的《当代西方史学理论》（中国社会科学出版社，1996），刘祚昌的《杰斐逊传》（中国社会科学出版社，1990），陈崇武的《罗伯斯比尔评传》（华东师范大学出版社，1989），郑异凡的《布哈林论稿》（中央编译出版社，1997），等等。这类著作还有很多，它们多出自老一辈学者之手，高屋建瓴，视野开阔，且依据丰富的历史文献资料进行诠释与论证，堪称我国世界史学术研究的高水平成果。

值得注意的是，一批改革开放后成长起来的学者逐渐成为学术研究的骨干，步入学术前沿进行深入探索，取得了丰硕的专题史研究成果。例如，在古代中世纪领域，有晏绍祥的《荷马社会研究》（上海三联书店，2006），黄洋的《古代希腊土地制度研究》（复旦大学出版社，1995），吴宇虹等人的

《古代两河流域楔形文字经典举要》（黑龙江人民出版社，2006），杨共乐的《罗马社会经济研究》（北京师范大学出版社，1998），彭小瑜的《教会法研究》（商务印书馆，2003），陈志强的《拜占廷学研究》（人民出版社，2002），哈全安的《阿拉伯封建社会形态研究》（天津人民出版社，2000），孟广林的《英国封建王权论稿》（人民出版社，2002），徐浩的《农民经济的历史变迁》（社会科学文献出版社，2002），侯建新的《现代化第一基石》（天津社会科学出版社，1991），刘新成的《英国都铎王朝议会研究》（首都师范大学出版社，1995），朱孝远的《神法、公社和政府：德国农民战争的政治目标》（北京大学出版社，1994），黄春高的《分化与突破：14—16世纪英国农民经济》（北京大学出版社，2011），等等。在近现代领域则有钱乘旦的《工业革命与英国工人阶级》（南京出版社，1992），陈勇的《商品经济与荷兰近代化》（武汉大学出版社，1990），李工真的《德意志道路——现代化进程研究》（武汉大学出版社，1997），李剑鸣的《美国的奠基时代1585—1775》（人民出版社，2001），王皖强的《国家与市场——撒切尔主义研究》（湖南教育出版社，1999），张建华的《俄国知识分子思想史导论》（商务印书馆，2008），沈志华的《新经济政策与苏联农业社会化道路》（中国社会科学出版社，1994），徐蓝的《英国与中日战争：1931—1941》（北京师范学院出版社，1991），许海云的《北约简史》（中国人民大学出版社，2005）。这些著作只是众多专题史成果的一小部分，它们都聚焦在某个专题，在系统梳理和辨析国内外学术动态的基础上，批判地借鉴域外的研究成果，充分地运用文献资料来展开研究，提出了不少独到的有价值的新观点。这一动态，显示了我国的世界史研究不断拓展，后继有人。

在这30多年中，我国的世界史学者还在《中国社会科学》、《历史研究》、《史学理论研究》、《世界历史》等诸多刊物上发表了大量的学术论文，编写了不少工具书、教材和通俗读物，翻译出版了大量的国外史学名著，为繁荣学术和普及历史知识作出了重要贡献。

三、人才培养机制日益完善，升格为历史学领域一级学科

经过多年发展，外国史学科已经形成了完整的人才培养机制。国内几乎所有的本科院校都建立了世界史课程体系，北京大学、南开大学、武汉大学、东北师范大学、首都师范大学等院校，还单独招收世界史专业的本科生，其中南开大学和武汉大学等校还设立了世界史系。自从1978年我国建

立了完整的培养研究生的制度，外国史学科终于有了中国自己培养的硕士生和博士生，百余所高校有了世界史相关专业的硕士学位授予点，30 多个高校及科研院所有了博士授予点，中国社会科学院研究生院也设立了世界史系。大量本土培养的高级人才，成为我国外国史学科教学和科研的骨干力量。

正是在上述新形势下，外国史学科的定位日益受到有关部门的重视。在 1997 年学科目录调整之前，世界史拥有"世界古代中世纪史"、"世界近现代史"和"地区国别史"三个二级学科。1997 年学科目录调整，将世界史的三个二级学科合并为一个，成为"历史学"一级学科下八个二级学科中的一个。这一调整，在很大程度上抑制了世界史学科的成长。随着学术研究和人才培养的不断发展，2011 年初，国务院学位委员会通过学科目录调整方案，将世界史由原来的二级学科提升为一级学科，与中国史、考古学并列为历史学的三个一级学科。根据《关于增设世界史（外国史）为一级学科的建议书》，增设"世界史"为一级学科，下设"外国史学理论与史学史"、"外国古代中世纪史"、"外国近现代史"、"外国区域与国别史"、"外国历史地理学"、"世界文化遗产学"、"外国专门史"等七个二级学科。目前，各个高等院校正根据自身的实际着手进行二级学科的设置。

第二节　外国史学科的基础文献建构

文献资料是历史研究的基础，任何一个学科要取得长足的发展，必须重视文献特别是基础文献的建构，中国的外国史学科也是如此。由于涵盖的历史时段和地区、国家十分宽泛，对语言文字和学术信息方面掌握的要求极严，加之起步较晚，我国的外国史学科自形成以来，在基础文献的建构上一度呈现出严重滞后的状态。不过，经过学术界的努力，特别是受益于改革开放以来国际学术交流日益扩大和相关科研经费的日益增加，外国史学科的基础文献已初具规模，并且呈不断地拓展的态势。这主要表现在以下几方面：

一、理论方面的基础文献

中国外国史学科的教学、科研是在马克思主义唯物史观的指导下进行的，同时也批判地借鉴国外的史学理论与方法。因此，学术界一直重视理论方面的基础文献建构。在唯物史观方面，《马克思恩格斯全集》中的相关文献，如《家庭、私有制和国家的起源》、《德意志意识形态》、《德国农民战争》、《路德维希·费尔巴哈和德国古典哲学的终结》、《〈政治经济学批判〉导言》、《资本论》、《法兰西内战》、《社会主义从空想到科学的发展》、《路易·波拿巴的雾月十八日》、《给维·伊·查苏利奇的信》、《不列颠在印度的统治》、《不列颠在印度统治的未来结果》等，均为外国史学科必须参照的基础理论文献。此外，西方主要史学流派的著名专著，如实证主义史学兰克学派兰克的《拉丁和条顿民族史》（德文），新史学年鉴学派的《历史新种类：费弗尔选集》（法文）与布洛赫的《封建社会》（中译本，商务印书馆，2004），意大利自由主义史学家克罗齐的《历史学的理论与实际》（中译本，商务印书馆，1982），文明史家汤因比的《历史研究》（中译本，上海人民出版社，1995），历史哲学家柯林武德的《历史的观念》（中译本，商务印书馆，1997），以及后现代史学之父海登·怀特的《元历史》（英文），也都成为世界史理论方法的基础文献。

二、外文基础史料和文献的选译

外国史学科形成之初及其之后的一段时期，由于语言、信息乃至经费等方面的限制，选译国外的历史文献作为教学和研究的基本资料，成为我国外国史学科的一大任务，若干种中译本史料汇编接踵问世。

自 20 世纪 50 年代中期开始，学术界就着手编辑出版《世界史资料丛刊初集》，最初的主编是杨人楩，到 1966 年已出 12 种 13 个分册，原由生活·读书·新知三联书店出版，1962 年底起改由商务印书馆出版。"文化大革命"期间中断，1979 年后《丛刊》重新上马，上古、中世纪、近代和现代部分分别由林志纯、戚国淦、张芝联、齐世荣担任主编。这套《丛刊》按时代、国家或地区、事件分册出版，每本约 10 万字，所收均为原始文献。在这套中译文献资料中，有日知选译的：《古代埃及与古代两河流域》（生活·读书·新知三联书店，1957），崔连仲选译的《古印度吠陀时代和列国时代史料选集》（商务印书馆，1998），任炳湘选译的《罗马共和国时期》上、下册（商务印书馆，1962），李雅书编译的《罗马帝国时期》上、下册（商务印书馆，1985），齐思和、刘启戈主编选译的《中世纪初期的西欧》、《中世纪中期的西欧》、《中世纪晚期的西欧》（生活·读书·新知三联书店，

1957)，黎国彬等选译的《17、18 世纪的欧洲大陆诸国》（商务印书馆，1959），张荫桐编译的《1600—1914 年的日本》（生活·读书·新知三联书店，1957），张蓉初编译的《1825—1905 年的俄国》（生活·读书·新知三联书店，1957），吴绪编译的《十八世纪末法国资产阶级革命》（生活·读书·新知三联书店，1957），谢德风等编译的《1765—1917 年的美国》（生活·读书·新知三联书店，1957），张芝联选译的《1815—1870 年的英国》（商务印书馆，1961），王铁崖选译的《1871—1898 年的欧洲国际关系》（商务印书馆，1957），吴成平选译的《一九一七——一九三九年的印度》（商务印书馆，1990），黄德禄等选译的《1917—1939 年的美国》（商务印书馆，1990），等等。

另一方面，自 20 世纪 60 年代开始，为配合大学的世界通史教学，陆续出版了一套由周一良、吴于廑主编的《世界通史资料选辑》，上古部分、中古部分、近代部分和现代部分分别由林志纯、郭守田、蒋相泽、齐世荣任主编。《世界通史资料选辑》现代部分均由商务印书馆出版并多次再版。

以重要历史问题为轴心的断代史的外文资料选译同样接踵出版，其中有郭小凌、孔祥民等合译的《世界古代及中世纪资料选集》（北京师范大学出版社，1991），耿淡如、黄瑞章译注的《欧洲中世纪史原始资料选辑》（天津人民出版社，1959），中山大学历史学系编译的《世界近代史参考资料选集》2 册（中山大学出版社，1962），齐世荣主编的《当代世界史资料选集》3 册（北京师范学院出版社，1990—1996）。

专题性的史料汇编也取得了不少成就。其中有李雅书编译的《塔西陀〈编年史〉选》（商务印书馆，1964），郭小凌、厉以平合编译的《古代希腊罗马经济思想资料选辑》（商务印书馆，1990），王钺的《〈罗斯法典〉译注》和《往年纪事译注》（兰州大学出版社，1987、1992）。杨生茂的《美国南北战争资料选集》（上海人民出版社，1978），李巨廉、王斯德主编的《第二次世界大战起源历史文件资料集》（华东师范大学出版社，1985）。沈志华主编的《苏联历史档案选编》（社会科学文献出版社，2005），更是中国学者翻译国外历史文献的显著成就。全书共 34 卷，涵盖上起 1917 年初、下迄 90 年代初近 70 年期间苏联史的政治、军事、社会等各个方面的原始资料。

除了上述情况外，还有诸多国外第一手历史作品的翻译出版。如日知等译的亚里士多德的《雅典政治》（商务印书馆，1959），王以铸译的希罗多德的《历史》（商务印书馆，1997），寿纪瑜译的无名氏著《盎格鲁-撒克逊编年史》（商务印书馆，2004），方重译的乔叟著《坎特伯雷故事集》（人民文学出版社，2004），杨宪益译的法国骑士武功歌《罗兰之歌》（上海译文出版社，1981），黄文捷译的但丁的《神曲》，王玉华译的无名氏著《平氏物语》（云南人民出版社，2002），吴万沈译的丘吉尔的《第二次世界大战回忆录》（商务印书馆，2008），等等。这类翻译作品很多，举不胜举。同时，一些国外的史学研究名著也纷纷被译介过来，其中有波默罗伊的《古希腊政治、社会和文化史》（周平等译，上海三联书店，2010），霍利斯特的《欧洲中世纪史》（杨宁等译，上海社会科学院出版社，2007），汤普逊的《中世纪经济社会史》（耿淡如译，商务印书馆，1984），汤普逊的《中世纪晚期欧洲经济社会史》（徐家玲译，商务印书馆，1992），辛哈的《印度通史》（张宏达等译，商务印书馆，1964），希提的《阿拉伯通史》（马坚译，商务印书馆，1979），阪本太郎的《日本史概说》（汪向荣等译，商务印书馆，1992），林塞的《宗教改革史》（孔祥民等译，商务印书馆，1992），哈特的《第一次世界大战史》（林光余译，上海人民出版社，2010）。我国学术界汇集学术力量对"剑桥三史"的翻译更是值得关注。《剑桥古代史》、《剑桥中世纪史》和《剑桥近现代史》是英国剑桥大学出版社自1902年以来陆续出版的三部出自诸多名家之手的世界史巨制，其中第二版的《新编剑桥近现代史》共12卷，由中国社会科学出版社以"新编剑桥世界近代史"为名，已于20世纪末陆续翻译出版。目前，中国社会科学院正在组织学者群体实施"《剑桥古代史》、《新编剑桥中世纪史》翻译工程"，预计在2016年完成。

在原始资料不易觅得的情况下，基础历史文献的翻译出版不仅可作为大学生的学习辅助读物，也可供专业研究人员参考，对于提高我国世界史学科的教学和科研水平，无疑产生了重要推动作用。同时，也为向大众普及世界史知识作出了积极贡献。

三、外文历史文献的引进

改革开放以来，随着语言知识的扩充和对外学术交流的扩大，史学界在借助于翻译过来的外国历史文献进行教学、科研的同时，更多的是直接利用外文的历史文献，由此而使得世界史学科的基础文献建构日益齐备和完善。

世界史学科涵盖的时间和空间范畴极广，囊括了自古至今世界各地区、各民族与各个国家的历史，而国内世界史学术研究队伍人数较少，各主要院校、科研单位的研究重点多聚焦在某一个时期的某个国家或某个领域。因此，在外文历史搜集和运用上各自有所侧重，也就不存在统一的基础文献的建构模式。不过在一些领域，仍旧可以看到在这一建构上的统一性。

在西方古典文明史领域，《洛布古典丛书》（The Loeb Classical Library）是史学界公认的权威历史文献集成。这部丛书从 1911 年开始出版到 2011 年，整理、翻译的西方古典文献总计达 518 册，几乎囊括了从《荷马史诗》到晚期古代（公元 6 世纪中叶）现存的重要典籍。这部丛书采用希腊文与英文、拉丁文与英文等双语对照的形式发行，在西方史学界影响极大，也是我国学术界的诸多学术研究必须参考的历史文献。

在外文历史文献的引进上，北京大学历史学系取得了突出进展。以其中世纪史方向为例，这些年来，该系先后采购了不少大部头的史料书籍，如希腊文、拉丁文的《教会文献大全》、《德国文献集成》、《基督教作者文集（希腊编）》和《基督教作者文集（拉丁编）》。还有英国的大型文献如《维多利亚郡志》、《英国传记全集》，并且比较成规模地购买了西方古代和中世纪作品的英文翻译版本，其中有些文献还购买了或准备购买带有搜索引擎的光盘版或电子数据库。目前，该系正着手购买的有《英国中古编年史全集》和《英国财政署档案》等。在这方面，华东师范大学历史学系的成就尤为显著。该系国际冷战史中心通过努力，成功地搜集了苏联时期 70 余年间近万件档案文件，包括会议记录、报告、决议、命令、指示，下级的呈文、汇报，领导间的信件、便条、电报、谈话记录、会谈纪要以及审讯记录、复查平反材料、私人信件、日记。这些文献来自俄罗斯 10 余个档案收藏机构的原始卷宗，弥足珍贵。中国人民大学历史学系这些年来也取得一定进展。在中世纪英国史领域，汇集了不少英文以及拉丁文的资料，如多卷本的《英国中世纪议会档案》和《英国历史文献集》，此外还有《末日审判书》以及索尔兹伯尼的约翰、布克莱顿、奥卡姆、威克里夫、福特斯鸠等思想家的著作。而在当代国际关系领域，已经搜集的资料就有多卷本的《美国外交基本文献集：1950—1955》、《英国海外政策文献集》、《北约文献集成》以及诸多名人的回忆录。此外，东北师范大学古典文明研究中心在古埃及、两河流域史领域，南京大学历史系在英国近现代史领域，南开大学历史学院在拜占庭史领域和美国史领域，首都师范大学历史学院在二战史领域，四川大学历史学院在文艺复兴史领域，浙江大学历史学系和中山大学历史学系在法国近代史领域，中国社会科学院世界史所在殖民主义史、美洲史等领域，都搜集了大批外文史料，在基础文献建构上成就显著。

第三节　外国史学科当下发展实践中的主要问题

经过多年的成长与积淀，特别是经过改革开放以来30多年的迅速拓展，外国史学科已经成为基础较为深厚、研究方向多元、人才培养体系完整的历史学一级学科。随着中国作为现代化大国在国际舞台上的日益崛起，随着与国外学术联系和交流的不断扩大，我国的外国史学科的发展前景十分广阔。但另一方面，由于起步较晚，这一学科在目前的发展实践中仍然存在着一些应予关注并努力逐步解决的问题。这主要表现在如下三个方面：

一、文献基础仍旧薄弱

这些年来，虽然学术界一直注重引进外文历史资料，但总体上说，这项基础工作还做得远远不够。与欧美先进国家的外国史学科相比，我们在外文文献的搜集、储备的体量上十分微薄，在种类上更是难以望其项背。即便在国家图书馆、北京大学图书馆这样的国内藏书量最大的单位，外文史料书籍的储备也比较有限，资料的种类也极不平衡，多为普通的文献和研究著作，且集中于欧、美主要国家的历史。

二、学术创新能力有待进一步提高

这些年来，我国的外国史研究成果显著，但与欧美史坛相比，我们的高水平、原创性的学术成果实难以与之比肩，在国际史坛上并没有多少学术话语权。诸多的学术研究不仅满足于引用二手的外文研究著作，缺乏原始史料的支撑依据，而且忽略了对国外相关学术史的追踪、梳理与辨析，缺乏必要的问题意识，由此只能是人云亦云，重复别人早已得出的结论，难以作出富有创见的探讨。这些年来，我们与国外的学术交流不断增加，不少外国史学者开始为国外同行所知晓，但正是由于学术创新能力的有限，史学界在国外著名刊物上发表学术成果并不多见，我们的学术研究尚不具备与欧美史学界进行多层次的平等对话的水平。

三、学科体系建构尚待完善

自2011年初国务院学位委员会决定将世界史由原来的二级学科提升为

一级学科以来，外国史的学科体系建构虽然一直为史学界所关注，但由于种种原因而尚未全面及时地展开。目前，只有少数大学设置了本科世界史专业和世界史系，多数还未见举措。此外，二级学科的设置上不完备，例如，北京师范大学历史学院所设置并上报教育部的二级学科中，只有三个，分别是"世界古代中世纪史"、"世界近现代史"、"外国史学理论与史学史"。

有基本的语言训练和学术素养，也有充足的图书资料，这是研究世界史的前提条件。但是，要把我们的世界史研究搞上去，真正成一家之言，成一个流派，到世界史坛上和权威学派一争雄长、一较短长，那还有更艰苦的路要走。因为，近代以来，欧美的发展在世界上一直走在前面。所谓近代的社会科学，是从西欧发源的，用科学的方法研究历史，也是从西欧开始的。西欧学者结合社会学、经济学、法学诸学科的成就，研究历史的规律性现象，使历史发展成为一门独立的学科。所以，迄今为止，史学上可称之为规律性的东西，包括各种概念、定义、范畴、社会分期以及发展规律，都来自西欧，是根据西欧的历史实际得出的。我们要研究外国的历史，第一步当然是要向人家学习。可是不要忘记，学习的结果之一，往往就是你被人家的话语霸权控制住了，只能鹦鹉学舌，说着人家的语言，重复人家的理论。就如同我们现在的一些合资企业一样，你只是别人品牌的廉价加工厂，没有自己的品牌。

我国的外国史学科乃一年轻的历史学学科，上述存在的问题是发展中无法避免的问题。只要学术界予以高度重视，只要国家有关部门给予政策和经费上的大力支持，这些问题将逐渐在日后的进一步发展过程中得到解决，外国史学科也将会由此而逐步完善，日趋繁荣，最终必将跻身国际史坛的先进行列。

第十九章　管理科学与工程[*]

　　管理科学与工程学科是 1997 年我国学位授权点调整之后设立的一级学科，下设管理信息系统、工程管理、项目管理、管理科学、工业工程、物流工程等专业方向。

　　管理科学与工程是综合运用系统科学、管理科学、数学、经济和行为科学及工程方法，结合信息技术研究解决社会、经济、工程等方面的管理问题的一门学科。这一学科是我国管理学门类中唯一按一级学科招生的学科，覆盖面广，包含了资源优化管理、公共工程组织与管理、不确定性决策研究和项目管理等众多研究领域，是国内外研究的热点。

　　该学科从定性分析趋向定量化研究，从宏观研究逐步深入到微观研究，侧重于研究同现代生产经营、科技、经济和社会等发展相适应的管理理论、方法与工具，应用现代科学方法与科技成就来阐明和揭示管理活动的规律，以提高管理的效率。

---

　　* 本章主笔：王刊良，中国人民大学商学院管理科学与工程系教授、博士生导师。

第一节　管理科学与工程学科发展概况

一、学位项目

十多年来，管理科学与工程学科在我国已拥有博士学位授予点单位近 70 个，硕士学位授予点单位 100 余个，本科招生院校 200 余所，每年本科及研究生招生规模 13 000 余人。

（一）本科项目

据教育部《普通高等学校本科专业目录（2012 年）》，管理科学与工程学科下辖专业包括管理科学（注：可授管理学或理学学士学位）、信息管理与信息系统（注：可授管理学或工学学士学位）、工程管理（注：可授管理学或工学学士学位）、房地产开发与管理、工程造价（注：可授管理学或工学学士学位）。

截至 2012 年，从"985"高校、"211"高校到普通高校，已经有众多高校开设本学科相关专业并获得颁发学士学位资质。但不同高校并非都按照一级学科进行招生，2012 年，按照管理科学与工程一级学科招生的院校有 64 所，按照二级学科专业招生的则根据不同专业而异。从招生专业来看，信息管理与信息系统、工程管理、物流管理、工业工程、管理科学等专业招生的院校较多，都超过了 100 所，这与我国经济结构与产业人才需求是密切相关的。

国内不同高校对管理科学与工程专业的招生不尽相同，如清华大学本科对应专业仅有信息管理与信息系统方向，并设立在工商管理类专业下面；北京大学本科对应专业仅有信息管理与信息系统方向，并设立在信息管理系；而中国人民大学本科专业招生对应专业有管理科学和信息管理与信息系统方向，并分别设立在商学院管理科学与工程系和信息资源管理学院经济信息管理系等。

就业前景：主要从事运用先进的管理思想、方法、组织的技术以及数学和计算机模型对运营管理、组织管理和技术管理存在的问题进行分析、决策和组织实施的工作。

毕业生就业的领域主要有：国家各级管理部门、工商企业、金融机构、科研单位等部门从事信息管理及信息系统分析、设计、实施管理和评价等方面的工作；国内外大中型工商企业、外资企业、跨国公司、三资企业等从事决策咨询、商务运作及管理工作；高等院校或科研机构从事相关专业的教学与科研工作。

近几年，本学科本科毕业生招生规模趋于稳定并略有增长，就业情况良好。2009—2011 年数据显示，除了信息管理与信息系统专业之外，本科毕业生的就业率都普遍超过了 80%，与当前热门行业有关的工程造价，就业率甚至超过了 90%。

（二）硕士项目

相比本科项目，硕士项目培养学生具有扎实的本学科相关管理理论和数理分析基础，掌握系统深入的管理知识，并能正确地运用管理方法、系统分析方法及相应的工程技术方法解决社会经济系统中和管理有关的理论和实际问题，而且要求能够独立从事管理科学与工程专业理论和实际应用的科学研究、教学工作，并具有继续学习提高的基础和能力，具备跨学科复合型人才的基本素质，熟练掌握一门外语，能阅读本专业的外文资料。

在教育部 2010 年公布的 39 种硕士专业学位目录中，本学科硕士培养对应专业类别有工程硕士或工程管理硕士。本学科硕士学位获得者可在科研院所、高校从事本专业或相近专业的教学或科研工作，亦可在企事业单位从事技术或管理工作。

在学科建设方面，国内高校对管理科学与工程专业的招生策略不尽相同，有的侧重本科招生，有的侧重研究生招生，还有的则两者兼顾。截至2012 年，全国共有 209 个院校招收本专业研究生。

（三）博士项目

本学科的博士培养近几年发展较快。据统计，本学科在全国高校中具有"博士一级"授权的单位，2007 年有 69 个，2011 年达到了 88 个。这些院校主要包括：清华大学、天津大学、上海交通大学、大连理工大学、国防科学技术大学、浙江大学、北京航空航天大学等。

在这些一级学科的博士点建设方面，又细分出多个研究方向，如西安交通大学对应博士研究方向包括管理系统分析与战略研究、人口与经济系统工程、工业工程、制造战略与服务转型、调度优化与组合决策、质量与运营管理、物流与供应链管理、服务工程、管理系统工程方法论及其应用、系统优化与计算、领导科学与群体决策等；哈尔滨工业大学对应博士研究方向包括管理信息系统及决策支持系统、信息管理与组织战略、电子商务、工程管理

中国人文社会科学发展研究报告 2012—2013

理论与方法、城市管理理论与方法、建筑系统工程、管理信息系统、供应链管理、知识系统工程、商务智能等；清华大学对应研究方向有建设项目管理、房地产经济与管理、人因工程、生产与服务系统、运筹学与物流管理等。

在近五年的全国高校评选中，几乎每年都有管理科学与工程学科相关的优秀博士学位论文。在 2011 年度博士研究生学术新人奖获奖名单中，有 14 名属于管理科学与工程学科。

二、重点学科

国家重点学科是国家根据发展战略与重大需求，择优确定并重点建设的培养创新人才、开展科学研究的重要基地，在高等教育学科体系中居于骨干和引领地位。重点学科建设对于带动我国高等教育整体水平全面提高，提升人才培养质量、科技创新水平和社会服务能力，满足经济建设和社会发展对高层次创新人才的需求，为建设创新型国家提供高层次人才和智力支撑，提高国家创新能力，建设创新型国家具有重要的意义。

到目前，我国共组织了三次重点学科的评选工作。第一次评选工作是在1986—1987 年。第二次评选工作是在 2001—2002 年。第三次评选工作是在2006 年，调整的重点是在按二级学科设置的基础上，增设一级学科国家重点学科。一级学科国家重点学科的建设要突出综合优势和整体水平，促进学科交叉、融合和新兴学科的生长。二级学科国家重点学科的建设要突出特色和优势，在重点方向上取得突破。2007 年，国家对各高校的管理科学与工程专业进行了排名，其中，西安交通大学、清华大学、大连理工大学排在了前三名。

三、重要院校的师资

以北京大学（光华管理学院）、清华大学（经济管理学院/管理科学与工程系、工业工程系）、北京航空航天大学（经济管理学院）、复旦大学（管理学院/管理科学系、信息管理与信息系统系）、上海交通大学（安泰经济与管理学院/管理科学系、信息系统系、运营管理系）、哈尔滨工业大学（经济与管理学院/管理科学与工程系）、西安交通大学（管理学院/工业工程系、信息系统与电子商务系、管理科学系）等为例，截至 2011 年，各系全职师资基本都在 10 人以上，平均为 19 人，部分院系达到 30 人以上。各系拥有副高及以上职称的教师占全部教师数量的比例均在 7 成以上，总体平均为 81.8%。全职教师博士学历整体比例在 90% 以上，部分院系达到 100%。绝大部分教师具有海外学习、访问或教学经验。

近年来各院系不断引进国内外优秀人才，5 年来各标杆学校平均引进师资 4 人，但总体分布有一定差异，部分院校人才引进相对较多。引进师资全部具有海外高校博士学位（以美国地区高校为主），许多新进教师在学校教授一门全英文课程。引进人才以青年为主，基本在 39 周岁以下，职称多为讲师。

从总体师资和引进情况来看，本学科国际化趋势明显，国际交流频繁，交流对象以美国为主。这与国家自然科学基金委员会（NSFC）2012 年发布的《管理科学与工程学科——"十二五"发展战略与优先资助领域研究》中的结论一致。

四、学会及期刊

（一）相关学会情况

近年来，全国管理科学与工程相关学会的活动活跃，规模影响日益扩大。每年举办各种年会、学科研讨会、学术专题会议多次，其中部分得到国家基金资助。相关学会会员人数每年均有增加。学会运作模式逐渐成熟，经济状况逐年增长。学会在学术新人选拔、学术交流等方面发挥着重要作用。

（二）学术期刊情况

国家自然科学基金委员会管理科学部认定的新 30 种权威期刊目录，其中 22 种 A 类，8 种 B 类，这个目录涵盖了管理学门类的五个一级学科，包括管理科学与工程、工商管理、公共管理、农林经济管理，以及文献信息管理。这些期刊是管理科学部对承担的国家自然科学基金项目进行考核的重要依据。

五、科学研究资助

综观 2011 年度国家自然科学基金资助情况，在面上项目、重点项目、重大研究计划项目及青年科学基金项目、国家杰出青年基金项目等方面，均有项目获得批准，但没有重大项目获批。据国家自然科学基金委员会统计，2011 年度，项目资助主要围绕供应链基础理论、生产运作、管理信息与数据挖掘、信息系统理论、信息技术采纳、金融产品的设计与定价、行为金融、金融风险度量、金融市场等方向。

其中：面上项目 209 项，占管理科学部总资助项目的 30.35％，平均资助强度 42 万元/项；重点项目 9 个，分布在 IS/OM/OR 领域；重大研究计划项目 5 项，内容针对突发事件的应急管理，平均 219 万/项，中科院获准 2 项（资金比重为 80％）；青年科学基金项目 160 项，平均资助强度为 20 万元/项；国家杰出青年科学基金 4 项，经费 560 万元，领域分别为交通系统优化与管理（同济大学）、管理系统工程（华中科技大学）、人因工程与决策行为（清华大学）、技术演化与能源系统分析（华东理工大学）。

从申请和获批的项目内容来看，我国管理科学领域的学者尤其是一批 45 岁以下的青年学者，对国际前沿热点领域，诸如供应链管理、服务运作管理、行为决策理论与方法等非常关注，表现在 2011 年度的项目申报中这些领域项目申请的数量在稳步增长。但较多的申请项目还是处于借鉴应用阶段，在研究内容上仍以学习和引进西方的理论和方法为主，具有源头创新思想的申请少，从中国管理实践中提炼科学问题开展研究、探索仍显不足。所以，未来管理科学与工程学科鼓励申请者瞄准学科前沿的探索性研究，结合中国的管理需要和实际情况开展的有中国特色的管理理论、技术与方法的创新性研究，开展实质性国际合作研究。

六、国际合作情况

近年来，本学科同国外学术界的交流越来越密切，很多高校都开展了与国外科研机构的项目、学者交流访问、联合培养等方面的合作。总的来说，在国内本学科排名领先的高校，在国际合作上比较活跃，获得的国际合作资助项目也较多，引领管理科学与工程学科的新发展。如清华大学成功主办了国际运筹学和管理科学研究协会会议（INFORMS2012），复旦大学成功主办了国际信息系统协会年会（ICIS2011）等。

2011 年在自然科学基金委员会的资助下，包括国际合作与交流项目、海外及港澳学者合作研究基金项目在内，共开展了 37 个项目，其中国际学术会议达 22 次，主要围绕信息管理、数据挖掘、运筹学与最优化、商务智能、交通规划这些领域；国际合作研究项目 15 项，历时 2～4 年的长期合作研究 5 项，中国科学院和中国科学技术大学的国际科研合作最为突出，其规模最大（240 万元），预计持续 4 年，主题分别为最优化数据挖掘的商业智能方法以及在金融与银行管理中的应用、电子商务环境下的快速物流系统研究。中山大学、北京交通大学、电子科技大学、武汉大学、天津大学也与多国学者开展了高于 20 万元资助的科研合作，北京交通大学是本学科唯一获得海外及港澳学者合作研究基金（20 万元）的高校。

七、标杆性的学术成就

近几年来，管理科学与工程学科的发展非常迅速，在生产运作管理领域、服务运作管理领域、金融工程领域和技术管理领域等领域中我国学者在学界公认的管理科学顶级期刊上发表的论文的数量也在不断增加。国内近些年发表的高水平的论文，许多是与海外有合作的，而且，这些国内作者也多是受过严格科学训练的海归。

从国际来看，中国高等院校中，香港科技大学（HKUST）无疑执牛耳（第 17 名），香港大学（HKU）、香港中文大学（CUHK）、香港城市大学（CityU）、香港理工大学（PolyU）正在追赶，处在全球前 100 名。香港理工大学 2004—2008 年还在第 66 名，2007—2011 年就达到第 52 名了，内地地区高校排名均在 100 名之后，论文数量及水平与香港地区高校差距明显。

从国内 2005—2011 年 UTDallas 24 上成果排名来看，北京大学、复旦大学、清华大学、上海交通大学、西安交通大学等在吸引海归充实教师队伍方面做了很多工作，所以近些年的高水平论文一直处于前列。中国人民大学（2 篇）当前的排名在第 21 位，有较大提升空间。

第二节　管理科学与工程学科文献建构

任何学科的发展都是一个继往开来、推陈出新的连续过程。这一点表现在文本上，就是学科著述所引用的文献会不断变化：随着学科的发展，新的文献不断被创造，一些曾经被奉为经典的文献逐渐被遗忘，同时也有一些文献被长盛不衰地引用，积淀为该学科的基础文献。文献的创造、引用、更迭、沉淀的过程就是一个学科不断发展的过程，因此，通过文献研究可以看出一个学科的知识创造、传播、淡忘的过程，是我们了解学科发展的良好契机。

一、样本及数据选择

管理科学与工程是一个综合性的学科，因而，管理科学与工程的学者发表论文并不局限在学科内部的刊物，但出于分析的需要，本节以 1998 年国家自然科学基金委员会管理科学部根据管理科学研究与应用的发展规划所创立的刊物《管理科学学报》为基础，构建文献分析的样本，构造的方法如下：（1）通过"中国知网"（www. cnki. net）将《管理科学学报》自创刊以来发表的全部文献下载，按发表时间排序。（2）删除其中的启事、消息、序跋等非研究性文献，只留下论文，共 1 214 条记录。（3）识别和记录每条样本文献的作者、题目、发表时间、下载数、被引数，以及该文章所属的领域、作者所在的单位和机构。其中，作者、题目、发表时间、下载数和被引数是中国知网的原生数据，以 2013 年 1 月 6 日的记录为准。其他数据项则是根据每条文献的实际引用情况由人工生成的。这些数据构成本节统计分析的基础。

二、文献下载与引用

根据以上的筛选条件，从"中国知网"下载 1998 年至 2012 年共计 1 214 篇文献，其中，每篇文献被下载和被引用的情况各不相同。《管理科学学报》上文章被引用最多的高达 705 次（见表 19—1），说明该杂志的经典文章具有很好的质量，受到了学者的推崇。但一次也未被人引用的文章也达到 104 篇，占所有文章的 9%，被引用次数低于 15 次的文章更是达到了 704 篇，占到文献总数的 58%，由此又可以看出，《管理科学学报》的文章整体质量尚有待改进。从下载情况看，下载最多的文章达到了 4 204 次，除了 2012 年有 6 篇文章没被下载过以外，其他年份的文章均被下载过，这说明《管理科学学报》本身作为管理科学领域一个核心期刊，学者给予了高度重视。但从整体的引用下载比来看，《管理科学学报》的文章被学者引用的概率较小。尽管经典文献被下载后，再被学者引用的概率达到了 42%，但 1 214 篇文章中有 812 篇的引用下载比小于 5%，即《管理科学学报》67% 的文章被下载之后被学者引用的概率低于 5%。这从一定程度上说明尽管《管理科学学报》期刊本身富有盛誉，但其上所刊载有质量有影响力的经典文章比较少。

从分年情况来看，从 1998 年创刊以来，《管理科学学报》每年所刊载的文章数量变化不大，2010 年之后略有上升，但幅度较小。从每年文章被引用的平均次数来看，虽然变化不大，但呈现出下降趋势。从文章被下载的情况来看，每年波动比较大，整体看呈现出"先增后减"的趋势。而就引用下载比而言，自创刊以来，除了 2000 年有一个小幅度的上升之外，《管理科学学报》所载文章的引用下载比一路下降。结合文章下载情况，不难看出，2007 年以前，《管理科学学报》凭借期刊本身的盛誉受到了学者的高度重视，下载《管理科学学报》文章的人数不断攀升，然而，学者看过文章之后，真正引用该期刊上文章的数量却越来越少；2007 年以后，下载《管理科学学报》上论文的学者逐渐下降。这两个方面说明文章质量有下降趋势，已经逐渐影响《管理科学学报》这个期刊的声誉和学者对该刊物的重视。这种现象应该引起创刊人的警觉。背后的一个可能的原因是，由于科研或项目考核、升职、奖励等制度越来越普及，质量较好的文章更多地投给国际刊物，例如 SSCI/SCI 等刊物。

表 19—1   文献下载与被引用情况

	均值	标准差	最小值	最大值
被引用	27	57	0	705
被下载	539	466	0	4 204
引用下载比	0.05	0.06	0	0.42
作者数	2.47	0.85	1	7

资料来源：本研究整理。

三、文献与学科

作为一级学科，管理科学与工程下设的二级学科多而且领域跨度较大。全国不同高校的管理科学与工程专业侧重点各不相同。体现在《管理科学学报》上，就是期刊论文的领域跨度极大。从表 19—2 中可以看出，《管理科学学报》的 1 214 篇文章中，横跨了 40 个专业和领域，文章数量最多的学科宏观经济管理与可持续发展达到了 407 篇，而文章数量最少的旅游、汽车工业、经济法等只有 2 篇。

造成这种现象的原因是多方面的，其中一个重要的原因可能是管理科学与工程本身就是一个综合性的学科，先天具有跨学科的特征；也正是因为学科本身的特点，致使《管理科学学报》缺乏一个清晰的专业期刊形象，使得不同学科各类文章汇聚。这一方面加大了审稿的难度，使得刊物文章质量无从保证；另一方面，由于该学科的研究本身需要各个学科的基础知识，学科本身缺乏自己独有的方法论和理论基础，而这也进一步加剧了学科本身形象的模糊性，同时降低了构建学科基础文献的可能性。

表 19—2　　　　　　　　　　文献与学科情况

序号	学科	文章数	序号	学科	文章数
1	宏观经济管理与可持续发展	407	21	环境科学与资源利用	4
2	数学	274	22	工业通用技术及设备	4
3	企业经济	229	23	石油天然气工业	4
4	金融	167	24	交通运输经济	4
5	投资	151	25	图书情报与数字图书馆	3
6	证券	99	26	冶金工业	3
7	管理学	88	27	农业经济	3
8	贸易经济	61	28	电力工业	3
9	市场研究与信息	55	29	会计	3
10	计算机软件及计算机应用	37	30	社会学及统计学	2
11	公路与水路运输	26	31	建筑科学与工程	2
12	工业经济	22	32	经济体制改革	2
13	领导学与决策学	18	33	互联网技术	2
14	自动化技术	14	34	服务业经济	2
15	非线性科学与系统科学	9	35	财政与税收	2
16	经济理论及经济思想史	8	36	资源科学	2
17	信息经济与邮政经济	8	37	汽车工业	2
18	科学研究管理	6	38	经济法	2
19	新闻与传媒	6	39	审计	2
20	保险	5	40	旅游	2

资料来源：本研究整理。

四、小结

在技术日益成为人类生活和工作的一部分的今天，管理科学与工程一级学科在培养学生的目标、课程、师资、教学方法、实践环节等方面都面临着前所未有的压力和挑战，特别是在课程内容上，如何能跟上科技和经济社会发展的步伐，响应市场对人才需求的变化，国内的顶尖管理学院或商学院纷纷推出切实可行的措施。

随着国内学术界与发达国家学术交流的加深，包括管理科学与工程在内的管理类学科必将迅速加大对有国际学术背景人才的吸引力度，并提升学术门槛；此外，在国际学术顶级期刊上发表论文对国内顶级管理学院或商学院而言都是一项很大的挑战，同国际一流学者开展合作似乎是一个不二法门。

因此，国际知名学者特别是华人学者已经成为国内顶尖院校争取的对象，无论是通过国家资助（例如千人计划、长江学者计划等）还是地方计划（例如大连理工大学的海天学者、厦门大学的闽江学者）或者是自筹经费；也有了这样一个趋势：曾在国外高等院校任职的优秀学者全职归国工作①。

　　总之，我们应该采取更加积极的姿态和切实措施，在管理科学与工程学科的建设上，加强师资队伍建设，深化国际交流与合作，加大课程内容的更新步伐，把优秀的学生培养成优秀人才，同时做出更有影响力的科学研究，对社会和实业界产生积极的影响。

---

　　① 例如，复旦大学（许云杰，新加坡国立大学）、清华大学（徐心，香港科技大学；林丽慧，美国波士顿大学）等。

第二十章　企业管理[*]

第一节　企业管理学科发展概况

从 20 世纪 70 年代末开始，中国选择了改革开放的正确道路，实现近 30 年的高速发展，对外开放各项事业取得了举世瞩目的巨大成就。改革开放的 30 年，也是中国企业管理不断发展成熟，逐步走向现代企业制度的变革过程。其中，三方面主要因素起了推进作用：一是外界环境的变化，即企业要适应外部环境的变化。自 20 世纪以来，企业面临的外界环境发生了根本性变化，以知识经济为主体的新经济特性的形成，经济全球化趋势的日益显现，以及基于互联网技术的网络经济的出现，促使企业外部环境日趋开放，国际市场竞争更加激烈。企业面临着如何通过管理变革，应对新经济环境下激烈竞争的挑战。二是来自企业内部的企业自身发展的需要。随着中国经济体制改革的深入发展，企业也进入到一个高速发展的时期，企业必须跟随制度前进的步伐进行全面的现代化管理变革。三是管理理论不断取得

---

　*　本章主笔：伊志宏，中国人民大学副校长兼商学院院长、教授；宋华，中国人民大学商学院副院长、教授。

新发展。近20年以来，不断涌现出各种新的管理理论，如20世纪80年代提出学习型组织理论，90年代初提出核心能力理论、业务流程再造、虚拟组织、客户关系管理、知识管理等，在一定程度上指引了企业发展的方向。企业所面对的外部环境变化、内部发展需求，以及管理理论的不断发展都表明，中国的企业管理已经进入一个崭新的时代。

改革开放的30年也伴随着世界经济全球一体化、知识化、网络化的趋势和进程。首先，经济全球化是商品、资本、服务及信息超越国界在全球范围内进行流动与扩散的过程。经济全球化导致世界各国各地区的经济相互依存、相互融合，从而形成统一整体。经济全球化进程的加快，对传统的企业管理模式将提出新的挑战。其次，世界经济的发展进入了知识经济时代，知识经济是以知识为基础的经济，它的发展直接依赖于知识的创新、传播和应用。随着知识经济在全球范围内的兴起，企业经营与管理的环境也日益发生巨大变化，而企业经营与管理的环境的变化将对企业管理产生巨大影响，从而推动着企业管理的不断创新。最后，网络经济的出现促使管理产生全方位的变革，这主要是由于计算机网络的崭新而强大的功能所决定的，尤其在互联网和经济联姻之后，其强大的功能在经济利益的驱使下不断拓展，应用的领域日益广泛。透视管理领域，不难发现，网络经济正在引发一场前所未有的管理变革，这种变革要求企业的内部组织模式、经营管理理念以及企业之间的关系发生一系列深刻的变化。在这样快速变化的世界经济环境下，中国的经济体制也随之不断改进和完善，相应地加速了企业管理变革的步伐，具体可以划分为四个阶段（见图20—1）。

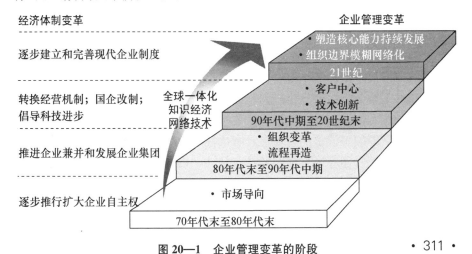

图20—1　企业管理变革的阶段

一、第一阶段（70 年代末至 80 年代末）

1978 年 12 月，党中央召开了具有历史意义的十一届三中全会。之后，确定了我国国民经济贯彻实行"调整、改革、整顿、提高"的方针，发布了经济改革方案《关于经济体制改革总体设想的初步意见》，其中提出了以"扩大企业（公司）经营管理的自主权"为首要目标的改革方向，从而解决长期以来企业存在的缺乏经营管理自主权的问题。从 1979 年到 80 年代，改革的重点大致围绕扩权让利，以扩大企业自主权试点，并试行经济责任制。从计划经济向市场经济转轨，同时企业被赋予了更大的自主权，这促使企业管理的理念首先发生了变化。企业开始自觉地从以计划为导向的经营思路转向以市场为导向的经营思路，将市场的供需原则放在首位，按需生产，并不断提高生产效率，在适销对路的基础上，努力向顾客提供质优价廉的产品和服务。

二、第二阶段（80 年代末至 90 年代中期）

80 年代末 90 年代初，世界企业兼并与收购浪潮一浪高过一浪。1988 年，企业兼并和发展企业集团也作为一项重要的改革实践在国内企业中推进。1993 年 11 月，党的十四届三中全会通过了《中共中央关于建立社会主义市场经济体制若干问题的决定》，指出现代企业制度的特征是：产权清晰、权责明确、政企分开、管理科学，并于 1994 年开始现代企业制度试点。于是，随着 20 世纪 90 年代初在美国兴起的企业流程再造浪潮，企业界展开了一场结构重组的变革，意味着企业对组织的作业流程进行根本的再思考和彻底的再设计，以求在成本、质量、服务和速度等各项当今至关重要的绩效标准上取得显著的改善。

首先是体现在生产作业流程的变革上。例如准时化生产的推行，即在恰当的时间以恰当的数量生产恰当的产品，要求一切生产活动都做到恰到好处，要求对所需进度的完全配合，市场需要什么，企业就生产什么，这是市场经济条件下企业组织产品生产的准则。再如，柔性制造，即加工制造的灵活性、可变性和可调节性。柔性生产要求在整个生产过程中，必须全面地遵循柔性原则，即加工设备能力要求具有柔性，制造工艺、生产作业计划、库存管理以及生产管理等诸方面都要具有柔性，以达到多品种小批量生产、生产周期短、产品质量好、成本低的目的。还有精益生产，以整体优化的观点，科学、合理地组织与配置企业拥有的生产要素，消除生产过程中一切不产生附加价值的劳动和资源，使企业适应市场的应变能力增强，从而取得更高的经济效益。业务流程的变革也促使管理流程发生了变革，继而要求组织结构的相应调整。企业再造加快了企业信息流转速度，缩短了生产周期，精简了管理机构和人员，使建立在专业分工基础上的高耸的金字塔式组织结构逐渐趋向于扁平化，管理层级变得相对较少，由此带来效率和效益的提高。柔性化的组织结构中的集权与分权相结合、稳定性与变化性相统一、灵活性与多样性相协调，保证了企业充分地利用资源，增强了企业的应变能力，从而提高了企业在市场中的竞争力。

三、第三阶段（90 年代中期至 20 世纪末）

随着市场的扩大，改革开放的深入，企业的经营机制发生了根本的改变，生产营销理念从以生产为中心向客户为中心转变。以客户为中心的理念，实际上已经成为企业生存的准则。以客户为中心主要表现在两个方面：一方面是服务。在服务理念上，由原来的普遍服务、差异化服务到定制服务，向客户提供有价值的服务；在组织流程上，把复杂的问题简单化，把简单的问题流程化，把流程的问题客户化；在涵盖范围上，服务职能已扩展到产品销售和售后服务方面，建立以售后服务为中心的全方位服务体系已成为企业赢得顾客和市场的关键。另一方面是质量。提高产品质量是降低产品成本最有效的途径，追求零缺陷已深深植根于现代企业管理的战略决策中。产品质量远比产品数量更重要，消费者的购买倾向在很大程度上取决于企业产品的质量保证程度。同时，随着社会环保和节能意识的提高，产品质量的安全、环保、无公害等也开始成为企业关注的重点，并且向清洁生产、绿色供应方面不断改进。

20 世纪 90 年代以来，中国经济总量有了显著的提高，但总体来看，转变经济增长方式没有取得突破性进展。究其原因，主要是缺乏自主创新能力。长期以来，因体制所限，我国的企业与科研机构之间存在着"两张皮"现象，科研院所的人才与技术优势由于缺乏合作对象得不到发挥，而企业高价聘请国外的设计机构为其承担设计任务，这种状况严重地束缚了民族工业的自主创新能力。增强自主创新能力、建设创新型国家，是党中央在新的历史时期，落实科学发展观、开创社会主义现代化建设新局面的重大战略举措。突出主体，就是强化企业在自主创新中的主体地位。企业开始将提高自主创新能力作为提升企业核心竞争力的战略措施，增加研发投入，实施名牌战略，围绕市场需求不断开发新产品、新技术和新工艺。特别是很多国有大型企业，开展全面的创新管理，在自主创新方面发挥了领导作用，甚至带动了上下游及整个产业的创新。

四、第四阶段（21 世纪）

2003 年 10 月召开的中共十六届三中全会提出了科学发展观，并把它的基本内涵概括为"坚持以人为本，树立全面、协调、可持续的发展观，促进经济社会和人的全面发展"。这对新世纪的逐步完善的现代企业制度也提出了挑战，即中国企业如何实现持续发展。管理创新和变革的目的是追求效益增长，但随着环境的变化、社会的发展，企业不仅追求经济效益，也开始追求企业的持续成长。随之带来的是企业界和学术界对战略管理学科的重视程度增加，开始重新审视传统的企业管理战略，希望寻找适应新时代的新战略。企业扫描竞争环境和评估其自身的竞争力和资源时常发现，在竞争环境客观要求它们取得的战略绩效目标与它们依靠自身资源和能力所能达到的目标之间存在一个缺口，即 T. 泰吉和 G. 奥兰德等人提出的"战略缺口"。战略缺口的存在不同程度上限制了企业依靠自身资源和能力自我发展的道路，客观上要求企业建立一种动态适应机制，一方面塑造集合自身资源优势的核心竞争能力，另一方面借助于其他企业所形成的虚拟网络结构，发挥跨组织优势，最终获得持续竞争优势。

第二节　企业管理学科的基础文献建构

本学科以转型期中国国有和民营企业为研究对象，提出运行和治理、宏观与微观相结合的研究方向。具体包括宏观层面：（1）变革期中国企业治理结构、资产结构、融资结构与企业价值成长的研究；（2）中国企业制度、产业链创新与战略要素的动态研究。微观层面：（1）中国企业组织模式、组织行为与管理绩效的研究；（2）中国企业营销模式创新与消费者行为研究。本学科的特色和优势在于充分发挥了三种结合效应：一是形成了一个研究转型期中国企业的治理和战略，结合营销要素和组织要素的综合研究方向和团队。本学科强调运用交叉学科的综合研究优势，整合了各专业的知识和力量对转型期中国企业的变革模式、战略和要素进行系统研究（如前期的重大研究课题"中国式管理实践与理论研究"，以及目前正在开展的"中国家族企业变革与转型研究"等），使得四个研究方向相互支撑、相互补充。二是理论实证研究与实践案例研究的结合。本学科强调运用科学的方法研究中国企业实践，形成管理理论，为此，建立了大量的战略合作型企业研究基地（如神华、特变、腾讯、新奥、利丰等），以及企业案例数据库和追踪调研数据库（如中国服务 500 强数据库、网络销售消费者行为数据库和中国企业管理追踪数据库），为学科的科学性研究和实践研究的结合奠定了基础。三是研究队伍和人才的内外结合。本学科的研究一方面整合了诸多企业和行业研究院的人才，另一方面通过引进人才、和国外院校合作形成了梯度合理、能力健全多样的研究队伍。

结合实践中的企业变革，可以建构出三个层次的基础文献（见图 20—2）。首先是公司层面相关理论建构，企业在多个行业或产品市场上为了获得竞争优势而对业务组合进行选择和管理，外部涉及如何权衡竞争与合作的关系，内部涉及如何处理母公司与子公司的关系。其次是业务层面相关理论建构，旨在为客户提供价值，并利用某一特定产品市场的核心竞争力来获得某种竞争优势，其中快速发展的供应链管理是能够集合差异化和低成本战略优势的新途径。最后是职能层面相关理论结构，是各种管理职能对公司层和业务层战略的支撑，而信息管理、创新管理、知识管理这些新生力量为保障持续发展战略的实施提供了基础。

一、公司层文献建构

（一）竞合网络

随着国家之间贸易壁垒的逐渐减少，以及互联网的广泛应用，产品的供、产、销在地理上的概念将基本消失，资金流动与产品流通在世界范围内变得更加容易和方便；全球经济信息的瞬间沟通，使得世界经济融为一体。企业所面临的不再是局限于本土范围内或区域性市场的生产经营，而是一个国际化、全球化的大市场。可以说，"新经济"改变了企业战略的假设前提，形成非线性战略形态，即从全局出发，针对未来，根据组织能力，通过合作，利用资源共享，实现参与各方皆获利的"全赢"（win-win）战略格局。20 世纪 80 年代以来，西方企业尤其是跨国公司面对日益激烈的外部竞争环境，开始对企业竞争关系进行战略性调整，即企业的竞争观念及其行为发生相应变化，由过去的直接对抗转变为大规模的"竞合"（co-opetition）。

联盟合作作为企业组织关系中的制度创新，已成为现代企业强化其竞争

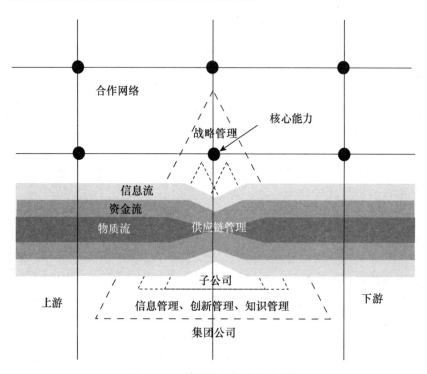

图20—2 企业管理基础文献建构

优势的重要手段。管理大师彼得·德鲁克（1995）说："工商业正在发生着最伟大的变革，不是以所有权为基础的企业关系的出现，而是以合作伙伴关系为基础的企业关系的加速度增加。"随着中国经济全面融入一体化的世界经济体系中，国外大型跨国公司对我国的直接投资以及和国内企业结成的合作伙伴或战略联盟关系都在快速增长。同时，国内企业也逐渐认识到竞争与合作并存是未来企业发展的主导趋势，在本土范围内也积极地开展广泛的合作与联盟。可以说从20世纪90年代以来，中国企业的经营行为中一个很显著的变化是联盟合作已成为企业发展战略中的一个必要组成部分，得到广泛的关注和应用。从其形成动因看，企业间的合作不再是一种被动应变的行为，而是作为对日益激烈的市场或企业发展机遇的一种战略上的主动选择。

随着企业与其价值链上的顾客和供应商乃至与竞争对手的合作的不断扩大，逐渐形成了包括各种横向或纵向的竞争与合作关系交叉的复杂的网络结构。企业的发展壮大也开始更多地依赖于把各种分散的技术和管理优势组合成一种新的、更加强大的协同优势，以虚拟企业的形式组成"联合舰队"，使各企业之间在资金筹集、技术开发、技术使用、产品更新换代、市场销售等方面形成利益上相互联结的共同体。整个网络运作依靠三方面能力的实现：一是架构网络，包括决策各个参与合作或竞争的节点企业，水平与垂直结构及企业所处位置，还有管理、监控、非管理等链接方式；二是疏导流程，包括综合需求、关系管理、复合能力管理、资金管理等主要流程的整合与协调；三是职能管理，如计划与控制、组织结构、领导力、风险与收益、企业文化等。其中网络结构是公司层面的决策，而后两者的实现则需要业务层和职能层的支持与配合。

（二）母合优势

在重点产业领域发展大公司、大集团是国家调整国有经济布局，促进企业发展的长期政策。改革开放以来，我国企业集团取得了迅速发展，在国民经济和国有企业改革与发展中发挥着越来越重要的作用。企业集团的整体规模和平均规模都在扩大，对整体经济的发展影响也越来越大。这些优势可以来自更多或更好绩效改进机会的发现，也可以来自实现这些机会的更强的能力。如果一个业务单位比其竞争者创造了更多的价值，那么它就获得了竞争优势。分析竞争优势的源泉，就可以发现其竞争战略是怎样使其业务超越竞争者的。与此类似，如果一家母公司较其对手创造了更多的价值，那么它就取得了母合优势。母合优势是合理的公司战略的根本检验标准和基础，它为关于母公司及其业务组合的决策确定了指导目标，同时也是评价这些决策的基准。

成功的母公司具有一些共同的基本特点，这些特点设计了母公司与其业务单位之间的契合关系，而与各公司所采取的特殊战略无关。首先是关于母公司价值创造的特定机会的洞见。旨在创造价值的成功的母公司在把握其特殊业务的整合机会方面确实做到了充分的契合。成功的母公司必须做到：关注具有重大意义因而能够释放价值的整合机会；关注那些未被他人觉察的机会；对于为何存在特定的改进机会及母公司应如何对其加以利用的问题具有特别深入和丰富的理解。其次是使母公司以一种独一无二的特殊方式实现价值的独特特征。成功的母公司不仅善于利用其选定的改进机会，而且在利用这些机会方面拥有十分有用且独特的特征。各种整合特征经常是相互支持的，而且可以一致且一贯地相互加强各自优点（独特的整合特征）。最后是使业务组合趋于集中的核心区业务的识别。成功的母公司特别关注那些其整合作用可以创造高额净价值的业务单位。它们在定义业务单位的标准方面具有非凡的感觉，这些标准包括：母公司的洞察是有价值的；它们对关键成功因素的"感觉"能够把造成严重损害的风险降至最低。成功的母公司所运用的标准都是基于对其整合特征及价值创造或损失潜力的明确认识的。它们已经认识到，而且往往明确指出了与其整合特征相契合的业务，并且以此为中心来构建其业务组合。我们将这种母公司可以为之创造高额净价值的业务称为"核心区业务"。因此，母公司的第三个特点就是它们对自己的核心区业务有明确的标准，并坚定地将自己的业务组合建立于核心区。

二、业务层文献建构

（一）供应链物流

现代物流面临着电子商务、顾客多样化、渠道多样化、全球化四股不可抵挡的潮流，使企业面临结果压力、白热化的竞争以及应变速度的挑战。所以现代企业经营的本质是由消费者牵引生产商、零售商、零售店铺的一种拉式体系。拉式经营体制所反映的观念变革是从推广式经营向对话性经营转化，从产生规模经济的生产体制转向产生速度的生产体制，从交易伙伴间的分割、对立转向信息共享与合作。总之，现代企业仅以正确的价格提供正确的商品将难以在竞争中生存，必须以正确的价格来提供正确的商品，而且还要在正确的操作成本前提下，在正确的时间送到正确的地点。现代企业经营的本质是必须将信息流、资金流、物流和商品流完美地结合，低成本地为消费者提供商品。

在 20 世纪末，欧美发达国家就引入了供应链管理技术，目前财富 500 强有超过 70％的企业都采用了供应链管理，来确保其竞争优势和领先定位。中国供应链管理的发展也取得了显著的成就。首先，从政府及行业协会相关人士的意见来看，都更加重视对供应链管理的引导和支持作用，并从战略高度确立了供应链管理在我国经济建设中的重要地位。其次，中国企业对供应链管理重要性的认识更加深入，供应链管理对企业的重要性已开始被经营管理层所接受。最后，中国的理论研究界和媒体也进一步推动供应链管理的培育和推广。为了应对新形式下的竞争与合作，实现资源在全球范围内的优化配置和快速流动，中国企业最紧迫的要求就是要运用供应链管理这一先进的现代物流模式，实现企业、整个供应链甚至是整个社会的资源合理利用。

现代物流不仅重视效率方面的因素，更强调整个流通过程的物流效果，是一种以信息为中心的拉式商品供应体系。现代物流认为物流活动不是单个生产或销售部门或企业的事，而是包括供应商、批发商、零售商等有关联企业在内的整个统一体的共同活动，因而现代物流通过这种供应链强化了企业间的关系。这种供应链管理带来的一个直接效应是产需的结合在时空上比以前任何时候都要紧密，并带来了企业经营方式的改变，即从原来的推式经营转向拉式经营，同时伴随着这种经营方式的改变，在经营管理要素上，信息已成为物流管理核心。现代物流从供应商开始到最终顾客整个流通阶段所发生的商品运动是作为一个整体来看待的，因此这对管理活动本身提出了相当高的要求。"前置时间"在当今产销紧密联系、流通整体化、网络化的过程中，已成为一种重要的经营资源。任何局部问题的解决都无法真正从根本上实现时间的效率化，只有整体、全面地把握控制相关的各种要素和生产经营行为，并将之有效地联系起来，才能实现时间短缩化的目标，显然，这要求物流活动的管理应超越部门和局部的层次，实现高度的统一管理，现代物流所强调的就是如何有效地实现一元化管理。

（二）虚拟组织

90 年代以来，一种新的经营管理模式逐渐成形并有可能成为 21 世纪的企业管理模式，这就是在动态联盟基础上形成的虚拟企业，实质上就是指借用外部力量、整合外部资源的一种策略，以各种方式借用外力，如购买、兼并、联合、委托、外包等，对企业外部的资源优势进行整合，实现聚变，创造出超常的竞争优势。实行虚拟经营的企业必须拥有自身的核心竞争优势，企业选择任何一种形式的虚拟，都必须建立在自身竞争优势的基础上，必须拥有关键性的资源，以自身的核心优势为依托，通过虚拟化的整合途径取得外界资源和力量的配合，以达到优势互补的目的。虚拟经营的精髓就是将自身的资源优势集中在附加值较高的功能上，而将附加值低的功能虚拟化，通过借用外力来改善或弥补自身的短缺。由于集成了各成员企业的核心能力，虚拟企业在管理、技术、资源等方面拥有得天独厚的竞争优势，具有敏捷性、虚拟性、协同性、动态性、功能专一等特征。

与实体企业相比，虚拟企业消除了烦琐的中间组织，减少了管理层次，扩大了管理幅度，中层领导的功能被网络所替代，管理呈扁平化。这种扁平化的管理使企业内部各成员都拥有较大的相对自由度和独立性，极大地调动了员工的积极性，而且信息传递瞬间完成，确保公司及时捕捉市场信息，快速解决问题，提高了工作效率。虚拟企业可以通过电信网络，在全球范围内开展经营活动，把不同的资源迅速组合起来，完成产品的设计、生产、销售，利用大量先进的网络应用程序，来扩大企业的虚拟销售市场，使企业的交易成本大大减少。而各种信息的及时捕捉又使虚拟企业及时采取对策降低风险。同时动态联盟又能最大限度地使位于不同国家的联盟方发挥资源优势，最终降低经营风险，实现企业利润最大化。虚拟企业依托网络技术，始终对市场保持高度反应，与市场同步变化，在市场刚刚出现变化时就能迅速作出反应，及时高效地满足市场需求。

三、职能层文献建构

（一）信息管理

信息化管理一般指在企业中利用现代化的信息设备，实现企业经营管理信息的生产、存储、处理、传输、共享以及决策的规模化的过程。企业经营管理的信息化有助于实现远距离面对面交流，减少信息传递层次，减少信息失真的可能性；有助于提高企业决策者决策的科学性和企业的工作效率；有助于为企业提供更为有利的生存空间和环境条件，从而有效地实现企业的经营目标。信息化最显著的一个特点是加速信息在组织内的快速流动，从而能让组织中的每个人在一个适当的地点、适合的场所获得所需的准确信息，从而又使建立在这种及时准确的信息之上的决策更加迅速正确。这样整个组织的反应速度就大大提升，绩效自然也得到了提升。借助信息化所带来的及时准确的信息，管理高层可以根据市场上各种变化的趋势，果决地作出决策，从而改善决策的结构和质量，提高决策的客观性和准确性，并且决策命令经过信息系统的分解能迅速传递到决策执行者那里。

随着信息技术的迅速发展及其在企业经营中的普遍应用，我国企业经营管理的信息化趋势在不断强化，大型企业在研发设计、生产经营、企业管理等各环节，大力推广应用现代信息技术，取得了较好的成效，有力地提高了企业的竞争力。中小企业信息化日益受到重视，各级政府制定了相关的支持政策，鼓励中小企业实施信息化。国内大型企业实施信息管理的特点和经验可以总结为以下几个方面：第一，信息化战略服从、服务于企业战略，由业务部门主导企业信息化，信息化建设重点从生产中心、财务中心移向用户中心，信息化从一把手推进向业务需求驱动型转变。第二，工业化先进企业在信息化过程中，要把面向业务流的设计置于企业信息化理念的核心。在转变、优化职能的前提下，以流程再造为核心实施企业信息化，以信息流统一物流、资金流，建立面向客户的供应链管理业务横向集成。第三，无论控制系统还是管理系统，每个系统都有从设计、建设、运行到改造这样一个信息系统全生命周期管理的机制。任何系统如果只有建设没有维护，或只有建设没有发展，就很难具有持久的生命力，也无法保证具有先进性。第四，发挥大型企业龙头作用，利用电子商务和互联网技术，把企业内部信息系统向客户和供应商两端延伸，带动整个供应链实现信息化。

（二）创新管理

环境的复杂多变，竞争的日益激烈，以及市场需求的多元变化都需要企业进行全方位竞争，仅有良好的生产效率、足够高的质量甚至灵活性已不足以保持市场竞争优势。不断创新正日益成为企业生存与发展的不竭源泉和动力。这不仅需要企业努力进行技术创新，而且需要企业必须以此为中心进行全面、系统、持续的创新。我国企业的创新能力较弱，这已成为制约企业发展的一个重要原因。在国家倡导自主创新的推动下，我国企业逐渐加大创新投入，建立起科学完善的企业创新机制，通过学习、引进、借鉴与创新相结合，实现符合自身条件和经营环境状况的技术创新和管理创新，使我国企业的管理水平有一个大的提高。

随着全球经济的兴起，顾客或消费者的需求日趋个性化和多样化，市场竞争日趋激烈，更加要求企业必须自觉地以市场为导向，将顾客的需要放在第一位。技术创新适应并引导着市场需求，决定着企业的业务流程体系和产品的发展方向，是企业赢得市场份额的关键所在。随着对技术创新认知的深入，多数学者逐渐抛弃了那种认为技术创新就是"技术"和"创新"的简单化理解，也否定了对技术创新的简单化、单一化、线性化的认识模式，而是把技术创新看成一个复杂的、多维的、非线性的、网络的、互动的系统和过程。企业的技术创新能力基于对内外资源的整合过程，企业通过技术联盟获取技术来匹配其内部的发展活动，才能在相当长的时间内，持续不断地推出、实施新的创新，并持续不断地实现创新经济效益的源泉。

企业技术优势的发挥离不开企业管理上的创新。管理创新是企业根据其经营的内外部环境的变化，根据企业的生产力发展水平，及时调整和优化企业的管理观念和管理方式的过程。管理创新是增强企业活力的根本途径。综合企业改革过程中的特点，突出表现为一种全面的创新管理能力。这种全面创新管理的内涵是：以价值增加为目标，以培育和增强核心能力、提高核心竞争力为中心，以战略为导向，以各创新要素如技术、组织、市场、战略、管理、文化、制度等的协同创新为手段，通过有效的创新管理机制、方法和工具，力求做到人人创新、事事创新、时时创新、处处创新。全面创新的内在维度要素是：技术创新是关键；战略创新是方向；市场创新是途径；管理创新是基础；组织创新是保障；观念与文化创新是先导；制度创新是动力；协同创新是手段。

（三）知识管理

世界经济的发展已进入知识经济时代，知识经济是以知识为基础的经济，它的发展直接依赖于知识的创新、传播和应用。随着知识经济在全球范围内的兴起，企业经营与管理的环境也日益发生着巨大的变化，而企业经营与管理的环境的变化将对企业管理产生巨大影响，从而推动企业管理的不断创新。由于知识经济是以不断创新的知识为基础的，知识在增加产品或服务的附加值方面所起的作用正在成为企业最为关注的，也是决定企业生存与持续发展的重要资源，从而对企业知识资源的管理即知识管理已上升为企业管理新的重心。而知识管理是以网络化、数字化、信息化、知识化为基础，以"信息高速公路"为主干，以知识创新为核心的一种全新管理模式。

在新的形势下，企业的知识资源已经上升为企业生存与发展的决定性资源，因而企业管理的重心不能只是围绕着资金物资资源，而必须重视企业的知识资源，加强对企业知识资源的有效开发和充分利用，使其作为第一生产力真正发挥应有的作用。企业知识管理就是将知识资源和知识资本当作管理的基础和核心，分析企业知识的存在形态和运行规律，把知识资源和知识资本作为提高其他资源和资本使用效率的枢纽，以实现各种类型资本同时增值的管理思想、管理过程和管理方法。就一个企业而言，知识有内部知识和外部知识两种形态，企业可以借助现代的信息技术和手段，建立公司外部知识网络和企业内部网络，以建立递增收益网络，并通过设立知识仓库、建立专家系统、建立决策支持系统和建立知识联盟，有效地管理、利用现有的和潜在的知识资源，增强企业对环境的适应能力，从而提高其竞争力。

第三节　企业管理学科当下发展实践中的主要问题

经济全球化不断推进，新一轮生产要素重组和国际产业转移出现新趋势，全球范围内企业跨国经营再掀新的高潮。企业国际化是一个发展演进的动态变化过程。在国际化过程中，企业由最初从事商品进出口贸易活动发展到对外直接投资组建跨国公司，在国际生产或市场网络中建立、发展网络关系，确立其在国际生产或国际市场网络中的位置。虽然近年来，中国企业国际化经营涌现了不少成功案例，但总体看，与国际一般趋势比较，不仅总量滞后，而且在结构、合作领域、合作方式、企业跨国经营能力等方面都存在不足与差距。面对广阔的国际市场和激烈的全球竞争，中国企业的国际化道路任重道远，仍面临诸多挑战。虽然企业管理学科在过去取得了长足发展和进步，但国际化趋势下仍然面临着很多挑战和风险。

一、企业管理实践中面临的挑战

（一）综合服务能力

企业进入国际市场，面对全球客户复杂多变的多样化需求，能否具备综合服务能力，实现良好的客户满意、客户忠诚和企业业绩也成为一大挑战。因此，一种新的供应链管理创新模式——服务供应链日益受到企业界和学术界的关注。服务供应链构成是以服务为节点，以工作量为缓冲，以间接服务供应商、直接服务供应商、整合服务集成商和最终客户为主体的综合集成管理，为客户传递的不仅是一种产品，更是一种集成化的服务能力组合，即当客户向服务集成商提出需求后，能及时地响应，并迅速提供系统化的整合服务，并且在必要的时候，分解客户服务需求，向其他直接或间接服务提供商外包其中的服务性活动，多级不同的服务提供商或产品供应商彼此合作，构成供应关系，而同时服务集成商承担多点、多级服务要素的整合管理。在这一过程中，服务集成商管理的主要要素包括服务或经营能力管理、客户需求管理、客户关系管理、各类供应商关系管理、服务传递管理以及现金流和融资管理。

对于服务供应链，更重视信息的共享，除了技术上的信息系统和网络平台的支持，整条服务供应链的高效和持久运作还依赖于综合需求和客户关系管理体系、供应商关系管理、物流服务传递管理、复合型的能力管理、资金和融资管理等主要流程的整合与协调，达到有效控制客户需求、生产过程及供应商绩效的目的。能力管理基于员工的技术能力和服务质量，是服务集成商实现竞争差异化的要素之一。而要实现对客户需求的快速反应，还依赖于需求管理中对客户多变的需求进行预测和计划。关系管理包括客户关系管理（CRM）和供应商关系管理两方面。客户关系管理需要对客户需求全面地开发和理解，同时集中资源和能力来满足这些需求，包括客户细分和客户关系的监管。作为服务供应链运作的推动力，还应该包括快速的响应和应变能力，以确保客户的需求得到及时和全面的满足。当然，客户价值的实现还需要整个链条上参与方的合作和协同，需要供应商关系管理来辅助，包括从供应商的选择、评价、协约到管理的多项管理活动。在服务供应链中，对供应商的选择和评价基于工作内容和范围的界定，也包含清晰的服务水平协议（SLAs），以此减少服务传递过程中的不确定性。除此之外，为了实现整条服务供应链的共同发展和进步，服务集成商必须具备有效协调各节点间的竞合关系的复合型能力，同时协调内部能力与外部资源，使各参与方都能够在整个供应链获益的基础上实现自身的发展，及时有效地传递集成化服务。

（二）系统集成能力

企业国际化强调的是综合绩效的实现，不仅在于打破一个企业内部不同职能之间的壁垒，更要消弭企业与企业、行业、政府等相关利益群体之间存在的各种隔阂，实现商流、物流、信息流、资金流的全面结合。这是因为，当今企业的竞争已经不是单个企业之间的竞争，而是网络与网络的竞争，所以，企业如何建立有效的外部资源管理和协调机制，对于任何企业来说，都是至关重要的。

竞争观念的转变，导致企业的资源构成发生改变。传统的资源划分方法认为，企业资源主要是指企业内部资源，通常分为三类：主要资源，也就是企业的产品和服务；支持性资源，即企业主要资源生产过程中的支持物和使用物，包括原料、设备、资金、技术等；无形资源，主要是战略计划和管理控制。而在竞合观念下，市场—顾客等企业外部资源成为企业资源的重要构成部分，成为竞争的重点。而且资源的提供者也由企业内部向企业外部转化，即企业资源的可能来源是企业的关联集团—企业的所有相关成员，包括企业内部组织构成（诸如企业股东、管理人员、员工、股票持有人等）和企业外部相关成员（诸如政府、合作者、竞争者等）。

由此，企业资源是指能潜在或实际地影响企业价值创造的所有事项，不仅包括企业拥有或能够控制的资源，还包括那些不能或不易为企业所控制的资源（如企业外部资源）。清楚地识别企业核心资源是有效配置利用资源以提升企业自主创新能力的基础和前提。资源整合就是依据一定的需要，将各个相对独立的资源进行融合、类聚和重组，重新结成为一个新的有机整体，形成一个效能更好的、效率更高的新的资源体系。资源整合的结果是形成规模更大的事物的集合，这个集合形成的整体效益、效率高于单个事物单独状

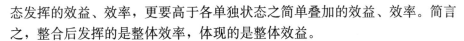

态发挥的效益、效率，更要高于各单独状态之简单叠加的效益、效率。简言之，整合后发挥的是整体效率，体现的是整体效益。

（三）业务协同能力

以涉及的资本存量和决定问题的复杂程度衡量，业务能力扩展是企业国际化进程中面临的主要挑战之一。业务能力的决策要求企业根据其对遥远未来的预测来调配资源。业务能力扩展中的战略问题是如何增强业务能力，推动企业的目标，以期提高其竞争地位或市场份额，同时避免业务能力过剩。跨多个行业的多业务模块一体化的模式，构筑了自身的核心竞争力，提升了企业的资本存量，形成了一个以主导业务为基础、其他业务板块为辅助和延伸的生产服务网络。

产业链就是以市场前景比较好的、科技含量比较高的、产品的关联度比较强的优势企业和优势产品为链核，通过这些链核，以产品技术为联系，资本为纽带，上下连结、向下延伸、前后联系形成的链条。产业链是一种建立在价值链理论基础之上的相关企业集合的新型空间组织形式，其产生的前提条件是存在一家具有核心竞争力的主导企业。主导企业通过设立行业标准，共享技术、资源和控制核心环节的多种方式，组织和协调各节点上企业的关系，构建产业链并决定产业链的组织方式。主导企业专注做自己最擅长的业务；自己不擅长的，或不属于自己的核心业务，就与其他企业合作，共同分享利益。

产业链整合目标是链上企业要产生协同运作的效果。产业价值链的构成和协同方式过去仅仅基于产品或服务的利益交易，而现在已经发生重大变化，产业链上的企业不但数量大幅增加，而且更为专业化。企业之间的协同方式逐渐发展成为以战略联盟、优势互补、资源共享、流程对接和文化融合等为特征的深度合作。

二、企业管理学科建设面临的挑战

我们的企业管理学科有着 50 多年的历史，在科学研究、人才培养、社会服务以及师资队伍建设等方面都取得了突出的成绩。但面向世界，面向未来，与世界同类一流学科相比，本学科的差距也很明显，主要表现在以下方面：

第一，科学研究与知识创新能力差距较大。与世界同类一流学科相比，在选题的前沿性与创新性、研究方法的规范性、研究成果的国际影响和学术贡献以及国际合作研究等方面还需要大幅度提高。尤其是在国际高水平的学术期刊和有重要影响的国际学术会议上发表研究成果的能力以及团队协作攻关研究重大课题的能力亟须增强。

第二，高层次人才的培养模式与培养质量需要改善。与世界同类一流学科相比，一方面，目前本学科博士研究生的培养规模较大，生源质量不尽如人意，课程设置和教学方式上对博士生的学术训练有些不足，博士生整体上的学术创新能力需要进一步增强；另一方面，MBA 与 EMBA 项目在适应本土特色方面保持了优势，但在案例教学、管理思维训练和领导能力开发等方面尚有待提高，在新课程研发和引导企业管理实践发展方面还需要进一步增强。

第三，师资队伍管理与科研团队建设亟须加强。与世界同类一流学科相比，本学科在队伍的国际化水平、团队协作能力、中青年教师培养、优秀人才吸引以及学科带头人或学术明星的引进与培养等方面还有较大差距，教师业绩管理和激励体系需要进一步完善，教师的薪酬水平和科研投入程度需要大幅度提高。

第四，学术氛围建设需要加强。在世界一流大学中，同行间的学术研讨、学术会议与交流比较频繁，在这方面本学科还有比较明显的差距。

第五，国际合作与交流需要加强。在一个开放、创新和多元化的时代，学科建设与学术发展越来越需要国际化的开放环境，加强国际合作与交流，用国际标准指导自身的发展，这是世界一流大学和一流学者的心态、工作方式和生存方式，在这方面本学科需要大力加强。

第六，学科发展的支撑条件差距较大，亟待改进。与世界同类一流学科相比，本学科的支撑条件很差，尤其是在硬件设备、建设经费投入、科研文献数据库和教学案例库等方面差距突出。

管理教育在美国、欧洲已有 200 多年的历史，但在亚洲许多国家的大学还是近几十年的事。随着当今知识时代信息越来越主宰企业的命运，企业界对专业经理人显示出强劲的持续需求。对管理教育需求强大的另一个因素是管理理论、方法和技巧可运用于任何行业。管理学科已经成为当今社会需求比较强劲的专业领域，这将转化为企业管理学科良好的发展机遇。

第二十一章　农林经济管理[*]

第一节　中国农业经济学科的新进展

随着农业经济的高速发展，中国农业经济学科的发展已经步入一个崭新的阶段，为了与农业经济新的形势相适应，学者们对于农业经济学科的研究对象也做了相应的调整和规划，引入了新的概念、理论和方法，呈现出新的趋势。

农林经济管理跨学科的性质决定其依据的基本理论是经济学和管理学，还涉及农学、林学、食品科学、环境科学，以及社会学、政治学、法学、人类学、地理学等相关学科的理论知识。本学科包括四个主要研究方向：农业经济与管理、林业经济与管理、农村与区域发展、食物经济与管理。四个研究方向构成了既相互联系又相对独立的整体。

根据国务院学科评议组的最新意见，目前我国农林经济管理的四大学科主要内容包括：

---

　　* 本章主笔：郑风田，中国人民大学农业与农村发展学院副院长、教授；丁冬、焦万慧，中国人民大学农业与农村发展学院博士生。

一、农业经济与管理

本学科是涵盖经济学、管理学、社会学和农学等学科的综合性学科。学科范畴既包括农产品生产、交换、分配和消费全过程的经济规律和相关的公共管理政策，也包括经济转型和现代化过程中农村和农民问题的演进规律和相关的公共管理政策。本学科的主要研究领域包括农业经济理论与政策、现代农业发展与管理、农村经济组织与制度、农业微观主体的组织与管理、农业资源配置与环境管理、农业产业链与供应链管理、农业技术经济与管理、农产品贸易、农业农村投融资管理等。

二、林业经济与管理

本学科是涵盖经济学、管理学、社会学、林学和生态学的交叉学科。学科传统范畴包括森林资源的经营管理、林业产业发展、林业生态建设、林区社会经济可持续发展及森林与人类生态文明；现在扩展到与之相关的湿地、荒漠系统和生物多样性等领域保护与利用的经济与管理规律、问题及相关政策。我国林业经济与管理的教学与研究工作始于京师大学堂等学校的农科，20 世纪 50 年代形成独立学科，80 年代初期开始大发展。本学科主要领域包括林业经济理论与政策、林业产业经济与贸易、林业金融投资与项目管理、林业区域经济与发展、林业与林区公共管理、森林生态资源与环境经济、农区林业发展、湿地管理与政策、荒漠化管理与政策、生物多样性保护管理与政策等。

三、农村与区域发展

本学科是涵盖经济学、管理学、社会学和政治学等学科的综合性学科。学科范畴和研究对象是农村与区域经济社会发展的本质和规律。通过对农村与区域发展的性质、过程、模式、方法、实现机制及其影响的研究，为我国农村经济、社会的发展与管理提供理论指导。本学科成形于世纪之交，是农林经济管理一级学科下自主设立的二级学科，由于社会经济的现实需要而获得迅速发展。本学科的主要研究领域包括农村发展理论与政策、农村经济社会发展管理、林区经济社会发展管理、牧区经济社会发展管理、少数民族农村地区经济社会发展管理、反贫困与资源可持续利用，也涉及城市化与城乡统筹发展管理等。

四、食物经济与管理

本学科是涵盖经济学、管理学、社会学和农学、食品科学与工程等学科的综合性学科。学科范畴既包括食物生产、交换、分配和消费全过程的经济规律和相关的公共管理政策，也包括食物生产和流通过程中的组织形式及其对食品安全和社会福利的影响，以及相应的公共管理政策。本学科的设立产生于经济发展和人民健康的重大社会需求，具有非常广阔的发展前景。本学科的主要研究领域包括食物技术经济与管理、食物生产与流通组织、食物市场营销、食物贸易、食物物流与供应链管理、食物数量保障与质量安全管理、食物营养与社会发展、食物管理制度与政策等。

第二节　美国农业经济百年进展之文献梳理

农业经济学科是门古老的学科，在 100 年的时间内，随着全球经济形势的演变及农业结构的变化，农业经济管理学科也在不断发生着深刻的变化。

美国农业经济学会（American Agricultural Economics Association，AAEA）的旗舰期刊，也是国际知名的经济学期刊之一的 *American Journal of Agricultural Economics*，在 2010 年邀请各分支学科的顶尖专家，专门撰文回顾这一百年来农业经济管理学科各分支的研究进展及贡献，内容精要，笔者对其部分内容进行了编译，作为本节的主体介绍给国内同行，也希望某一天我国也能够对百年中国的农业经济学科研究进行系统的梳理。

20 世纪，经济环境变幻莫测，随着技术变迁以及经济理论和定量方法的发展，农业和应用经济学应运而生。农业和应用经济学研究范围日益宽泛，起初致力于农场和农业产业化，随后此学科涉及国际事务、政府政策、资源环境和乡村治理。新兴分支学科和一些学者的贡献引人注目。

农业经济学研究核心属于问题驱动型，主流关注假设和数据处理理论。运用由相关变量组成的数据库集合，关于生产和需求的经典研究促进了计量经济学的产生。随后，在生产经济学领域、消费理论领域应用的微观经济学对偶公式出现，带来了可供选择的模型构建框架。博弈论用来分析所有理性决策者各种可能的行动及其竞争者的反应，即人们如何决策及其最优化的问题，农业经济学家应用博弈论来解决诸如契约、协作、公共物品等问题（包括国际贸易协议、环境经济问题、政治经济、拍卖、生产者与加工者之间协议条件议价问题、土地租赁安排形成问题、双寡头、寡头垄断和社会网络形成等）。此外，模型构建的另一个方向是利用运筹学研究方法（它是二战军事运筹计划成果的产物）。数学规划方法被用来解决更宽泛的问题，包括发展中国家最低成本口粮和家畜饲料、农场和农业综合经营组织、单一和多生产周期组织、农场对价格变化和政府计划的反应、跨区域和空间经济学、自然资源和农业发展问题。动态规划已经应用于采掘问题、水资源跨期利用率等。

早期的农场管理研究集中在农作物和家畜产品的成本收益问题，以及为何有些农民较其他人做得好，另外，研究农场选择的影响因素和土地价值。先驱们应用各种系统方法研究农场管理，搜集关于农场可得资源、农作物及家畜、生产经验、成本、营销安排和可接受价格等数据。20 世纪前十年，普遍应用的研究方法包括农业参观、模拟农场、调查和农场会计项目。在此期间，搜集数据最普遍的方法是实地调查和农场成本会计抽样。

展望未来，或许未来四五十年，从人类健康、经济健康和生态健康角度着眼，农业经济将面临以下六个方面的挑战：（1）粮食安全、贫困、营养；（2）农业生产率；（3）全球化；（4）气候变化；（5）可供选择的能源资源；（6）自然资源耗竭和退化。

一、生产经济学与农场管理①

农场经济学起初关注农场管理问题，与农业科学和生物科学联系紧密，随后研究领域扩展到更加宽泛的农业经济相关问题。一方面，农场活动提供了经验和理论分析的优质案例，促进经验和理论方法的重大进展；另一方面，农业经济学也从包括经验分析方法在内的经济学理论提升中颇为受益。

（一）应用生产分析

贡献一：认知收益递减作用。早期的 *Journal of Farm Economics* 杂志包含了生产经济学的开创性研究。Spillman 分析了"收益递减规律"（Spillman，1923，1924，1933；Spillman and Lang，1924）。Tolley, Black and Ezekiel（1924）在美国农业部（USDA）技术公报发表了题为"Inputs as

---

① 本部分编译自 Jean-Paul Chavas, Robert G. Chambers, And Rulon D. Pope, "Production Economics and Farm Management: A Century of Contributions," *American Journal of Agricultural Economics*, 2010, 92 (2), pp. 356-375。

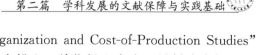

Related to Outputs in Farm Organization and Cost-of-Production Studies"
的研究，此项研究提出了单位产出投入、单位投入产出、最低成本投入组
合、最大收益投入组合等概念，随后 Black（1926）对这些概念进行了拓展
与深化。

　　贡献二：建立成本和供给之间的联系。Moore（1917）基于"棉花价格
变化百分比和种植面积百分比之间存在某些关系"的前提假设，应用相关分
析方法测试了它们之间的关系，他是试图拟合供给曲线的第一人。在农业生
产经济学早期发展过程中，J. D. Black（1926）具有重要影响力，他的文章
在接下来的 20 年仍是重要命题——将包括后来发展成为"综合供给曲线"
的研究提上日程。这些早期的理论贡献只有置于当时的学术氛围中才能被正
确地认识其全部价值。当时专业农业经济学家关于会计成本与经济成本之间
的差异存有迷惑。Black and Ezekiel（1924）以及 Black（1924）清楚地认
识到这种成本曲线和供给分析不相关。Schultz（1927）在美国农产品关税
提案检查中强有力地重审这一观点。Moore（1925）提出土豆供需经验估
计，他强调相对生产成本系数在决定最优生产者行为中的重要性。此系数今
天被称作规模收益弹性，更重要的是，Moore 已经开始测度该系数了。
Moore（1929）最著名的也是其最后一部的著作是 *Synthetic Economics*，其
最主要的贡献是将"统计经济学"纳入主流经济学。此外，Elmer Working
（1927）发表了讨论识别问题的著名论文。20 世纪 30 年代末，年轻的"巨
人"T. W. Schultz 与当时农业经济学巨擘 J. D. Black 展开激烈争论，Schul-
tz（1939a，1939b）在两篇文章中阐释农场管理研究范式，反对 Black 支持
的投入—产出法，认为农业技术从根本上讲是随机的，农场管理分析不能只
依赖物理产品关系信息等。

　　贡献三：综合经济理论和农民决策。Tintner（1944）和 Tintner and
Brownlee（1944）同时期的两个研究项目尤其重要。这些研究分别使用
1942 年和 1939 年 Iowa 农场记录的数据拟合 Cobb-Douglas 生产函数（未对
固定规模报酬施加严格控制）。经验分析方法进展不局限于计量经济学。
Stigler（1945）认为线性规划很有可能得到发展，出版了饮食问题解决方
案，他建立"健康函数"发现符合当时饮食标准的最低成本方案。Heady
（1948）为他和同事在随后 25 年承担的农场经济管理、生产经济学项目创造
了蓝图。战后，除 Heady 外，另外三位经济学家对农业经济学作出了重大
贡献：Zvi Griliches，Yair Mundlak 和 Marc Nerlove。Nerlove（1958）的

第一个杰出贡献是其博士论文（后出版成书），精准估计农产品供给反应线，并将其应用于检验美国农业政策的福利结果。Nerlove（1963）在研究电力时，成为第一位估计二元成本体系的经济学家。Nerlove（1963）还是第一位融合经济理论于估计生产结构和研究相关厂商行为的经济学家。Griliches（1958）研究农业生产要素市场，首先强调被测量的投入要素质量差异的重要性，它会严重影响生产函数参数估计；其次，他估计了美国肥料需求曲线。Griliches（1959）估计肥料、资本和劳动的引致需求，并用它推断美国农产品短期和长期供给弹性。Mundlak（1961）最有影响力的论文发表在*Journal of Farm Economics*，研究的主要问题是在估计 Cobb-Douglas 生产函数时怎么处理难以观测的企业家能力差异。Arrow（1961）证实了 Cobb-Douglas 分解存在明显缺陷。

贡献四：运用二元理论分析农业生产决策。Shephard（1953）证实了物理法采油技术与经济表现和成本函数之间存在二元性。不幸的是，Shephard 的贡献在十年内未被认可。Lau and Yotopolous（1971，1972）以及 Yoto-polous and Lau（1973）利用印度数据在利润函数约束下用 CD 函数估计产出价格（土地、资本作固定投入看待）。Lau 和 Yotopolous 的贡献很重要，有两方面原因：第一，他们第一次利用经验数据使用由 McFadden 在 20 世纪 60 年代提出的利润函数概念进行研究；第二，Lau and Yotopolous（1971，1972）和 Yotopolous and Lau（1973）发表了大量关于相对效率测度的文献。Binswanger（1974a，1974b）第一次使用灵活的函数形式估计农业成本技术。Weaver（1983）则第一次估计了多产出、多投入的农业生产技术利润函数。

（二）农业生产率

贡献五：评估农业生产率。20 世纪美国农业生产率演变已是许多研究的主题。Barton and Cooper（1948）利用 Cooper，Barton and Brodell（1947）的早期作品，计算并报告指数测度（全要素生产率）。Schultz（1956，1958）也反映了同样的哲学偏好。Loomis and Barton（1961）报告称，1910—1957 年间，计算的产出增长已经超过投入增长 22%～85%，认为增长率为 63%。基于 1948 年横截面数据，Griliches（1963）使用农业生产函数估计值，声称消除报告的产出增长和投入增长之间差异后没有"生产率剩余"。Jorgenson and Gollop（1992）证明美国农业生产率增长比非农场经济高得多。

（三）风险分析

农业面临两个重要风险来源：生产的不确定性（例如，由于天气影响不可测），农产品价格波动（部分由于食品需求缺乏弹性）。

贡献六：认知风险在农业决策中的作用。经济学风险分析重要贡献者是 Neuman and Morgenstern（1944），随后是 Arrow（1965）and Pratt（1964）。特别是 Neuman and Morgenstern（1944）基于期望效用模型提出了风险分析的基础。Eidman，Dean and Carter（1967）第一次利用贝叶斯法则分析风险条件下的农民决策。Officer and Halter（1968）用三种不同的实践方法引出效用函数。Lin，Dean and Moore（1974）研究了一个加州农民行为样本，他们检验了风险条件下可供选择的三种行为模型：期望利润最大化模型、期望效用最大化模型以及"安全第一"模型。

贡献七：评估风险条件下农业决策效率。1952 年 Markowitz 组合抉择的标志性研究出现，同年 Heady（1952b）提出广义化预算的概念。Freund（1956）直接使用期望效用———一个更正规、更复杂的均值和方差的办法。Anderson（1974）开拓性地应用随机控制技术于农业。

贡献八：评估技术和农民风险偏好的作用。Day（1965）第一次仔细分析产出试验数据，发现了肥料增加导致负偏斜。发展随机生产函数似乎是获得生产不确定性的自然方法，Just and Pope（1978）明确建立了一个能够识别投入对产出均值和方差各自影响的生产函数。在 Behrman（1968）作品中最早含有农业风险反映的计量经济学课题，他发现用标准差测量的风险增加时，供给将减少。另一个计量经济学研究是 Just（1974）嵌套在 Nerlove（1958）修正期望模型内的模型。Binswanger（1980）对印度六个村庄 240 家农户进行田间试验。Antle（1987）则定义了期望效用为瞬时函数，使用伴有随机参数的泰勒级数逼近估计风险规避的性质。

贡献九：分析跨期投资。Burt and Allison（1963）假定线性效用函数和随机土壤湿度，检验了美国大平原小麦休耕决策。Myers（1989）采用了消费者资本资产定价模型，集中讨论了玉米、小麦和大豆的贮藏和跨期套购行为。Lence（2000）在递归效用框架下考虑农业总投资，区分了跨期替代弹性和 CRRA 风险规避参数。

贡献十：评估农作物保险和土地承包期合约的作用。美国联邦农作物保险公司（FCIC）成立于 1938 年，在此前后，农业经济学家进行了农作物保险政策的研究，包括道德风险和逆向选择问题的清晰论证。

贡献十一：评估风险条件下农业生产经济。农业经济学家已经通过阐述、应用和形成理论等方式在规避经济风险方面作出了重要贡献。

（四）动态分析

贡献十二：分析农产品供给动态。Cassels（1934）致力于供给曲线的三个分离概念：市场曲线、马歇尔短期标准曲线和马歇尔长期标准曲线。Nerlove（1958）建立了由三个方程组成的动态供给反应模型。许多概念性的争议集中于投资和资本形成，Johnson and Quance（1972）提出"资产恒定"理论，证明沉没成本在资本调整中缺乏作用。农业动态分析得益于分析工具的发展，包括 20 世纪 50—60 年代的动态规划、最优控制方法的发展。理解供给动态，最重要的挑战之一是确定生产函数是否总是向上倾斜。

贡献十三：分析预期的作用。农业也为研究预期作用提供了有趣的环境，20 世纪预期作用受到很大关注。Kaldor（1934）和 Ezekiel（1938）表明，朴素价格预期和生产滞后会产生与产量、价格循环相关的市场动态"蛛网"模型。Nerlove（1958）提出"适应性预期"，根据前期预测误差适当调整预期。

贡献十四：分析农业技术采用进程。Hicks（1932）第一次提出"创造引致假设"，称发明可以看作是要素相对价格变化的结果。Salter（1960）批评 Hicks 创造引致假设，论证等产量包络线，并认为技术选择可以被基本厂商理论合理地解释。Boserup（1965）分析了从 1 万年前农业开始兴起时的相关经济问题，并作出基础性贡献。Hayami and Ruttan（1971），Binswanger（1974b）和 Ruttan（2001）证明采用机械化带来了实际工资率的提高。Griliches（1957）调查了美国农场转基因玉米技术采用过程。农业生产率提高能否惠及农民？对于此问题，Cochrane（1958）提出"踏车假说"，Schmitz and Seckler（1970）分析番茄收割机的技术进步分配效应，认为机械化可以提高效率，恶化非技术劳动者的福利。

贡献十五：评估人力资本和管理能力在农业中的作用。管理能力如何测度？Schultz（1975）提出"人力资本"概念，并致力于人力资本研究。评估管理能力或人力资本最大的挑战是经验估计，在复杂的经济环境中没有测度管理能力的简单的办法。一方面，Schultz（1975）和其他学者论证表明提高人力资本是经济增长的核心；另一方面，精确测度人力资本仍不可回避。这便促成了农场管理与生产经济学的学术分歧（Jensen，1977）。

贡献十六：分析农业结构演变。20 世纪，美国农业经历了繁荣和萧条的不同时期，发达国家农业结构发生重大变化。伴随着农业机械化和农场规模扩大，大量劳动力转移出农业部门（Schultz，1963；Gardner，2002）。规模经济是否会使大农场获益？有三种观点：第一，规模经济似乎存在于小农场（小农场平均成本随着农场规模扩大而降低）；第二，没有强有力的证据表明，规模不经济存在于大农场；第三，农场规模在一个很大范围内平均成本接近常数。

（五）未来挑战

第一，农业为日益增长的世界人口供给食物仍是严峻挑战；第二，对农民的决策过程研究仍不充分；第三，农民需参与管理当地生态系统。

二、农业市场学①

20世纪农业市场研究有许多重大创新，比如市场结构和绩效、垂直协作安排、生产者集体行为制度等方面的研究，农产品价格决定和市场边际经验模型方面的贡献也颇有价值，空间市场关系、库存作用等方面的研究创新同样如此。认识市场信息系统、基于市场机制的农业风险管理的作用（包括期货、期权和保险等）很有必要。

（一）粮食市场结构和制度安排

贡献一：市场中介寡头卖方和寡头买方垄断势力在许多农业市场研究中极为重要。市场结构与效率关系研究已有文献记载，关键产业定量估计业已产生。进一步研究表明，当真正市场结构涉及寡头卖方垄断、寡头买方垄断抑或两者兼具时，基于竞争市场模型的政策可能会误导市场。关于农民个体与其营销公司地位不对等，20世纪早期，许多学者表示担忧，Nourse（1922）是其中之一。Hoffman（1940），Nicholls（1941）在农业市场竞争环境方面作出了重要贡献。Hoffman（1940）研究了美国6个主要食品加工行业，他的工作促进了"结构—行为—绩效"（structure-conduct-performance，SCP）模型在农业产业中的应用；Nicholls（1941）是农业市场产业组织分析之父。农业市场产业组织研究复兴在Clodius and Mueller（1961）的时代，他们的文献将结构—行为—绩效框架应用于食品行业，首先运用SCP

① 本部分编译自 Robert J. Myers，Richard J. Sexton，and William G. Tomek，"A Century of Research on Agricultural Markets," *American Journal of Agricultural Economics*，2010，92（2），pp. 376-402。

在食品行业研究检验了市场结构与利润或价格之间的关系。SCP 应用于食品行业在 Connor et al.（1985）和 Marion（1986）的研究中达到巅峰。农业产业组织研究另一个浪潮是试图估计产业市场支配力关键参数的基于结构的计量模型。

贡献二：研究表明，农业契约可以帮助解决信息不对称问题，削减交易成本，并向最能承担风险的主体重新分配风险。通过契约紧密协作能获得效率。关于垂直协作，可以看作两个极端，一端是闭连集，一端是垂直一体化。两极之间是多种契约协议，如关于代理人行为（道德风险）或特征（逆向选择）的信息不对称问题和农业契约研究等，其中，交易成本（Coase，1937）发挥着重要作用。

贡献三：研究表明，集体行动能使农民对抗市场垄断势力，并克服由产品促销和质量认证带来的"搭便车"问题。然而，使用集体行动并不能增强农民的市场支配力，因为协议难以达成。农民和下游营销厂商市场支配力不平衡，为应对此种局面，农民在合法框架下通过生产者控制的营销组织（producer-controlled marketing organizations，PCMOs）参与集体行动。农民合作社有很长的历史，得到农业经济学家的广泛研究。研究农民合作社有两个流派：一个流派将农民合作社看作农业企业的垂直延伸（Emelianoff，1942；Phillips，1953）；另一个流派将其看作普通企业，尽管不同于投资者所有的企业（Enke，1945；Clark，1952；Gislason，1952）。

（二）农产品价格和市场边际分析

贡献四：经验研究已经大幅度提高了对供需结构和价格决定的认知水平。研究也更好地体现了农业市场的复杂性，包括生产过程的时滞效应、预期和风险的测度问题、商品异质性特点等。Moore（1914）是早期研究价格—产量之间关系的贡献者，他的工作激发了 E. J. Working（1927）进一步的研究，早期的研究者还包括 Warren and Pearson（1928），Bean（1929）。在早期研究者关于供给和需求成果基础上，Ezekiel（1938）提出著名的蛛网模型。其他贡献还有量化价格分析（Fox，1953b；Foote，1958；Gardner，1992）、修正预期模型（Nerlove，1956；Just，1974；Gardner，1976）、农产品价格季节性和期货市场（Rosen，1987；Mundlak and Huang，1996；Holt and Craig，2006）、农产品需求模型新进展（Foote，1958）、动态分析（Waugh，1964）、内涵价格模型（Waugh，1964；Rosen，1974）等。

贡献五：当研究农业市场时，使用时间序列数据的经验研究者们已经认识到检验季节性、单根、协整和条件异方差性的重要性。但是研究已经表明，传统线性自回归移动平均（ARIMA）和误差修正模型没有完全捕获许多商品市场变量的时间序列行为，通常需要考虑非线性和机制转移的一般模型。农产品价格非结构方法分析的早期工作（Bachelier，1900；Mandelbrot，1963）聚焦于模型化农产品价格变化的统计分布。调和级数分析（Abel，1962；Nerlove，1964）在识别农产品市场的季节类型方面很有帮助。20 世纪 60 年代和 70 年代初 Box-Jenkins 识别和估计差分自回归移动平均模型（ARIMA）成为主流。农产品价格单根特征变得有争议，协整和误差修正分析（Engle and Granger，1987）将研究向前推进了一步。

贡献六：农产品价格传播随时间迅速扩展，研究已经帮助识别影响因素，包括营销成本变化、营销服务增加、投入要素的替代性、风险变化等。市场边际起初的研究主要是描述性的，Buse and Brandow（1960）向前跨出一步，把个体农产品边际作为所有农产品平均边际、零售价格和其他变量的函数，将市场边际模型化。一些学者从实证角度研究市场边际（George and King，1971；Wohlgenant，1989；Heien，1980），另外一些学者研究市场边际所受的技术变迁影响（Miedema，1976；Brester and Marsh，2001；Brorsen et al.，1985；Brorsen，Chavas，and Grant，1987；Schroeter and Azzam，1991；Holt，1993）。

（三）农业市场时间和空间

贡献七：空间市场关系研究已经提供了有价值的用数学规划解决的市场均衡模型，以及用于计算交易流与生产加工设备最优选址的工具。模型的广义版本促进了空间市场效率检验。Enke（1951）应用电路运算法则第一个提出空间价格均衡的现代理论对策，Samuelson（1952）通过数学规划将竞争性空间均衡作为社会计划问题。空间模型下一个研究兴趣浪潮转向对空间市场效率的正规检测，如 Ravallion（1986）和 Sexton，Kling and Carman（1991）。

贡献八：有关价格稳定和库存方面的研究提供了一个调查价格稳定政策福利效果的合乎逻辑的框架。此框架强调私人库存和价格稳定成本的重要作用。理性预期库存模型的形成提高了对农业市场动态均衡性质的理解，提升了解决这些模型的计算方法。与大多数工业制成品和服务价格相比，农产品价格更不稳定，Schultz（1945）给出了原因并全面地提出农业和一般宏观经济学的一些含义。Waugh（1944）第一个使用马歇尔剩余框架正式调查价格不稳定对消费者的福利影响，随后，Oi（1961）和 Massell（1969）使用同样的马歇尔剩余框架检测了对生产者和整个社会的福利影响。Gustafson（1958a，b）是第一个使用动态规划方法，创造性地研究最优农产品储存量的学者。

（四）市场信息与风险管理

贡献九：研究表明，公开市场信息和预测能够影响市场，并且有经济价值，尽管这种投资回报尚存争议。关于私人市场咨询服务的相对收益量尚待调查。

贡献十：早期的研究使得期货市场从作为纯风险转移工具向作为套期保值获益工具进行重要转变。投资组合管理概念的应用触发了套期保值概念性模型和经验估计最优套利规则的发展。相关文献提高了基准水平、基准变化和期货价格的预测水平，对商品市场参与者有重要意义。

贡献十一：关于道德风险、逆向选择和系统风险的研究有助于理解美国农业保险市场政府过度干预。关于基于指数的保险，尤其是亩产量合同，进一步提供了扩大农民可获得的农产品保险范围和提高项目效率的动力。损失分布和农民保险需求影响因素的认知度提高，有助于更好地理解农产品保险市场，提高其业绩。

三、农业政策学①

20 世纪 20—30 年代，为应对严峻的经济形势，农业经济学家帮助制定农场计划。一些早期学者充分认识到，这些政策会带来商品市场和要素市场的诸多问题。随着时间的推移，我们加深了对这些农业问题和政策的理解。通过更加丰富的数据，使用先进的分析模型和工具，我们对这些古老问题得到了更好的回答。

（一）早期研究

Nourse（1925）谈论了经济学家在政策讨论中的作用，并提出自己的政策主张。许多经济学家解释了 20 世纪 20 年代和 30 年代初的经历与联邦农业委员会的失败，大意是农业市场需要彻底干预。罗斯福新政以 1933 年

---

① 本部分编译自 Daniel A. Sumner，Julian M. Alston，and Joseph W. Glauber，"Evolution of the Economics of Agricultural Policy，" *American Journal of Agricultural Economics*，2010，92 (2)，pp. 403-423。

通过、1938 年修订的《农业调整法案》的形式采纳了 Black（1929）提出的政策。

贡献一：尽管缺乏足够的数据和研究工具，早期最优秀的经济学家证实，关于政策后果深刻的洞察力可以通过紧密观察市场关系、仔细应用经济直觉和相对简单的模型获得。

（二）农场问题

Schultz 和同时期学者促使政府使用远期保证价格，更好地指导农业决策。Houthakker（1967）认为农场问题主要是经济增长问题。Simon（1947）表示，随着农业劳动力稳定流出，农业在经济增长的两部门模型中演变。

贡献二：在发达国家，农业劳动力资源转型用了数十年。过渡期间大部分时间里，农场收入相对较低，但是低收入和周期性低回报不是农业投入或产出市场固有问题的证据。

（三）价格支持和相关政策的经济后果

关于农业政策福利后果正式分析的讨论始于 Wallace（1962），而比较政策研究根植于 Nerlove（1958），Dardis（1967），Josling（1969）的基础。Gardner（1983）所使用的剩余转化曲线（surplus transformation curves，STC），很大程度上归功于 Josling（1974）。随后大量研究（Alston and Hurd，1990；Bullock，Salhofer，and Kola，1999）考虑了不同的政策工具、利益集团或市场状况（包括贸易中市场支配力的情形），进而扩展了 Gardner 的分析。Floyd（1965）建立了农产品市场两要素—单产出模型，用以开发要素市场农业政策（参考 Muth，1964）。

贡献三：随着时间的推移，学界强调的重点已从分析政策对价格的影响转移到分析政策的福利效果上来。相对于在要素供给者、中间人、纳税人和消费者等不同利益群体中的福利分配效应而言，农产品计划带来的无谓损失一般很小。近期计量发现与经验模型预测之间需要更多的工作去协调，但是非常清楚的是，土地所有者并未享有所有或大部分农产品补贴收益。

贡献四：切合实际的政策分析的贡献要求政策选择、市场详情模型具有细致的适用性。对于庞大而复杂的一般目的性模型，这一要求尤具挑战性。

（四）政治经济学模型

20 世纪 40—50 年代，政治经济学家 Charles Hardin 和其他学者在 *Journal of Farm Economics* 杂志定期发表农业政策政治分析；70—80 年

代，各种寻租研究和其他政府利益集团政策模型等公共选择经济学非常流行，如 Anne Krueger，Gary Becker，Richard Posner 等学者均做了大量研究。一些应用提出政治偏好函数模型并用以量化公共选择参数（Rausser and Freebairn，1974；Sieper，1982；Rausser，1982，1992；Anderson and Hayami，1986；Gardner，1987a；De Gorter and Swinnen，2002）。

贡献五：政治经济学模型对农业政策结果能够产生某种洞察力，已有的简单模型没有捕获大部分政策进程。解释不同商品、不同国家、不同时间农业政策多种模型变化，仍需学界进一步研究。

（五）配额和价格歧视计划的经济效果

Cochrane（1959）提出的主要规划农作物生产配额机制，成为了 Wallace（1962）福利比较分析和后来 Innes and Rausser（1989）更一般模型的理论基础。美国配额计划的现代分析始于 Glenn Johnson（1952）分析伯莱烟草计划。

贡献六：供给控制计划和价格歧视政策使得生产者获益，配额拥有者主要以消费者为代价。具体影响依赖于具体政策，诸如配额者限制和政策风险这些一般性计划的特点影响配额收益量及其分配，不完全的进入门槛逐渐削弱价格歧视和混合计划。

（六）政府操纵价格稳定和缓冲库存计划的经济效果

Henry Wallace（1937）描述了常备平准仓作为"明确的体系，在这个体系中，若来年干旱或有其他大灾难，供给足够消费者需求，但是，农民在年景好时也并不会受到过分的处罚"。Robert Gustafson（1958a，1958b）第一个使用动态规划考虑未来供给变化时如何形成最优储存规则。

贡献七：政府使用转移计划这一与生产者和消费者紧密相关的方法，力图不引起其他更严重的问题来稳定市场，但其潜力有限。

（七）农作物保险补贴政策的经济效果

研究农作物保险的学者至少可以追溯到 Valgren（1922），他研究了私人保险市场，此后经济学家开始致力于政府计划，如通过 1980 年《联邦农作物保险法》（Federal Crop Insurance Act）补贴农作物保险。

贡献八：设计和实施不需要大量补贴且无潜在生产扭曲的政府农作物保险政策困难异常。

（八）农业研发政策的经济效果

贡献九：有关农业生产率和研发收益的研究已揭示了一个很高的回报

率。这些回报反映了农业研发投入显著地、持续地偏低——尽管政府强烈干预。收益分配影响的测度尚未确定，仍没有令人信服的计量经济学的直接证据表明农民确实从技术变迁中获益。

四、农产品国际贸易学[①]

农产品国际贸易研究在过去 50 年中发展迅速。20 世纪 60 年代，由于国内价格支持政策引起的世界农业混乱成为分析研究的重点。接下来，学者试图测度包括发展中国家在内的政策扭曲，并建立模型分析它们对世界农业市场的影响。总体而言，解释世界价格趋势与变化和不完美市场含义的工具有所提升。未来挑战包括基于消费者对于某种生产方法偏好的贸易分析，减轻和适应气候变化对贸易的影响。

（一）贸易问题百年演变

农产品国际贸易经济学研究是农业经济学专业一个相对新兴的领域。当然，主导 AAEA 前五十年的三个主流领域——生产经济学、市场营销和政策，每个领域均承认国际贸易的存在，但是，这三个领域的研究者大部分忽视了对国际市场行为及其在资源使用效率与收入分配方面的作用的理解的挑战。针对研究农业国际贸易的经济学家的贡献的背景，我们从追述 AAEA 成立百年来贸易事件演变开始具体讨论。

1909—1929 年，AAEA 成立头 20 年是贸易稳步下降时期——从 19 世纪全球化时期高点到贸易保护主义运动增长和欧洲帝国在第一次世界大战中坍塌。20 世纪 20 年代情况有所变化，随着国内力图提高农村收入的农业政策的出现，使用贸易政策作为战略组成部分变得压力巨大。Edwin Nourse（1924）的著作引入了世界市场整体观，清晰地解释了世界市场对美国农业的意义。

AAEA 存在的第三个十年，贸易政策事关政治利益和国际竞争，大萧条蔓延，因为贸易保护增加，农业国际贸易也未幸免。从这一时期找到农业贸易和市场瘫痪的开创性文章着实不易，除了 W. Schultz 撰写的关于农业贸易和美国农业的严重后果的文献（Schultz，1935）。

---

① 本部分编译自 Tim Josling，Kym Anderson，Andrew Schmitz，and Stefan Tangermann，"Understanding International Trade in Agricultural Products: One Hundred Years of Contributions by Agricultural Economists," *American Journal of Agricultural Economics*，2010，92（2），pp. 424-446。

第四个十年并不是农业经济学文献在贸易领域贡献颇丰的时期——战争环境不利于学术追求。然而战后贸易体系在 20 世纪 40 年代建立起来，农业问题经常成为讨论的核心。Samuelson（1948）关于要素价格均等理论的文章问世，为现代贸易理论奠定了基础。

20 世纪 50 年代，农业和农产品贸易认真的专业兴趣开始。D. Gale Johnson 出版了关于美国贸易政策和农产品政策不一致的著作，一个提倡开放市场，另一个维护保护性壁垒（Johnson，1950）。Condliffe（1951）在其著作 The Commerce of Nations 中除了表明当时贸易规则的复杂性，还囊括了一些关于农业贸易有见地的评论（Condliffe，1951）。Kindleberger（1951）在解释国家关税政策时引入利益集团分析，为后来政治经济学应用于农业贸易打下基础。

从 20 世纪 60 年代开始，农产品国际贸易问题成为重大国际事务，工业化国家农产品贸易保护激增；发展中国家市场进入需求（价格折让条件）被国内强劲的政治力量断然拒绝，出口创汇被国际市场农产品低价压低，因此，发展中国家分为不同立场。20 世纪 60 年代另一个具有深远影响的发展是区域经济联盟和雄心稍逊的自由贸易区的重生，贸易理论和贸易联合体发展迅速。

20 世纪 70 年代，大量强调外向型经济实践的新问题出现。D. Gale Johnson 的开创性著作 World Agriculture in Disarray 和有关食糖市场的研究工作概括了宏观经济不稳定和混乱的农产品市场（Johnson，1973，1974）。

20 世纪 80 年代是农产品贸易冲突及其协调政策改革引人注目的时期，伴随着不完全竞争市场模型和地理重要性检验，贸易保护政治经济学研究和区域一体化问题占据了国际贸易文献的大部分。

20 世纪 90 年代是农业贸易专业的活跃期，国家农业政策的国际规则发生重大变化。尽管先进工业化国家于 1947 年签署了《关税及贸易总协定》（General Agreement on Tariffs and Trade，GATT），制造品进口关税大幅度削减，但农产品贸易壁垒削减举步维艰。20 世纪 80 年代中叶，经济政策不断变化的模式最终导致 1995 年 GATT 继任者世界贸易组织（World Trade Organization，WTO）把农业包括进来。

明显地，评价新千年贡献永久性质为时尚早，但是与环境、消费、动物福利、水资源和气候变化密切相关的贸易争端范围的扩展已经扩大了农业贸易分析者的视野。

（二）结论和方向

有证据表明，发展中国家越来越多地对农业部门的进口竞争性亚部门提供保护。许多贸易壁垒隐藏在国际商务管控过程中，代表世界贸易新现实的贸易模型构建者面临重大挑战。

消费者关注的食品质量、粮食安全和环境——特别是对高收入国家来说——需要被考虑进来。某些消费者避免转基因生物食品的持续性偏好，对农产品贸易经济学家来说仍然是一个挑战。生物燃料政策为原油价格如何影响粮食价格研究增加了另一个维度。

五、农业发展学[①]

从宏观经济和政治经济角度看，农业经济在国民经济发展中发挥着巨大作用；从中观角度看，技术和制度变迁在成功的农业发展中也起到了很大的作用。但是，从微观农业家庭决策看，缺失市场、信息不对称、交易成本等问题会导致普遍的明显低效和市场扰乱。

（一）从宏观增长维度看农业发展

W. Arthur Lewis 曾经写道："工业革命与农业革命总是相伴而生……农业经济停滞的经济体工业很难发展"（Lewis，1954，p. 433），农业经济在宏观经济中的作用可见一斑。

贡献一：论证结构转型是摆脱贫困唯一且可持续之路。对于农业在经济发展中的作用，Lewis 的真知灼见促成了三种思路：第一，Lewis 二元经济分析的直接成果是聚焦于结构变迁的正规两部门模型（Ranis and Fei，1961；Jorgenson，1961）和动态二元论（Hayami and Ruttan，1985，p. 30）；第二，城乡经济双向联系的宏观视角和重要性（Johnston and Mellor，1961）；第三，强调"农业革命"中技术变迁和人力资本的重要性（Schultz，1975，1978）。

贡献二：揭示农业转型与总体经济发展的联系。Haggblade，Hazell，and Reardon（2007）巧妙地综合了这些文献，强调乡村非农经济关键而变化的作用。农业和宏观经济的双向联系可以概括为三种类型（Timmer，2002）："Lewis 型联系"、"Johnston-Mellor 型联系"和"Mosher 型联系"。

---

① 本部分编译自 Christopher B. Barrett，Michael R. Carter，and C. Peter Timmer，"A Century-Long Perspective on Agricultural Development，" *American Journal of Agricultural Economics*，2010，92（2），pp. 447−468。

贡献三：为什么所有成功的农业转型对农民家庭来说都是痛苦的，学界对此形成了经验和理论解释，并因此产生了合理标准的政治对策，以期今后减弱这些痛苦。结构转型是发展进程中的确定不移的特点，是经济增长的原因和结果（Syrquin，2006）。四个连续和相关的过程定义结构转型：GDP和就业中农业比重下降，进城移民促进城市化，现代工业和服务经济崛起，从农村落后地区普遍高出生率和死亡率向较高医疗水平、较低出生率和死亡率的人口转型。

现代政治经济学深深根植于农业领域中，两方面的农业政策特别令人困惑："发展悖论"和"贸易悖论"。为此，许多政策分析员和政治理论家早已着手试图了解官员维护何人利益及其原因，如 Olson（1965），Bates（1981），Anderson（1986），Lindert（1991），Krueger，Schiff，and Valdes（1991），De Gorter and Swinnen（2002）。

贡献四：确定个人和国家粮食安全状况不仅基本上依赖于农业生产力供给因素，而且依赖于收入状况、风险披露、健康状况、社会保护政策和家庭看护等相关需求因素。最好把个人和国家粮食安全状况作为随机动态状况概念化和予以测度。Malthus 的著名解释认为，人口增长按照常规会超过地球提供足够食物的承载量，进而导致饥荒。粮食自给战略忽略了基于要素禀赋的比较优势理论的经济规律，比起国际贸易，粮食自给战略典型地导致较高价格、更大低效和环境破坏（Anderson，1986；Krueger et al.，1991；Johnson，1997）。第二代粮食安全研究直接源于 Sen（1981，p.1），强调"饥荒是以一些人没有足够食品可食为特征，而不是以不存在足够食品可食为特征。当后者成为前者的原因时，它只不过是众多原因之一"。新兴的第三代粮食安全观点建立在粮食可得性和引入关注风险、动态和营养不良导致的复杂的健康后果的可行性措施上（Barrett，2002）。

（二）中观技术和制度变迁进程

现代增长理论过多聚焦于技术变迁作为经济增长引擎、外部经济作为内生增长源泉（Solow，1957；Lucas，1988）。

贡献五：理解农业技术变迁对生产力和分配的影响。是什么驱动低收入农业富于生产率的技术出现？长期以来最有影响的理论是 Hayami and Ruttan（1985）和 Binswanger and Ruttan（1978）的诱致行为创新模型。绿色革命中的技术创新投资被解释为与创新相关的规模外部经济效应（Ruttan，1980，1997）。Schultz 在分析美国农业不稳定（Schultz，1945）和贫困

(Schultz，1953) 问题后，关于农业发展的经典论著 *Transforming Traditional Agriculture*(Schultz，1964) 问世。Schultz 的"贫而有效"假设引起很多争议，这些争议围绕技术发展对扩展贫困农民生产可能性边界和在现有生产可能性边界中提高生产率的重要性展开。

贡献六：技术采用与传播中的动态分析。技术采用与传播研究可以追溯到 Griliches (1957)，他在研究美国高产玉米品种技术采用的文献中记载了 S 形传播曲线。从此以后，大量文献聚焦于理解谁更好地采用新技术，特别是谁第一个采用技术跑步机，早期采用者收益不成比例地累积。

贡献七：学界建立了测度个人和家庭参与当地市场自由度的方法，进而测度拥有更广阔的国家市场和全球市场的当地市场自由度及其对行为和福利产生的影响。至少可以追溯到 Adam Smith 和 David Ricardo，经济学家就开始鼓吹从贸易中获得静态和动态福利收益。农业经济学家在市场形成制度约束方面作出重大贡献（Fafchamps，2004；Lin and Nugent，1995）。农业发展文献记载，发展中国家重要农产品价格随时间和空间变化，关键是发现重要的已放弃的套利机会（Fackler and Goodwin，2001）。分析技术采用选择和市场参与选择。

（三）微观分析农业发展

贡献八：在包括信贷市场、劳动力与土地市场、风险与不确定性等多重限制条件下，学界形成和实证检验家庭综合决策模型。Chayanov (1965) 开始理解在土地和劳动市场停滞甚至不存在情况下，作为生产—消费综合单位运营的农民家庭的资源配置逻辑。Sen (1966) 指出，家庭使得劳动边际产品价值等于消费和闲暇边际替代率，此边际替代率可以自然地解释为劳动的影子价格，它是家庭人口结构、偏好和禀赋的函数。Chayanov 模型得出的定理开始出现：第一，降低劳动影子价格的家庭人口结构变化将导致生产增强和单产增加；第二，低土地禀赋的家庭将拥有较低的劳动影子价格，单产增加。

贡献九：证明了不完全交易和交易呆滞市场存在交易成本情况下，如何影响技术采用、农场生产率和福利动态。大量描述性证据证实，购买要素的流动资金在低收入农业经济中是稀缺和昂贵的，围绕资本约束阻碍增长和发展率问题的文献开始出现。Feder (1985) 作出重要贡献，他利用进入资本市场的财富偏好对农产规模—农场生产率之间反向关系的影响，证明（可抵押）土地禀赋提高资本进入，农场生产率与农产规模之间的关系能够变为正相关——甚至在经典 Chayanov 土地和劳动市场失灵情况下。

贡献十：理解政府为何与如何努力改变土地性质，提高信贷、生产率和福利效果。经典 Chayanov 家计模型表明规模小的家庭在土地和劳动不完全市场情况下拥有生产率优势，财富偏好的资本进入创造了潜在抵消这种优势的市场失灵的力量，这些分析重新开启了关于再分配和土地改革的长期争论。实证工作如 Lin（1992）在中国，Macours and Swinnen（2002）在东欧，发现重大生产率提高伴随着向较小规模农场经营的最终转换，越来越多关于农民持有土地产权保障的文献与土地改革争议相互交织。

贡献十一：在农村地区，多源风险是普遍存在的，因此，在没有更有效的风险管理工具时，家庭有时可能会以使他们陷入长期贫困的方式主动管理这些风险。Carter and Zimmerman（2000）发现时间确实能够抚平土地所有权初始不平等对经济业绩的影响，尽管过渡缓慢、代价高昂。风险及其对决策的影响在农业经济发展中起着重要作用，特别是 Hans Binswanger（2001）测度印度风险规避及其对技术选择影响的开创性工作。

贡献十二：建立了模型和证据，强调从家庭内部看家庭成员尤其是有关性别差异的商品分配和行为异质性的监管失败与从宏观经济层面看家庭间行为和福利异质性的监管失败一样重要。基本家计模型将效用作为人均消费和闲暇的函数，这只对家庭内物品分配不平等程度较为微弱的情况有效。Folbre（1984）从 Philippine 数据中得出，观察到的家庭内不平等类型很难用利益最大化假设的模型作出合理解释。

六、自然资源经济学与自然资源保护[①]

（一）资源经济学的发展

最早关于自然经济学的讨论聚焦在土地问题上，Malthus 和 Ricardo 不约而同地提出了对于有限土地能够养活无限增长的人口的质疑，众所周知，Malthus 是悲观的，而 Ricardo 则是乐观的，Ricardo 认为资本和技术的不断发展会使得土地能够养活众多人口，显然，Ricardo 是对的。Jevons（1865）是第一个质疑福利可以持续上升的经济学家，而这也是之后"增长

---

① 本部分编译自 Erik Lichtenberg，James Shortle，Jameswilen，and David Zilberman，"Natural Resource Economics and Conservation：Contributions of Agricultural Economics and Agricultural Economists，"*American Journal of Agricultural Economics*，2010，92（2），pp. 469-486.

极限大讨论"的发端。尽管 Faustman（1849）和 Hotelling（1931）很早就提出了要从经济的角度来跨时期地分配资源问题，但直到 20 世纪中期人们才开始尝试将经济法则应用于资源使用保护，甚至直到 70 年代自然资源经济学才确立了自己独立的经济学领域。20 世纪的一些事件已经使得自然资源经济学引起了大众对于环境保护的注意：一是沙尘暴，二是二战中及二战后各国发展经济对于矿物质等自然资源的需求增长。

（二）农业经济系中的自然资源经济学

自然资源经济学在 20 世纪成为了农业经济学中的重要部分，这是因为：第一，农业经济学已经发展成为高度交叉的学科；第二，农业经济学对于资源使用效率的激励、约束等关注较多；第三，农业经济学的学科特点是问题导向而非方法导向；第四，农业经济学已经形成了实证研究和定量研究的准则，这满足了提供政策性建议的需求。保护自然资源要求合理运用农业生产的方法，而农业经济学家也意识到自身需要在农业生产模型中加入生物学知识并需要加强各学科之间的意见交流。农业经济学的发展与制度安排的研究进展无法割裂，而近些年学者们在水利灌溉（Maass and Anderson，1978；Ostrom，1991）、牧草管理（Stevenson，1991）、森林资源管理和渔业管理领域中的集体行动制度安排研究开始成为热门。

（三）动态分析的重要性

贡献一：将自然资源当作动态资产管理问题分析，资源经济学家已经归纳出资源储备的社会价值特征，验证资源过度开发的现状，并比较分析以效率和公平为原则的资源管理方针政策效果。三个原因导致二战后动态方法的广泛应用：第一，电脑技术和算法的改进很大程度上解决了复杂的非线性问题和动态分析问题；第二个原因是 Richard Bellman（1957）建立的 DP（dynamic programming）方法的发展；第三个原因是俄罗斯数学家 Pontryagin（1962）介绍广义最优控制的动态分析方法教材的出版，这使得 20 世纪 50 年代极少经济学家理解的动态分析方法在 70 年代就得到了新一代经济学家的广泛应用。

贡献二：研究农业资源的经济学者已经发展了很多方法去解决动态资源管理的政策制定难题。例如 Miranda and Fackler（2004）对于 DP 方法的扩展应用等。

（四）跨学科视角

贡献三：通过将生物学知识应用于农业生产模型，研究资源经济学的学者阐明了投入、科技应用、收益与环境质量之间的关系，这也为政策制定提供了基础。

贡献四：资源经济学家对于施肥与农作物营养的吸收反馈的研究利于肥料的合理推荐使用。二战后，对于化肥使用的研究增多，其中 Heady and Pesek（1954）比较了农学家与经济学家因方法不同而产生的植物营养反映机理的研究结果差异。

贡献五：资源经济学家们的研究对于病虫害防治也有着重要意义，例如对害虫控制方法的精确评估、对于抗生素使用和牲畜疾病的管理等。实际上，早期的研究（Headley，1968）表明，农业生产中农药的使用是不足的，这显然与昆虫学家关于农药使用过量的结论相悖。而后来 Lichtenberg and Zilberman（1986）的研究则得出了与昆虫学家、作物学家相似的结论，同时提出将农药作为普通的生产投入品不如将其看作降低潜在收益损失率的特殊投入品，这一研究显然已经引入了边际生产力的概念。关于转基因的研究兴起后，Hubbell，Marra，and Carlson（2000）提出，转基因棉花使得农民增收是因为其减少了农户生产投入，而并非增加了产量，因此，并不会带来消费者的福利增加。但实际上，无可否认的是，转基因棉花已经在很多发展中国家获得显著生产力增加（Qaim，2009）。而最近的研究则将"流行病模型"融入了经济模型来研究应对牲畜疾病的措施，例如 Fenichel，Horan，and Hickling（2010）。

贡献六：资源经济学家们评估了气候变暖以及空气污染等对于农业生产的影响。例如，学者们将农业生产经济学与碳固定技术相结合来分析问题。

贡献七：资源经济学家们结合遗传资源的管理，加深了人们对生物多样性价值的精确理解。此外，生物知识广泛应用于农业资源经济学研究，这不仅加深了人们对于新农业技术的理解，也使得这些技术对于资源本身乃至整个环境产生了广泛影响。

（五）制度体系与政策导向

贡献八：通过阐明产权制度和土地所有权保障对于土地退化与土地投资的作用，资源经济学家为政策的制定提供了依据；对于水使用效率的研究使得很多摇摆的制度设计进行了彻底改革，水市场的概念被越来越多地接受；针对在资源管理领域农业政策意外引发的外部性，或者说是农业政策与资源之间发生的交互影响，经济学家进行的研究促进了政策的革新；资源经济学家发展了一套建模方式，以对政策目标做量化研究分析。

（六）经验取向与定量方法的重要性

贡献九：经济学家发展了计量方法与工具，对农业资源管理政策进行预期分析；资源经济学家们的定性和定量分析已经使得资源保护政策有了显著进步。

七、环境经济学[①]

（一）设计政策以控制环境外部性

贡献一：农业经济学家制定了以激励为基础的政策方针来防止显性或非显性来源的污染；在认识到最优政策制定之难度后，农业经济学家们开始从理论和实证角度检验次优政策的设计以及相对效率；农业经济学家在理论和实证方面是第一批研究环境保护志愿行为的经济学家（例如，Khanna（2001）和 Alberini and Segerson（2002）关于志愿行为是否可以做公共政策工具的讨论）；对于以信息为基础控制外部性的研究，农业经济学家也是理论与实证的先行者；农业经济学家们加深了公众对于制度设计与体系建设重要性的认识。

（二）评估环境商品与服务

贡献二：农业经济学家是最先将环境价值纳入公共决策体系的一批人，同时最早提出了对策建议。例如，Marion Clawson（1959），Brown，Singh，and Castle（1964）以及 Brown，Singh，and Castle（1964）的早期研究。农业经济学家对居民福利的评估作出了贡献，而福利评估正是研究非市场化的理论基础。

贡献三：精确评估非市场物品的价值需要一套成熟的计量理论与方法，农业经济学家们对此做了基础性研究。例如，Smith and Desvousges（1985）和 Cicchetti，Fisher，and Smith（1976）用需求方程来研究现实性偏好。

贡献四：农业经济学家批评性地评价了非市场计价方法的可靠性与可信性。例如，Bishop and Heberlein（1979），Smith，Desvousges，and Fisher（1986）和 Boyle and Bishop（1988）等人的研究。

---

① 本部分编译自 Catherine L. Kling，Kathleen Segerson，and Jason F. Shogren，"Environmental Economics：How Agricultural Economists Helped Advance the Field," *American Journal of Agricultural Economics*，2010，92（2），pp. 487-505。

（三）综合决定因素

贡献五：农业经济学家利用综合模型来评价气候变化的成本与收益，特别是气候变化与农业息息相关的部分；农业经济学家在生物多样性管理中起了关键性作用。

八、食品和消费者经济学[①]

为了了解农场价格和收入的决定因素，农业经济学家率先研究了需求。后来随着学界开始关注生活水平中食品以及食品援助的作用，研究焦点转移到消费者福利上。如今，学界更为关心的问题是信息和质量如何对消费者行为施加影响。学者对该领域的实证研究阐明了多个理论，其中包括农户生产理论及其发展、内涵价格理论、贫困阈值的界定、完全需求系统、导出偏好的调查和实验技术。食品和消费者经济的发展历程及其主要贡献，可以简单地概括为对以下三个问题的解答：

（一）价格和收入如何影响食品需求？

贡献一：用需求理论估计需求关系的研究取得进展，有助于更好地理解消费者面对市场力和潜在政策时的反应。

早期，农业经济学家对消费者需求的研究集中于单一产品分析，关注焦点是产品价格预测。Schultz（1924）曾经利用联邦牛屠宰场与芝加哥牛肉价格估计了牛肉消费的需求价格弹性，并于1938年发表了当时最为详细周密的消费者需求研究报告。随着数据及理论的更加丰富，研究对象和研究方法也逐渐多样化。后来有关完全需求系统的提出，为理论的实际运用提供了可能。其中一个关键课题就是食品价格弹性如何随收入变动。Engel（1857）认为弹性随收入递减，然而理论无法解释所有现象，直接导致 Deaton and Muellbauer（1980）提出 AIDS 模型。后来，随着政策方向的转变，食品经济的关注焦点从微观需求分析转出，转而研究发展中国家乃至全球食品需求的特点。

贡献二：农业经济学家已经证明，用观察到的市场均衡理解基本的需求曲线理论是一种极佳的方法。E. J. Working（1927）认为，每一时期价格和数

---

① 本部分编译自 Laurian Unnevehr, James Eales, Helen Jensen, Jayson Lusk, Jill Mccluskey, and Jean Kinsey, "Food and Consumer Economics," *American Journal of Agricultural Economics*, 2010, 92 (2), pp. 506-521。

量均衡的背后是供给和需求的平衡，这为后来产品市场和价格的研究奠定了基调。根据农产品供给短期固定的特点，H. L. Moore（1919）提出价格流动性（price flexibility，与价格弹性相反）的概念。后来，农产品供给无弹性的极端假设被逐渐放开，更容易进行实证研究和运用的需求模型也被发现。

贡献三：农业经济学家归纳出农户需求与农户生产的配置及互动情况，尤其是从农户劳动价值角度。农户集食品消费、生产和劳动力配置于一体，M. Reid（1934）是最先研究其间关系的科学家，后来 Becker（1965）研究了农户的消费行为及时间配置。这些研究表明，农户结构以及劳动力参与情况通过时间机会成本以及食品生产中的规模经济性影响食品需求，Capps，Tedford，and Havlicek（1985），Kinsey（1983）和 McCracken and Brandt（1987）等人将理论用于实践。

（二）如何衡量福利？

学界很久之后才意识到食品消费和价格与家庭福利的测量之间有紧密联系。Engel（1857）发现食品消费在贫困家庭消费中所占比重很大，建立起食品消费与家庭状况间的关系。一战以后，出台了一系列减贫政策，为了能够评估和比较家庭之间的生活状况，一系列方法和指标建立起来。

贡献四：识别出农业食品政策与食品消费之间的联系。一战以来，美国出台了大量农产品支持政策，农业经济学家对这些政策如何影响营养和贫困饶有兴趣。Southworth（1945）的论文《食品支持政策的经济学含义》（"The Economics of Public Measures to Subsidize Food Consumption"）是其中具有里程碑意义的作品。它中间的一个关键思路在于分析食品政策对食品部门及食品消费的影响。如今，从食品问题中产生的热量和食品消费种类过多的问题又成为该领域新的挑战和热门。

贡献五：评估食品消费与农户福利间的关系，其中包含均等比估计和生活成本比较。Stigler（1945）评价了成本最小化饮食的优劣，Orshansky 于1960年建立贫困阈值的基本原理，将阈值水平与低预算下的食品成本相联系。

贡献六：调查食品项目对消除饥饿、改善日常饮食和减少贫困的作用。营养补偿支持政策（SNAP）是研究最多的案例，Senauer and Young（1986）发现实物形式的支持比直接的现金补贴更能提高食品消费。除此之外，学者们还关注食品摄入量的改善及食品安全问题的变化（Gundersen and Oliveira，2001；Jensen，2002）。近年来政策背景发生变化，现有研究关注的焦点转向多样化食品消费和福利支持政策的影响、食品支持对饮食和健康的影响。

(三) 信息和质量如何影响消费者选择?

贡献七：研究了产品属性、质量、消费者偏好异质性和消费者关注对食品市场的影响。早在 20 世纪 60 年代初，M. Burk（1961）发现食品消费选择由除价格和收入以外的因素决定（家庭组成和规模、技术变化、教育等）。后来，更多的学者对广告（Nerlove and Waugh，1961；Brester and Schroeder，1995）、非家庭食品消费（Kinsey，1983）、食品安全（Caswell，1991，1995）、食品召回机制（Brown，1969；Marsh，Schroeder，and Mintert，2004）、多样化的食品特征（Waugh，1928）等因素进行了研究。

贡献八：信息对食品市场和食品消费者的影响机制。Kinsey（1993）指出消费者对食品质量的期望愈加提高，然而食品市场信息不对称非常普遍。为了克服这个问题，学者提出食品标签（Caswell and Padberg，1992）、第三方认证（McCluskey，2000）、商品声誉等方法。Verbeke，Ward，and Viaene（2000）等人还研究了媒体的信息提供对消费者需求和偏好的影响。

贡献九：农业经济学家提出了测量消费者需求和产品属性支付意愿的方法。其中，农业经济学家率先测量了产品属性的内涵价格，并率先提出多种测量非市场价格的方法。当产品市场不独立时，内涵模型普遍用来评价食品的特点。Waugh（1928）首先估计了一些农产品内涵价格。近年来对食品质量的重视程度加大，内涵价格法被用于估计综合价格，Combris，Lecoq，and Visser（1997）等人发现客观信息对综合价格的影响更为显著。

目前商品市场、食品与健康政策、消费者需求多样化、对新数据的需求等领域发生的变化，使农业经济面临着新的挑战：（1）如何将传统数据来源与新数据来源相结合，并用以准确描述消费偏好；（2）更深入地研究消费者选择；（3）还需要进一步研究消费者食品选择、政策和健康对福利的影响；（4）消费者选择并不像之前假设的那样具有一致性和系统性，因此这种偏差需要得到揭示和模型研究。

九、农村发展与区域问题研究[①]

在过去的 100 年间，由于劳动节约型技术采用、运输成本下降以及农户

---

① 本部分编译自 Elena G. Irwin，Andrew M. Isserman，Maureen Kilkenny，and Mark D. Partridge，"A Century of Research on Rural Development and Regional Issues," *American Journal of Agricultural Economics*，2010，92（2），pp. 522-553。

收入提高等因素，北美农村经历了一场巨大的经济转变。造成的结果包括农村经济日趋多样化、农村人口逐渐减少、城乡相互依赖性增强、城郊地区急速扩张、农村基础设施不断完善等等。美国农村及区域发展的进程，为相关经济研究提供了案例，促进了农村经济和区域经济学的发展。这些发展归纳起来可以分为三个部分。

（一）农村经济专题

贡献一：学者逐渐意识到农村经济不再是农场经济。20 世纪 50 年代，农业经济学家将农村经济等同于农场经济，并认为以传统和自然资源为主的农业领域增长速度将减缓（Hoover，1948）。然而，学界逐渐认识到城乡间互动关系（Fox，1962），并意识到应重新审视农村只具有生产功能这一认识。

贡献二："城"、"乡"不是简单的二元划分，两者间依赖互动形成了城乡连续统一体。以往城乡之间无论是在地理地貌还是在经济水平上都存在巨大差异，随着生产率提高、交易运输成本等的降低，这种差异逐渐淡化。Christaller（1933）和 Lösch（1940）提出中心地区理论（central place theory，CPT）用于进行城市之间距离、规模等特征的比较，这直接导致 20 世纪 50 年代以来研究乡村发展的热潮。Krugman（1991）提出新经济地理模型（new economic geography，NEG），再次引发研究区域经济和城市经济的热潮。

贡献三：二战以来，移民流通常被解释为区域间日趋突出的便利性及生活质量差别所导致，自然便利性将会成为农村发展的基本决定性因素。在美国，自然便利性及其对经济发展的影响是长期趋势。Ullman（1954）首先描述美国存在的便利引致型迁移，并讨论了相关假设因素。Cromartie and Nord（1996），Beale and Johnson（1998）等学者对跨地区移民进行了补偿差异研究，并在后来开始关注自然便利性和农村人口增长的关系。

贡献四：局部政策将不会是有用且有效的农村发展政策。

（二）农村发展模型专题

贡献五：农村发展是一个需要用一般均衡工具解决的一般均衡问题，各种各样的定量工具为社区经济分析提供了必要的基础。这个阶段提出了多种分析模型。投入产出模型由 Wassily Leontief 提出，Wassily Leontief 凭此获得 1973 年诺贝尔经济学奖。模型为解释一个经济体系中复杂的产业内交易提供了系统分析工具，并在后来被不断检验和扩展。社区经济分析法"用综合的视角看待农村发展问题，不遗漏其中任何有用的特性"（Tweeten and Brinkman，1976），研究目的在于"不论人们居住在哪里，改善社区人口的社会福利"。Shaffer（1989）进一步讨论了数量分析方法。可计算的一般均衡模型的提出和发展是整个经济学领域的一大贡献，它内生地决定诸如供给、价格和收入等基本经济要素。该模型被用于多个领域，如 Adelman and Robinson（1987）据此进行区域经济研究，Kilkenny and Robinson（1990）用它对农业解放与劳动力跨区分配问题进行研究等。

（三）农村土地利用模型专题

土地及其配置是经济学经久不衰的研究课题。最初 Ricardo（1817）提出地租理论，Thenen（1826，1866）将运输成本考虑在土地配置问题中。随着城市化进程加快，有关土地配置利用的相关研究也发生了变化。

贡献六：在检验土地利用结果以及分析政策对农村土地保护的作用时，土地利用简化经验模型尤为有用。土地利用模型的大量提出，得益于美国农业部研究人员对农地非农化问题的关注。模型发展的一个转折点在 1987 年，其时 Alig 和 Healy 率先使用国家层面的数据对土地使用及其交易模型进行研究。

贡献七：在理解城乡土地使用的转换和模式时，了解地区异质性和互动尤为重要。Alonso（1964），Muth（1969）和 Mills（1967）将空间异质性纳入传统城市经济模型，使其更接近现实情况。Irwin and Bockstael（2002）提出了地方空间外部性在影响城市远郊土地利用模式上的实证证据。这一系列研究对解释郊区城市化和扩张的互动机制有重要意义，并且能够为相关政策提供建议。

回顾原有研究可以发现，有很多问题还需要在未来进一步深入探讨，这些问题主要是空间动态、多样化和弹性及迁移模式三个方面。

十、农业企业经济和管理[①]

农业企业学强调一个食物系统的综合管理，贯穿生产、加工、零售过程。本部分追踪 20 世纪的农业企业学的发展，呈现专家们对九个领域的贡

---

① 本部分编译自 Robert P. King，Michael Boehlje，Michael L. Cook，and Steven T. Sonka，"Agribusiness Economics and Management，" *American Journal of Agricultural Economics*，2010，92（2），pp. 554-570。

献：（1）合作营销经济和管理；（2）信用市场制度的设计和发展；（3）组织设计；（4）市场结构和绩效分析；（5）供应连锁管理和设计；（6）经营效率最佳化；（7）数据发展和金融管理分析；（8）战略管理；（9）农业企业教育。

（一）农业企业经济

贡献一：农业经济学家在农业合作社营销管理方面对介绍经济推理和首创理论前沿起到了重要作用。除了众所周知的竞争尺度功能和合作角色，农业交易经济学家最初研究集中在：（1）合作社控制农业供给的作用（Erdman，1927）；（2）合作社在建立质量标准上的重要性（Nourse，1922）；（3）组织设计的微观分析（Jesness，1925）。后来的经济学家提出了一系列对农业合作社更为严格的新古典主义框架。理论框架主要包括两个体系：一是 Robotka and Phillips（1961）认为合作社是农场的延伸；二是 Helmberger and Hoos（1962）认为合作社是一个公司。Staatz（1989）认为 Emelianoff（1942），Robotka（1947）与 Phillips（1953）是把合作社作为垂直整合模式的一部分的最初塑造者。他们提出成本服务原则，只有合作社的成员享受到利益和承担损失，所以每个成员都会通过等同农场与合作社的边际成本总和及产品市场交易的边际收入来决定自己的最佳产出。

贡献二：农业信贷市场的建构、制度设计和发展。William I. Myers 在农场信用体系中的作用是传奇的（他是 1933—1938 年农场信用管理机构的管理者）。Benedict（1945）认为商业银行应该是短期借款的首要来源。农场借贷体系的借贷者应该是自主地、竞争地出价，但是不能低于市场利率，人为地降低农场抵押贷款会倾向于转化为高的土地价值，长期看对政府和个人都不利。Harl（1990）强烈主张公共部门债务重订、降低本金和联邦担保计划。Adams，Graham，and Von Pischke（1984）聚焦多样的信贷制度发展，如获得化肥、种子和化学所得物的融资。他们发现政府所有的金融体系会遇到长期的生存能力问题，很大程度上因为政策压力会免除不良贷款者的贷款义务。他们还强调发展中国家要把当地的储蓄作为资金来源而不是来自类似于世界银行的国际资金。

贡献三：运用新研究法和新经济学框架，诊断和理解农业企业学组织体系结构与补充网络中的激励因素和非激励因素。农业企业的结构设计像 U 形曲线。Hendrikse and Bijman（2002）运用产权不完整合同框架分析在多层网链下投资所有权和控制结构影响。他们还探究在何种市场和激励下，投资者会整合他们的下游。作者还给出了在交替投资情况下最有效率的投资所有权结构。Chaddad and Cook（2004）确定了离散的组织类型模型。他们的成员所有权权利挑战了接下来一代农业企业学者对于食物、农业企业网络链和其参与者的表现研究。

贡献四：解释食品体系中市场结构体系和绩效的变化。Price 表明市场营销体系可以从"单元之间"与"单元之外"的角度进行研究。前者聚焦在农场和消费者之间的公司数目以及它们之间的经济关系。后者聚焦的是市场商业的内部组织。Miller（1930）测算了食品分配体系的进化结构。Waugh（1934）估计了农场到零售的价格差距，概述了市场利润率将来研究的重要议题。A. C. Hoffman（1940）描述了大规模零售和超市的出现，观测到了零售业的固定和市场的力量。William H. Nicholls（1940）发展了不完全竞争理论，证明了观察到的包装货物的批发商在终端市场勾结购买股票可能会损害农民和消费者。

贡献五：供应链管理和设计。Boehlje（1999）认为供应链或价值链是在生产分配过程中的价值创造行为以及与这些行为和过程明显关联的链条结构。建立在 Coase（1937），Williamson（1975）和 Sporleder（1992）发展的交易成本概念上，学者们测试了纵向协调安排的决定因素，对战略联盟给予了特殊的重视。公司之间的激励同样是供应链设计的重要考虑因素。Knoeber and Thurman（1984）研究烤焙用具产业以绩效为基础的合约进行风险转移的行为，为契约规定提供了重要的经验分析方法。Hendrikse and Bijman（2002）证明了所有权分配下基本资产在整个生产过程中如何影响产业链以及投资回报。最后，学者们还发现了私人和公共部门制度体系对供应链绩效形成的影响，Caswell，Bredahl，and Hooker（1998）研究了质量管理系统。

（二）农业企业管理

贡献六：创造出在农业企业部门更有效的运营方法和工具。整体经济表现实质性影响农业投入成本和工厂产量，Stollsteimer（1963）发展了一个模型设定，挑战最小化装配成本和农业大宗商品组合，French（1977）解读了二战后文献中的大量数组，对这些挑战和结论进行广泛而深入的解释。此外，农业经济学家还对私人加工产业的绩效进行研究。

贡献七：通过监测、解释、预测不断变化的农业商业环境，为商业策略提供参考，Davis and Goldberg（1992）率先将案例研究方法应用于农业综合企业。农业企业教育计划已经为开发人力资本作出了巨大的贡献。

十一、农业经济学科的计量方法研究[①]

当经济学变得越来越经验导向，农业和资源经济学家被认为是新计量经济学方法的早期采用者。至今，农业和经济学家继续对计量经济学做有效修改，以保证适应问题和应用的独特性质。

（一）早期研究

贡献一：发展了经济模型的多重相关性和回归分析方法。Mordecai E-zekiel 将多个相关分析方法应用于线性和非线性经济模型。他认为应用研究人员应该在研究经济理论的原因和效应关系之前制定经验回归模型。Henry Schultz 研究了多产地一般食物和农业产品，经验分析了其需求和供应。

贡献二：开拓、发展和估算动态经济模型。经济学家 Gerhardt Tintner 最重要的开创性贡献是动态经济模型，他专注于动态模型、期望构造、风险和不确定性。

贡献三：用技术解决系统联立方程式的证明问题。经济学家 Frederick Waugh 是多个相关和回归分析的早期贡献者；Moore（1914）基于农业部门玉米、干草、燕麦、土豆和工业部门生铁的数据估计需求方程，发现一个不符合马歇尔普遍规则的"需求定律"：越大数量的生铁被出售，价格会越高。

（二）结构方程建模

Moore（1914）在估算需求关系、联立需求和供给方程时，总结了数据间的规律，识别了潜在的需求供应结构参数。Wright（1928）发现通过增加额外变量可以证明另一个方程的参数，该"工具变量"方法早于结构关系的一致有效估计。

（三）面板数据和有限因变量的计量经济学

农业和资源经济学家正越来越多地使用计量经济模型来估计数据。横截面数据集的应用最为常见。

贡献四：用固定效应分析面板数据的模型设计与发展（例如，Hildreth, 1950）；使用随机效应分析面板数据（例如，Balestra and Nerlove, 1966）；定性和有限因变量数据有效估量方法的发展（例如，Grogger and Carson, 1991）。

---

① 本部分编译自 David A. Bessler, Jeffrey H. Dorfman, Matthew T. Holt, and Jeffrey, T. Lafrance, "Econometric Developments in Agricultural and Resource Economics: The First 100 Years," *American Journal of Agricultural Economics*, 2010, 92 (2), pp. 571-589.

（四）时间序列经济

贡献五：预期回报结构的发展和运用。在 20 世纪 50 年代后期，Marc Nerlove 基于卡克分配滞后第一个介绍了预期模型。预期回报机制允许学者们一致估计单个方程短期和长期的供给反应。

贡献六：在理性与准理性预期情况下，内含经济代理人期望的模型和合理估算技术的应用较为普遍，因变量和严格外生变量更普遍的延迟结构模型被提出（包括 Burt 的非随机差分方程等）；在农业供给方面，理性预期建模的应用有助于农业部门进行简单预测。

第二十二章　公共管理[*]

公共管理作为一门学科，在我国只是最近十多年的事情。不过，公共管理的实践却是伴随着人类社会的始终，只要存在公共事务，就会产生对公共事务进行管理的实践。现代国家和政府的形成，进一步使得公共事务的规模和范围扩大，公共事务干预程度加深，也客观上增加了对公共管理实践进行科学研究的需求。因此，公共管理研究的文献支持和实践探索构成了公共管理学科的两个重要基础。

第一节　公共管理学科的发展概况

与我国的很多其他学科一样，公共管理学科也是一种舶来品。根据学术界比较一致的看法，公共管理学科的前身公共行政学在美国兴起于 19 世

＊ 本章主笔：李文钊，中国人民大学公共管理学院副教授。

纪末期，其鼻祖是曾任美国总统的政治学者伍德洛·威尔逊。[①] 在美国，公共管理学科在其 100 多年的发展过程中，一直面临着瓦尔多所谓的"身份危机"和"合法性危机"[②]。美国公共行政学者库伯（Terry Cooper）曾提出一个有意义的判断标准，他指出："判断一个学术领域研究是否成熟的标准主要有三条：第一，存在一个对该领域长期感兴趣的学者群体，且至少其中的一些人认为自己是这个领域的专家；第二，有连续性的出版物来推动理论的发展，包括书籍、核心期刊和会议论文等；第三，在大学职业教育课程中设立学术性的课程。"[③]

在中国，公共管理学科的前身行政学或行政管理学于 1986 年才开始恢复和重建[④]，经过近 30 年的发展，尤其是 1999 年中国开始推行 MPA（公共管理硕士）教育，作为一门学科的公共管理开始形成并逐步体系化。1984年，国务院办公厅和劳动人事部在吉林召开"行政科学研讨会"，会议论证了行政科学研究和教育的重要性，建议筹建中国行政管理学会。[⑤] 从 1986年开始，在政治学一级学科之下设立行政学二级学科，1987 年中国人民大学设立了国内首家行政学专门研究机构。在当时，还没有提出公共管理学科的问题，主要是按照行政学或行政管理学的模式来建立，培养学生，从事研究。

行政学学科的建设，本身是一个不断扩散的过程，最开始在一些比较知名的高校建立。随后，一些高校相继在政治学、法学、管理学或经济学学科

---

① 伍德洛·威尔逊于 1887 年发表了划时代的论文《行政学研究》，倡导建立一门学问专门对政府的行政问题进行研究，它不同于政治问题的研究，政治与行政二分法的思路最早来源于此。在该论文中威尔逊主张使用历史研究法和比较研究法，对政府的职能和管理方式进行研究，建构一门行政科学（Woodrow Wilson, "The Study of Public Administration," In Shafritz, Jay M. and Hyde Albert C. (eds.). *Classics of Public Administration*. The Dorsey Press, 1987）。

② Dwight Waldo. *The Enterprise of Public Administration*: A Summary View. Novato, Calif.: Chandler & Sharp Publishers, 1980.

③ Terry L. Cooper, "The Emergency of Administrative Ethics as a Field of Study in the United States," In Terry L. Cooper (eds.), *Handbook of Administrative Ethics*. New York: Marcel Dekker, INC, 1994, p.3.

④ 张成福教授在《变革时代的中国公共行政学：发展与前景》一文中，对中国公共行政学的发展历史及其前景进行了展望，参见张成福：《变革时代的中国公共行政学：发展与前景》，载《中国行政管理》，2008（9）。

⑤ 参见张成福：《变革时代的中国公共行政学：发展与前景》，载《中国行政管理》，2008（9）。

之下设立行政学研究机构，开始从事行政学的教学与研究。这种扩散过程，类似于文官制度在美国城市政府的扩展过程，开始时是一个需求导向的过程，后期则是一个制度化过程。① 教育部委托周志忍教授负责的一项调查显示，截至 2004 年底，中国高校设立行政管理本科专业的高校有 101 所。② 而教育部的一项最新统计显示，截至 2009 年，设立行政管理专业的国内高校已经达到 321 所。③ 经过 5 年时间的发展，行政管理专业增加了 2 倍多，这从另外一个侧面反映了该学科被社会认同和合法化的过程。

中国在高校层面建立行政管理学科和设置行政管理本科教学的同时，政府层面也开始组建行政学院。1988 年，国务院开始筹建国家行政学院。1994 年，国家行政学院正式建立。随后，各地相继建立了行政学院，行政学院成为公务员培训的重要基地，也是推进行政管理学科成长的一个重要渠道和途径。

1986 年中国行政管理学会的成立是学科成长的重要标志。同时，与学科相关的杂志、书籍纷纷出版，除了《中国行政管理》杂志之外，各地方行政学院学报相继出版，此外，很多杂志都设立了行政学的栏目刊登行政管理学论文。很多国外的行政学著作被翻译、引进和介绍。西方国家，尤其是美国的行政管理学理论被介绍到中国，中国学者开始系统性总结美国公共管理学科的发展历史及其演进过程。④ 对行政管理学的研究对象、研究内容和概念

---

　　① 美国学者托尔博特和朱克曾经在《行政科学季刊》发表《正式组织结构变革的制度根源：文官制度改革的扩散（1880—1935）》一文，提出了一个有关政府改革现象的问题，即为什么美国有些城市较早地实现人事制度改革和采纳文官制度，而另外一些城市却很晚实现人事制度改革和采纳文官制度？对于这一现象的回答，他们提出了一个政府改革的制度化理论，即早期一些城市采取变革、采纳文官制度是理性选择机制的结果，而后期一些城市采取变革、采纳文官制度是合法化机制的结果，即迫于制度合法性的压力。（P. S. Tolbert & L. G. Zucker, "Institutional Sources of Change in the Formal Structure of Organizations: The Diffusion of Civil Service Reform, 1880-1935," ASQ, 1983 (28), pp. 22-39）从某种程度上来说，中国行政学在不同高校的建立过程，也可以从托尔博特和朱克给出的制度逻辑进行解释。

　　② 参见周志忍：《论公共管理的学科整合：问题、挑战与思路》，载《北京大学学报》（哲学社会科学版），2004（4）。

　　③ 参见中华人民共和国教育部高等教育司编：《中国普通高等学校本科专业设置大全（2009年）》，北京，首都师范大学出版社，2009。

　　④ 有关美国公共行政学发展历史的论文和著作具体参见张梦中：《美国公共行政学百年回顾》（上、下），载《中国行政管理》，2000（5、6）；唐兴霖：《公共行政学：历史与思想》，广州，中山大学出版社，2000。

体系基本达成共识，很多行政管理学的教材出版，虽然各本教材之间存在一些差异，但是大致都包括行政职能、行政组织、行政决策、人事行政、行政监督等内容体系。很多高校也根据行政管理学科的特点，为本科生制定了完整的课程和学分体系；不同层次和不同门类课程的开设，也是对该学科所包含内容进行探索的过程。

1998 年，中国人民大学、中山大学、复旦大学三校率先获得行政学博士授予权，这意味着行政学本科、硕士和博士的学科体系日益完善。而随着学科体系的完善，该学科的学者也开始进行学科反思，探讨该学科最核心的一些问题，包括学科的核心研究对象是什么、概念理论体系是什么、研究方法是什么、如何处理学术研究与实践之间的关系、如何处理学术研究与职业教育之间的关系等问题。

1999 年，国务院学位委员会正式批准设立公共管理硕士（MPA）专业学位，这标志着公共管理职业教育迈出一大步，这也意味着公共管理教育从培养学生到培养学生和加强职业教育相结合。

经过近 30 年发展，中国公共管理学科基本上形成了比较稳定的研究队伍、专业的教学和科研体系，出版了大量学术著作，若干重要学术期刊开始涌现，学科自身的认同感正在加强，公共管理学科正在向成熟化迈进。

第二节　公共管理学科的基础文献和基本理论建构

公共管理学科是一门外来学科，早期对其有不同的称谓，如公共行政、行政管理、行政学等。在我们的研究中，公共管理学科将作为一门大学科来看待，它来源于公共行政学，但是不局限于公共行政学。由于公共管理学科本身属于外来学科，因此，这一学科的发展也遵循了引进、消化、吸收、本土化和国际化的过程，其基础文献主要分为两个部分：一是从国外翻译和引进的著作；二是国内学者撰写的著作。

根据我们对图书馆文献中公共管理学科基础文献的整理，到 2012 年为止，中国已经引进和翻译了 200 本左右的国外公共管理和公共政策学科的教材、专著和研究著作（见图 22—1）。从图 22—1 显示的数据来看，中国 1985 年才开始引进国外公共管理学科的著作，并且 1985 年至 2000 年期间，基本上按照每年 2 本左右著作引进。从 2001 年开始，中国公共管理学科进入快速引进和发展阶段，每年引进的著作数量平均达到 15 本左右，大大超过了此前引进著作的频率和数量。

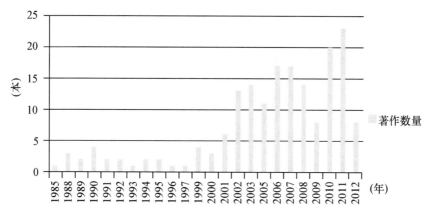

图 22—1　公共管理学科翻译和引进著作情况（1985—2012 年）

由于公共管理学科文献较多，我们将重点讨论公共管理学科中比较核心的基础理论问题，它是公共管理学科中最为重要的内容。公共管理的理论来源于公共管理的实践，反过来，公共管理的实践可以检验公共管理的理论。因此有学者指出公共管理既是一种职业，也是一种理论。

然而，现实情况下，理论与实践并非联系得如此紧密。正如学者罗伯特·登哈特所言："行政实务者常常抱怨行政理论家（从行政学之父到当前的行政学者）都生活在象牙之塔，他们离行政实务如此遥远，以至于他们的原理和观点难以与现实世界相适应。然而，学者们，即使那些最关注行政理论与行政实务相联系的学者们，也抱怨公共机构的行政实务者总是过于关注行政管理的操作方式，而对行政管理不能从一个理论的视角进行综合考察。理论与实践之间的鸿沟如此之大，以至于似乎难以弥合。"① 当然，这并非美国公共管理学所独有的现象，中国公共管理学也面临同样的问题。

然而，理论是什么？实践是什么？这些问题并没有引起大家关注，而且其本身也十分混乱。要理解公共管理学的基本理论，必须首先对于理论有所了解。到底什么是理论，众说纷纭，莫衷一是。一些深受实证主义影响的学者认为，理论即是"科学"的同义词，用弗雷德·柯林格的话说就是："一

---

① ［美］罗伯特·登哈特：《公共组织理论》（第三版），3～4 页，北京，中国人民大学出版社，2003。

种察看现象的系统化观点，一组彼此关联的构念或概念、定义及命题的集合。它通过确认各种变量间的关系，从而达到解释和预测现实的目的。"① 而具有人文主义倾向的研究者却并不赞同，他们认为"理论"有时就等同于思索、推测或理想这样一些概念，有时甚至成了非实际的代名词。学者阿基里斯提出，支配人们行为的理论通常有两种不同的形态，一是内隐理论，一是外显理论。内隐理论是一种人们在行动过程中加以运用的习而不察的理论，而外显理论则是一种信奉的理论。与外显理论相比，要认识内隐理论相当困难。由此我们就能自然地说，每个人的思想深处都存在一种支配其思想和行动的相应理论，尽管日常生活中，我们并没有意识到这一点。正如学者罗伯特·登哈特所言："最重要的是，理论不能脱离实践而存在，组织理论完全与我们作为组织成员或其顾客的行动方式相联系。我们在我们所秉持的理论框架内行动，或更确切地说，我们的行动只是我们理论观点的表达而已。在行动中，理论和实践是不分离的。"② 因此管理者必须有选择地积累知识，然后以这些知识为基础作出决策、采取行动，实际上知识学习是行政管理的核心。

而认识理论需要某个视角，科学史学家库恩为我们认识理论提供了一个新的视角，即范式的视角。库恩在《科学革命的结构》一书中明确指出科学发展的过程，即要经历常规科学、反常、危机和科学革命等四个阶段，并提出范式具有两个主要特征："一方面，它代表着一个特定共同体的成员所共有的信念、价值、技术等构成的整体。另一方面，它指谓着那个整体的一种元素，即具体的谜题解答；把它们当作模型和范例，可以取代明确的规则以作为常规科学中其他谜题解答的基础。"③ 从此，"范式"一词在各学科开始流行，当然公共管理学也不例外。

虽然如此，公共管理学是否真正存在范式？如果存在，有哪些范式？这些问题都存在疑问，也有不同的理解。对公共管理学的基本范式划分影响最大的，当属著名学者尼古拉斯·亨利。他认为"经过范式的五次重叠演替，

① Fred N. Kerlinger. *Foundations of Behavioral Research*. 2nd ed.. New York: Holt, Rinehart & Winston, 1973, p. 9.

② ［美］罗伯特·登哈特：《公共组织理论》（第三版），3 页，北京，中国人民大学出版社，2003。

③ ［美］托马斯·库恩：《科学革命的结构》，157 页，北京，北京大学出版社，2003。

公共行政已经发展成为一个学科领域。每个阶段以'定向'或'焦点'为特征"①。定向是指该学科领域设置在"哪里",也就是说研究对象是什么。公共管理的一般定向在官僚体制,但也并不总是这样,通常公共管理的传统定向一直是模糊的。焦点是指该学科专门研究什么,也就是说研究内容是什么。公共管理的一个焦点是研究"公共行政原则",但总是随着范式变迁而变迁。这样,可以将公共管理学划分为五个范式。范式1:政治与行政的二分法(1900—1926);范式2:公共行政原则(1927—1937);范式3:作为政治学的公共行政(1950—1970);范式4:作为管理学的公共行政(1956—1970);范式5:作为公共行政的公共行政(1970—　)。

美国著名的政治学家、行政学家文森特·奥斯特罗姆在《美国公共行政的思想危机》一书中提出美国公共行政的两种替代范式选择:官僚制行政理论和民主制行政理论。② 他认为官僚制行政理论是美国主流的行政思想,经由威尔逊、古德诺、韦伯和古立克等人的发展,已经日益完善,也存在着范式危机。而他根据《联邦党人文集》和《论美国民主》,以及美国代表性政治经济学家的研究,提出了民主制的替代选择范式。

新公共管理的鼓吹者和强有力的影响者欧文·E·休斯从历史发展的角度,将行政管理分为三个阶段,即前传统阶段、公共行政传统模式和公共管理改革阶段。每个模式背后都有其管理模式和理论基础。③ 例如他指出早期的行政体制本质上是价格化的,或者说是建立在韦伯所说的"裙带关系"的基础之上的,也就是说以效忠国王或大臣等某个特定的人为基础,而不是非人格化的;以效忠组织或国家为基础而不是以个人为基础。传统行政模式的主要特点有:官僚制;最好的工作方式和程序都在详尽全面的手册中加以规定,以供行政人员遵守;官僚服务;在政治、行政二者关系中,行政管理者一般认为政治与行政事务可以分开;公共利益被假定为公务员个人的唯一动机,为公众服务是无私的付出;职业化制。新公共管理强调结果的实现和管理者个人责任;弹性化的组织设计;强调产出;强调市场检验等。

与这些学者明确提出公共管理的理论范式相比,有些学者从研究途径和

---

① ［美］尼古拉斯·亨利:《公共行政与公共事务》(第八版),47页,北京,中国人民大学出版社,2002。

② 参见［美］文森特·奥斯特罗姆:《美国公共行政的思想危机》,上海,上海三联书店,1999。

③ 参见［澳］欧文·E·休斯:《新公共管理的现状》,载《中国人民大学学报》,2002(6)。

基本理论出发论述公共行政的基本理论。如著名学者戴维·H·罗森布鲁姆提出："公共行政的研究有三条相对分明的途径，各自对公共行政有不同的阐述。一些人把公共行政视做一种'管理行为'（management endeavor），与民营部门的运作相类似；另外一些人则强调公共行政的'公共性'（publicness），从而关注其政治层面；还有一些人注意到主权、宪法及管制实践在公共行政中的重要性，从而把公共行政视做一种法律事务。"① 这就是说他将公共管理学的研究途径分为管理、政治和法律的三种途径，对于公共管理的运作，倾向于强调不同的价值和程序、不同的结构安排，亦用不同的方法看待公民个人。

与此类似，学者罗伯特·登哈特将公共管理研究取向分为三类，并在此基础之上，提出了自己关于公共管理的看法。② 他认为，就公共管理理论范畴而言，至少可以存在三个取向：第一，公共管理被看作政府过程的一部分，因而是政治学研究的一个分支。在这一观点看来，公共组织理论是政治理论的一部分。第二，公共组织被看作与私人组织差不多。在这一观点看来，公共管理理论只是组织理论的一部分。第三，公共管理被认为是一个专业，就像专业性极强的医学或法学一样，它吸收了不同的理论视点以解决实际问题。

学者凯顿指出，公共管理存在五种相互竞争的研究途径，而没有哪一种途径获得了广泛的认同。③ 第一种研究途径将公共行政等同于政府行政，这种研究途径认为所有的政府都实施一定的行为，如外部关系、国防、法律和秩序、公共工程、社会福利和征税。此外，政府还垄断一些公共服务，如邮政服务、移民控制、货币发行、标准控制等。第二种研究途径是将公共行政等同于公共组织，这种组织以公法为基础，受公共行政支助，由公共人员服务。其中公共组织包括政府部门、管制机构、地方政府、公共公司等。第三种研究途径认为公共行政研究公共导向的行政目标，即公共行政关注社会目标和价值、公共意见的表达、公正、平等、回应性、公平性等基本目标。相

---

① ［美］戴维·H·罗森布鲁姆等：《公共行政学：管理、政治和法律的途径》，16页，北京，中国人民大学出版社，2002。

② 参见［美］罗伯特·登哈特：《公共组织理论》（第三版），14～20页，北京，中国人民大学出版社，2003。

③ Gerald E. Caiden. *Public Administration*. Second Edition，Calif：Palisades Publishers，1982，pp. 16-19.

反，私人行政关注个人利益、私人目标，不受公法约束。第四种途径强调通过公共政策制定的特殊过程来判断公共行政，这种途径试图找出公共组织和私人组织在政策制定过程中的不同之处。第五种途径既不强调公共物品或者服务的提供，也不强调公共物品或服务的管理，而是强调公共行政的公共性。

笔者认为，不同学者所面临的时代课题不同，观察政府实践的角度不同，从而对于政府如何良好行政的基本逻辑也存在较大差异，而这些逻辑差异大多反映了不同学者追求的价值不同，从而也形成了不同的公共行政理论。例如威尔逊看到的是政治过多干预行政，政府运作效率较低，因此主张政治与行政的分开，从而也开创了企业性行政的模式。而后来的学者则发现政府过多地关注效率，而缺乏对社会公平、回应性和社会正义的关注，因此主张公共行政的"公共性"，从而形成了所谓的"新公共行政"运动。

虽然如此，有两个维度是所有公共管理学研究者都不可回避的问题。一个维度是公共管理应该追求什么样的价值，即政治的价值，还是行政的价值，前者主张公共管理应该具有回应性、代表性、公平性和参与性，后者主张公共管理应该追求效率、效能和经济。另一个维度是公共管理应该研究什么，是研究政府官僚组织，强调政府行政和政治自身的治理，还是研究公共服务的提供、公共问题的解决，强调公共行政和公共事务的管理。这样，我们可以将所有的公共管理理论分为四类：一类强调行政的价值，主张研究官僚组织，如传统的行政理论和行为科学理论，通过对政府自身组织结构的设计，来达到效率的目的，因此可以统称官僚制行政理论；一类强调政治的价值，主张研究官僚组织，如新公共行政理论，强调通过政府来改善社会，实现社会公平；一类强调行政的价值，主张研究公共事务，如新公共管理理论，它强调如何有效地供给物品，提供公共服务；一类强调政治的价值，主张研究公共事务和公共物品，如奥斯特罗姆的民主制行政理论。表22—1列示了这四种理论范式。

表 22—1　　　　　　　　公共管理理论的基本范式

价值诉求 / 研究对象	行政的价值 （效率、经济）	政治的价值 （回应性、代表性）
官僚组织 （主体）	官僚制行政理论（代表人物：威尔逊、韦伯等）	新公共行政（代表人物：弗雷德里克森等）
公共事务 （客体）	公共政策理论、新公共管理（代表人物：休斯、奥斯本等）	民主制行政理论（代表人物：奥斯特罗姆等公共选择学派）

（一）范式1：官僚制行政理论

官僚制行政理论事实上包括两个相对时期，一个是传统公共行政时期，二是行政科学时期。传统的研究途径大约在 19 世纪 80 年代至 20 世纪 40 年代，这一时期的主要任务是建立具有独立意义的公共行政学，其主要目标是追求效率，并且认为可以通过科学的方式建立高效的组织。其主要观点包括：政治与行政二分，该观点隐喻政治可以从行政中分离；一般管理取向，该观点隐喻公共管理和私人管理具有同一性；对世界和人采取一种机械式的看法，该观点隐喻行为可以通过激励与报酬操纵；行政科学，该观点强调科学之可能性；集权化，该观点认为组织应该采取集权化方式管理；致力于民主和公共利益，认为公共行政人员只有公共利益，没有私人利益，公共和私人严格区分；法律性和规范性的研究，即强调从制度和组织的角度进行研究；政策和执行分开，强调公共行政是执行政治设定的政策。主要代表人物：泰勒（科学管理），韦伯（官僚制），巴纳德（权威），古立克（行政的职能），福莱特（反对科学管理，强调动态管理）。政治与行政二分原则、官僚制理论和行政科学原则是这一时期的主要观点。

威尔逊在《行政学研究》中提出："行政应该处于政治领域之外，行政问题不是政治问题。尽管政治为行政确定了目标，但是不应该去操纵行政活动。"因为主张政治与行政分离，从而政治与行政二分成为公共行政学的核心原则之一。古德诺在《政治与行政》一书中进一步将"政治与行政"进行区分，认为"政治与政策或国家意志的表达相关，行政则与这些政策的执行相关"。

事实上，有三个原因使政治与行政二分法具有持续的影响力。[①] 第一个原因是威洛比将公共行政的研究范围限定在"政府部门的运行"，这一区分至少在两方面非常重要：一是将行政与一个特定政治部门相联系，这实际上意味着政治与行政的两分；二是正如马歇尔·迪莫克所言，这种研究方法进一步证实了这种说法，即行政研究就是关注增进高度结构化组织的管理效率。第二个原因是威洛比对公共行政的制度性定义起到了确定威尔逊和其他早期学者的观点的作用，他们认为政府行政与任何组织管理是相同的，效率是其首要目标，政府可以效法企业。第三个原因是公共行政在民主社会中的

---

① 参见［美］罗伯特·登哈特：《公共组织理论》（第三版），53～56 页，北京，中国人民大学出版社，2003。

作用，一般学者广泛接受学者克利夫兰的观点，即"专制政体和民主政体之间的区别，不在于行政组织本身，而在于政府之外是否存在拥有控制力的选民及其代议机构，这些选民及其代议机构有权决定政府成员的意志，并要求他们在行政活动中贯彻这些意志"。

在公共行政中，官僚制一直是核心主题，在现代社会，很多人将现代组织等同于官僚制，这主要是因为许多组织具有与官僚制相似的性质和特点。官僚制是由韦伯提出的，他在对权威的三种类型的分析基础上，提出官僚制是适应现代社会的理想模型。在他的著名分类法中，韦伯把权威分为三种：传统权威，其基础是对古老传统的神圣不可侵犯及在其之下实施权威合法性的牢固信念；法理权威，对规范法则模型的"合法化"和在此规则下提升权威发号施令的权力的信念；魅力权威，对个体特定和特别的神性、英雄主义或典范特征的崇拜，以及对由他或她提出或颁布的规章的崇拜。

美国公共行政学者在威尔逊理论的基础上，阐发了许多著名的行政学原则，如命令统一、控制幅度、命令链条、职能部门化、单一权威首脑指导下属行政单位等，都被假定为具有普遍效力的行政安排。这些学者认为，强化政府就是提高行政首长的权威和权力。权威无限的机构优于权威有限的机构，管得多优于管得少。集权的解决方案优于权威分散于多种决策结构的方案。

20 世纪 40 年代，席卷政治学和其他学科的一个趋势是建立人类行为科学，这一思想对行政学影响也很大。行为主义并不关注政治与行政二分法，它主要是为了更好地理解组织，以便建立高效的组织，理性主义是其核心思想。其核心思想包括：研究实际的行为，这种研究关注管理者"做什么"，以及为什么做，而不太关注管理者应该做什么。该观点认为，为了更好地理解公共管理，我们需要研究实际行为；一般管理取向，认为公共管理和私人管理具有相同性；逻辑实证主义，认为社会科学应该效仿自然科学，非常信奉科学的方法；事实和价值二分，认为事实可以从价值中分离；关注组织结构和组织管理；描述性而不规范性研究，认为主要目标是描述管理和组织的事实；成本收益分析方法居于政府研究的核心地位，这种方法建立在理性主义基础上。主要代表人物：麦格雷戈（X 理论和 Y 理论），西蒙（事实和价值二分），梅奥（霍桑实验），怀尔达夫斯（公共预算），唐斯（官僚内幕）。

（二）范式 2：新公共行政

新公共行政起源于 1968 年的米诺布鲁克会议，它认为应该重新思考政治与行政、事实与价值、效率与平等、等级制与参与这些问题。新公共行政运动与其说是对传统公共行政的挑战，还不如说是为公共行政提出了新的问题，但并没有给出这些问题的答案。新公共行政主要强调平等、过程、责任和支持，它主要是反对行为主义。具体而言，新公共行政的主要内容包括：强调组织的人性方面，反对理性主义；主张政策建议，认为官僚有义务成为政策建议者；参与性官僚制，认为组织成员应该参与决策；代表性官僚制，组织的组成部分应该反映种族、民族和社会的组成；顾客代表，认为官僚制必须寻找他们的委托人；公共行政的正统学派，该学派强调政府制度包括官僚制是社会的主要治理形式，强调政府的积极作用；政策与行政的不可分性，反对政策与行政二分法；政治与行政的不可分性，反对政治与行政二分法。主要代表人物：弗雷德里克森（新公共行政），瓦尔多（行政国家），斯蒂尔曼（古典公共行政的重述者）。组织人本主义和弗雷德里克森的新公共行政思想是其典型。

组织人本主义是与组织理性模式相反的一种观点，该观点强调个人是社会发展的积极参与者，他的需求、意愿和个人价值在决定人类的事件中起着决定作用。其核心观点包括如下三种：一种观点认为，更加开放、参与性更强的管理风格不光使劳动者更加满足，而且能够提高生产力，即人本主义是出于效率考虑；一种观点认为让更多的人参与进来能够促进组织变革，即人本主义是出于变革的需求；一种观点认为我们应该出于道德的理由鼓励个人的自由和责任感，即人本主义是出于人本主义的需求。

乔治·弗雷德里克森是新公共行政学的主要代表人物，在 1996 年，他出版了其新著《公共行政的精神》，这代表了他寻找公共行政的公共性的又一尝试。在该书中，他系统地探讨了公共行政的公共性、伦理理论、代表性、回应性等新公共行政的基本主题。[①] 他指出，公共行政不仅应该关注效率和经济的价值，还应该关注公共的价值。对此，他分别列举了历史上存在的五种公共性观点：公共是利益集团（多元主义的观点）；公共是理性选择者（公共选择的观点）；公共是被代表者（立法的观点）；公共是顾客（服务提供的观点）；公共是公民。在此基础之上，他提出了公共行政的"公共性"

---

① 参见［美］乔治·弗雷德里克森：《公共行政的精神》，北京，中国人民大学出版社，2003。

应该包括如下构成要件：公共行政的公共的一般理论的第一个要件是，它必须建立在宪法基础之上；公共行政的公共的一般理论的第二个要件是，这种理论必须建立在得到强化了的公民精神的理论的基础上；公共行政的公共的一般理论的第三个要件是，需要发展和维持这样一种制度和程序，它能够听到集体的和非集体的公共利益要求，并能够对其要求作出回应；公共行政的公共的一般理论的第四个构成要件是，这种理论必须建立在乐善好施与爱心的基础之上。

与此同时，他在总结公共行政基本精神的基础之上，提出了公共行政的首要原理：

原理一：公共行政的前辈们明智地选择"公共行政"，而非"政府行政"一词来表明这一领域的性质。公共行政包括国家的活动，的确也根植于国家。但是，其范围更广，并且应该更广，还包括集体的公共行政的行政或执行层面的各种形式和表现。

原理二：公共行政的任务在于高效、经济及公平地组织和管理所有具有公共性质的（包括政府、准政府及非政府的）机构。

原理三：公共行政的范围是执行公共政策，有效地组织与管理公共机构，不带任何党派偏私地支持公共机构，为了全体公民的利益而维护政体的价值。

原理四：公共行政，无论在学术研究方面，还是在实践领域，均应公平地把关注的焦点放在美国联邦体制下的联邦、州及地方政府层面上。

原理五：我们应该以这种方式，即以增加变革的前瞻性、回应性及公民参与的方式，管理公共组织和机构。

原理六：在民主政治环境下，公共管理者最终应向公民负责。正是因为这种责任，我们的工作才显得崇高神圣。

原理七：无论在理论上，还是实践上，公共行政对公平与平等的承诺，都应该与对效率、经济和效能的承诺同等重要。遵循公平与平等原则能够把我们时代的人民紧密联系在一起，同时也使我们与未来一代的联系更加紧密。

原理八：公共行政的精神是建立在所有公民的乐善好施的道德基础之上的。

（三）范式 3：新公共管理与公共政策

新公共管理兴起于 20 世纪 70 年代，它与西方国家的行政改革紧密相联系，有人称之为"企业型政府"、"以市场为基础的政策"、"后官僚主义"。按照学者休斯的看法，新公共管理的理论基础是经济学理论和私营管理理论，前者包括新制度经济学、公共选择学和交易成本经济学。新公共管理强调效率，不过也强调与其他价值的平衡，这一时期也是对新公共行政的反思，从渐进变化到主要变革。他们主要批评新公共行政以牺牲效率为代价来换取公平和过程。其核心思想和主要观点包括：公私的重新反思，认为公共部门与私人部门虽然有很多不同之处，但是也有很多共同的地方，政府可以效仿私人部门；政治与行政二分法的重新反思，政治使得管理更加复杂，但是政治不能与行政分离；重塑政府，奥斯本和盖布勒提出此概念，主要是更好地提高政府的效率；结果导向型政府而不是过程导向型，主要是平衡效率和其他方面的考虑；绩效测量，主要是寻求使政府更富有效率和责任；民营化，主张更多利用私人部门生产公共物品，主要代表人物是萨瓦斯。主要代表人物：奥斯本和盖布勒（重塑政府），德鲁克（目标管理）等。

重塑政府代表了新公共管理的核心思想。其核心内容就是在政府内部引入市场文化，用企业家的做法来引领政府的行为。有关政府重塑的理论和实践首先源于美国。企业优于政府是美国人根深蒂固的观念，他们认为虽然企业本身也可能存在矛盾，但相比于政府而言，却要少得多，因为企业面临更多的竞争，而政府面临的则是更多的垄断。戴维·奥斯本和特德·盖布勒在《重塑政府》一书中，系统地总结了美国各级政府近二三十年来吸收企业家精神改革政府的实践，提出了十条改革思路：从划桨到掌舵、从服务到授权、从垄断到竞争、从规章到使命、从投入到效果、从官僚到顾客、从浪费到收益、从治疗到预防、从集权到分权、从政府到市场。

此外，近年来，公共管理学者开始关注公共政策这一更加广阔的领域，把它作为理解公共组织在表达社会价值时所起作用的一种方法。而这为公共组织研究开辟了新的研究道路，公共政策研究试图综合公共组织研究的政治途径和理性途径，重新强调公共组织是政治过程的一部分，公共组织具有表达社会价值的功能，而不仅仅是工具。因此公共政策的研究主要关注两个核心问题：一个是责任问题，即一致性问题；一个是效率问题，即有效性问题。

公共政策的研究起源于早期的政治科学家，他们试图恢复公共行政研究的政治学传统。例如阿普尔比在《政策与行政》一书中明确指出将政策与行政分开的困难。后来很多学者对此进行了研究，逐渐形成了公共政策研究的

两个学派：一是政策科学学派，一是政策分析学派。

公共政策的一致性关注官僚机构的决策与社区的选择或理应作为公众代言人的官员保持一致的程度，即责任性问题。围绕这一问题，不同学者提出了不同的方法。如雷德福提出"民主道德"，探讨行政中的民主问题。总的来说，为了保持一致性，人们日益形成了两种主要观点：一是通过改变官僚选择来达到目的，一是通过外部正式机制来达到目的。前者是主观责任问题，成为行政道德研究的核心问题，学者罗尔、库伯等人对此作出突出贡献。后者是客观责任问题，成为代表性官僚和公民参与研究的核心问题，学者金斯利等人作出突出贡献。

公共政策研究的有效性关注能够产生比其他选择更有效的政策程度。学者洛伊从多元主义和集团主义的角度研究公共政策的有效性问题，而其他学者从政策实施的角度研究公共政策的有效性问题。前者主要探讨政策决定的有效性问题，后者主要探讨实施政策所采取的行动问题。对政策实施的研究，促使学者们开始关注各种影响政策的政治经济因素。虽然如此，这两派学者都强调政策制定中的集中化和理性化，并没有跳出理性模式的范畴，都强调理性化的决策过程和模式。

（四）范式 4：民主行政理论

民主制公共行政理论主要由美国著名公共行政学者奥斯特罗姆在《美国公共行政的思想危机》一书中提出。奥斯特罗姆教授认为，在美国建国时期，就产生了与官僚制行政相对的民主制行政的理论。汉密尔顿和麦迪逊等人写作的《联邦党人文集》就阐发了交叠管辖的政府体制。

奥斯特罗姆认为，从现代政治经济学家以及早期民主理论家的著作中生长出来的范式内含有民主制行政科学，其基本定理可以概括如下：（1）行使政府专有权的人与其同胞公民一样，前者不见得比后者更可能腐败或者更不可能腐败。（2）宪法的结构在一群人中分配决策权能；民主宪法界定个人的专有权和不同政府机关专有权所内含的权威，这样每一方的权能都为其他各方的权能所制约。在民主社会确立和变更组织安排的任务要看作是立宪选择的问题。（3）对于行善是必要的权力，即政治权威的行使，会被某些人所篡用，他们抓住机会，利用这样的权力来谋求私利，损害他人，除非政治权威是分立的，不同的权威组织可以相互制约和控制。（4）公益物品和服务依靠各种组别的决策制定者所作出的决策，每个集体企业在政治上的可行性依靠的是所有决策结构持续地作出有益的决策。公共行政在政治的范围之内。

（5）形形色色的组织安排可以用作提供不同的公益物品和服务。这些组织可以通过各种各样的多组织安排得以协调，它们包括互利性的贸易和协议、竞争性的对抗、裁定冲突以及有限等级的命令权力。（6）经过专业训练的公务人员对单一权力中心负责，这种等级秩序的完备会削弱大型行政体制对公民对于形形色色的公益物品的种种偏好作出反应的能力，也会削弱其应付各种环境条件的能力。（7）对单中心权力负责的等级组织的完备，不会使效率最大化，在此，效率是指时间、精力和资源花费最少。（8）在任何政府中，权力分散在具有多种否决权能的决策中心，发展程度各不相同的多元的、交叠的政府机构，对于维持稳定的、在变化迅速的条件下能增进人类福利的政治秩序是必要的条件。

奥斯特罗姆提出解决日益增加的复杂问题的一个路子就是求助于多层次、多方面、多视点的分析。

事实上，由于公共行政实践本身的复杂性，公众对于公共行政存在不同的价值诉求，这使得每一种范式都有其适用范围和生命力。范式1有利于政府自身的组织建议和效率提高；范式2有利于保证政府自身的公正性和公平性；范式3有利于政府更好地从事外部管理；范式4有利于政府更好地回应民众需求，满足民众多样性需求。不同时期，政府自身侧重点不同，使得每一种范式会在不同时期处于主导地位。

不过，现代社会的发展，使得人们不仅重视政府自身建设，而且重视政府提供的公共物品和服务；不仅重视政府是否实现了效率的价值，而且重视政府是否实现了民主的价值。因此，公共行政学研究也重新出现了竞争、学习和融合的趋势。网络治理理论和新公共服务理论的相继出现，就是这种融合的表现。而中国的公共行政理论，需要与中国实际相结合的行政范式。

第三节　公共管理学科当下发展实践中的主要问题

任何一门学科都需要完成两个目标：一是通过研究，实现人类知识的增长。这种知识可能是科学性的规律（描述和解释社会现象，回答是什么问题），也可能是伦理性的价值（为社会指明方向，回答应该是什么问题）。二是指导实践，改善人类社会的福祉。从理想状态来说，通过知识应该能够驱动社会变迁，但是，如果知识不能够改善实践，或者说知识使得实践更加糟糕，那么这种知识是有害的而非有益的知识。这两个目标之间存在内在一致性，它们之间是一种共生演化（co-evolution）过程。作为一门应用性社会科学（applied social science），公共管理学更是如此。

中国公共管理学科面临的挑战也大概在这两个方面，具体而言，可以分为三个问题：本土化、国际化和实用化。本土化和国际化是对知识层面的强调，实用化是对应用层面的论述。

本土化和国际化，这是任何一门引进的学科都面临的问题。威尔逊在《行政学研究》中，本身就是倡导"美国的行政学"，拥有美国的"气味"。但是这种对本土化的强调似乎天生与国际化存在冲突。西蒙从 20 世纪 40 年代发表的《行政行为》（Administrative Behavior）开始，就倡导行政科学（administrative science）的范式。他在 90 年代有关公共行政的最后一篇论文，仍然维持他 50 年代的看法，即行政学虽然是一门应用性科学，但是它本质上是"科学"。从科学的层面看，"本土化"和"国际化"是一回事，即需要使用通用性语言发现适应人类一切情景的"真理"和"规律"。这也导致了公共行政学中著名的"方法论"问题之争，瓦尔多称之为"身份危机"。达尔在《公共行政科学中的三个问题》中，也对这一问题发表了同样看法。事实上，任何一门学科，都需要回答三个问题：研究对象、概念和理论体系、研究方法。遗憾的是，中国公共管理学科一直在"研究对象"中进行争论，并且花费很长时间进行"概念辨析"以及引进理论，还没有认真地讨论自己的方法论问题。

而在方法论方面的挑战，更多的来自缺乏科学规范的研究方法，尤其是定量分析方法的缺乏。范伯乃等最近一篇新的论文，通过文本分析，发现美国和中国在研究主题上没有什么差异，更多的是研究方法的差异。在研究方法方面，公共管理研究无论是定性研究方法，还是定量研究方法，都需要认真补课，及时进行赶超。在这一点上，中国公共管理的研究落后于中国工商管理的研究。哈佛大学教授 Steven J. Kelman 在一次私人交谈中指出：韩国学者在公共行政研究的国际发表方面影响较大，中国学者在工商管理的国际发表方面影响较大（这里主要是指具有中国或韩国血统的学者）。当然，方法方面也应该是使用"多元研究方法"（multi-methods），针对问题寻找方法，而不是会什么方法使用什么方法。当然，由于公共管理学科是一门应用性社会科学，因此它需要解决实际问题，而不仅仅是发现真理，这使得对"情景"（context）的研究显得很重要。

遵循奥斯特罗姆和西蒙的传统，我们认为未来中国公共管理学科的研究应该遵循"本体论框架（ontological framework）—诊断（diagnosis）—建议（suggestions）"① 的方式进行。在"本体论框架"建构方面，既可以借鉴国际经验和知识，也可以放入中国本土化变量，目的是完善一个分析公共管理的一般性分析框架，而"诊断"则需要关注中国情景，使用科学方法进行研究，才有可能对中国实践产生较好的影响。

具体而言，中国独特"情景"的如下几个方面可能对公共管理国际共同体（community）作出自己独特的贡献：

一是中国传统文化和官僚系统。韦伯称中国官僚系统为"早熟"，这种"科层系统"及其文化和精神内核，有可能加深我们对官僚制、公共组织和官僚文化的理解。历史如何影响公共管理系统？公共管理系统中包含着什么样的文化？

二是中国转型背景。中国的改革开放政策，使得中国从一个高度封闭的计划社会向适度开放的市场经济社会转型，在这一转型过程中，公共管理面临着很多挑战，但转型也为我们提供了独特的"社会实验"。通过这种历史性的前后对比，我们可能加深对不同情景之下不同公共管理模式的认知，能够更好地理解公共管理的"适应性"问题，有利于我们理解一些宏大的主题，如政府与市场、政府与社会之间的关系，思考什么是治理以及治理的中国经验是什么。

三是中国的地方实验。中国虽然是一个高度集权的社会，但是为了调动地方积极性，必须给予地方足够的自主权，这也使得很多地方在不同程度上进行公共管理的"创新"。这种创新既可能体现在技术上，也可能体现在制度上，还有可能体现在组织和文化上。中国已经有组织开展"地方政府创新"的奖项颁布，通过民间来评选地方政府创新奖，类似于美国各州的"行政实验"。

四是公共管理的一些核心主题。中国公共管理实践正在快速与国际社会接轨，一个最为典型的例子是中国于2011年开始大范围推行"政府绩效管理"运动，事实上行政改革、电子政务、组织文化、组织公民行为、信息公开、依法行政、流程再造、民营化和市场化等国际上比较流行的公共管理主

---

① 有关这一思想的详细论述，参见李文钊、荆小娟：《诊断中国社会管理：一个理论考察》，载《中国行政管理》，2012（3）。

题都可以在中国找到实践和实验的例子。对于这些问题的研究，将会丰富我们的比较研究。

五是国际公共管理理论是否适应中国情景。这是中国为国际公共管理学术界作出的另一个贡献，即通过中国的数据对成熟理论进行检验，讨论理论的适应范围。

在如何提高"公共管理应用性"的挑战方面，中国公共管理学科可能需要在三个方面作出应对：

一是公共管理的研究。要使得公共管理理论能够对现实产生影响，其前提是公共管理理论必须能够刻画现实，很好地表达现实。在这一方面，中国公共管理学者需要走出书斋，深入公共管理实践的土壤中进行调研、观察和访谈，而不是闭门造车。

二是公共管理的教学。中国公共管理对实践产生影响的一个重要途径是人才培养，尤其是中国 MPA 教育。随着十多年教育的推进，MPA 教育面临挑战，即除了给学生一些公共管理的理念之外，更为重要的是教会学生公共管理的方法，以及更多地采用案例教学和情景教学等可视化教学方式。

三是公共管理的咨询。中国的转轨使得政府面临很多问题，中国政府通过课题委托方式向公共管理研究人员寻求咨询。在咨询过程中，公共管理研究者要在满足客户需求的同时，引导客户树立"正确"的公共管理理念，提供有用的"知识"。

中国公共管理应用性面临的最大挑战之一是回应中国行政体制改革实践，为中国行政体制改革实践指明方向，即既需要在理论上总结中国行政改革实践，寻找中国行政体制改革的理论逻辑，又需要为中国行政体制改革进行理论设计。

为了对中国行政体制改革进行深入研究，为中国行政体制改革实践提供有益指导，公共管理学者需要从三个层面对中国行政体制改革进行研究：

一是研究中国行政体制改革的背景。比较公共行政学很早已经认识到情景对于一国公共行政的影响，要设计较为成功的行政体制改革方案，就必须对中国行政体制改革的背景有较为深入的认识。对于中国行政体制改革的背景，我们认为需要把握三个方面的问题，即发展阶段、体制改革和技术变革。其中阶段论强调一个国家的经济社会发展水平、民众的心理状态等，体制强调一个国家不同的政治经济体制设计，如市场经济体制和计划经济体制，而技术主要是指新兴技术变革和影响。不同的发展阶段、不同的体制、不同的技术水平会对行政体制产生不同的需求，也会形成不同的挑战，需要行政体制本身进行适应性调整。

二是将行政体制改革与社会大系统有机联系起来。在中国，这就需要考虑行政体制改革与"五位一体"发展之间的关系，即无论是政治建设、经济建设、文化建设、社会建设和生态文明建设，都存在体制保障问题，都需要通过行政体制改革来调整行政与政治之间关系、行政与经济之间关系、行政与社会之间关系、行政与文化之间关系、行政与生态之间关系，也即我们经常所说的政府与市场、社会等之间关系。从根本上看，行政体制服务社会大系统的需求，它是实现社会大系统的重要载体和手段。一般而言，行政体制会通过职能与行为而与社会大系统发生联系，职能强调应该做什么，行为强调具体做什么。

三是将行政体制改革的构成要素进行系统化研究。中国行政体制改革除了回应社会需求之外，它本身就是一个子系统，拥有自身的逻辑，这也是我们所说的"小行政"概念，其核心是"职能、结构、运行与评价"。职能是由大系统决定的，反过来，也会对大系统产生影响。结构既包括横向结构，如推行大部门体制改革，也包括纵向结构，如调整中央与地方关系、省与县之间关系。结构是一个组织化问题，最终体现为机构构成。运行是行为问题，它强调效率逻辑，即政府是否按照科学、有效和回应的方式运行。评价是效果问题，既可以从经济性的角度评价，即是否以最少的成本行政？也可以从廉洁性的角度评价，即是否以最不腐败的方式行政？还可以从对象的角度评价，即人民群众是否满意？

实践的需求会推动学科的发展。如果中国公共管理学术界能够利用现代比较成熟的科学方法，借鉴西方已经发展起来的公共管理理论体系，进行适合中国情景的本土化改造，并且对中国公共管理实践进行研究，它一定能够在世界公共管理学术界贡献自己的智慧。

第二十三章　图书情报与档案管理[*]

第一节　图书情报与档案管理学科概况

一、学科发展简史

记录有信息的载体被人们称为文献。随着人类社会的不断发展进步，文献数量日益增多，人们对文献的利用需求也不断发生着变化，这使得文献的保管料理活动变得复杂起来，于是，研究文献整理与保存的学问应运而生。在世界范围内，19 世纪初出现了图书馆学，19 世纪末档案学开始形成，20 世纪中期诞生了情报学。我国尽管有几千年文献管理的历史，但近现代意义的图书馆学、档案学、情报学却分别于 20 世纪 20 年代、30 年代和 50 年代才诞生。这三门学科最初的研究对象和出发点有所不同，所以从其诞生起就朝着各自独立的研究方向发展。但随着实践的深入，在 20 世纪中后期，图书馆工作、档案工作和情报工作逐渐出现了"一体化"趋势，这三门学科呈现一定意义上的"趋同"发展态势，尤其是在数字环境下，这种趋势更加明

---

　　* 本章主笔：张斌，中国人民大学信息资源管理学院院长、教授；赵国俊，中国人民大学信息资源管理学院教授。

显，逐步形成了"图书情报与档案管理"学科群。

进入 21 世纪以来，随着我国社会主义事业的不断发展，信息资源已经与原材料和能源比翼齐肩，并列构成经济社会发展不可或缺的三大资源，以探寻信息资源开发利用与管理规律为使命的"图书情报与档案管理"学科群得到长足发展，在广泛吸收相关学科知识营养的基础上，不断拓展学科领域，初步完成了从重点对文献的管理到重点对信息的管理，再到重点对信息资源的管理的历史性跨越。

处于对文献管理阶段的图书情报与档案管理学科的发展是与当时图书、情报、档案工作的需要和要求基本相适应的。这一时期图书、情报、档案工作的特点是：主要以各种文献为保管料理的对象；主要的工作目标是使既有文献有序化、具备可利用性；主要管理活动就是围绕文献的收（集）、管（保管）、用（提供利用）展开的，具体职能包括收集、整理、加工、保管、检索、提供利用等。三个学科之间的关系主要是不断凸显各自的专业性，"分"成为主要发展趋向。

20 世纪中叶开始，伴随着认识、手段和环境等方面的变化，信息逐渐确立了自己在现代社会中的重要地位。于是，建设、开发、利用和管理信息成为全社会共同关注的重大课题，对这些课题研究的成果之一，是使图书馆学、情报学、档案学在关注对文献的整序加工、保管料理的同时，更加关注记录在文献中的信息，关注人们对信息的利用需求，注重探寻满足人们信息需求的客观规律。这个阶段可以称之为对信息的管理阶段。处于信息管理阶段的图书馆学、情报学与档案学间的关系，是逐步走向融合和一体化的，因此，"合"成为主要发展趋向。

20 世纪末 21 世纪初，随着人类社会不断向信息社会迈进，信息的战略地位进一步提升，人们普遍把信息与原材料和能源并列，将它们共同视作对整个经济社会发展具有决定性作用的重要战略资源。信息不再仅仅是可以消除人们不确定性认识的消息，它更是生产要素、无形资产和社会财富，成为更多社会财富的重要源泉。这时候的中国，社会与国民经济信息化进程明显加快，急需人们真正把信息资源化，把信息作为经济社会发展的重要资源来进行管理。这一重大需求引发了社会生活的一系列重要变化，为解决这些重要变化带来的诸多重要课题，新兴学科纷纷崛起。主要融合了图书馆学、情报学、档案学三个二级学科，同时又吸收计算机科学、通讯科学、管理学、经济学、法学、传播学、咨询学、编辑出版学多个学科的知识营养而形成的新学科群，开始出现在迈向信息社会的中国。社会已经开始将信息作为国家和机构的战略资源来进行管理，本学科发展进入对信息资源的管理阶段。

二、学科发展现状

当前，我国图书情报与档案管理学科处于对信息资源的管理阶段。其主要特征是将信息资源化，将信息作为资源来进行管理。学科使命主要在于探寻使信息内容对社会和机构发展产生实际价值的规律性，而不再仅仅是使文献中的信息具备可利用性。它所定位的管理也发生了根本性的变化：管理的主要目标是根据信息的资源特性，使信息产生创造新财富的更高价值；管理活动的具体职能除了收集、整理、加工、保管、检索、提供利用之外，开始引入一般管理学意义上的组织、规划、协调、控制、监督，管理对象除了信息内容，还包括人、财、物、时间等。

处于对信息资源的管理阶段的图书馆学、情报学与档案学等二级学科，已经通过学科集成整合为一个有更加丰富内涵的新的学科集合，它们之间的关系是进一步走向"合"，即在一个更大的框架内，各自从不同的侧面研究同一个客体——信息资源。分列二级学科名称的一级学科名称"图书馆、情报与档案管理"，在 2011 年为进一步优化学科结构，经国务院学位委员会已审议通过的《学位授予和人才培养学科目录 (2011 年)》中，实事求是地变更为"图书情报与档案管理"，这一变化正是对"合"的趋向的反映。

图书情报与档案管理是管理科学的重要组成部分，是探索信息资源开发利用与管理规律的科学。目前，图书情报与档案管理这一一级学科已形成由图书馆学、情报学、档案学、信息资源管理等若干具有相同科学使命和共同理论基础的二级学科的集合。

三、学科发展趋势简析

未来一个时期我国图书情报与档案管理学科的基本发展趋势，就是适应数字化环境的要求，研究信息资源开发管理的方法、技术和规律，并进入基于信息资源的管理阶段。

数字时代，信息量剧增和信息载体多元化的趋势日益明显，知识的传播方式和传播渠道有了重大改变，表现出前所未有的多样性和复杂性。伴随着数字化的信息资源海量化、信息资源提供者的多元化、信息用户知识获取习惯的改变、社会对信息的需求变化，信息服务机构的功能和服务方式应相应改变：调整馆藏结构，由电子期刊、电子图书等图书馆购买或建设的数字资源和网上免费资源共同构成的虚拟馆藏与图书馆的纸本文献馆藏共同构成图书馆提供信息服务的基础；丰富服务方式，网站服务、学科门户、虚拟参考、资源整合、机构记忆、后台专家系统、网络资源导航、个性化定制及信息推送等新的服务方式都是能够适应网络社会发展的信息获取及服务模式。传统图书馆、情报中心、档案馆的概念正在从具体的形象中被抽象化，因此我们不应只是将其与物理建筑、建筑中的传统纸本资源以及管理这些资源的从业人员直接相联系，而要将其与其在新时期的功能联系起来。针对网络时代教育环境的变化，图书情报与档案管理教育也要不断地调适，改变仅仅面向图书馆和信息中心输送人才的传统，而是要面向变化的信息环境，以培养具有更广泛适应性的信息职业者。

基于信息资源的管理强调不仅仅要把信息作为资源来进行管理，更要依托和依靠信息资源来进行管理，包括政府的管理、企业的管理，以及其他各个领域各个行业的所有管理。基于信息资源的管理的特点是：从战略层面认识信息的资源属性，强调信息资源在宏观上对经济社会发展的战略价值，除了强调信息可以帮助管理者消除不确定性认识，为实现组织、规划、决策、控制、监督、指挥、协调的有效性确立基本条件之外，更强调信息作为重要管理资源的特性，将这种主要依托信息资源的管理视作一种新的管理形态。文献、信息、信息资源都不再仅仅是管理的对象，而且是实现管理目的和效果所依托的资源，通过对这种特殊形式资源的配置和运作，特别是通过这种特殊资源对其他管理资源（人、财、物、时间等）效用的放大作用，实现宏观（社会管理、国家管理）、中观（地区、行业、专业管理等）、微观（特定机构管理）意义上的管理目标。处于基于信息资源的管理阶段的图书情报与档案管理学科，不仅要服务于对文献信息的管理，服务于对信息的管理，服务于对信息资源的管理，同时也必须服务于基于信息资源的管理。

未来的图书情报与档案管理学科的发展走向具有如下主要特点：

第一，基于信息资源的管理将成为我国政府管理、企业管理，以及其他各种管理的一种重要形态。

第二，未来文献的主导形式将是多媒体，将会回归知识本体，趋向虚拟化、离散化，具备成长性，在很大程度上将不再是传统意义上的图书。可以说，未来的图书就是知识。

第三，未来的信息服务机构为社会履行知识管理职能，为大众提供知识导航服务。信息服务机构必须从知识入手，分析目标用户的知识需求，开展知识的收集、组织、存储、加工、传递、共享和应用指导等工作，促进组织和个人的发展；文献信息工作者要充分发挥多年来积累的优势，深入探索网络，把握和利用网络规律，提供有效的知识服务。

第四，未来的图书情报与档案管理学科将融入知识管理，其理论核心是通过促进知识流来实现知识的增值。为此，理论研究的关注点主要包括知识生命周期问题，知识管理流程的规范化、精细化、科学化、定制化、自动化和简洁化，知识管理流程与业务流程的协同，知识管理流程的信息技术支持和网络化运营，以及知识应用指导和知识价值实现问题。

第二节　图书情报与档案管理学科的基础文献建构

一、基础文献体系架构

一方面，图书情报与档案管理学科具有融合之势，无论是图书馆学、情报学、档案学还是信息资源管理学科，都只是从各自不同的侧面研究同一个客体——信息资源（文献记录）。无论采用什么样的记录方式、记录载体，其实质并未改变，当将信息科学、信息技术等引入图书情报与档案管理学科之后，该学科下的二级学科之间的界限越发模糊。另一方面，图书情报与档案管理学科以开放包容的态度，不断借鉴和汲取了相邻学科和其他学科的相关理论和研究方法，诸如公共管理学、计算机科学、通讯科学、传播学等学科营养，进一步促进了信息资源管理学科群的形成和发展。

到底图书情报与档案管理这个一级学科的基础文献应采用何种编排结构，以形成一套较为完整的体系？构建不同学科基础文献的主要目的，是帮助该学科研究者能迅速掌握本学科发展最新动态和最新研究成果，全面把握学科学术脉络和发展轨迹。

图书情报与档案管理一级学科正处于这样的一种"合"的发展态势——信息资源和二级学科间不断交叉融合，信息资源及其价值实现逐步成为研究对象和任务。因此，该学科的基础文献在其体系上就必须体现这一特点，也即选取的部分基础文献既能反映信息资源管理学科群总体概况（信息资源管理基础理论、特定领域内信息资源管理的应用性理论与方法、学科热点及主流研究领域等），也能反映作为独立学科下的二级学科应该具备的完整的学科体系结构，也即要在图书情报与档案管理一级学科下选取相应二级学科（图书馆学、档案学、情报学及信息资源管理等）基础文献，这部分基础文献整体编排上要以该学科是什么、学科发展现状和发展趋势为主线，充分体现各学科的经典理论、研究方法、研究内容、代表主流研究领域、学科热点和前沿动态。

既体现图书情报与档案管理"合"的趋势，又体现二级学科自身学科体系，这样建构起的相应二级学科基础文献较为合理。

二、基础文献内容

图书情报与档案管理一级学科下设图书馆学、档案学、情报学和信息资源管理等二级学科，前期由中国人民大学研究生院领导、信息资源管理学院组织编制了图书情报与档案管理一级学科基础文献（主文献）目录。根据上述基础文献体系架构，该一级学科下设的各二级学科分别具有相应的内容，具体见各二级学科。

（一）图书馆学

图书馆学是研究图书馆与文献理论、技术、管理、政策及其工作规律的科学。其目的是总结图书馆与文献事业的实践经验，建立科学的理论体系，推动图书馆事业发展与公共服务，提高图书馆在人类社会进步中的地位和作用。所以图书馆学基础文献应涵盖信息资源管理理论、信息资源管理应用方法和技术、图书馆学基本理论、图书馆学研究领域及趋势、图书馆学研究方法、图书馆学学术流派、网络图书馆、图书馆学教育、图书馆管理、专门图书馆、数字图书馆、文献与目录学、用户与服务研究、阅读研究等一系列内容。

图书馆学基础文献（主文献）中含图书 10 本，论文 30 篇。所遴选基础文献，覆盖面较广，基本涵盖了图书馆学的所有研究内容。近年来图书馆学的最新研究领域、研究成果须增补进现有图书馆学基础文献中，以保证该基础文献（主文献）的前沿动态性。

（二）情报学（信息科学）

情报学是研究信息、知识和情报的产生、获取、组织、存储、传递、转换和利用的基本规律，运用现代信息技术有效地管理并利用它们进行分析、集成、发现，为学习、科研、生产、商务等活动提供决策支持的一门学科。所以情报学基础文献应涵盖的内容包括情报学理论、情报学研究方法、情报学（信息科学）发展历程、情报学主要研究领域和研究趋势、网络信息管理、情报学教育、知识管理、信息组织与检索、信息系统、竞争情报、信息服务、信息计量、信息政策与法律等。

情报学基础文献（主文献）中含图书 10 本，论文 30 篇。情报学学科起源于 20 世纪 50 年代的美国，对技术依赖性强。从情报学发展历程来看，国外对情报学（信息科学）的研究要远远超过国内。从遴选的基础文献可以看出，10 本图书中包括 5 本外文图书译著，其他 5 本基本讲的是国外情报学的研究成果——情报学基本理论、情报学研究方法和信息科学前沿领域；30 篇论文中，有 17 篇是外文文献，这一遴选原则与情报学学科成果相吻合，能体现其本源性、前沿性。目前遴选基础文献（主文献），覆盖面较广，基本涵盖了情报学的主要研究内容，但对技术性依赖较强的情报学学科而言，其研究领域和研究方法较图书情报与档案管理下设二级学科中的其他学科而言变化更快，所以近年来情报学学科的最新研究领域、研究成果须增补进现有情报学基础文献（主文献）中。

（三）档案学

档案学是研究档案管理，探讨档案信息资源开发利用的理论、原则与方法，探索档案工作与档案事业发展规律的学科。所以档案学学科基本文献中应包含档案学基本理论、档案信息资源价值及开发利用、档案管理、档案与档案事业发展、档案信息组织与服务、档案信息存贮与档案文献保护、电子文件管理、档案法、档案教育等内容。

档案学基础文献（主文献）共选取了图书 8 本，论文 30 篇。论文中中文文献 24 篇，外文文献 6 篇。选取的基础文献涵盖档案学基本理论、档案学发展历程、电子文件管理、档案信息资源和知识资源管理、档案事业等内容，但对档案信息开发利用、档案法、档案教育方面的文献基本未收集，因此须在现有基础文献（主文献）基础上增添这些方面的文献，以及近几年来国内外档案学最新研究成果，进而保证档案学学科基础文献的全面性和前沿性。

（四）信息资源管理

信息资源管理学科是综合运用社会科学和自然科学相关理论与方法，研究信息资源及其价值实现规律的科学，并依据这些规律，运用现代化管理手段和方法对信息资源进行组织、规划、协调、配置、开发和控制，提高信息资源利用效率和效能，促进社会经济发展。

信息资源管理学科是信息社会发展的结果，同时也是学科不断融合的必然产物。信息资源管理学科以信息资源及其价值实现为研究主题，目前学科研究成果主要分为两个方面：一是信息资源管理基础理论；二是特定领域内信息资源管理的应用性理论与方法。围绕这两个研究方向所选取的基础文献，涵盖了信息资源管理丰富的研究内容：信息资源理论及其发展、政府信息资源管理、企业信息资源管理、网络信息资源、信息资源管理方法和技术、信息资源系统技术等。所以在信息资源管理学科基础文献中应该体现上述内容。

信息资源管理学科基础文献（主文献）共选取了图书 36 本，论文 51 篇。论文部分国内文献 25 篇，国外文献 26 篇，时间跨度从 1996 年至 2010 年。所选文献紧紧围绕信息资源及其价值实现的主题，形成了一个较为完备的体系。其整体编排结构与信息资源管理学科的两个主要研究方向基本相吻合。在信息资源管理基础理论中，选取文献主要包括信息资源管理的含义、历史沿革、主要流派、研究视角、研究方法、学科体系构建以及学科发展趋势等内容；在特定领域内信息资源管理的应用性理论与方法中，选取的文献主要包括信息资源管理中的政策和法律、国内外信息资源管理主要研究领域和研究热点、知识管理及其研究范式和知识管理理论前沿、知识管理生态学、国内外知识管理教育发展、政府信息资源管理及其动向、数字信息资源的继承和利用等一系列具有典型代表性的文献。在现有基础文献基础上，须适当选取主题为信息资源产业发展、信息资源开发利用与管理、信息构建等方面的文献增补，进而使得信息资源管理学科基础文献体系结构更加完整。

三、入选基础文献原因分析

基础文献制度的建立，一则是为了引领研究生特别是博士研究生迅速进入专业研究领域；二则是为了督促导师和研究生更好地树立良好学术精神，回归学术本位。所以入选基础文献必须能够达到上述两个目的且具有代表性。从目前已入选基础文献来看，之所以是基础文献，主要原因在于：

（一）代表学科研究的主流性

这是入选基础文献的首要条件。为了帮助研究生迅速进入本学科专业领域，作为该学科的研究者首先必须清楚该学科是什么，目前主要研究领域或内容是什么，主要采用哪些研究方法。研究者只有掌握好本学科的知识体系和科学的研究方法，才能夯实自身学术根基。

从图书情报与档案管理学科下各二级学科的基础文献来看，所选文献基本涵盖了图书情报与档案管理一级学科下所辖二级学科的主要研究领域，体现了学科研究的主流性。图书馆学现主流研究领域涉及图书馆基础理论、图书馆信息资源建设和信息组织、图书馆服务与用户研究、新技术在图书馆学中的应用、图书馆事业发展，目前图书馆学基础文献中收集的"The Evolving Information Commons"（Jennifer Church），《信息资源·信息资源中心·信息资源管理》（孟广均），《中国图书馆事业的辉煌历程》（倪波），"The Concept of Collection from the User's Perspective"（Hur-Li Lee）基本涉及了上述的主流研究领域。档案学现主流研究领域涉及档案学基础理论、电子文件管理、公共档案馆、档案信息资源建设和档案事业、档案保护技术等方面，目前档案学基础文献中收集的《电子文件管理国家战略刍议》（冯惠玲等）、《关于公共档案馆服务社会化的思考》（王英玮）、《档案信息资源在国家经济社会发展中的综合贡献力》（冯惠玲）、《我国档案保护理论研究的探讨》（周耀林）等基本与主流研究领域相一致。情报学现主要研究领域涉及信息组织与检索、信息系统、竞争情报、信息服务、信息计量等，目前情报学基础文献中收集的《略论竞争情报的发展走向》（包昌火等），《中文信息自动分类用知识库的设计与构建》（侯汉清），"Social Informatics in the Information Sciences：Current Activities and Emerging Directions"（Steve Sawyer，Howard Rosenbaum）等也比较符合情报学的主流研究领域。

由上可看出，目前对于图书馆学、情报学以及档案学等二级学科的基础文献的选择基本符合基础文献选取时必须针对学科研究的主流领域的要求，但同时还存在一定的不足，诸如在图书馆学中对于新技术在图书馆学中的应用、图书馆服务与用户研究的基础文献在选取上还需增添，情报学中关于信息计量、信息服务等主流研究的基础文献在收集时还存在一定不足。另外，对目前图书情报与档案管理下设的其他二级学科，前期还没有着手修订基础文献的，下一步在部分基础文献挑选时，也需严格按照代表学科主流来进行，可保证选取出来的基础文献有一定意义。

（二）代表学科研究的前沿性

这是入选基础文献的必备条件。学术研究，只有在占有最新研究成果的基础上才能继承性创新，才具有意义。因此在开展学术研究之前，必须知道所属学科主要研究什么，还须掌握和了解该学科各个领域或某一个特定领域学术前沿，防止重复研究。学科学术前沿包含两个方面：第一，过去已有研究领域的最新研究成果；第二，不断开拓新的学科研究领域成果。要掌握本学科最前沿，就必须掌握本学科的前沿动态文献。因此，若要代表学科研究最前沿，基础文献必须做到及时更新。

从图书情报与档案管理学科下各二级学科的基础文献来看，也充分体现了这一特点。图书馆学基础文献（主文献）中所选取的 "Electronic Resources Communications Management：A Strategy for Success"（Celeste Feather），"The Electronic Academic Library：Undergraduate Research Behavior in a Library Without Books"（Anna M. Van Scoyoc, Caroline Cason），《网络时代的图书馆学》（徐引篪），《图书馆普遍服务的理念及其实现》（徐引篪），《开放存取环境下的信息共享空间》（吴建中）等都可谓2007年前后的最前沿性文献；档案学主文献中的《知识资源管理：企业档案工作改革的新思路》（张斌等），《国家档案资源的增长规律》（傅华）、《电子文件真实性及其凭证价值研究》（张宁），"Research in Electronic Records Management"（An，Xiaomi）等都代表了在编制该主文献时的前沿动态文献；情报学主文献中的《信息资源管理的前沿领域》（麦迪·可斯罗蓬主编，沙勇忠等译），"Redefining Information Science：From 'Information Science' to 'Knowledge Science'"（Chaim Zins），《论情报学发展的后现代主义趋势》（王知津、宋正凯），《我国情报学学科发展的创新机制及创新领域研究》（靖继鹏）等文献也都体现了在编制该学科主文献时文献收集的前沿性。

图书情报与档案管理一级学科下设的各二级学科基础文献从编制到现在已有五年，五年里各二级学科都出现了一些新的研究领域和研究成果，诸如档案学的发展趋势是档案管理由实体管理向信息资源管理转变，同时关于档案社会记忆工程、档案数字资源建设等方面的成果不断涌现，为此可适当增补《档案记忆观、资源观与"中国记忆"数字资源建设》（冯惠玲，2012）、《关于"十一五"档案学科发展的调查和"十二五"发展规划的若干设想》（冯惠玲、周毅，2010）等文献进入基础文献之列。其他二级学科（图书馆学、情报学等）也应适当增加近年来本学科前沿文献资料。

（三）文献本身的经典性

这是基础文献入选的重要条件。在掌握和了解本学科最主流、最前沿学术研究成果的基础上，文献的经典性显得更加重要。首先，经典的基础文献可以帮助研究者在掌握本学科最主流、最前沿研究成果时花费的时间最短，减少研究者特别是以跨学科身份进入本学科的研究者自己搜索文献的盲目性和随意性；其次，经典文献整体行文流畅、语言优美，文章体系严谨，客观公正，可谓本学科学术研究精华，认真阅读这样的文献，可以较好地引导研究者，特别是博士研究生具备严谨的学术研究态度、好的学术研究习惯和掌握科学的研究方法，真正做到致力于学术研究，防止被一些不负责任的"学术文章"误导。

从图书情报与档案管理学科下各二级学科的基础文献来看，所选文献基本都为本学科大家所作，作者的人品、学术人格都经过本学科领域共同体检验，每位作者所入选文献又经过层层严格把关，可谓学科经典。如在图书馆学主文献中所入选的《科学计量学的挑战：科学交流的发展、测度和自组织》（［荷］洛埃特・雷迭斯多夫（Loet Lydsdorff））、《中国图书馆学研究的成果及展望》（吴慰慈等）、《中国图书馆事业的辉煌历程》（倪波）等；档案学主文献中所入选的《档案学理论与历史初探》（吴宝康）、《以变应变——当代档案事业的发展方略》（冯惠玲）、《关于公共档案馆服务社会化的思考》（王英玮）、《关于建国后我国档案学若干问题的评论——两个学者的对话》（傅荣校、何嘉荪）等；情报学学科主文献中所入选的"Information Science：What Is It?"（H. Borko），"History of Information Science"（Michael Buckland and Ziming Liu），《我国数字图书馆标准与规范的建设框架》（张晓林等），《情报学的进展与深化》（马费成）等。

第三节　图书情报与档案管理学科当下
发展实践中的主要问题

一、图书情报与档案管理学科发展与社会实践关系探讨
（一）社会实践是学科发展的不竭动力和理论源泉

按照现有的学科分类来讲，图书情报与档案管理学科属于社会科学。从研究对象和任务来看，该学科与社会实践紧密相连，实属应用性社会科学。图书情报与档案管理学科中，无论是图书馆学、档案学还是情报学，以及现在发展的信息资源管理，都是主客体相互作用的结果，具体到相应的二级学

科，也即某学科（图书馆学、档案学或情报学）学科共同体（"学人"）用自己特定的方式作用于该学科特定的研究对象，某学科共同体及其文化素质、知识结构、人生经历等主体特征，决定了该学科理论体系、研究方法、主要研究领域和研究过程的进展情况。

具体到三个二级学科，其学科不断向前发展都可归结为学科共同体社会实践的结果。回顾历史，随着人类社会实践的发展，文字的出现和各类典籍的不断涌现，为完成社会信息交流系统的建设，必须设立专门的机构和人员来进行管理，最原始的图书馆与档案馆应运而生①；而情报学起源于针对专业信息需要的文献工作，情报学人在信息技术支撑下致力于满足图书馆领域长期忽视了的社会广大专业信息需求。现代科学技术的不断发展，特别是信息技术、通讯技术、安全技术、计算机技术等一系列技术在图书情报与档案管理学科中的应用，这些技术手段的发展为学科共同体（"学人"）研究本学科提供了新的方式和手段，同时，这些现代信息技术也为学科共同体（"学人"）在本学科范围内开辟新的研究领域、研究对象和研究热点创造了条件，推动图书情报与档案管理学科的不断发展。具体到作为二级学科的图书馆学、档案学和情报学，在图书馆学中逐步改变了传统的用户服务方式和图书的统计利用等，并能够根据用户特定的需求开展知识服务以及完成数字图书馆建设；在档案学中，档案学支柱理论——全宗理论、文件生命周期理论和来源理论在电子环境下都有了新的内涵，档案整理工作诸环节变得更加轻松，开展档案服务利用工作更加有效，同时，档案技术保护学等新的研究领域成了档案学研究另一重要分支；情报学中的信息系统、竞争情报、信息服务、信息计量以及信息政策与法律等一系列情报学研究内容由于情报学人对不断进步技术的应用而衍生成新的内容。

同时，社会实践也是推动学科发展的理论源泉。理论来源于实践，一切理论都是实践经验的总结和概括。面向实际，不断深入实际，对实际进行层层剥离、加工和提炼，就会发现理论来源于实践，一切社会实践都会出理论，有什么样的实践就会出什么样的理论。具体到图书情报与档案管理一级学科下的三个二级学科——图书馆学、档案学和情报学，图书馆学理论中关

---

① 参见李苓：《西方档案学与图书馆学有关理论的比较》，载《科技档案》，2006（2），37～39页。

于图书馆形态、性质和职能的研究，图书馆事业建设以及图书馆管理每年都会出现新的热点，而且图书馆学研究方法也在不断丰富，从思辨研究到网络环境下的"网络信息计量学"，再到"实证方法"研究；档案学理论体系随着社会实践的不断发展而不断完善，传统的档案学部分理论不断被赋予新的内涵（在电子环境下来源原则的重新发现，文件生命周期理论发展衍化为文件连续体理论，传统的档案鉴定理论逐步完善为宏观鉴定战略），在电子环境下发展了电子文件运动规律、数字档案馆理论、档案知识管理理论、档案技术保护理论以及传统的档案管理程序诸环节理论、科技档案管理理论、人事档案管理理论等；情报学理论体系也在不断完善，逐步由情报学基础理论向情报学科学计量学、知识管理、竞争情报、信息检索与信息组织、信息分析、信息资源建设与信息服务等领域理论拓展，情报学由"小情报"向"大情报"过渡。

（二）学科发展不断加深本学科社会实践程度并开辟新的研究领域

认识是一个循序渐进、由浅至深，不断向前推进的过程。同样，对某一学科而言，学科不断发展，也即该学科的学科体系不断丰富、学科理论越发成熟，任何一门成熟学科其学科理论都具有一定的超前性，理论是在实践经验基础上总结出来的，是客观规律。理论探索是在已知基础上探索未知的认知活动[①]，从理论与实践的关系来看，理论探索是在已有理论基础上，经过人们对现有理论和相关知识的综合分析，推测出合理理论。在此基础上再去指导开展社会实践，可有效加深社会实践程度，减少盲目性。具体到图书情报与档案管理学科，随着该学科的不断发展，相应信息资源管理理论的不断成熟，在认识到信息作为重要资源及其作为价值实现的种类、方式时，有关信息资源开发的技术手段、途径和方法也就会出现相应程度的变化，学科的社会实践程度也就出现相应程度的加深。在信息社会中，无论是对图书馆的利用、对档案的利用还是对其他信息的利用需求，都会具有明显的时代性特征，特别是在信息需求饥渴的时代，人们上述的利用需求都呈现一种不断递增的趋势。掌握这一规律，我们就可确定人们对图书、档案以及其他信息的利用，将是频繁的。据此，可做好应对准备，保证在接下来频繁的信息利用中用户能最大限度地获取所需信息，加快信息开发脚步和加大开发力度。

---

① 参见陈永生：《档案学论衡》，124 页，北京，中国档案出版社，1994。

学科不断向前发展，也即意味着学科研究的视角、研究范围的不断扩大和研究方法的不断完善。任何一个学科的发展，都会出现这样一种现象：随着学科研究领域的不断拓展，我们掌握该学科的知识越多，反过来对该学科的疑问也随即增多。这是因为已知带动了更多的未知。任何事物发展规律的显现也都表现出一个过程。随着社会信息环境的变化和科学技术的不断发展，档案工作、图书馆工作、情报工作的职能将发生重大的转变，职能拓展是大势所趋。这些工作的发展，以及相应整个社会信息资源管理事业的不断发展，必将带动档案学、图书馆学、情报学研究范围进一步拓展。当前，与档案工作、图书馆工作、情报工作以及各种信息资源及其管理的社会属性相适应的外部环境下各种各样的复杂"社会问题"不断显现；同时，图书情报与档案学科的不断发展，逐步突破本学科领域，向跨学科研究发展，不断与数学、计算机科学、信息论、系统论、经济学、法学、大众传播学、文化学、教育学、社会学、哲学、史学等学科交叉融合，不断开辟新的研究领域，形成跨学科研究优势。从目前的图书情报与档案管理学科发展来看，该一级学科近年来的研究领域不断扩大，与相邻学科和其他学科之间的关系也日益紧密，形成了一系列交叉学科，诸如信息社会学、知识生态学、信息经济学、信息伦理学、信息法学等；同时，其他学科的一些相应理论、方法及技术被引至该学科，也能相应拓宽学科的研究领域。无论档案学中的文件生命周期理论还是信息学科（情报学）下的信息生命周期理论，都来源于生物学的生命周期理论，将这一理论运用至图书情报与档案管理学科中，为该一级学科下其他的二级学科能否运用生命周期理论提供了思考的空间；理化、生物学等相关知识可用来解决相应的理化问题和掌握相应的生物学特性，熟练掌握这些，将这些知识应用到档案学这一学科中，就形成了档案保护技术学等等。由上可见，学科发展有效地推动了社会实践，进而开辟该学科其他新的研究领域。21世纪，图书馆学、档案学和情报学面临着数字化网络化信息环境变化的巨大挑战，iSchools 运动期望把与信息、技术、管理和用户研究有关的学科整合起来建立一个跨学科的研究群体，倡导信息—技术—用户这一框架是改革运动的核心。该框架利用信息技术来实现信息与用户间的最大关联[①]，信息技术是手段，信息是保证，而用户才是最终的关键，以此

[①] 参见韩毅、李健：《图书馆学、情报学与档案学的共性与差异分析》，载《情报资料工作》，2012（4），5页。

来发展学科，推动社会进步。

二、图书情报与档案管理学科在发展实践中存在的主要问题

（一）图书馆学

近年来，图书情报与档案管理学科得到了前所未有的发展，但由于学科生长所处环境的不断变化，该学科在时下发展实践过程中总存在这样或那样的问题。

第一，公共图书馆地区发展不平衡。我国政府近年来虽不断加大对基层图书馆的支持力度，启动了"农家书屋"、"图书馆进社区"等基层图书馆建设项目，一些地区也探索构建覆盖全社会的图书馆服务体系，形成了诸如"苏州模式"、"嘉兴模式"、深圳"图书馆之城"、东莞"图书馆集群"等图书馆发展模式，一些社会力量也开始参与到基层图书馆建设中，为一些贫困地区和边远农村建起了图书馆，但截至目前，我国基层图书馆的布局远没有完善，不少社区、乡镇的图书馆建设仍是空白。即使是已经建立起来的基层图书馆，也大都缺乏可持续发展的条件，挣扎在生存边缘。

第二，网络化、数字化环境下图书馆用户对图书馆的依赖性逐步降低。OCLC 的"用户对图书馆和信息资源的认知"报告提供了一个明确的结论：用户已经将搜索引擎作为信息获取的首选。图书馆将面临失去越来越多赖以生存和发展的用户的危机。因此，图书馆必须积极充分认识用户需求与其行为变化，加快图书馆从面向图书馆到面向用户的转型，开展图书馆知识服务，积极争回图书馆赖以生存的用户。

第三，数字化传播过程中的版权保护。我国公共图书馆经过百年发展，目前已进入数字化的全新时代，馆藏资源的数字化加工、数字资源的存储与利用、网络信息的搜集与传播等，已成为图书馆的重要业态特征。但在这种新的职业活动中，图书馆人又被著作权问题捆绑住了手脚。2002 年我国修订的《著作权法》给图书馆为社会公众提供知识与信息带来了不利影响，自2006 年 7 月 1 日起正式施行的《信息网络传播权保护条例》也并未像人们期望的那样，给图书馆带来新的生机，反而给图书馆通过网络向馆外传播信息以及图书馆之间的信息资源共享造成了不可逾越的阻碍。因此，解决这一实践发展问题，还需一段较长的路要走。

除上述以外，图书馆学在社会实践中还存在着图书馆法制不健全、图书馆人才缺乏和人才流失严重以及制定图书馆新技术（如语义网技术、RFID

无线射频技术、云计算、关联数据、信息可视化等）的应用战略与策略等方面的一系列问题。

（二）情报学

情报学是一门应用性学科，其发展根植于情报工作实践的土壤。然而，情报学一来由于发展时间较为短暂（从诞生到现在，仅仅 60 余年），二来由于到目前为止还没有建立一套公认的科学理论体系，从而使得其在很大程度上被认定为不是一门独立的学科。或许是太想摆脱其不是一门独立学科的形象，近年来情报学研究的重心主要集中于情报学理论体系的探索上，而一定程度上忽视了情报学在实践中的应用，致使当前情报学在实践中存在以下问题：

第一，对情报工作机构的研究不足。社会上有一类专门从事情报工作的机构，但情报学界对这些机构的结构、行为和过程鲜有专门研究，对情报学界如何支撑情报机构的发展关注不多。由此造成的后果是：在实际工作中，情报研究与实际情报活动分离；情报研究与政府和企业决策活动的内在联系还有待进一步加强等。

第二，在实践应用中过分偏重于计量方法。近年来，情报学在实践中主要运用的方法为文献计量法、信息计量法、科学计量法等，似乎只有运用了这些方法，所得到的结果才更加真实、可靠。对传统的一些诸如综合与分析、比较分析、历史方法、哲学研究法等研究方法的运用不断减少，并且在实际运用中，过分依赖计量方法，忽视了从信息用户需求角度的研究。

第三，实践中应用的情报技术发展遭遇瓶颈。目前，情报学在实践中应用到的技术，多是采用拿来主义，因此基本上都不是为情报工作量身定做的技术，适用性较差；正在为情报学自身应用开发的技术，也基本采用拿来主义，没有自己的核心技术、自己的发展脉络，因此技术应用发展缺乏后劲与连贯性①。另外，情报学在某些只依赖信息技术就开展了情报工作的领域（如 ICP），在实践发展中因为缺乏理论指导，面临着停滞不前的境遇，情报技术遭遇瓶颈，很难谋求更高层次的发展。

第四，情报学教育问题。目前国内多数高校均开设了情报学专业，但各高校情报学专业课程设置大相径庭，主要是因为各高校开设（或承担）相应

---

① 参见曹宽增：《我国情报学发展中的若干问题研究》，载《情报理论与实践》，2005（2），122 页。

课程教学的师资队伍匮乏。与此同时，各高校情报学所开设的课程重理论、轻实践，情报学专业学生缺乏相应的实习条件，进而使得情报学专业培养的情报学专业人才较为匮乏，实际情报从业人员和研究人员严重不足。

另外，我国情报学多年来研究的主攻方向均是信息的序化，如信息组织、信息检索、信息构建、信息管理、信息系统等，而对信息转化的研究，即如何将信息转化为知识、情报和谋略的情报研究或信息分析着力不多。同时，对情报学在实践中的情报政策、情报学会、情报标准化等方面的研究也略显不足。

（三）档案学

目前，档案学在实践中存在的问题主要有：

第一，电子文件管理。电子文件及其管理，已是档案学研究多年来不变的话题。围绕电子文件管理，各国学者都陆续展开研究，因为电子文件及其管理已是各国在实际工作中必须面临且需解决的问题。围绕电子文件管理，国内近年来在电子文件的元数据、管理系统设计、文件保护技术和整理技术等方面已开展了一系列研究。① 著名的国际研究项目 InterPARES 已分两期就电子文件真实性的永久保护展开研究，并取得了一定成绩。目前越来越多的国家认识到电子文件管理存在的问题与面临的挑战，并将其列入电子政务建设的议程。为解决电子文件问题，特别是在电子政务背景下的电子文件管理问题，各国学者研究结果表明，采用多学科合作方法将文件作为信息资源和业务资产进行管理是电子文件管理的国际化发展趋势；制定综合集成方案整合优化和创新组织国家层次的电子文件管理和电子政务建设方案是电子文件管理的未来发展方向。②

第二，档案数字记忆工程建设。20 世纪 90 年代中后期，随着互联网的飞速发展、普通民众对档案信息的需求不断增加，许多国家和地区开始以数字档案资源库建设与服务为重点促进集体记忆的构建。例如，美国自 1994年开始实施"美国记忆"项目，通过互联网提供文字、图片、录音、视频、印刷品、地图和乐谱等记录美国历史和文化的相关文献的免费、开放接口，为公众提供教育和终身学习的资源。目前，"美国记忆"包含了记录美国历

①　参见林强：《我国档案学研究现状的可视化分析》，载《档案学通讯》，2012 (2)，18 页。

②　参见安小米、张维、孙舒扬：《电子文件管理的国际进展、发展趋势与未来方向》，载《档案学研究》，2012 (3)，82 页。

史和文化的 100 多个主题和大类、900 多万条目的文献资源，这些资源可供美国本土和全球的用户在线免费获取。"美国记忆"很好地向世人展示了美国的历史与文化，增强了美国公民的荣誉感与归属感，获得美国公众的热烈反响。此外，美国还有弗吉尼亚州、克利夫兰市、天鹅岛镇、纽约市皇后区等数十个州、市、镇或社区在实施本地区的记忆工程建设。而英国、德国、法国、加拿大、新加坡，以及我国台湾地区也都建有类似的传承记忆、服务公众的数字档案资源库，产生了良好的社会效益和经济效益。2004 年第十五届国际档案大会以"档案、记忆与知识"为主题提出："档案在文化记忆、个人记忆和基因记忆的遗忘、构建、重构和恢复中具有重要的社会功能，是寻找遗忘记忆和发现过去记忆事实真相的重要载体。"社会人类学家、历史文化学家也认为，社会记忆的显性部分主要存储在档案文献中。因此，档案是保存集体记忆的重要载体和工具，档案馆是珍藏集体记忆的宫殿，档案人员有责任积极主动地参与集体记忆的构建。我国档案界自上世纪末起开始关注"集体记忆"，评选了"世界记忆名录"、"中国档案文献遗产名录"。2002年，青岛市档案馆率先提出实施"城市记忆工程"，通过摄影、录像等技术手段，全面记录青岛城市面貌的变迁。目前，已有上海、武汉、大连、杭州等 50 多个城市的档案馆开始实施"城市记忆工程"。尽管这些项目未能全面推广数字化、网络化的档案开放利用，但在一定程度上为国家层面的"中国记忆"建设提供了资源基础和经验教训。2012 年，广州市国家档案馆在中国人民大学信息资源管理学院以冯惠玲教授为首席专家的团队的智力支撑下开始建设"广州记忆"数字文献资源库，开展了有益的探索。

除上述问题外，档案学在当下还存在数字档案馆建设、公共档案馆开放、档案价值鉴定、档案高等教育人才培养模式等一系列社会实践问题。

（四）信息资源管理

信息资源管理学科自 20 世纪七八十年代被提出，随着理论与实践的不断深入，逐渐成为一个独立学科。其学科之所以能快速成长，一个关键原因在于其应用性使其不断受到政府、企业等积极关注。信息资源管理学科是一个综合性学科，学科融合了经济学、计算机科学、图书馆学、情报学等多学科内容，其学科性质实属应用性学科，目前其主要研究领域为：企业信息资源管理、政府信息资源管理和社会信息资源管理。[①] 信息资源管理学科发展

---

① 参见马费成：《信息资源开发与管理》，40～45 页，北京，电子工业出版社，2009。

时间短，加上目前信息资源管理多项外部条件还不够成熟，信息资源管理在实践过程中存在这样或那样的问题也在所难免。

第一，企业信息资源管理在社会实践中存在的问题主要集中在电子商务、企业知识管理等方面，多数企业积极支持开展企业信息资源管理，但多面临着资金、技术、人员等多方面条件限制，目前很难普及开展。

第二，目前政府信息管理方式转变还需一个过程（"资源管理"到"资产运营"），政府在线信息开放与开发服务能力还不到位，政府网络舆情监测、分析、导控与应对才刚起步，怎样在《政府信息公开条例》指导下建立、打造一个更加亲民、利民、便民的电子政府，实现向服务性政府转变，仍是信息资源管理在政府层面面临的主要问题。

第三，社会信息资源管理主要研究重点集中在图书馆、高校和科研院所。该领域中遇到的问题主要是如何解决好信息的"藏"和"用"，通过适当的技术手段使得信息最大限度地发挥作为资源的作用。

第二十四章 艺术学*

第一节 艺术学学科地位的整体提升概况

2011 年 3 月 8 日，国务院学位委员会和教育部发布了《学位授予和人才培养学科目录（2011 年）》，这是我国 27 年来第 4 次更新学科目录。新目录中，原为"文学"门类下一级学科的"艺术学"，独立成为我国第 13 个学科门类"艺术学"，下设艺术学理论、音乐与舞蹈学、戏剧与影视学、美术学、设计学 5 个一级学科。这次门类调整改变了艺术学附属于文学门类的历史。艺术学学科的独立身份被正式确立，不仅意味着艺术获得了应有的学术尊严和发展空间，同时也为深入调整高校艺术教育的现有结构以及发掘细化各分支学科提供了良好的契机。传统的艺术学研究及其各分支学科在发散、

---

* 本章主笔：中国人民大学艺术学院写作组。总负责：徐唯辛，中国人民大学艺术学院执行院长、教授。统稿：王文娟，中国人民大学艺术学院艺术学系主任、副教授。撰稿人：黄华三，中国人民大学艺术学院绘画系主任、教授；童岩，中国人民大学艺术学院设计系主任、副教授；焦振涛，中国人民大学艺术学院设计系讲师；杨戈芳，中国人民大学艺术学院音乐系主任、副教授；王文娟，中国人民大学艺术学院艺术学系主任、副教授；李光辉、张熙、胡宏洋，中国人民大学艺术学院研究生。

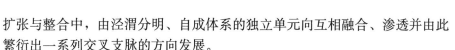

扩张与整合中，由泾渭分明、自成体系的独立单元向互相融合、渗透并由此繁衍出一系列交叉支脉的方向发展。

艺术学各分支学科在这样的语境变迁中，在国家各类文化政策的指导下，依托自身传统优势，积极进行学科拓建，形成了各自独具特色的发展现状，2011 年至 2012 年的整体情况是：

一、艺术学理论

传统的以艺术史、艺术理论、艺术批评、艺术哲学、美学、考古学、博物馆学等分支为主的艺术学理论研究近年来呈现出"跨领域"特质：（1）学科间的跨越。以哲学、社会学、心理学、经济学等学科的视角"重构"理论研究空间，突破重要人物、重大事件的考察藩篱，拓展为更加具体的、人性化的、多向度的研究视域。（2）地域间的跨越。局部研究的普适价值得到重视，中西方比较研究创造了有效的理论和方法论框架。（3）门类间的跨越。理论研究者的研究旨趣得到前所未有的拓展——诗词歌赋、庙堂府舍、服饰纹章、金工杂艺成为重要的参照素材。艺术学理论中和实践紧密结合的艺术管理与策划专业方兴未艾，是 2011—2012 年艺术学理论方向的突出亮点（以下艺术学理论部分均以艺术管理与策划专业为重点进行论述）。

二、音乐学

随着音乐教育改革的不断深入，新的观念和音乐理论不断充实到音乐学院的教学内容中，使原有的教学体系更富活力。目前，我国音乐教育的主要成就是：（1）尖端人才培养一体化教学。从小学、中学、大学到硕博士研究生，各个层级的音乐教育系统而全面。（2）系统性的基础训练。无论是演奏技巧、作曲技术，还是包括视唱练耳在内的基本乐科，都有十分系统的训练方法。（3）中西和合、古今交融的培养模式。每一个学生都必须接受多元化的训练。

三、美术学

近十年，我国高等学校的美术教育取得了前所未有的跨越式发展，招生数量"爆炸式"增长，美术院系急剧增加。许多高校直面扩招带来的种种问题与弊端，在美术学科的建设方面逐渐回归到"理性"的轨迹上。一些原本优势突出的美术院校着力于专业内涵的挖掘和高层次艺术人才的培养，构建完善的人才培养体系，并努力凸显自己的特色与优势，而一些新建的艺术院校或专业，特别是民间资本经营的美术专业则更主动地面向社会需求，全力打造应用性美术人才，以规模效应和实用性获得自己生存的空间。分层次发展，构成多元结构的美术学科体系，是最近美术学科发展的一大成果和特点。

四、设计学

中国设计学科发展的现状是：（1）大众生活用品的市场多被西方现代设计产品占据，中国模仿跟踪或者自发的山寨设计影响到学院式的设计和教育，学生们利用所学的知识更加机智地进行山寨设计，甚至成为设计创业的手段；（2）国家出于对国家整体形象的考虑而做的大型项目，集合了国际上最著名的设计师参与，多样化设计对中国当代设计产生的震撼影响着中国设计的发展；（3）处于后工业时代中的设计师已经从大量制造产品满足一般需求阶段，过渡到创造需求之后再进行生产阶段，利用视觉信息创造需求并以信息形式出现的产品是中国设计教育面对的全新挑战。

第二节　各分支学科的调整、创新与文献建构

一、艺术学理论

艺术管理与策划是我国从 20 世纪 90 年代开始建设的新兴学科。随着我国艺术市场的发展和文化活动的日益繁荣，培养适合我国国情的艺术管理人才是目前各高校的当务之急。艺术管理兼具理论性与实践性，是一门交叉学科，艺术学是其基础，管理学是其依托。艺术鉴赏学、经济学、法学、市场营销学、心理学、统计学、会计学、人类学等诸多学科知识渗透其中。该学科要求学生具有扎实的文化基础知识和良好的文化艺术鉴赏能力、广阔的国际视野，掌握文化产业的经营特点和运作规律，了解国内外文化艺术发展趋势，同时具备现代管理、现代经济和法律知识。该学科以培养策展人、艺术评论家、博物馆管理人员、画廊及拍卖经理人等为目标，努力使他们成为能够在文化产业媒体、政府管理部门、企事业单位从事文化艺术管理、文化市场运作、文化艺术项目策划、文化经纪贸易咨询、国际文化交流与传播工作的复合型创新型人才。一般来说，艺术管理者担负着双重任务：一方面，要为艺术家营造富有成效的创作环境，提供最佳机会发展其艺术；另一方面，要将由此而获得的成果呈现给观众，为其艺术体验准备条件。随着艺术的发

展、经济的发展，随着和国际的日益接轨，人们愈来愈认识到，艺术组织的领导与管理需要专业知识和技能。例如，美术博物馆馆长一般都受过艺术史训练，对艺术虽有深刻的理解，但未必能成为有效的经营主管者。预算、筹款、招收志愿者和讲解员、管理职员、从事营销等经营管理工作所需的才能，与学术研究或创作不同。经营管理者自身往往既不是艺术家也不是受众，而是调动者和操作手，他们必须具备综合的知识与能力。这由其职业的性质所决定：艺术管理是一门将文化政策、文化社会学、文化经济学、博物馆学和艺术史与管理学结合的操作性学问。艺术管理者需具备商学、财经、经济学、心理学方面的技巧，才能胜任其工作。

依照丹·马丁为《公共政策和管理国际百科全书》所写的"艺术管理"的定义，传统的管理功能由以下五个方面构成：计划、组织、职员安置、监督指导、控制，而运用这些功能促进表演和视觉化艺术产品，并将艺术家的作品呈现给观众，就是艺术管理。艺术组织分为公共的、非营利的和私立的、商业性及营利的两类实体，前者通常包括非营利的剧团、交响乐团、歌剧团、舞蹈团、博物馆、公共电台、表演艺术中心，而后者有商业性剧院、通俗音乐团体、私立画廊、电影院等。经营与促进创作过程及其与观众的交流是这两种实体的共同目标。

传统的管理具备四个功能：第一个是规划。它要求管理者准确地决定想要做的工作，确定现实可行的目标，以及完成既定目标任务的具体步骤与时间表。第二个是组织，即把规划转化为行动的过程。管理者要综合人力和物质资源，确定每一个行动细节，做出预算和时间进度方案，估计参与人员的人数和分配任务，以上工作都是组织功能的组成部分。组织功能表明管理是一项合作性的工作，要求参与者都认同特定的规划目标，这就需要强有力的领导才能。领导对整个组织进行监督指导，领导技巧和效力对于任何艺术组织来说都是至关重要的，因此，领导是管理的第三个功能。第四个功能即为控制。管理者需要监控工作的进度与质量，对照各项既定目标检验结果，必要时采取纠正行动。

上述四个功能是管理的基本内容，在此基础上，艺术管理一般需要处理更为具体的七个基本方面：第一，规划与发展；第二，市场营销与公共关系；第三，人事管理；第四，财务管理；第五，委员会关系；第六，劳工关系；第七，政府关系。

目前，我国有50多所高校开设了艺术管理相关专业，以下以目前北京最重要的几所与理论研究相关的高校为案例予以说明。

（一）学科招生

艺术管理专业在我国兴起于20世纪90年代。中央美术学院2002年开始招收艺术管理专业第一届四年制本科生，2003年开设第一届艺术管理专业研究生课程班；北京大学、清华大学均开办多届艺术管理与策划高级研修班；中国人民大学在开设艺术管理与策划高级研修班之后，于2009年开始招收美术学专业（艺术管理与策划方向）四年制本科生，并不断扩大招生规模。

（二）教学实践

艺术管理与策划专业本科生的专业课程有：艺术概论、中国美术史（含现当代）、西方美术史（含现当代）、中外工艺美术史、中外设计史、中国书法史、中国古代壁画史、佛教美术研究、中国书画鉴藏、美术理论与批评、美学原理、中国美学史、西方美学史、管理哲学导论、艺术管理与策划、艺术市场与营销、文化产业的理论和实践、博物馆学、艺术人类学、美术考古、民间美术、专业写作、绘画基础、设计基础、公共艺术研究、艺术设计理论论著选读、美术理论论著选读、西方近现代文艺理论、编辑艺术学等。

硕士生的主要研究方向有：中外工艺美术史，中外美术史，壁画史，公共艺术，艺术设计史论，中国佛教美术，中国现代美术研究，美术批评学，艺术市场与艺术策划和民族民间服饰等。

目前国内还没有高校招收艺术管理与策划专业的博士生，有待建设。

（三）毕业生就业

该专业一般要求毕业生以马列主义基本理论为指导，具有系统的中外美术史和中外艺术设计史（含中外工艺美术史）的理论知识，有较高的人文素养和较强的写作能力，并且对当代美术和艺术设计的创作、生产现状与市场管理有切实的了解；注重理论联系实际，有实地考察调研的经历和能力，有重视创作与设计实践的体会；具有良好的学风、文风和职业道德。

毕业生就职范围主要为高等院校的艺术史论教师、艺术博物馆的研究人员、出版单位的编辑、新闻媒体的美术编辑和记者、艺术市场与画廊的专业人员和企业CI战略部门的策划及文案人员、拍卖行的经营人员、展览和公共艺术的策划人及自由策展人等。

艺术学目前的基础文献建构情况复杂，艺术史论的教材各学校不一，但大都采用近年来全国同行的教材。

二、音乐学

大力推广古典室内乐表演艺术，是 2011—2012 年音乐学方向的突出亮点。

作为一门拥有丰富历史文献，又产生过众多卓越艺术家的学科，室内乐表演艺术的成就被国际音乐界作为衡量一个国家在培养音乐人才综合能力时的标准。中国人民大学音乐系首先在发展计划中大力推进这一门学科，努力在培养学科优秀人才和建立学术领先地位这两个方面获得实际的成绩。

室内乐表演艺术的特征，集中表现在三个方面：

第一，合奏但不设指挥，依赖演奏员之间的默契和配合来完成对作品的理解和展示。

第二，通过参与者共同讨论达成共识，在集体合作中显示个人能力。

第三，组合形式多样，适合在除超大型演奏厅以外的所有场合表演。

这一学科的核心目的，是通过这些丰富的曲目和组合，有效地帮助学生学习音乐表演，特别是合奏音乐表演的全面技巧。这要求学生具备以下能力：对乐曲历史背景的熟悉；培养合作型思维；掌握对旋律的处理；应用技术使用上的自我调节能力；独立完成艺术形式的呈现——学生毕业后或许成为乐团演奏员，或许成为教师。他们在自己的工作岗位上能否充分掌握并灵活运用这种综合能力，将会直接影响将来我国音乐事业的发展和国民整体音乐教育水平的提高。

欧美在室内乐这门学科的开创和发展上有着极其深厚的底蕴。海顿、莫扎特、贝多芬、勃拉姆斯、门德尔松、德沃夏克、巴尔托克这些伟大的作曲家都为这一个艺术形式留下了极为丰富的音乐文献。其数量、艺术价值可以与歌剧、钢琴艺术和交响乐相提并论。

二战后，欧洲，特别是美国高等院校在这方面投入了大批的人力资源和学术资源，60 年代以后培养出像朱丽亚、瓜内利、艾默申、亚历山大、东京、克里夫兰等的世界顶级的室内乐艺术家，由此衍生出一大批技术全面、概念适时的演奏家，把美国音乐的整体实力和主要音乐教育院校的教学水平提高到能与欧洲抗衡的地步。

在这个实力提升过程中，美国的音乐教育家们对室内乐训练的价值的深刻认识和不懈的努力，是他们能在这样短的时间内取得这样大的成绩的原因。他们所树立的，是一种体系严、标准高、课堂教学和舞台实践相结合的教学方式。其中除了在文献研究上打造出像约瑟夫·科尔曼和刘易斯·洛克伍德这样卓越的室内乐评论家/史学家，在演奏家和教师的培养上实际上已经超出了欧洲的水平。

当今美国优秀院校中，大部分都仍然保持自己的室内乐"驻校艺术家"（resident ensemble artists）。比如朱丽亚音乐学院的"朱丽亚四重奏"，科蒂斯音乐学院的"瓜内利四重奏"，加州大学的"亚历山大四重奏"，耶鲁大学的"东京四重奏"，纽约大学的"艾默申四重奏"，辛辛那提大学的"拉萨尔四重奏"，伊斯特曼音乐学院的"美国四重奏"，科罗拉多大学的"塔卡克斯四重奏"，等等。他们在强化年轻音乐家的综合能力，提高艺术修养等方面起着举足轻重的作用。他们中间有的艺术家已经在学院连续工作了 40 年以上，形成了一套既适合学生特点，又可以满足社会需要的教学体系。这样有延续性、带系统又赋予规范化的训练，加上通过长期的职业巡演和交流，来进行不断的评估和改进，是其教育水平经久不衰的原因。由于在国内得不到相关领域适当的训练，我国音乐学院毕业生大量流至美国。

70 年代末，一代宗师斯特恩来访中国，说出了一句让当时很多人感到震动，但不一定理解的话：室内乐教学质量和演奏水准，是他们在参加职业乐团工作时能否完美地再现音乐作品的基础，就像是学习英文时掌握 A、B、C 那样的基础。在 30 多年前的那个年代，中国交响乐队为数不多，而且绝大部分时间是在演奏中国作品。基于中国作品的创作特点和旋律风格，这种训练的缺乏暂时还不大容易显露出来。

近些年来，国家艺术团体改制，乐团指挥人员大量回归，各地也先后建立了很多具有正规编制的交响乐团。这些从国外学习归来的指挥，在乐团曲目编排上竭力寻求与国际接轨，因此大量的西方经典文献被纳入到各乐团日常曲目中。这样一来，我们在训练演奏人才的过程中，室内乐教学严重脱节这个一直隐藏着的弊病，突然暴露在强光之下。

我们需要明白的是，这些经典作品与传统室内乐作品一脉相承，两种艺术形式都要求演奏员具备熟练的合奏技术，并具备一定程度的历史文化的修养。在这一点上，系统的室内乐训练所能达到的效果，是强调单线思维和个人基本技术的独奏训练不能代替的。国外很多指挥应邀来中国带领中国乐团演出，无法理解为什么如此有才能的演奏员们，竟然对合奏艺术这么缺乏训练。从概念上来说，这是一个非常具有工业化思维的艺术，精密设计，分工打造，密切配合，组装成型。这是一种概念，一种文化，但却是一种需要培养的概念，一种可以培养的文化。

室内乐教学在整个专业音乐教学体系中占有举足轻重的地位。室内乐的作用好比把一个个不同的组成部分，系统地优化整合为一个最终的艺术整体。室内乐强调的是各演奏者之间的协作与合作的精神，而这种训练正是当前国内专业音乐教学所急需的基础性工作。同时我们也知道，一个学科的发展一定不是单纯依靠教师的口传心授，单纯依赖个人经验的传递。室内乐学科的发展一定需要以严谨的学术态度，通过对学科全面的了解，制定出系统而规范的学科标准，并不断对其修正的过程。

就国内室内乐学科现状来看，培养学科教学人才，实行教学系统化和艺术实践规范化是国内院校迫在眉睫的需要。这是中国高校第一次在学术的层面上，对室内乐演奏艺术这门在我国还是相对落后的学科进行全方位的、宏观概念上的调研和评估，由此总结经验，制定系统而规范的研究对策，将是中国音乐教育界第一次在如何提高室内乐教师的整体素质方面作出的突破性反思和检讨。在教授方面堵漏洞，而不是像以往那样一味从学生缺乏积极性、缺乏文化素质，制度缺乏制约力这样一些被动的接受方去找解释，将会为音乐学专业带来新的领域突破。

三、美术学

对传统学科的守正创新是 2011—2012 年美术学的发展宗旨。

中国的美术学科已经完成了从完全的崇洋媚外到重视民族美术的转变过程。学院教育对民族美术从一般了解到深入了解，对西方的美术也逐步形成了真正的本体研究，构成目前我国美术学高等教育的现状。结合时代和社会的发展要求，美术学科以近现代造型艺术多元化格局为背景，发扬本土文化的优良传统，充分利用博大精深的传统艺术精华，鼓励本土语言的艺术创造，立足于改革开放和现代化的实践，着眼于世界文化发展的前沿，梳理归纳西方近现代艺术的理论及实践成果，美术学科所包括的绘画、雕塑、建筑及摄影等具体门类也在发生着新的变化。

在古典意义上，绘画是美术学科的主体。随着当代艺术的推进，装置、影像的流行，架上绘画似乎成为"不时尚"的代名词（虽然，在所有当下的艺术展览中，架上绘画仍然占据着绝大多数的优势比例）。这样一个局势的出现，无形中对中国近年的美术学科发展产生深刻的影响。绘画吸纳了装置、影像、多媒体、群众传媒等媒介的视觉体验，现代新科技、新材料、新方法、新观念不同程度地引入美术学科中，它们从社会学、历史文脉、现代现场、像素图像时代、网络、动漫、卡通、盛行文化等方面延伸，绘画的边界在突破，绘画以他者的身份重新回到现代艺术的现场了。

培养具有服务于社会大众的工作能力的人才越来越成为各个学科人才培养的目标。在这个目标下，美术学科也在发生着新的变化，学科设置越来越明确并细化。例如，中央美术学院造型学院成立了实验艺术系（招收硕士学位研究生和本科生）。其成立以近现代造型艺术多元化格局为背景，结合时代和社会的发展要求。其宗旨是：探索、研究及建设具有中国特色的当代艺术语言构架；关注近现代艺术实践经验，建立实验性艺术在当代学院艺术教育中的学术性层次；梳理归纳西方近现代艺术的理论及实践成果，开辟新的教学模式的可行性路径。其培养目标是：具有丰富的文化修养和艺术理论素质，能够参与当代艺术实践，掌握多种形式的语言及材料媒介，具有独特表达能力的创造型人才；通过教学与专题研究，提高学生的文化修养与理性思辨能力，以期推进中国实验艺术的学术质量及文化层次，培养精于综合材料、装置以及影像等新艺术形式的优秀艺术家；学生毕业后应该具有广泛的动手能力及创造性思维品质，具有较强的生存能力和广泛的社会适应力，可以从事当代文化艺术的创作、研究、教学等工作。

可见，美术学科逐渐脱去保守的外衣，与当代艺术的社会生态群落相容相生。

目前，我国的美术学科已经到了一个由数量增长和规模发展，转向提高质量和调整结构的新的历史阶段。客观地讲，在中国美术学科出现空前繁荣的同时，美术学科的发展应该说是"喜忧参半"。十年来，新兴美术专业层出不穷，新旧专业的结合与交叉在专业定义和名录上出现繁杂混乱的现象；处在不同地域的各高等美术院校呈现出趋同化办学趋势，不能形成自己的美术学科特色，等等，由此而引发的问题值得我们认真总结和思考。

按照学科分类，美术学科目前的基础文献有：

（一）美术

南朝宋宗炳的《画山水序》；南朝齐谢赫的《古画品录》；南朝宋王微的《叙画》。

唐张彦远的《历代名画记》；唐张怀瓘的《画断》；五代后梁荆浩的《笔法记》；宋郭熙的《林泉高致》；宋郭若虚的《图画见闻志》；宋邓椿的《画

继杂说》；宋刘道醇的《宋朝名画评》；明莫是龙的《画说》；清石涛的《苦瓜和尚话语录》；余绍宋的《书画书录解题》；谢巍的《中国画学著作考录》；邓实、黄宾虹的《美术丛书》；于安澜的《画论丛刊》；中央美术学院美术史系的《中国美术史》、《外国美术史》；王宏建的《美术概论》；邹跃进的《新中国美术史》；赵力、余丁的《中国油画文献》；刘淳的《中国油画史》；高名潞的《中国当代艺术史》；吕澎的《中国现代艺术史》。

（二）书法

魏晋书论：钟繇的《用笔法》；王羲之的《自论书》。

唐代书论：张怀瓘的《书断》；欧阳询的《用笔论》；颜真卿的《述张长史笔法十二意》。

宋代书论：欧阳修的《六一论书》；黄庭坚的《论书》；米芾的《书史》。

明代书论：董其昌的《画禅室随笔》；祝允明的《奴书订》；王铎的《论艺摘录》。

清代书论：康有为的《广艺舟双楫》；傅山的《散论》；何绍基的《论书》。

当代书论：邱振中的《书法的形态与阐释》；王岳川的《中国书法大观》。

（三）雕塑

吴少湘的《雕塑艺术》；李东江的《雕塑造型基础研究》；崔开宏的《雕塑的魅力》；孙振华的《走向荒原——雕塑文集》；滕小松的《过程与结果：雕塑创作研究》。

（四）工艺美术

张昕的《中国工艺美术史》；张少侠的《世界工艺美术史》；程惠琴的《工艺美术品设计表现》。

（五）建筑

梁思成的《中国建筑史》；林徽因的《林徽因讲建筑》；汪荣祖的《追寻失落的圆明园》；刘元举的《中外建筑的文化脉络：追逐建筑》；张钦楠的《华丽与哀愁：老北京皇家建筑典藏》；李布斯金的《破土：生活与建筑的冒险》；安藤忠雄的《建筑师的20岁》。

四、设计学

设计学是艺术和科学技术相结合，建立在设计实践基础上的应用性很强的交叉学科，重在设计历史与理论及设计实践的研究，其目标是在造物活动中实现实用功能与审美理想的统一。

设计学院的学科建设，需要设立基础教学与工作室教学双重教学管理制度，形成由导师工作室、专业教研室、基础教学部、史论部、设计艺术教学综合实验平台等构成的教学体系。实验平台下设木工艺间、金属加工工作间、模型工作间、材料工作间、首饰工作间、服装工作间、电脑及信息技术室等实验场所，同时还应设有设计文化与政策研究所、图书资料室等研究和教学服务设施。设计应与社会实践紧密结合，在基础课完成后，提倡项目带教学的教学模式。

中国设计专业在现在的教学中重视高科技的运用和实践，但由于中国传统手工艺的深厚积淀，现在仍以工艺性设计为主体，但未来高科技教学的比例会逐渐增加，模式也以西方设计模式为主。

重视设计教育而强国的案例比比皆是：英国首先发生了工业革命，举行了第一届世界博览会，1892年开始了世界上最早的设计教育，建立英国皇家艺术学院（至今仍是设计教育的领跑者），成为当时世界第一大工业强国。1902年，德国人赫尔曼考察英国，研究英国国力强大的原因，发现了英国设计教育的重要性，回国后在德国政府的支持下开设了设计学院，改革传统美术学院，用实际行动证明设计是工业国家经济贸易的保障。1919年包豪斯成立，校长格罗皮乌斯提出做对社会有责任的设计师理念，"不做政治家而做设计师"的宣言是德国设计为大众服务精神的体现。

中国正在经历着用设计振兴经济的重要时期，如何看待设计、理解设计是设计学科和教育的当务之急。

目前，设计学分为六大领域，其基本文献建构如下：

（一）设计现象学（Phenomenology）——设计史，设计分类学，设计经济学

王受之的《世界现代设计史》（中国青年出版社，2002）；熊嫕编著的《设计管理》（东南大学出版社，2009）；卡丽斯·鲍德温、金·克拉克的《设计规则：模块化的力量》（第一卷）（中信出版社，2006）；弗兰西斯·路纳、本尼迪克特·史蒂芬森的《SWARM中的经济仿真：基于智能体建模与面向对象设计》（社会科学文献出版社，2004）。

（二）设计心理学（Psychology）——设计思维，创造心理学

原研哉的《设计中的设计》（全本）（广西师范大学出版社，2010）；田

中一光的《设计的觉醒》(广西师范大学出版社，2009)；原研哉、阿部雅世的《为什么设计》(山东人民出版社，2010)；诺曼的《设计心理学》(中信出版社，2010)；黛比·米尔曼的《像设计师那样思考》(山东画报出版社，2010)。

(三) 设计行为学 (Praxeology) ——设计方法学，设计能力研究，设计程序与组织管理，设计建模

加瑞特的《用户体验要素：以用户为中心的产品设计》(机械工业出版社，2011)；杰夫·约翰逊的《认知与设计：理解 UI 设计准则》(人民邮电出版社，2011)。

(四) 设计美学 (Aesthetics) ——设计技巧，设计艺术，设计审美，形态艺术

日本奥博斯科编辑部的《配色设计原理》(中国青年出版社，2009)；科尔伯恩的《简约至上：交互式设计四策略》(人民邮电出版社，2011)；萨马拉的《完成设计：从理论到实践》(广西美术出版社，2008)。

(五) 设计哲学 (Philosophy) ——设计逻辑学，设计伦理学，设计价值论，设计辩证法

亚当·奥斯本的《程序设计在逻辑设计中的应用》(人民邮电出版社，1983)；赵伟军的《伦理与价值：现代设计若干问题的再思考》(合肥工业大学出版社，2010)；傅家骥编的《价值分析在产品设计中的应用》(机械工业出版社，1986)；坂井直树的《设计的深读》(山东人民出版社，2011)。

(六) 设计教育学 (Pedagogy) ——设计教育方法学

斯蒂芬·贝利、菲利普·加纳的《20 世纪风格与设计》(四川人民出版社，2000)；彼得·多默的《1945 年以来的设计》(四川人民出版社，1998)；伯尼斯·马丁的《当代社会与文化艺术》(四川人民出版社，2000)；丁玉兰等编著的《人机工程学》(北京理工大学出版社，1991)。

第三节　目前高校教学实践中存在的问题及应对措施

一、艺术学理论

(一) 专门艺术院校与综合艺术院校的不平衡

专门艺术院校依托原本的学科和专业特色设置艺术管理专业方向，其人才培养强调专业能力，市场定位明晰。而综合艺术院校则由于该专业的办学主体、招生模式、师资基础与专门艺术院校不同，兼处在一个多种艺术门类并存的"综合"专业格局当中，一直难以进行准确的学科与专业定位。目前国内综合艺术院校都备受此问题的困扰，由于专业定位模糊，导致培养目标宽泛、市场针对性不强，课程设置缺乏系统性，核心专业能力不突出。随之而来的问题就是学生就业困难，人才培养与市场需求难以接轨的矛盾日益突出。

（二）缺乏师资力量，缺少艺术管理的优秀教材、案例汇编

艺术管理专业属国内的新型学科，师资力量缺乏，现有的教师不少是从艺术史论转行过来的，师资队伍亟须建设。

艺术管理专业还应重视案例教学，在课程设计中应强调应用性与可操作性并重，教学中应把案例调研、专业实习和媒体技术运用作为特色教学手段，把管理学、组织行为学、营销学等作为实际操作的理论来源，而目前，高校的该课程没有统一的较为系统的教材，亟待完善。

（三）尚未建立合理的艺术管理课程体系

由于艺术管理的概念模糊，很多高校不明确该专业的外延，很多诸如"文化经纪人"等专业也并入艺术管理专业的范畴，大多数高校艺术管理专业所开设课程没有经过科学的论证，缺乏合理性。除了公共基础课安排按照国家规定标准执行，其他课程安排缺乏系统性和理性分析。有些高校将法律、财会、商务谈判等课程列入艺术管理专业的教学内容中，而有些高校的艺术管理专业没有涉及此类课程，对于是否应开设这些课程或应该开设哪些课程没有统一的认识。

（四）专业课程设置没有统一标准

高校往往根据本校的特点开设相关课程，围绕中西音乐通史、中西舞蹈通史、中西戏剧通史、中西美术通史、文化产业管理概论、艺术概论、现代管理学、文化市场学、市场营销、法律等课程开设。除公共基础课按照教育部有关规定执行外，高校在专业基础课、专业课设置上没有统一的课程设置标准，所开设课程的名称也不同。中央美术学院的专业课程内容侧重画廊管理、艺术策划（中央美术学院开设的艺术管理专业的课程设置比例为：专业基础课占整个教学课程安排的 44％，公共基础课占 26％，专业课占 30％。其中，在专业基础课中主要为文史类和画廊管理类课程；在专业课中，主要为艺术管理营销类课程）。其他学校的专业课程内容涉及门类较多，如艺术管理、美术史、商法等。

（五）高校中艺术管理专业的实践教学所占学分较少，几乎没有涉及案例教学的内容

案例教学在诸多世界级院校，特别是美国大学教育中被广泛运用。这种授课方式将理论概念与实际应用有效结合，使课堂里学到的东西在课堂外的社会真实环境中得以印证和应用，让理论学习与社会实践相辅相成，是培养既有艺术功底、又懂管理科学的复合型人才的有效途径。目前，在我国高校艺术管理专业的教学设置中，普遍存在实践教学占学分较少，几乎不涉及案例教学内容的现象。如何设置教学课程、如何建立案例库、如何进行考核和成绩评估也是在探索中亟待解决的实际问题。

因此，在未来的艺术管理专业发展道路中应进一步深化教学改革，及时更新教学理念，使教学从"以理论灌输为基础"转变为"以能力培养为基础"，从"以教师为中心"转变为"以学生为中心"；转变教师角色，使教师从传统的讲授者转变为学生学习的指导者、观察者、鉴定与评估者，教师不仅要关注教学过程，而且要关注教学活动的设计、对学生学习成果的鉴定；引入终身教育观念，强调学生自主学习能力和可持续发展能力的培养；强调理论教学环节的同时注重实践教学环节，加强对学生综合能力的培养，如人际交往能力，中英文表达能力，团结协作能力，组织协调能力以及运用所学理论分析问题、解决问题的能力等。艺术管理人才的培养还需积极支持、鼓励学生参加国内外的学术交流与研讨活动，开阔学生的视野；学校还应积极邀请国内外专家、学者和民间艺术家来校讲课讲学，使教师、学生掌握学术研究的前沿信息。在导师的设置上，可采取校内外结合、交叉集成、强强联合、优势互补的办法，改善专业知识结构，全面提高办学效益，达到培养优秀人才的目的。

二、音乐学

几年前，在中央和上海音乐学院的带领下，各院校开始将室内乐纳入学生获得学位的必修课程之中。从完善课程、提高学生素质的角度来说，这是一个很大的进步，但教学结果和实际课程的含金量却和初衷相去甚远。简言之，教师做满工作量，学生得够学分，仅此而已。出版过的为数极少的室内乐课程需要的教材书籍，也只是简单地复制了乐谱，而没有足够的历史背景的介绍、演奏风格的提示和艺术特征的引导。这样的出版物充其量也只是一本乐谱，谈不上是可以帮助学生学习的"工具书"。

由此，我国室内乐教育有几大问题浮出水面：

（一）解决国内室内乐专业师资严重缺乏的问题

除极个别的指导老师有出色的合奏经验和成就，例如中国爱乐乐团首席陈允（中央音乐学院），前国家交响乐团首席梁大南（中央音乐学院），前上海四重奏成员沈茜娣、丁芷诺（上海音乐学院），前美国亚利桑那乐团成员陈晓伟（中国人民大学艺术学院），前深圳乐团大提琴首席张益浩（深圳艺术学校），其他指导老师都是专业课老师"代教"室内乐课程。

由于室内乐专业教师的缺乏，造成学生对文献的了解、对实际演奏经验的接触与积累都是不正规的。比如，曲目的选择面非常窄，老师自己没有听过的不教，在各院校听来听去，不过十几首曲目；另外，很多具有重奏、合奏价值的文献，被误认为是独奏曲目。比如大量的奏鸣曲、舒伯特歌集、沃尔夫歌集等。没有严格的专业性，缺乏对合奏艺术、对合奏文献的了解和认识，很难形成教学系统化和建立有效的评估、改进模式。

因此，提倡各院校开创音乐系室内乐高级研究中心，整合资源，在数据上与欧美作一个比较。例如：教师履历、资格、学术研究成果、舞台艺术实践业绩、学生课时安排、排练时间安排、文献接触面等等，在研究报告中提供丰富的第一手资料。这项工作看似简单，但是从系统化上来讲，规律性的、数据的根据不能被忽视。它代表着整体规划的第一个实施步骤。

另外，招收室内乐专业研究生，培养学科教师人才。与全国各大乐团合作，培训各乐团声部首席和专业领先演奏员，补习合奏文献和演奏，把重点放在提高教师素质和专业乐团业务带头人水平上，才能使他们在教学岗位上有能力给学生提供全面、正确的指导和建议，以求从根本上提高教学质量，在工作岗位上起到业务中坚的作用。

而要解决师资的缺乏，最有效、最系统的做法是在研究生的培养上下功夫，在学术和理论的层面上提高他们的素质。换句话说，我们是在培养有学术理论根底的"教师人才"。他们不仅仅能拿起琴来演奏任何曲目，更具备在历史、文化和音乐理论上的传达能力。

在这一点上，我们可以借鉴国外音乐院校培养"住校研究生室内乐组"的经验。他们的学习任务是跟随导师大量地接触文献，加强历史和理论的学习。工作任务是频繁地带领本科低年级学生排练、演出。这样他们在知识积累和艺术实践上在还未毕业离校之前是齐头并进的，毕业后工作能力特别强。

（二）弥补国内室内乐文献资料的残缺问题

以中央音乐学院为例，作为全国资源第一丰富的学院，连外围曲目，就是低年级课程所需要的乐谱和相应的音响、音像资料都是不全的。别的院校更是如此。每一学期开始的时候，大家都要花费将近两个星期的宝贵教学时间去找资料。

这种情况导致了要么我们在布置作业的时候在合理性和多样性上大打折扣，要么是学生因为无法使用高质量的版本而在学习过程中事倍功半，挫折感在所难免。久而久之，很难保持学习的热情。

这个问题可以从两个方面来考虑：首先，有步骤、有系统地搜集、购置专业书籍、学术文献、乐谱以及音响、音像资料，翻译有直接指导意义的文献，逐步建立完善的资料库。我们注意到国内在音乐演奏教学方面仍然十分偏重感性的、经验性的、口传心授的教学方式。它的局限性是缺乏在学术理论和历史背景方面横向因素的联系，在理解文化内涵和历史特性方面没有深度，不具有高程度的说服力。这方面的提高在于长期的积累。学术风气的形成，除了鼓励和提倡，还需要有相应的专业资料和辅助材料来帮助开展学术上的研究。这一点不管是对本科生、研究生还是对老师们都是一样的。

其次，制定教学大纲，编订课程教材，使教学走向系统化。教材的编订应该与教学大纲同步。但有别于以往的出版物之处，是我们要给每首乐曲提供准确、简练的背景介绍和风格方向的提示。把这样有深度、有艺术规律的教学大纲和教学材料紧密联系的做法也是很具有独特性的。这样的出版物可以逐年添加、完善。

（三）解决艺术实践和交流的问题

体育进步靠比赛，音乐进步靠交流。这是一种自然规律。上一次正式在国内院校之间做弦乐四重奏的交流演出的是上海女子四重奏团，那是在将近30年前。进行管乐合奏交流的是上海音乐学院木管五重奏组，那是在1982年。学院间学生四重奏组的交流是在1985年。这样不利于形成一种风气，带起一股热情，培养成批的全面发展人才。各院校内的情况也是如此。师生大部分只是把室内乐课作为得学分的途径，也不安排经常性的室内乐表演和实践的机会，造成一种学习成就没有被认可和肯定的感觉，觉得学了没用。

因此，建议组成高水平教师室内乐组，经常性地演出、示范，在本校推动艺术实践的风气，并开展与国内其他院校和国外院校的互访、交流。院校音乐系有能力的教师团队定期地向内、向外呈现我们在这门学科上所付出的努力和取得的成就，了解国内国外在这门学科上的最新动态，学习别人的经验和优势，取长补短，扎扎实实地建立一个在学术理论和舞台艺术实践上平衡发展的学科领头人所具备的坚实基础。除此之外，鼓励中国作曲家们为室内乐多创作作品。国内几十年前能拿上台演奏的四重奏作品是《翻身道情》、《二泉映月》。最近音乐系派去美国访问演出的四重奏组表演的一首中国曲目，还是《二泉映月》。一个学科的全面发展，要有周边的营养环境来支持。创作更多新的优秀的作品需要音乐界各领域的共同努力。我们都知道，中国作曲和作曲理论方面一直都走在演奏之前，其优于演奏的一面，就是其在学术理论的研究和提倡交流方面已经形成一种传统和风气，这一点很值得我们学习。艺术形式和艺术作品应该是相互作用而共同提高的。

三、美术学

（1）高等美术教育的高速扩张在社会上引起了"艺考热"，这样就导致了高等美术院校办学定位不准，美术学科设置盲目，人才培养目的不明确。由于生源数量急速增长，政府对相关美术类专业的审批制度较为宽松，除传统意义上的"八大美院"外，全国各综合性大学的院（系）也都相继成立了艺术类专业，其中美术专业居多。面对如此多的学生，这些学校的办学基本设施不完善，缺教室、缺设备、缺师资。许多学校不管有无软硬条件，都设置美术学科。十年来，美术专业的增长速度远远高于其他专业，而且增设的欲望有增无减。现在要数出哪些学校没有美术学科，远比数出哪些学校有美术专业要困难得多。

（2）不少美术院系动不动就提"万人大学"的口号，不少美术专业仅"七八个人，三五条枪"，但一招生就数百人甚至上千人，似乎体量大就雄强了，使最需因材施教、个性化教育的美术学科教育变成了"一锅煮"的普适性教育。比重复设置和盲目扩充现象更让人担忧的是，生源质量的严重下滑和教学资源严重匮乏所带来的学生培养质量的低劣，在"入口"与"出口"都放宽尺度的状况下，带来的必将是滥竽充数的后患和美术教育尊严的丧失。

（3）在艺术学升格为第 13 个学科门类后，美术院校或专业滋生出强烈的膨胀欲望，不够条件的硬要拼命地争设硕士点、博士点，不必纳入博士培养的专业，非要挤入博士培养的序列。美术学科沉浸在"集体冒进"的狂欢中。当下，为了好听的名头和一些实际的利益，许多从不从事学术研究的从艺者，也竭力去抢夺"博导"的头衔，这样一来，必将制造出一批绘画博士。这不仅打破多数国家艺术人才培养体系遵从的规范性，而且会使博士学位的评价尺度无依无据。我们在为艺术学升格为学科门类、美术学科"晋级"而欢欣鼓舞的同时，也在为美术教育或者说美术教育从业者缺乏"自律"性，追逐名利而搅乱了学术门庭，混淆了学科界限与内涵的现象深感担忧。

（4）美术学科是一个特殊的学科，这个学科的人的文化素养的提高要与专业特点结合起来。但近年来美术课程方案的制定受行政管理影响较多，往往套用一般文科专业的课程设置。不少院校为了体现对"综合素质"的重视，片面地追求文化课的数量，文化课的比例越来越大。一般本科四年总课时量控制在 2 800～3 000 个学时，文化课占到 900 个或超过 1 000 个的学时，加上综合类选修课再占去 200 多个学时，真正用于专业必修课与选修课的学时就不断减少；美术学科专业课程的设置重点不明显、课程多、课时少。核心课程是专业人才培养至关重要的课程，一般都有 10 门以上（非文化性质）的理论与技能课程。由于大部分院校追求经济效益，节省教育成本，所以在总课时一再下降，而文化类课程又不断上升的情况下，只好压缩专业课时，结果造成这些核心课程的学时大幅减少，专业理论课也同样被压缩。这就导致了目前我们美术学科培养出来的更多的是"复制性人才"。"复制性人才"是相对于创造性人才而言的。在校学习期间，能够独立完成创作、水平较高的美术学科学生比例逐年下降。不少毕业生进行的"创作"停留在"复制"或"复制加变化"的水平上，作品面目趋同现象非常普遍。

（5）提倡美育，并把美术教育看作美育最重要的途径和方式。长期以来，美术学科在很大程度上侧重于对对象之客观形态的描述与认识。在教学中的直接表现就是"技术主义"至上，专业教学仍侧重于具体技法、技巧的传授，即某种"操作"方式的传承。这种传承与传统的"作坊式"的师徒间的传、帮、带并无二致，只不过现代教学的组织形式把师生之间个体的技术传承变为多项传承而已。所以，我们的美术学科往往难以落实其具有审美文化教育特征的效能，而更具职业技术教育的性质。

四、设计学

（一）缺少现代设计基本理念

设计是对物进行加工，使之具有使用和审美功能，满足人的需求的过程。中国当代的设计尤其重视审美功能，对使用功能缺乏基本的重视，导致中国设计没有大众市场，主要符合国家和少数精英的审美与精神需求，使中国大众依赖于西方产品，并制造出大量山寨设计品。

设计的本质总结起来有三点：（1）规划过程：怎么做？（2）取舍过程：要什么不要什么？（3）解决问题：寻求更好的使用功能、形式的审美功能，在现有基础上的突破。

当代中国设计教育忽略了设计的本质问题，没有对人与物的关系进行有效的梳理，忽视人机工学的重要意义，在设计中没有把握住人与物关系的诸多可能性，导致设计趋向个性化方向，与纯艺术混淆。这些很大程度上是由于中国在现代化大规模生产的进展中没有像西方世界一样充分得以发展，在中间发展中有断层，并且科技也没有能够跟上技术的不断发展，导致中国在日常生活产品设计方面科技滞后，无法与西方设计市场竞争。虽然在制造业方面成为世界加工厂，但由于技术的粗糙，没有真正提高自身的技术水平，长期处在低端的技术层面上，中国人长期成为廉价的西方雇佣工人。我们亟须在设计本质方面提升自己的设计能力。

（二）忽视了设计的价值

1. 设计的价值原则

（1）实用价值——价值工程（value engineering），包括产品的时间价值、信息价值、消费价值、资源价值。

（2）附加价值——包括企业形象价值、品牌价值、情感价值、服务价值、信誉价值、文化价值。

2. 创造设计的附加价值的考虑方面

（1）运用新技术、新材料改良设计。

（2）改良产品的形式角度。

中国长期的山寨设计虽然极大缩短了产品的创造过程，快速以低价占据市场，但它无视法律、趋功近利的行为使中国产品更加没有未来。不考虑实用价值和附加价值就是没有思考设计，无法真正建立品牌，虽能短期获利，但损失的是未来长期的市场和设计的责任。

（三）缺少对作为前期创意培养目标的基础教育的重视

长期忽视培养学生的创意能力和前期的设计基础，缺乏对设计专业的基础性建设。设计的基础教育是重中之重，没有基础就不能培养起设计专业的素质，也无法使设计学成为真正的交叉学科，无法造就设计通才。而当今的时代，通才是专业人才中不可或缺的部分。设计教育的基础有四个重点：

（1）描绘能力：科学的比例、透视、结构、体块等。

（2）构成研究：科学的形体、空间、色彩研究。

（3）电脑软件操作能力：科学标准化制作。

（4）广博的文化历史知识：设计史、人机工程学、哲学、心理学。

这四点是所有设计专业学生应该具备的基础能力。不管是视觉传达专业、工业设计专业、景观设计专业、新媒体专业，都应该具有手工描绘和电脑软件操作的能力，没有这些能力，前期的创意设计阶段无法得到保证，后期加工完成的设计产品无法精致完善；没有前期科学构成研究和文化历史知识，就无法进行前期的创意，分专业学习成为空中楼阁，无法使学生真正具有专业素质，也无法使设计学科成为真正意义上的交叉学科。

（四）缺乏对设计受众的研究，没有认识到设计为人服务的精神

设计为人服务是现代设计教育的发起者格罗皮乌斯提出的设计理念，这个理念成为西方设计的宗旨，大量设计产品因此被大众所喜爱并接受，影响到整个社会的衣食住行，潜移默化地引导大众的生活方式，并创造出现代文明。可以说，设计造就了西方现代都市、大众消费人群，让中产阶级成为社会的中坚力量，有力地促进了社会的发展。但中国在设计方面对人的思考不足，没有从受众的需求角度出发设计产品，当西方产品更适合大众需求时，中国产品失去了自己的市场，当大量抄袭西方设计时，设计更加失去最基本的追求。直至今日，形式的模仿成为中国设计的一种风潮，山寨也成为中国的设计文化之一。

（五）缺乏创造需求的设计意识

20世纪到21世纪的设计发展，经历了工业时代到后工业时代的转变。1919年包豪斯的产品设计从满足大众基本生活物质需求为目的开始，到60年代的丰裕社会，产品生产过剩，人们的物质需求达到饱和阶段。21世纪信息时代的到来，给设计提出了新的问题，信息创造新的社会需求成为引导产品生产的前提。视觉传达设计在信息时代有了新的任务，除了创造需求之外，在产品形态上也有了大的改变，从物理性质向电子性质转化。视觉化、虚拟现实、界面操作等成为新产品的设计点。利用新媒体创造新的产品、创造新的需求必然成为当代中国设计关注的主要问题之一。

2012—2013

第二十五章　统计学[*]

　　概括地说，统计学是一门收集、整理、显示和分析数据的科学及艺术。统计学的发展已有上千年的历史，它已融入到人类活动的方方面面。人们通常说的统计，无外乎这样三个层面：统计工作、统计数据及统计学。其中统计工作是强调统计活动的过程，例如数据资料的搜集、整理和分析的工作，是统计的动态层面；统计数据是统计工作的对象和结果，即统计资料，是统计的静态层面；统计学是对统计工作和统计资料规律进行总结和理论概括的方法及应用体系，强调它是一门学科，是统计的系统层面。在学科性质上，统计学属于方法论学科，它在诸多学科领域都有重要的应用，正因此，统计学又有了理论统计学和应用统计学之分。在我国的学科分类系统上，统计学是一级学科，这充分显示了统计学在各学科中日渐上升的地位以及对社会所产生的逐步扩大的影响力。在我们的研究中，将在介绍统计学基本理论与方法的基础上，重点以经济统计为主体，梳理介绍我国近两年来在统计学研究方面取得的成果。

---

　　* 本章主笔：赵彦云，中国人民大学统计学院院长、教授。

第一节　统计学基本理论与方法

从科学理论研究的层面看，统计学的研究重点在基本理论和方法上。基础理论研究着重于进一步完善统计学的理论基础，经典统计推断理论、非参数统计、贝叶斯统计等均属此范畴；统计方法研究主要指那些具体的统计分析方法，例如回归分析、多元变量分析、时间序列分析等。

一、统计学基础理论

描述统计是以统计图和统计表为基本工具，对统计数据资料进行收集、整理、显示、分析，并对数据的分布状态、数字特征和随机变量之间的关系进行测算和描述。描述统计在统计学科中属于最基本层次的内容，是进行高层次统计分析和研究的基础，一般来说较为简单，同时在现代经济生活中也非常适用。

统计推断是指利用已知的样本信息对未知的总体信息进行估计的理论方法。最基本的统计推断内容是由费歇尔所构建的假设检验和参数估计的内容体系组成的。自20世纪30年代直至六七十年代，这部分内容一直是统计推断的主要内容。这些内容是许多统计方法包括现代统计分析方法的思想基础。最近二三十年，这些经典内容在诸多方向以各种形式得到发展。

贝叶斯统计的思维基础和基于频率思想的经典统计完全不同。贝叶斯统计认为所有的分析都应该基于概率。贝叶斯统计有更为严格的数学基础，广泛应用于决策分析（包括商业、外交和军事决策）及可靠性问题。它并不要求大样本，因此在许多问题上必须利用贝叶斯统计的思维方式。其计算有许多难点，由此又推动了统计计算方法的发展，比如MCMC算法等等。

非参数统计作为数理统计学的一个分支，因其与实际问题的紧密结合而备受关注。在非参数统计所研究的问题中，对总体分布的假定要求的条件很宽甚至不作假定，因而不致因为对总体分布的假定不当而导致结论错误，正因此，所用到的统计量具有良好的稳健性。近现代关于非参数统计理论方面的研究重点集中于秩统计量与U统计量的大样本理论，以及基于这种理论的大样本非参数方法等方面。

二、统计学分析方法

回归分析是诸多统计学分析方法中最基础的方法，同时也是应用最广泛的方法之一。回归分析开始于最简单的线性回归，然后发展成较一般的线性模型，又被拓广出广义线性模型、广义可加模型、非线性模型、岭回归、偏最小二乘回归、非参数回归模型（包括诸如核光滑、样条光滑、局部多项式模型等）及半参数模型等。回归分析的发展和实际应用的结合非常紧密，这催生了更多的回归分析方法，最常用的包括分析列联表时常用的 Poisson 对数线性模型、多项分布对数线性模型、Logistic 模型等。这些模型在广泛的应用中也得到了不断更新。将非参数统计思想引入到回归分析中，就产生了所谓的非参数回归，这是发展最快的方向之一，它和传统的回归分析方法很不相同，并不假定任何诸如线性和非线性模型那样的数学形式，主要让数据本身来确定模型。偏最小二乘回归及其相应的后继方法也是回归分析的一个发展方向，这类方法的主要优点是能够很好地处理回归中的多重共线性问题，以及连带的变量过多的问题。当前，回归分析方法还在如下四个方向上有着非常重要的发展和应用。一是分位数回归方法，这是按照分位数的思想利用条件分位数构造回归直线，分位数设置不同，回归直线亦有所差异，这样就可以对总体进行分类研究。二是分层回归模型，主要用于分层数据结构的建模，对于改进估计精度、分析层次间效应都有广泛的应用。三是结构方程模型，用于研究变量间影响关系较为复杂的经济现象，展示变量间的影响路径，在市场研究方面具有广泛的使用。四是面板数据模型，用于分析包含的信息更多的面板数据，因而比普通的截面数据模型或时间序列数据模型的估计精度更高。

时间序列分析方法从本质上来说也是一种回归，这种回归模型的建模依据是时间序列变量的自相关性。这种分析方法最初来源于物理学，现代经济领域也引入了这种分析方法。当前最具代表性的是自回归移动平均模型（ARIMA）和自回归条件异方差模型（GARCH），它们在各自的模型体系中都有着广泛而深刻的发展，尤其是后者。事实上，将时间序列分析方法应用于金融市场的分析研究，已经形成一门新的学科——金融市场计量经济学，在后文所阐述的应用统计学的文献中，多数都属于金融市场计量经济学。

实验设计和方差分析方法最初源于对农业和制造业进行质量改进的研究，现在已广泛应用于人文社会科学领域。实验设计的原理本身基于代数理论，但实验设计的数据分析则可分为方差分析中的 F 检验以及有关的各类回归模型。

多元统计分析方法是经济分析中广泛使用的一类方法，针对不同的数据和研究对象，有不同的多元分析技术，一些常用的基本分析技术主要有聚类分析、判别分析、主成分分析、因子分析、典型相关分析、对应分析等，多元回归分析也可归为此类。这些方法在处理包含有大量指标的经济数据时发挥了非常重要的作用，经常用于对经济个体分类、排序、判别及各种相关分析等方面。

动态随机分析是现代统计学领域又一重要的方法研究方向。在经济、社会乃至自然科学中，无不大量充斥着随机干扰因素，这使得我们研究的问题更加复杂，致使现有的各种统计方法的应用效果都不理想。以经济学研究为例，在上世纪 70 年代以前，经典计量经济学方法在经济学研究中取得了巨大的成功，获得了广泛的认可，但随着经济的发展，诸多不确定因素越来越多且难以捕捉和刻画，致使计量经济学在 70 年代及以后相对黯然，成为"卢卡斯批判"之靶。计量经济学的神圣光环失色的一个重要原因就在于，经济系统中动态随机因素在经济快速发展下凸显出来且占据重要影响地位。这对于现有的统计学理论和方法提出了严峻挑战，诸多学者已在这方面进行了大量的研究。

抽样是最重要的统计数据收集方法，几乎在经济社会各领域都有应用，一直以来是统计学者们关注的一个重点。抽样技术从样本容量确定到抽样估计都已经比较成熟，但抽样方法的具体运用过程却存在着许多难以解决的实际问题。在 2011—2012 年的文献中，贺建风等比较了各类双重抽样框的抽样估计方法的功效，并对双重抽样框下的二阶段抽样估计方法进行了研究，构造出简单随机抽样下的总体总值估计和其估计量方差以及双重抽样框重叠部分的最优抽样权重系数和各抽样阶段不同子域的样本容量。金勇进、贺本岚在对复杂样本的两种推断体系的研究的基础上，提出了抽样设计辅助的模型推断方法。另外，在样本代表性、适应性区群抽样、分层抽样等方面都有理论上的探讨及应用研究的相关成果。梳理文献时我们看出，学者们在改进抽样技术的同时，也越来越重视统计理论和统计模型的作用，各种数理统计技术愈来愈广泛地被应用于抽样调查领域，与传统抽样理论日趋融合。

空间统计是对与空间位置有关的数据进行统计分析和建模。由于变量与空间位置的特殊相关性质，空间统计发展了一套有自身特色的方法和模型，为不同的目的服务。空间统计学是近年来快速发展的统计学研究领域，空间统计学领域的研究核心是利用空间统计数据的相关性和异质性进行统计建模和统计分析，我国在该领域的研究（尤其是理论研究）处于起步阶段，近年来也取得了一些显著的研究成果。在空间统计学理论研究方面，季民河等讨论了空间统计模型设定中的空间滞后模型与空间误差模型的选择、随机效应与固定效应的选择以及模型拟合优度等问题；张进峰、方颖构建了一个用来检验空间误差模型的良好大样本性质的稳健统计量，该检验方法可以有效减小空间滞后效应对统计推断的影响；欧变玲等改进了空间相关性 Moran's I 检验方法，提高了检验的可靠性；任英华、游万海把空间滞后模型的空间权重矩阵选择问题转化为变量选择问题，提出一种新的空间权重矩阵的选择方法，降低了计算成本。空间统计的应用研究领域较为广泛，主要集中在区域经济、对外贸易、产业发展、土地使用、环境等诸多领域。

大数据（big data）的处理分析方法已开始受到统计学者的重视。随着经济社会的快速发展和信息化的加速，人类生活的各个方面产生大量的数据。这些数据类型繁多、体积巨大、产生速度极快，被人们称为大数据。这些数据无法用传统的统计方法和传统的统计软件来处理，通常和计算机与信息技术中的云计算联系在一起。对于大数据的统计分析研究尚处于初步的摸索阶段，这应该是统计学今后的一个新的发展领域。

第二节　经济统计发展概况

广义地说，运用统计思想、统计逻辑和统计方法测度和分析经济活动，以及把统计学方法应用于经济学的分析研究，都是经济统计的范畴。经济统计既是一门应用性科学，也是一门方法论科学，它以客观经济现象作为研究分析对象，着重从定量的角度阐明经济现象的特点和规律。经济统计涵盖的研究领域广泛，这里我们重点从国民经济核算、统计数据质量、统计指数以及宏观经济统计分析等四个方面考察经济统计在近两年内的研究发展状况。

一、国民经济核算理论与方法

国民经济核算是经济统计的重要组成部分。2011—2012 年间，有关国民经济核算方面的研究出现了较多的研究成果。

在核算体系方面，国家统计局"SNA 的修订与中国国民经济核算体系改革"课题组研究了联合国 1993SNA 和 2008SNA 的修订内容，分析了中国国民经济核算体系关于机构部门分类所存在的问题，提出了机构部门相关核算方法的调整建议；针对中国实际讨论了中国国民经济核算的一些具体问题，提出了中国国民经济核算体系改革应注意的一些事项及内容，构造出现阶段及未来一段时间中国国民经济核算体系改革框架。陈梦根提出，实施2008SNA 应从目标、组织、编制和发布等四个阶段着手加强过程管理，采纳新的概念、分类、原则与方法，提高国民经济核算水平，加强中国统计能力建设。

在社会核算矩阵方面，李宝瑜等讨论了中国社会核算矩阵编制方法及编制过程中的数据衔接问题。在矩阵编制方法方面，以联合国历次 SNA 标准为基础，设计了两种形式的社会核算矩阵；在数据衔接问题上，设计一种"项目对应平衡法"，以矩阵表中元素的具体经济含义为依据，对所有不平衡项目进行逐项处理，以达到整个矩阵的总体平衡。王韬等对社会核算矩阵更新方法进行了研究并认为：无论是基于流量还是基于系数形式，或是对矩阵进行聚合处理，更新矩阵时 ERAS 的表现始终是最优的，ENSD 其次，两者差距较小；而 EAD 方法表现较差。

另外，诸多学者对国民经济核算中的 GDP 总量核算、资金流量核算、资本存量核算、投入产出核算、住户部门卫星账户以及更细致的金融中介服务（FISIM）核算、收入分配核算、社会保障核算等诸多国民经济核算的具体方向进行了大量的研究，并取得一定的研究成果。

二、统计数据质量

数据是统计工作和研究分析的对象及基础。随着社会经济的发展，统计数据作为反映经济社会发展运行状况的表象信息，越来越受到社会的关注，统计数据成为人们认识、了解经济、社会及其他各方面的最主要的工具，统计数据是制定和实施各种经济政策、决策的重要科学依据，正确的、高质量的统计数据，能够为制定出推动经济社会和谐发展的科学决策作出重要贡献，错误的统计数据带来的将是严重后果甚至灾难。正因为统计数据质量对能否制定正确的决策至关重要，因此必须解决好统计数据的质量问题。统计数据质量自然成为统计学研究的一个重要基础方向。2011—2012 年间，统计数据质量的研究主要集中于对普查数据误差分析、数据质量管理工作及数据质量的印象因素等方面的探讨。金勇进、陶然讨论了普查涵盖误差的构成及分类，将普查涵盖误差特点概括为全面性、过程性和偏差性，并将普查涵盖误差测量思路与重复调查技术假定相结合，论述了基于抽样设计和基于双系统模型的测量机制，以此用于分析事后抽查对不同普查涵盖误差的测量技术假定；他们从中国普查调查实施过程共性出发，构建普查数据汇总模型的一般形式，并界定了普查调查框及其作用，同时从普查数据汇总的角度论述普查调查框误差并对其进行了量化。聂富强等对政府统计数据质量管理的发展历程进行梳理，提出政府统计数据质量管理工作的一些方法，并就提高中国统计数据质量管理水平进行了简要讨论。惠宁等认为，统计制度是造成当前中国官方统计数据质量不高的主要原因。

三、统计指数

统计指数是经济统计中具有显著特色的内容，有人认为，统计指数是经济统计区别于数理统计学的最根本的特征。这里从统计指数编制的方法研究和应用研究两个方面阐述 2011—2012 年的最新研究成果。在编制方法方面，杨灿、陈龙针对现有 CPI 的缺点，结合效用理论，引入了动态价格指数（DPI）的概念，并利用 Epstein-Zin 效用函数简化了 Reis 关于 DPI 的编制过程；汪慧玲、何永涛把指数交叉对偶划分为两位置交叉与多位置交叉，并对其实现方式分别进行探讨，对计算公式及数据偏性进行修正；李晶、李晓颖根据空间距离法思想，对人类发展指数编制方法进行了改进，提出了区域人类发展指数；李腊生、沈萍、赵全华从权数的选择、权数与市场重要程度一致性、动态基期基点选择等角度对开放式样本综合指数的编制与样本量变动期的调整方案进行了探讨，改进了股票综合指数的编制；王维国、王霄凌、关大宇在宏观经济 AD-AS 框架下基于联立方程模型构建了中国金融条件指数，并通过实证分析表明金融条件指数时间变化与现实金融环境波动有显著联系，使用金融条件指数亦可较好地对通胀进行样本外预测。在应用研究方面，刘凤良、鲁旭运用滞后期增广的 VAR 和杠杆拔靴（Bootstrap）的 Granger 因果检验等方法，认为 CPI 是 PPI 的 Granger 原因，并认为当前通货膨胀应为需求主导型；赵昕东、汤丹利用 CPI 分项目价格指数建立动态因子指数模型，估计了中国的核心通货膨胀，并认为估计结果真实地反映货币供给的变化且有较好的预测能力；殷克东、马景灏、王自强基于年度海洋经济监测指标，设计构建了中国海洋经济监测的先行、同步、滞后指标，计算了海洋经济综合预警指数。

四、宏观经济统计分析

宏观经济统计是经济统计的一个重要分支，广义地说，只要运用了统计分析方法来研究宏观经济领域的内容，都可视为宏观经济统计的范畴。2011—2012 年间，宏观经济统计的研究成果重点在下述领域。

在经济增长方面，赵彦云、刘思明以全要素生产率体现经济增长方式，考察不同类型专利对经济增长方式的影响，并认为发明专利在 1997 年前对全要素生产率没有显著影响，但在 1998—2008 年对全要素生产率的影响远大于实用新型和外观设计专利，论证了原创型创新对现阶段中国经济增长方式转变的重要性。

在经济周期方面，邵军、徐康宁考察了经济波动对中国生产率增长的影响，并认为，尽管经济向下波动有其负面影响，但从长期看可能对长期增长产生积极作用。

在宏观经济政策方面，章和杰、何彦清利用修正的 M-F 模型深入分析中国财政与货币政策对国民经济的综合影响，并认为，与财政政策相比，货币政策并未发挥其真正作用；牛晓健、陶川分析了 2005 年人民币汇率形成机制改革以来外汇占款对货币调控效果的影响，利用 SVAR 模型解析了外汇占款从货币到信贷这一传导环节对央行货币政策调控的影响程度，他们认为，开放条件下中国的货币政策的独立性受到较大影响，货币政策的实施效果受到外汇占款的影响，货币政策的实施应当充分关注外汇占款的扩张性效应，并采取有效措施提高货币政策的有效性。还有学者分析了货币需求、货币供给的变动特征。

收入分配是宏观经济统计分析的一类重要议题。魏下海、余玲铮利用分位数回归方法研究了中国城镇正规就业与非正规就业工资的差异性，研究认为这种差异性主要是由中低端的工资差异引起的，在工资分布的中低端，歧视等非市场因素造成了城镇正规就业和非正规就业工资的差异，而在工资分布高端，工资差异主要来自教育和经验等个人禀赋的不同；张晓芳、石柱鲜基于社会核算矩阵的乘数模型对中国的收入分配和再分配结构进行的分析表明，纺织缝纫及皮革产品制造业对各生产活动部门产生的波及总效应最大，对居民部门产生的波及总效应最大的是农林牧渔业，且其对低收入阶层的波及效应要大于高收入阶层；王亚峰利用最大熵分布估计了我国城乡以及我国总体居民收入分布，估计结果表明，1985—2009 年城乡及全国收入分布都呈单峰形态且分散化程度日趋提高，我国经济发展给城镇居民收入分布带来的影响要比给农村收入分布带来的影响更大；雷根强、蔡翔利用中国的省级面板数据和差分广义矩、系统广义矩的方法分析了初次分配扭曲、城市偏向的财政再分配政策对城乡收入差距的影响，研究表明，初次分配中劳动报酬比重的下降、城市偏向的财政再分配政策是导致我国城乡收入差距扩大的重要原因；田成诗利用趋同检验、核密度估计以及转移矩阵等方法刻画了我国省际农村居民收入分配的动态演变，并认为我国贫困地区农村居民收入水平比富裕地区有更高的增长率，从而导致省际农村收入差距呈逐渐缩小趋势；王力研究了中国税收与居民收入差距之间的定量关系，并认为中国税种少，个人所得税结构复杂，中等收入阶层是个人所得税主要来源，企业整体税收负担较重，大型（垄断）企业税收负担较轻，小型企业税收负担重，主要税种增值税流失严重，消费税比例高。

在消费问题的研究方面，戴平生、林文芳对 2009 年中国城乡居民食品消费数据进行了结构性分析，讨论了拓展基尼系数与不平等厌恶参数、不平等边际效应等之间的影响关系；纪江明通过建立面板数据模型，分析了农村社会保障对居民消费支出影响的地区差异，并认为，转型期农村社会保障对居民消费支出的影响程度存在明显的地区差异。

通货膨胀一直是统计学、经济学研究的一类重要问题。从 2011—2012 年的文献来看，对于通货膨胀问题的研究主要集中于通货膨胀的形成或影响因素、通货膨胀的变动特征、通货膨胀的估计这样三个方面。在通货膨胀的形成或影响因素方面，张兵、李翠莲利用因子分析和聚类分析方法研究了"金砖国家"通货膨胀问题，认为"金砖国家"通货膨胀周期协动性的出现在很大程度上源自世界通货膨胀波动的冲击和发展中大国因素的综合作用；项后军、潘锡泉运用 ARDL-ECM 方法将汇率变动、货币政策与通货膨胀联系起来的研究结果发现，汇率传递效应仍是不完全的，通过人民币升值不能有效抑制通货膨胀，运用货币政策来稳定通货膨胀水平效果更好；王金明的研究认为，总需求对中国通货膨胀的拉动效应在减小，货币因素和生产成本对物价具有显著的推动效应；肖争艳、姚一旻、唐诗磊从经济主体的经济特征和人口统计特征两方面进行研究后认为，人们对未来家庭经济状况的信心、风险厌恶程度和金融参与及熟悉度、家庭所处阶层、人们对现阶段经济运行状况的满意程度以及最近家庭所处的经济环境都是形成异质性通货膨胀预期的重要原因；赵懿、李熠的分析结果认为，原油价格、流动性过剩和经济过热对中国通货膨胀均有影响。在通货膨胀的变动特征研究方面，张凌翔、张晓峒认为中国通货紧缩与温和通胀持续时间较长，而严重通胀持续时间很短，外部冲击对通胀率系统不具有持久性影响，正向冲击与反向冲击的影响是非对称的；何启志、范从来利用分位数回归方法下的自回归模型及Markov机制转化模型对中国通胀动态特征的研究表明，中国通胀水平具有较强的惯性，通胀水平的状态转移时间比较长，且与波动性有正向关系；吴吉林、原鹏飞发现通货膨胀的持久性与不确定性成反向非线性关系，与水平值的大小没有必然联系。在对通货膨胀的估计方面，侯成琪、龚六堂、张维迎根据所提出的估计核心通货膨胀的计量经济模型及其两阶段估计方法，估计出中国的核心通货膨胀；白仲林、赵亮利用面板数据研究了中国通货膨胀与经济增长的关系，并认为中国通货膨胀率的最优目标区间是(0%，3.2%]。

五、金融市场统计及实证

统计学是进行金融实证研究的一类重要工具，金融市场也是应用统计学的一个重点研究领域。2011—2012年的文献显示，利用统计学方法研究金融市场的问题及现象主要包括这样几个方面：期货价格指数的发现能力问题、次贷危机中美国证券市场的结构变动、证券收益率的分布及收益率序列的结构突变、金融市场的风险管理及风险预警、中小板上市公司的创新绩效等。针对这些问题及现象的研究所用到的统计分析方法主要有：向量自回归模型（VAR）、自回归条件异方差类模型（GARCH类）、Heterogeneous Autoregressive-Realized Volatility模型、logit模型、小波分析方法、马尔科夫过程、指标选择及指标体系构建、相关性分析、非参数检验、分位数回归理论等。

六、竞争力统计分析

竞争力研究是近十多年来国内应用统计学领域的一个新的研究方向，竞争力研究主要集中于两大块内容：国际竞争力和产业竞争力。国内代表在这方面研究最高水平的是中国人民大学国际竞争力与评价研究中心，该中心每年都对外发布当年的中国国际竞争力及产业竞争力发展研究报告，在学术界及官方均有较大影响。

第三节　统计学发展趋势

统计学是方法论学科，它是研究如何收集、整理和分析数据，并对所研究的问题进行科学的预测及推断，为决策提供依据的学科。经济统计是统计学的重要分支，在过去的 100 年里，经济统计为社会经济的发展和统计科学自身的进步作出了巨大的贡献。在当下的经济环境中，各类经济行为日益复杂、市场信息瞬息万变，要在相关统计数据的基础上，对所关心的问题进行可靠的估计推断以便作出科学的决策，统计学是有效的且必要的工具和手段，它可以广泛地服务于社会经济和管理。

通过经济统计的发展历史及当前的发展状况不难看出，在现在及未来一段时间，经济统计仍然有巨大的发展空间。经济统计的研究涉及的领域非常广泛，包括经济的宏观层面、中观层面和微观层面，涉及农业、工业、商业、金融保险业、财政和税收等各类经济活动，以及快速发展的网络经济活动。今后一段时期经济统计重点研究的方向主要集中在这样八个方面：一是国民经济核算方法和核算体系的进一步研究完善、2008SNA 与中国实际相结合方面的研究、"金砖国家"国民经济核算理论方法创新与实践方法研究；二是关于如何准确把握及测算我国通货膨胀和收入分配状况的研究，特别是利用大量信息和为微观、中观、宏观的一体化服务的统计研究方法；三是针对中国实际的统计调查方法研究，特别是在网络信息技术发展和我国推进信息化的条件下的统计调查和数据搜集整理方法研究；四是绿色经济与可持续发展的统计测定研究；五是统计在投资、经营决策分析、金融市场、保险精算中的应用研究；六是大数据时代发展下海量数据的整理与分析方法研究；七是空间统计分析方法及应用研究；八是各类统计分析方法的完善及进一步的发展。要顺利推进这些方向的研究，不仅需要对实践活动的深入调查和分析研究，而且要重视吸收和利用概率与数理统计的研究成果，更多地应用数理统计分析方法，加强与经济理论的紧密结合，以经济事实为研究对象，以经济领域中所用的统计方法为研究重点。

第二十六章 国 学[*]

任何一个学科的学科建设，必定建立在本学科文献的基础之上，国学学科也不例外。而且，有意用于学校教育的国学学科的文献，自张之洞为四川尊经书院学生作《书目答问》以来，可以说是源远流长。在今天，现代学科已经建立，流行百年，如何在现代学科框架中恰当地看待国学，并建设国学主文献，以建立这个学科的文献基础，显得尤为重要和迫切。

第一节 现代史上的国学文献

有关国学主文献的集中介绍，可以追溯到清朝永瑢领衔、四库馆臣所作的《四库全书总目提要》。只不过《四库全书总目提要》主要是对文献的整体介绍，并非面对国学教育。而晚清张之洞所作的《书目答问》，可以说是国学文献目录的早期代表性著作。《书目答问》共收书目 2 000 多种，其中在经

---

* 本章主笔：黄朴民，中国人民大学国学院执行院长、教授；陈壁生，中国人民大学国学院经学与子学教研室主任、副教授。

史子集的四部分类之外，加上"丛书"一目。在《书目答问》中，经部包括正经正注第一，列朝经注经说经本考证第二，小学第三。史部分为正史第一，编年第二，纪事本末第三，古史第四，别史第五，杂史第六，载记第七，传记第八，诏令奏议第九，地理第十，政书第十一，谱录第十二，金石第十三，史评第十四。子部分为周秦诸子第一，儒家第二，兵家第三，法家第四，农家第五，医家第六，天文算法第七，术数第八，艺术第九，杂家第十，小说家第十一，释道家第十二，类书第十三。集部分楚辞第一，别集第二，总集第三，诗文评第四。丛书部共分两类，分别为《古今人著述合刻丛书》、《国朝一人著述合刻丛书》。

到了民国时期，随着"国学"这一名目的兴起，国学文献建设可以说是百家争鸣。其中，既包括国学文选，也包括国学书目。

国学文选方面，最典型的是钱基博的《国学文选类纂》、《国学必读》等一系列编撰著作。钱基博（1887—1957），字子泉，号潜庐、老泉，江苏无锡人。现代著名学者，曾任教于私立上海圣约翰大学、国立北京清华大学、私立上海光华大学、国立南京第四中山大学、私立无锡国学专门学校、国立浙江大学、湖南国立师范学院、私立武昌华中大学等高校国文系，1949年之后任华中师范学院历史系教授。钱先生于民国十三年（1924年）四月出版《国学必读》一书，是按照通论、经学、小学、史学、子学、文学六部分来进行分类编选的。其中，既搜罗了像魏文帝的《典论·论文》、梁昭明太子的《文选序》、梁简文帝的《与湘东王论文书》这样的古典名篇，也列入了近代夏曾佑的《孔子学说》、梁任公的《治国学的两条大路》、章太炎的《中国文学的根源和近代学问的发达》、抗父的《最近二十年间中国旧学之进步》这样的时人论文。这与我们今天所说的学科主文献，已经非常接近。

1931年，钱基博又编选了《国学文选类纂》，分甲、乙、丙三集，所选文章分论小学、经学、诸子学。同时，每集各有叙目，加以介绍。在序言中，钱基博谈到他对国学的理解：数十年来，海内士夫，貌袭于欧化。利用厚生，制驭物质之一切科学教学，未能逮欧人百一。而日纵亡等之欲，物质享乐，骎骎逮欧土而肩随之。物屈于欲，欲穷乎物，生人道苦，乱日方长。故曰：物质主义，今日之所患也。然则验之当今，惟人文主义足以救物质主义之穷。稽之于古，惟人文主义足以制古典主义之宜。国学者，人文主义之教学也，舍人文主义之教学，更何所谓国学者。盖惟人文主义，为足以发吾人之自觉，亦惟国学，为能备人文主义之至德要道。① 是书编选内容，包括小学部的许慎《说文解字叙》、朱筠《重刻许氏〈说文解字〉叙》、江声《六书说》、章炳麟《小学略说》，经学之部的龚自珍《六经正名》、章学诚《经解》、魏源《两汉经师今古文家法考序》、江藩《南北朝经术流派论》、赵坦《唐孔颖达〈五经义疏〉得失论》、胡培翚《诂经文钞序》、陈寿祺《经郛条例》，子学之部的《庄子·天下篇》、太史公谈《论六家要指》、刘孚京《诸子论甲》、陈三立《读荀子》、章炳麟《庄子〈齐物论〉释序》等等。

同时，国学文献建设还表现在民国时期一些著名学者所列的书目上。其中，最著名的应属梁启超的《国学入门书要目及其读法》与胡适的《一个最低限度的国学书目》。梁启超的《国学入门书要目及其读法》分为五类：

（甲）修养应用及思想史关系书类

（乙）政治史及其他文献学书类

（丙）韵文书类

（丁）小学书及文法书类

（戊）随意涉览书类

每一类，梁氏都列书目，并做介绍，如"修养应用及思想史关系书类"首推《论语》、《孟子》，梁启超介绍道：

> 《论语》为二千年来国人思想之总源泉。《孟子》自宋以后势力亦与相埒。此二书可谓国人内的外的生活之支配者，故吾希望学者熟读成诵。即不能，亦须翻阅多次，务略举其辞，或摘记其身心践履之言以资修养。
>
> 《论语》、《孟子》之文，并不艰深，宜专读正文，有不解处，方看注释。注释之书，朱熹《四书集注》，为其生平极矜慎之作，可读。但其中有堕入宋儒理障处，宜分别观之。清儒注本，《论语》则有戴望《论语》注，《孟子》则有焦循《孟子正义》最善。戴氏服膺颜习斋之学，最重实践，所注似近孔门真际；其训诂亦多较朱注为优。其书简洁易读。焦氏服膺戴东原之学，其《孟子正义》在清儒诸经新疏中为最佳本，但文颇繁。宜备置案头，遇不解时或有所感时，则取供参考。
>
> 戴震《孟子字义疏证》，乃戴氏一家哲学，并非专为注释《孟子》

---

①　参见钱基博：《国学文选类纂》，上海，华东师范大学出版社，2010。

而作。但其书极精辟，学者终须一读。最好是于读《孟子》时并读之，既知戴学纲领，亦可以助读《孟子》之兴味。

焦循《论语通释》，乃摹仿《孟子字义疏证》而作，将全部《论语》拆散，标举重要诸义，如言仁、言忠恕等，列为若干目，通观而总诠之，可称治《论语》之一良法，且可应用其法以治他书。

上两书篇页皆甚少，易读。

陈澧《东塾读书记》中读《孟子》之卷，取《孟子》学说分项爬梳，最为精切。其书不过二三十页，宜一读以观前辈治学方法，且于修养亦有益。

这种介绍，对读者了解相关文献，有提纲挈领、发凡钩要的作用。

胡适的《一个最低限度的国学书目》，则是胡适对"国学"理解的一个注脚。在序言中，胡适说道："这虽是一个书目，却也是一个法门。这个法门可以叫做'历史的国学研究法'……对初学人说法，须先引起他的真兴趣，他然后肯下死工夫。在这个没有门径的时候，我曾想出一个下手方法来：就是用历史的线索做我们的天然系统，用这个天然继续演进的顺序做我们治国学的历程。这个书目便是依着这个观念做的。这个书目的顺序便是下手的法门。"在胪列书目中，胡适分为几个部分，一是"工具之部"，包括周贞亮、李之鼎的《书目举要》，张之洞的《书目答问》等。二是"思想史之部"，既包括原典，也包括研究著作，例如胡适本人的《中国哲学史大纲》、"二十二子"（含《老子》、《庄子》、《管子》、《列子》、《墨子》、《荀子》、《尸子》、《孙子》、《孔子集语》、《晏子春秋》、《吕氏春秋》、《贾谊新书》、《春秋繁露》、《扬子法言》、《文子缵义》、《黄帝内经》、《竹书纪年》、《商君书》、《韩非子》、《淮南子》、《文中子》、《山海经》）、"四书"等。三是"文学史之部"，包括朱熹的《诗经集传》、姚际恒的《诗经通论》、龚橙的《诗本谊》等等。

梁启超、胡适的国学书单，都跟他们对国学的理解密切相关。同时，在介绍国学文献方面，民国时期也出现了一批经典之作，最典型的如吕思勉的《经子解题》、朱自清的《经典常谈》、钱基博的《国学要籍解题及其读法》等等，这些著作介于"文献"与"研究"之间，对国学教育有非常重要的意义。可以说，国学主文献的建设，从"国学"成立以来，便一直备受关注，蔚为大观。

第二节　国学主文献建设与国学学科

对国学主文献的认识，当与对"国学"一词的理解密切相关，可以说，对"国学"作怎样的定义，便会对主文献作怎样的归纳采择。在民国时期，对国学最集中的理解出自胡适。1922 年胡适为《国学季刊》所写的"发刊宣言"说：

> "国学"在我们的心眼里，只是"国故学"的缩写。中国的一切过去的文化历史，都是我们的"国故"。研究这一切过去的文化历史的学问，就是"国故学"，省称为"国学"。……我们现在要扩充国学的领域，包括上下三四千年的过去文化，打破一切的门户成见：拿历史的眼光来整统一切，认清了"国故学"的使命是整理中国一切文化历史，便可以把一切狭隘的门户之见都扫空了。①

《〈国学季刊〉发刊宣言》所定义的"国学"，最显著的特征在于史学化。而以胡适等人的学术视野而言，史学化无异于史料化。《宣言》的关键词是"历史的眼光"，历史与当下相对应，历史的眼光意味着把历史整体地固化为标本与陈迹，而后以客观、科学的态度对之进行解剖式的整理。事实上，自从引入西方现代学科，并以此为基础建立现代学制以来，中国的人文科学的主干——文史哲三科，都是在史学的背景中展开。而在历史的背景中，一切过去的文化历史，都有好有坏，国故之中，有国粹也有国渣，那么，便需要以"科学"的眼光来评判这些国粹国渣。顾颉刚在 1926 年出版的《北京大学研究所国学门周刊》第 2 卷第 13 期《始刊词》中说："国学是什么？是中国的历史，是历史科学中的中国的一部分。研究国学，就是研究历史科学中的中国的一部分，也就是用了科学方法去研究中国历史的材料。"② 胡适、顾颉刚所做的，是以历史统领国学，把国学完全纳入史学的视野范围之中，进行史学的研究，所以，他们研究的是业已成为陈迹的"史"，而不是可以关照现实、指导未来的"学"。这一点，当时的蜀学后劲宋育仁曾有评论。

---

①　胡适：《〈国学季刊〉发刊宣言》，见《胡适全集》（2），7 页，合肥，安徽教育出版社，2003。

②　转引自桑兵等编：《近代中国学术思想》，223 页，北京，中华书局，2008。

在《评胡适国学季刊宣言书》中，针对胡适说的"国学的方法是要用历史的眼光，来整理一切过去文化的历史。国学的目的，是要做成中国文化史"一语，宋育仁评价道："就此文句所用的史字，是述文化于史，非以史为学。是将文化的陈迹及其应用，载在史上，不是将此史所载的，拿来作文化。要文化进化，就只要在经上讨生活。"① 所谓"述文化于史"，只是把以前的文化当作标本，进行描述。而"以史为学"，则是发掘历史中那些对古今共通的问题的探讨，认识古人，也认识自己，所以，必须学有宗主，而学之宗主，即在"经"。应该说，宋育仁的评论，一针见血地道出了胡适等人"历史化"国学的问题症结之所在。

可以说，以历史统领国学，实质上是把国学视为与当下生活无关、散乱而必须重新整理的史料。最典型的例子是"中国哲学"的创立。胡适的《中国哲学史大纲》上卷，一举奠定了"中国哲学"的学科基础，嗣后，冯友兰的二卷本《中国哲学史》成为中国哲学史学科典范。学科虽然叫"中国哲学"，但是其内容，却不是"学"，而是"史"，没有"中国哲学"，只有"中国哲学史"。西方著名的哲学史写作，像黑格尔的《哲学史讲演录》、罗素的《西方哲学史》，目的均在于以哲学家的思想囊括历史的经验，为此后的哲学创造提供基础。而胡适以来的"中国哲学史"写作，似乎并不能为现代生活提供价值与智慧，而只是教科书、讲义式的思想铺陈与罗列。在不少人的心目中，认为更值得提倡的不是以历史统领国学，而是以经统领国学，从而为国学提供生命的源头，以此把国学从"史"之陈迹中解放出来，变成当代思想重建与制度重建的资源。

胡适把"国学"历史化，"国学"便不是一个学科，而是以现代学科进行科学研究的材料。每一个学科都必须有学科的研究领域、研究方法。而所谓中国的"一切过去的文化历史"，漫无涯际，不成体系。《〈国学季刊〉发刊宣言》中说："在历史的眼光里，今日民间小儿女唱的歌谣，和《诗三百篇》有同等的位置；民间流传的小说，和高文典册有同等的位置；吴敬梓、曹霑和关汉卿、马东篱和杜甫有同等的位置。"② "过去种种，上自思想学术之大，下至一个字、一支山歌之细，都是历史，都属于国学研究的范围。"③

---

① 问琴（宋育仁）：《评胡适国学季刊宣言书》，载《国学月刊》第十六期，51 页。
② 胡适：《〈国学季刊〉发刊宣言》，见《胡适全集》(2)，8 页，合肥，安徽教育出版社，2003。
③ 同上书，9 页。

胡适在打开一个新的学术领域，为民间歌谣、文人小说研究正名的同时，也把"国学"的体系扁平化、泛杂化。由于这些汗漫无边、零散而无系统的材料自身不能成为体系，而要以西方现成的学科作为标准，来整理传统的材料，因此，他所理想中的国学研究，包括的是民族史、语言文字史、经济史、政治史、国际交通史、思想学术史、宗教史、文艺史、风俗史、制度史①，可以说，因为胡适眼中的"国学"只是一堆未整理的史料，所以他的"国学"定义，导向的不是作为一个独立学科的"国学"，而是在历史统领下的西方分科之学。所谓"用系统的整理来部勒国学研究的资料"②，事实上就是我们今天的分科之学。正因如此，北大国学门在"国学"的名义下，组织机构可谓别出心裁。国学门原本想设立文字学、文学、哲学、史学、考古学五个研究室，后来变成歌谣研究会、明清史料研究会、考古学会、风俗调查会、方言研究会"五会"。③

　　胡适把国学的内容看成平等的史料，势必取消"国学"一词的存在必要。当时，一部分学者，对"国故学"的前景，已经有所预见。曹聚仁在《国故学之意义与价值》一文中便说："按之常理，国故一经整理，则分家之势即成。他日由整理国故而成之哲学，教育学，人生哲学，政治学，文学，经济学，史学，自然科学……必自成一系统而与所谓'国故'者完全脱离。"④ 通过曹聚仁的说法，我们可以看出，胡适心目中那种在历史学统领下的"国学"，只是史料范围，必须以现代西方学科对之进行系统整理，而分科之局既成，"国学"便自然消失。"国学"仅仅是中国文教制度西化不彻底时代的过渡产物。正因如此，钱穆才会认为，国学只不过是"一时代的名词"，而本身并不成立。到了 20 世纪 40 年代，"国学"一词随着分科之学的建立，自然而然地渐不流行。朱自清在《部颁大学中国文学系科目表商榷》中便说："民国以来，康、梁以后，时代变了，背景换了，经学已然不成其为学；经学的问题有些变成无意义，有些分别归入哲学、史学、文学。诸子学也分别划归这

---

① 参见胡适：《〈国学季刊〉发刊宣言》，见《胡适全集》(2)，13～14 页，合肥，安徽教育出版社，2003。
② 同上书，17 页。
③ 参见陈以爱：《中国现代学术研究机构的兴起——以北大研究所国学门为中心的探讨》，90～92 页，南昌，江西教育出版社，2002。
④ 曹聚仁：《国故学之意义与价值》，见许啸天编辑：《国故学讨论集》，74 页，上海，上海书店，1991。

三者。集部大致归到史学、文学；从前有附庸和大国之分，现在一律平等，集部是升了格了。这中间有一个时期通行'国学'一词，平等地包括经史子集。这只是个过渡的名词，既不能表示历史的实际，也不能表示批评的态度，现在已经不大有人用了。"① 这种后果，可以说是理所当然，事所必至。

我们认为：胡适对"国学"的定义，根本的弊端，乃在于学无宗主。学无宗主，则一切变成史料，只有靠西方的学科来部勒之。但是，如果回到中国传统的内部视角，可以看到，国学诸书，在价值上并非同等，而是层级分明的。华夏文明的大本大源，最主要在于先秦经、子之学，与两汉史、集之书。需要指出的是，国学的外延与边际是可以相对模糊的，但国学的内涵与核心则是明确清晰的，所以，我们倡导"大国学"，但同时也强调国学具有其特定的核心内涵，即经学，以及经学统领下的子学与史学。

国学教育的中心内容，是以经典尤其是经学文本为中心，对这些文本进行全面的阅读与理解。依《汉书·艺文志》之说："今异家者各推所长，穷知究虑，以明其指，虽有蔽短，合其要归，亦六经之支与流裔。"② 子学为经学之支流末裔可知。而《汉书·艺文志》中，《史记》诸书附在《春秋》之下，足可说明"此时史籍甚微，未足成类也"③。而史类源出经书亦可知。我们把汉以前视为古典时代，把汉以前的经、史、子书视为国学的核心内容，并不妨碍今天对汉以后思想、历史的研究，因为，华夏经学、子学、史学，从本质上来说，都是以汉以前经子著作为核心展开的。学术思想方面，固不待言，从汉至清，汉学与宋学相更替，都是围绕着经部之书进行。历史方面，治国的智慧，变法的依据，无不以经典为源头。每一次思想、制度的创造，都不是凭空而起，都是"文艺复兴"。

如果我们把中国过去的一切学问比喻成一棵大树，那么，汉以前的经典便是这棵大树的根系与主干，一朝一代的典章制度、朝纲政务的记载，一人一事的思考与记录，都是这棵大树的分支与花叶。而按照胡适定义中的"国学"，研究者应该以一种史学的眼光，把它视为死去、风干的标本，用科学、系统的方法，把这棵大树标本进行切割、分类，具体讨论叶脉的纹路、支干的年轮等问题，在这样的研究方法中，一片树叶细微的纹路，与大树躯干的

① 《朱自清全集》，第2卷，10页，南京，江苏教育出版社，1988。
② 班固：《汉书·艺文志》，1746页，北京，中华书局，2006。
③ 胡应麟：《少室山房笔丛》，17页，上海，上海书店，2009。

形成自然有同样的研究价值，历史的态度与科学的方法会把一种鲜活的文明对象化为无生命的、僵化的标本，并将文明不同部分扁平化，进行研究。而真正的国学研究，应该把国学还原为一棵生命不息、流动不止的大树。不是对这棵大树的一切部分做一视同仁的研究，而是主要研究它的根系与躯干，不但要研究它的各个部分，更重要的是，探究它如何在流动中获得生生不息的生命，并不断向四面八方生长。

所以，我们今天谈论"国学"，并将之定位为一个独立的学科，最重要的，在于经典本身，也就是说，不带近代以来学科分类的眼光而直面中国的经典，通过对古典大书的仔细研读，汲取古人的智慧。正因如此，主文献建设也必须围绕着"作为独立学科的国学"这一国学新定义展开。

第三节　国学学科主文献建设的特点

国学学科主文献建设的最主要特点，在于包容性和综合性。国学文献建设，不能与文史哲毫无关系，但又与文史哲各不相同。它注重的是以原典为基础，不带学科眼光研究经典，立足于传统学术本身，可以运用西方学科方法，但是不能照搬西方学科内容。在近代史上，有一部分国学大师已经做出过相关努力。例如国粹派主将刘师培等人预备设立的"国粹学堂"，学制三年，科目包括经学、文字学、伦理学、心性学、哲学、宗教学、政法学、实业学、社会学、史学、典制学、考古学、地舆学、历数学、博物学、文章学、音乐、图画、书法、翻译等。1905 年刘师培作《周末学术史序》，"采集诸家之言，依类排列"，所谓"依类"即仍依西学分类，分出心理学史、伦理学史、论理学史、社会学史、宗教学史、政法学史、计学（今称经济学）史、兵学史、教育学史、理科学史、哲理学史、术数学史、文字学史、工艺学史、法律学史、文章学史等。① 而章太炎 1906 年在日本主编同盟会机关报《民报》，曾经刊登《国学振兴社广告》，谓国学讲授内容为："一、诸子学；二、文史学；三、制度学；四、内典学；五、宋明理学；六、中国历史。"② 章太炎在

---

① 参见刘师培：《周末学术史序》，见《刘申叔先生遗书》，503～528 页，南京，江苏古籍出版社，1997。

② 转引自干春松：《国学：国家认同与学科反思》，载《中国社会科学》，2009（3）。

苏州国学讲习会中，曾经说："夫国于天地，必有所立。所不与他国同者，历史也，语言文字也，二者国之特色，不可失坠也。……余意凡史皆《春秋》，凡《诗》、《书》所载及后世新添之字足以表语言者皆小学。尊信国史，保全中国语言文字，此余之志也。"① 这种保全国史，保全文字，为中国寻找一种立国之根本的动机，贯串了章太炎的学术立场、讲学内容，也决定了他对"国学"的看法。在他看来，中国四部典籍中，六经都是史书，史与经本不必分类。但是六经与其他史书的不同，在于六经保存了最古老的历史。所以，寻找华夏民族转化为民族国家的"中国"的立国之本，在于华夏历史，而华夏历史的核心在于六经。通过讲明六经，便能振奋民族种姓。而"国学"的研习方法，从章太炎设立的课程来看，不是以西方学科为标准所进行的所谓系统整理和科学研究，而是经典研读。所以，章太炎列的课程，不是一个学科一个学科地讲授，而是一部书一部书地仔细绎读。

与章太炎的国学讲习会同时的，还有唐文治的无锡国专，唐文治制定了《无锡国学专修馆学规》，其中规定学习内容共七条：第一，躬行；第二，孝悌；第三，辨义；第四，经学；第五，理学；第六，文学；第七，政治学。② 唐文治的无锡国专国学教育，带有浓重的理学色彩，而其课程分类，仍然是强调经典细读，也就是说，其文献建设，最主要的是对经典的阅读与理解。

从刘师培、章太炎、唐文治的讲学的分类、教育理念看，这些国学门类，在一定程度上借鉴了西方学科。但是，我们从刘师培留下的《经学教科书》、《中国文学教科书》、《伦理学教科书》等著作，章太炎的《国学略讲》等讲课内容来看，他们的分类扩大了传统学术的范围，并希望借鉴西方的分类方式。但是他们并不是按严格意义上的现代学科来对传统进行分类的，他们仍然是立足于传统学问，西方学科只是一个大致的范围而不是标准。

现代分科之学的不断细化，主要与现代社会表层问题的复杂化有关。这种表层问题的复杂化，让我们有必要把当下的人类知识图景切割成边界相对分明的小块，对这些小块进行分析研究。但是，这与其说是理想的学术研究，不如说是正视一个人自身能力局限性的权宜之计。从这些小块，包括文

① 转引自潘重规：《国学略说跋》，见《国学略说》，221 页，上海，上海文艺出版社，2001。
② 参见唐文治：《无锡国学专修馆学规》，见《茹经堂文集》，192～207 页，台北，文海出版社，1974。

学、政治、经济、法制等等出发，追溯它们的古代源头，便形成了文学史、政治史、经济史、法制史等等。但是，不能把权宜之计当作绝对真理。在古典时代，并不存在这样的知识区分，古代人尤其是古典时代的古代人，拥有一个完整的知识图景。要对它进行研究，除了分科式的研究之外，更有必要以古人的眼光看待古人，用"内在理路"而非"外在模式"讨论古典，也就是以一种整全性的眼光，对古典的知识图景做全景式的探讨。国学研究强调的是对古典文明的一种整全意识。而这种整全意识，只有在原典阅读中才能获得。

　　直接面向原典，与在学术分科中研究原典，是完全不同的。把传统典籍视为材料，用现代学科进行整理的结果，不是国学本身。哲学学科整理出来的内容，是中国哲学史；法学学科整理出来的内容，是中国法学史；文学学科整理出来的内容，是中国文学史；政治学学科整理出来的内容，是中国政治学史。像胡适的《〈国学季刊〉发刊宣言》所主张的系统整理，通向的是现代学科，而不是整全性的国学。而真正的"国学"，强调的是对传统典籍进行整全性而非分科式的研究。比如以国学的眼光研究《论语》，便不是把《论语》当成"哲学"，直接摘出《论语》中的只言片语来讨论"孔子仁的思想"、"孔子义的思想"，而是把《论语》当成《论语》本身，其做法，即在于以《论语》文本为中心，通过阅读历朝历代对《论语》的各种解释，阅读各种笔记、文集中对《论语》相关内容、话题的探讨，阅读史部中各种引用《论语》的内容，来认识《论语》的丰富性与复杂性，更重要的是，以此为基础，来探讨《论语》对塑造华夏政教的意义、华夏文明中的解经术等等相关问题。再如以国学的眼光研究《史记》，便不是把《史记》当成中国历史的史料，而是把《史记》当《史记》本身，既可以通过一字一句地阅读《史记》，来了解从黄帝到汉武帝一点一滴的历史，也可以通过司马迁的书法，来探讨司马迁的微言大义。前者需要的是传统文献考订、文字训诂的功夫，后者需要的是经学的眼光。又如以国学的眼光研究《诗经》，便不是把《诗经》当成文学，专门讨论三百篇中的爱情表达、文字描写，而是把《诗经》还原为《诗经》，以《诗经》文本为中心，通过阅读历朝历代的各种经注，来讨论诗学的传承、《诗经》的教化、诗学的意义等问题。

　　简单来说，对《论语》而言，哲学史所做的是对《论语》思想进行分类的整理，并以西方的各种哲学概念解释之。而国学所做的是对《论语》的字词、解释史、影响力进行分析研究。对《史记》而言，史学所做的是把《史记》当作古史研究的史料进行甄别，研究汉以前历史，而国学所做的是对《史记》进行完整的细读，并以此探讨司马迁"厥协六经异传，整齐百家杂语"①的苦心孤诣等问题。对《诗经》而言，文学史所做的是抛开"经"而言"诗"，讨论三百篇的文学手法，而国学所研究的是《诗经》除文学部分之外的经学部分。除了《论语》、《史记》、《诗经》外，群经、诸子都存在同样的问题。用现代学科把这些典籍对象化为材料进行研究，与以国学的眼光进行整全性的研究，无论是方法，还是对象，都壁垒分明。用西方现代学术分科对传统典籍进行研究，目的是实现学术研究的中西对接。而强调原典阅读与原典研究，目的在于整全性地认识经典中的思想世界。

冯友兰先生在《中国哲学史》序言中说："哲学本一西洋名词。今欲讲中国哲学史，其主要工作之一，即就中国历史上各种学问中，将其可以西洋所谓哲学名之者，选出而叙述之。"而我们所谓的哲学，与此有很大的不同。在国学学科中，哲学是一种方法，而不是一个学科框架；运用这种方法，不是证明中国也有哲学，而是通过运用现代方法来复活古典的智慧。因此，国学学科中的哲学主文献建设，特别注重下面几个方面：一是现代哲学学科与传统经学、子学的关系，也就是说，将哲学学科放在传统经学、子学发展的脉络之中，综合性地考察哲学学科的成立以及它和经子之学的对接。二是哲学方法的创新，这种创新，侧重点落在哲学方法怎样延续、发展传统经子之学的研究方法。三是哲学与经学的关系，着重点是处理传统经学解释和哲学研究之间的错综复杂的关系，要回归经典，最重要的是重视经典的历代解释，而这些解释中富含哲学意味，所以，通过对解释史的重视，可以把解释史纳入哲学研究视野之中。四是哲学史料建设，这既包括现代哲学学科所囊括的史料，但更重要的是经学、子学以及新出土文献。总之，在国学学科之中，哲学不再以西方的哲学学科作为标准，而是将西方哲学视为一种研究方法，用它来研究中国的经子之学，发挥传统经子的大义。其他像国史主文献（含中国古代史、专门史等方向）、国文主文献的建设，也同样多少体现了类似的精神。

任何一个学科，都必须奠定于一定的经典文献的基础之上。国学学科也不例外。对我们而言，国学学科在民国时期经过了一定的探索，留下了一些经验，也留给我们不少教训。在今天，一个独立的国学学科仍然在实践中不

---

① 司马迁：《史记》，"太史公自序"，3319页，北京，中华书局，2003。

断探索，而对国学主文献建设而言，也在不断探索过程之中。我们看到，国学和文学、历史、哲学最大的差异，就在于国学并不着意强调分科的方式，而更强调不带现代学科的眼光看待中国经典，国学可以借助西方学科的一些角度、方法研究中国传统，但并不以这些角度、方法为最终标准与终极目标。这种综合性的研究，可以更全面地认识中国传统典籍，更好地认识中国传统文明。而对国学主文献建设而言，国学学科的主文献建设，也必然要尽可能地淡化学科色彩，而着重于交叉学科与现代学科没有覆盖的那些内容。当然，我们的尝试还是初步的，其成败利钝，尚有待现实之中国学教育与研究的实践来加以检验。

2012—2013

后　记

　　本卷《中国人文社会科学发展研究报告 2012—2013》是中国人民大学发布的此类研究报告之第 8 卷。其中前 5 卷是以年度报告形式自 2003 年至 2007 年每年一卷发布的；2008 年后作了一些调整，改为每两年一卷，已经出版两卷了，当下展现给读者的是接下来的第 3 卷。一如既往，本卷仍然包括两大板块，第一篇为主旨报告，聚焦"文献支持与实践取向"，第二篇则为一级学科报告，按 23 个一级学科分别就学科发展的主要实践问题和文献建构状况进行论述。

　　任何一个学科，都不可能离开文献建设，也无法背离实践取向。本报告的重要收获，就是人文社会科学的 20 多个一级学科一致认为，学科发展和学术研究最重要的支点有两个，一个是实践取向，一个是文献支持。忽视实践取向，研究就会变得盲目；缺少文献支持，研究就会变得空洞。

　　本报告的编写工作由陈雨露校长主持，采取主编和主笔制。主编由陈雨露教授和刘大椿教授担任，主笔由学科带头人或学院院长领衔。主编确定理念和框架，协调全书体例和风格，最后统稿定稿；主笔负责文中观点和内容，各章均由主笔本人或主笔组织写作班子撰稿。报告虽力求以比较统一的面貌示人，但不勉强划一，而是提倡学术争鸣，照顾学科特点，主张文责自负。本卷各章初稿的主笔和其他参与作者，均在各章题注中作了特别标明。此外，学校科研处在编写过程中做了许多组织工作。本报告得以付梓，离不开大家的共同努力。

本报告在目标定位和视角选取上作了一些新的尝试，编写过程中涉及人文社会科学诸多较为复杂的问题，其处理可能仁智各见。期望这些努力能对学界和读者有所帮助，而本报告中的疏漏和不妥之处，则恳求专家和广大读者批评指正。

陈雨露　刘大椿

图书在版编目（CIP）数据

中国人民大学中国人文社会科学发展研究报告. 2012～2013，文献支持与实践取向/陈雨露，刘大椿主编. —北京：中国人民大学出版社，2013.5
ISBN 978-7-300-17529-4

Ⅰ.①中… Ⅱ.①陈…②刘… Ⅲ.①人文科学-研究报告-中国-2012～2013②社会科学-研究报告-中国-2012～2013 Ⅳ.①C12

中国版本图书馆 CIP 数据核字（2013）第 110272 号

中国人民大学
中国人文社会科学发展研究报告 2012—2013
文献支持与实践取向
主编　陈雨露　刘大椿
Zhongguo Renwen Shehui Kexue Fazhan Yanjiu Baogao 2012—2013

出版发行	中国人民大学出版社			
社　　址	北京中关村大街 31 号		**邮政编码**	100080
电　　话	010 - 62511242（总编室）		010 - 62511398（质管部）	
	010 - 82501766（邮购部）		010 - 62514148（门市部）	
	010 - 62515195（发行公司）		010 - 62515275（盗版举报）	
网　　址	http://www.crup.com.cn			
	http://www.ttrnet.com（人大教研网）			
经　　销	新华书店			
印　　刷	涿州市星河印刷有限公司			
规　　格	155 mm×235 mm　16 开本		**版　　次**	2013 年 7 月第 1 版
印　　张	28 插页 3		**印　　次**	2013 年 7 月第 1 次印刷
字　　数	467 000		**定　　价**	75.00 元